CW01425717

ISBN 978-0-483-79212-8
PIBN 10768598


FB &c Ltd, Dalton House, 60 Windsor Avenue, London, SW19 2RR.
Company number 08720141. Registered in England and Wales.

For support please visit www.forgottenbooks.com

# LA
# RHETORIQUE,
*OU*
# L'ART DE PARLER.

*NOUVELLE EDITION,*

Revue & augmentée.

# RHETORIQUE,

*OU*

# L'ART DE PARLER.

*Par le R. P. BERNARD LAMY,*
*Prêtre de l'Oratoire.*

Nouvelle Edition, revue & augmentée, où l'on a ajouté ses

## NOUVELLES REFLEXIONS SUR L'ART POETIQUE.

A PARIS,

Chez AUMONT, Libraire, Place du Collége Mazarin, à Sainte Monique.

M. DCC. LVII.

*Avec Approbation & Privilége du Roi.*

# A SON ALTESSE ROYALE MONSEIGNEUR LE DUC DE CHARTRES.

MONSEIGNEUR,

*Si l'entreprise n'avoit pas été au-dessus de mes forces, au lieu de l'Art de Parler, j'aurois offert à*

*VOTRE ALTESSE* ROYALE *celui de faire des actions dignes de ſon rang. Mais Elle peut voir Elle-même, dans la perſonne du Prince incomparable qui lui a donné la naiſſamce, une image des vertus héroïques de ſes illuſtres Ayeux, & en même-temps les grands exemples qu'Elle doit ſuivre. Le ſeul ſouvenir de la fameuſe journée du Mont-Caſſel, lui repréſentera ce que la prudence & la valeur peuvent faire, & ce qu'elle doit faire lorſqu'Elle ſera un jour à la tête des armées du Roi.*

*Il eſt donc plus à propos ,* MONSEIGNEUR, *que je me contente d'offrir à VOTRE* ALTESSE ROYALE, *l'Art de parler, à préſent qu'Elle s'appli-*

*que à l'étude des Belles-Lettres. Je traite cet Art, d'une maniere particuliere; & ceux, qui voudront bien jetter les yeux ſur mon Ouvrage, reconnoîtront que le deſſein que j'ai pris peut être utile pour former l'eſprit, & faire prendre l'habitude de juger des choſes par des principes clairs & ſolides.*

*Ce n'eſt pas un grand mal de prendre, dans la Proſe ou dans les Vers, pour une véritable beauté, ce qui n'eſt qu'un faux brillant; mais,* MONSEIGNEUR, *il n'y a rien de plus important à un Prince, que de s'accoutumer de bonne heure à juger des choſes par des principes ſolides. Je n'avance rien dont je ne recherche les cauſes, dont je ne tâche de rendre raiſon. Peut-*

*être que mes réflexions paroîtront trop élevées pour ceux qu'on instruit dans les Colléges; mais, Monseigneur,* VOTRE ALTESSE ROYALE *est aussi distinguée de ceux de son âge, par son jugement & par sa vivacité, que par sa naissance; ce que je ne dis pas pour la louer. Je sais qu'elle n'aime pas les louanges, & qu'elle est persuadée qu'un Prince les doit mériter, mais qu'il en doit faire peu de cas, puisque la plûpart de ceux qui le louent, quand il fait bien, seroient souvent prêts à lui donner les mêmes louanges s'il faisoit mal. Mais qu'il nous soit au moins permis d'admirer dans* V. A. R. *ces belles inclinations qui nous font concevoir de si grandes espérances. Il me semble voir dans un agréable Printemps des arbres couverts de fleurs. On ne peut rien imaginer de plus beau. Ces fleurs néanmoins ne sont pas encore les fruits qu'on attend. Il y a bien des accidens à craindre.*

*Monseigneur, V. A. R. a eu une éducation trop chrétienne, pour ne pas savoir que si sa condition l'éleve, elle l'expose à de grands dangers. Les obligations des Grands sont grandes. Dieu n'a pas fait le reste des hommes pour servir à leur grandeur. Ils ne se doivent regarder que comme de grands instrumens dont il se sert pour faire de grandes choses. Ses desseins sur eux sont admirables, puisque pour sanctifier tout un Royaume, en bannir les duels, l'hérésie, l'injusti-*

ce, il suffit qu'il fasse naître un Prince qui ait de la piété.

Vous le voyez de près, Monseigneur, ce Prince; & pour peu d'attention que V. A. R. fasse sur ses propres lumieres, elle verra Elle-même toutes les vérités qu'elle doit connoître. C'est-là son principal devoir, d'écouter Dieu qui l'instruit intérieurement. Tout tire un Prince hors de lui-même, les affaires, les divertissemens; cependant ce n'est que dans le fond du cœur que s'entend la vérité. Les hommes l'ignorent, ou ils la cachent; il faut l'écouter elle-même: & se faire à son langage, qu'on comprend plus facilement, lorsqu'on a pris l'habitude de la consulter dans les moindres choses. C'est à quoi pour-

*ra servir le petit Ouvrage que j'offre à V. A. R. J'espere qu'elle voudra bien s'en servir, & qu'Elle le recevra comme une marque de mon zele, & du profond respect avec lequel je suis,*

MONSEIGNEUR,

*DE VOTRE ALTESSE ROYALE,*

Le très humble & le très obéissant Serviteur, LAMY, Prêtre de l'Oratoire.

# PREFACE.

LE mot de Rhéthorique n'a point d'autre idée dans la Langue Grecque d'où il est emprunté, sinon que c'est l'Art de dire ou de parler. Il n'est pas nécessaire d'ajouter que c'est l'*Art de bien parler pour persuader*. Il est vrai que nous ne parlons que pour faire entrer dans nos sentimens ceux qui nous écoutent; mais puisqu'il ne faut point d'Art pour mal faire, & que c'est toujours pour aller à ses fins qu'on l'emploie, le mot d'Art dit suffisamment tout ce qu'on voudroit dire de plus.

Rien de si important que de savoir persuader. C'est de quoi il s'agit dans le commerce du monde : aussi rien de plus utile que la Rhétorique; & c'est lui donner des bornes trop étroites que de la renfermer dans le Barreau & dans les Chaires de nos Eglises. J'avoue qu'elle éclate en ces lieux. C'est le plaisir d'entretenir un grand Auditoire dont on est admiré, qui fait qu'on l'étudie, & qu'on recherche avec empressement les Livres qui l'enseignent. On se dégoute bientôt de ces Livres, quand on reconnoît que pour les avoir lus, on n'eſt pas devenu plus éloquent : c'eſt ſe préoccuper mal-à-propos que de s'imaginer qu'après avoir compris les Regles de la Rhétorique, on doit être un parfait Orateur, comme s'il ſuffiſoit de lire un Livre de Peinture pour être un excellent Peintre.

Une Rhétorique peut être bien faite, ſans qu'on en retire du fruit, lorſqu'à la lecture de ſes préceptes on ne joint point celle des Orateurs, & l'exercice. Néanmoins on ne peut diſſimuler que de la maniere dont on traite la Rhétorique, elle eſt preſque inutile ; car outre qu'on n'y rend point de raiſon de ce que l'on enſeigne, il ſemble qu'elle ne ſoit faite que pour ceux qui parlent dans un Barreau, à qui même elle ſert peu, n'ouvrant leur eſprit que pour trouver des choſes triviales, qu'ils auroient pu ignorer, & qu'il faudroit taire, comme nous le remarquons en expliquant ſommairement les Lieux Communs, qui font la plus grande partie des Livres de Rhétorique.

Quoi qu'il en ſoit de ces Livres, l'Art de parler eſt très utile, & d'un uſage fort étendu. Il renferme tout ce qu'on appelle en François, *Belles-Lettres*; en Latin & en Grec, *Philologie*; ce mot Grec ſignifie l'*amour des mots*. Savoir les Belles-Lettres, c'eſt ſavoir parler, écrire, ou juger de ceux qui écrivent. Or, cela eſt fort étendu, car l'Hiſtoire n'eſt belle & agréable que lorſqu'elle eſt bien écrite. Il n'y a point de Livre qu'on ne liſe avec plaiſir quand le ſtyle en eſt beau. Dans la Philoſophie même, quelque auſtere qu'elle ſoit, on y veut de la politeſſe. Ce n'eſt pas ſans raiſon ; car, comme je crois l'avoir dit ailleurs, l'éloquence eſt dans les ſciences ce que le Soleil eſt dans le monde. Les ſciences ne ſont que ténebres, ſi ceux qui les traitent ne ſavent pas écrire.

L'Art de parler s'étend ainſi à toutes choſes. Il eſt utile aux Philoſophes, aux Mathématiciens. La Théologie en a beſoin, puiſqu'elle ne peut expliquer les vérités ſpirituelles, qui ſont ſon objet, qu'en les revêtant de paroles ſenſibles. Certainement nous aurions un plus grand nombre de bons Ecrivains, ſi on avoit découvert les véritables fondemens de cet Art.

Ce qui eſt d'une grande conſidération, c'eſt que l'Art de parler, traité comme il le doit être, peut donner de grandes ouvertures pour l'étude de toutes les langues, pour les parler purement & poliment, pour en découvrir le génie & la beauté. Car quand on a bien conçu ce qu'il faut faire pour exprimer ſes penſées, & les différens moyens que la nature donne pour le faire, on a une connoiſſance générale de toutes les Langues, qu'il est facile d'appliquer en particulier à celle qu'on voudra apprendre. Cela se verra évidemment dans la lecture de l'Ouvrage que je donne au Public; dont voici le plan.

J'explique d'abord comment se forme la parole; & pour apprendre de la nature même la maniere dont les paroles peuvent exprimer nos pensées & les mouvemens de notre volonté, je me propose des hommes qui viennent nouvellement de naître dans un nouveau monde, sans connoître l'usage de la parole. J'étudie ce qu'ils feroient, & je montre qu'ils s'appercevroient bientôt de l'avantage de la parole, & qu'ils se feroient un langage. Je recherche quelle forme ils lui donneroient; & par cette recherche, je découvre le fondement de toutes les Langues, & je rends raison de toutes les regles qu'ont prescrites les Grammairiens. Cette recherche paroîtroit peu considérable, si l'on n'appercevoit pas qu'elle est utile pour apprendre les Langues avec plus de facilité, & pour juger de leur beauté. C'est pourquoi je n'appréhende pas que ceux qui aiment qu'on traite les choses solidement, soient rebutés de voir qu'on parle dans le premier Livre, de noms substantifs, de verbes, de déclinaisons & de conjugaisons. Il n'y a que ceux qui s'imaginent que l'Art de parler ne doit traiter que des ornemens de l'éloquence, qui puissent condamner la méthode que je suis. Il ne faut pas commencer à bâtir une maison par le faîte. Quintilien, le premier Maître de Rhétorique, (*l.* 1. *c.* 4.) dit qu'il en est de ces choses comme des fondemens d'un Edifice, qui n'en sont pas la partie la moins nécessaire, quoiqu'ils ne paroissent point.

Après que ces nouveaux hommes ont joué leur personnage, je déclare quelle a été la véritable origine des Langues. Je fais même, dans la suite de mon Ouvrage, un aveu qui semble être une contradiction à ce que je dis de ces hommes; car je demeure d'accord de ce qu'un Auteur habile vient de soutenir, que si Dieu n'avoit appris aux premiers hommes à articuler les sons de leurs voix, ils n'auroient jamais pu former des paroles distinctes. Mais on sait que les Géometres supposent des choses qui ne sont point, & que cependant ils en tirent des conséquences fort utiles. Dans la supposition que je faisois donc que ces hommes eussent su articuler, c'est-à-dire, prononcer les différentes lettres de l'alphabet, question que je n'examinois point alors, j'ai pu considérer quelle forme ils auroient donnée à leurs paroles, pour marquer leurs différentes pensées.

Il eſt conſtant, & je le prouve, que ce n'eſt point le haſard qui a fait trouver aux hommes l'uſage de la parole. Je fais voir néanmoins que le langage dépend de leur volonté, & que l'uſage, ou le conſentement commun des hommes, exerce un empire abſolu ſur les mots : c'eſt pourquoi après que j'ai montré quelles ſont les loix que la raiſon preſcrit, je donne des regles pour connoître quelles ſont les loix de l'uſage, & ce qu'il faut faire pour diſtinguer ce que l'uſage autoriſe effectivement.

Je fais remarquer, dans le ſecond Livre, que les Langues les plus fécondes ne peuvent fournir tous les termes propres pour exprimer nos idées, & qu'ainſi il faut avoir recours à l'artifice, empruntant les termes des choſes à peu-près ſemblables, ou qui ont quelque liaiſon & quelque rapport avec la choſe que nous voulons ſignifier, & pour laquelle l'uſage ordinaire ne donne point de noms qui lui ſoient propres. Ces expreſſions empruntées ſe nomment *Tropes*. Je parle de toutes les eſpeces de Tropes qui ſont les plus conſidérables, & de leur uſage.

Le corps eſt fait de maniere que naturellement il prend des poſtures propres à fuir ce qui lui peut nuire, & qu'il ſe diſpoſe avantageuſement pour recevoir ce qui lui fait du bien. Je remarque dans ce même Livre que la nature nous porte pareillement à prendre de certains tours en parlant, capables de produire dans l'esprit de ceux à qui nous parlons, les effets que nous souhaitons, soit que nous voulions les enflammer de colere, ou les calmer. Ces tours se nomment *Figures*. Je traite de ces Figures avec soin, ne me contentant pas de proposer leurs noms avec quelques exemples, comme on le fait ordinairement: je fais connoître la nature de chaque Figure, & l'usage qu'on en doit faire.

J'entre dans un grand détail dans le troisieme Livre. J'explique encore avec plus de soin, que je n'ai fait dans le premier Livre, comme se forme la parole & le son de chaque lettre. Ce n'est pas que je croie que sans cette connoissance on ne puisse parler. On apprend la Langue de son Païs sans Maître, & il est plus facile d'en prononcer les termes, que de concevoir comment se fait cette prononciation. Cependant les réflexions que je fais sont utiles & nécessaires pour avoir une connoissance parfaite de l'Art de parler. Je considere donc dans ce Livre la parole en tant qu'elle est son. Je traite de l'arrangement des mots qui est nécessaire, afin qu'ils se prononcent facilement. Je parle des Périodes : j'explique l'Art Poëtique ; c'eſt-à-dire, l'art de lier le diſcours à de certaines meſures qui le rendent harmonieux. Il n'y a rien dans cette matiere, dont je ne faſſe voir les cauſes avec aſſez d'évidence ; ce que je n'aurois pu faire ſi je n'étois entré dans un détail qu'on jugera utile lorſqu'on appercevra combien il peut donner d'ouvertures pour l'Art de parler. La douceur de la prononciation eſt la cauſe de ce grand nombre d'irrégularités qu'on voit dans toutes les Langues. Je le fais voir, & je découvre en même-tems comment les différentes manieres de prononcer, corrompent une Langue, & font que d'une il s'en fait pluſieurs.

Le quatrieme Livre traite des ſtyles ou manieres de parler que chacun prend, ſelon les inclinations & les diſpoſitions naturelles qu'il a. Je fais voir qu'il faut que la matiere régle le ſtyle ; qu'on doit s'élever ou s'abbaiſſer ſelon qu'elle eſt relevée, ou qu'elle eſt baſſe, & que la qualité du diſcours doit exprimer la qualité du ſujet. J'examine quel doit être le ſtyle des Orateurs, des Poëtes, des Hiſtoriens, des Philoſophes : après quoi je traite des ornemens, & je montre que ceux qui ſont naturels, ſolides, véritables, ſont une ſuite de l'obſervation des regles qui ont été proposées ; qu'un discours est orné lorsqu'il est exact.

La fin de la Rhéthorique, c'est de persuader, comme on l'a dit. L'expérience fait connoître qu'il y a des manieres de dire les choses, qui gagnent les cœurs. J'explique ces manieres dans le dernier Livre ; & c'est là que je rapporte en abregé tout ce qui fait le gros des Rhétoriques ordinaires. On y traite, avec étendue, des choses peu importantes. Je les passe légerement, & je m'arrête à d'autres plus nécessaires, dont on ne parle point. Je fais voir que l'Art de persuader demande des connoissances particulieres qu'il faut apprendre des autres sciences. Mais quoique je reconnoisse qu'on ne peut traiter cet Art à fond dans une Rhétorique, cependant j'indique les sources, & peut-être que ce que j'en dis, satisfera autant que bien de gros Volumes qu'on a faits sur cette matiere.

Quand cette nouvelle Rhétorique ne donneroit que des connoissances spéculatives qui ne rendent pas éloquent celui qui les possede ; la lecture n'en seroit pas inutile. Car pour découvrir la nature de cet Art, je fais plusieurs réflexions importantes sur notre esprit, dont le discours est l'image ; lesquelles, pouvant contribuer à nous faire entrer dans la connoissance de ce que nous ſommes, méritent que l'on y faſſe attention. Outre cela, je ſuis perſuadé qu'il n'y a point d'eſprit curieux qui ne ſoit bien aiſe de connoître les raiſons que l'on rend de toutes les regles que l'Art de parler preſcrit. Lorſque je parle de ce qui plaît dans le diſcours, je ne dis pas que c'eſt *un je ne ſais quoi*, qui n'a point de nom; je le nomme, & conduiſant juſques à la ſource de ce plaiſir, je fais appercevoir le principe des regles que ſuivent ceux qui ſont agréables.

Cet Ouvrage ſera donc utile aux jeunes gens qu'il faut accoutumer à aimer la vérité, & à conſulter la raiſon pour penſer & agir ſelon ſa lumiere. Les raiſonnemens que je fais ne ſont point abſtraits. J'ai tâché de conduire l'eſprit à la connoiſſance de l'Art que j'enſeigne, par une ſuite de raiſonnemens faciles; ce que les Maîtres ne font pas avec aſſez de ſoin. L'on ſe plaint tous les jours qu'ils ne travaillent point à rendre juſte l'eſprit de leurs Diſciples; ils les inſtruiſent comme l'on feroit de jeunes Perroquets: ils ne leur apprennent que des noms: ils ne cultivent point leur jugement, en les accoutumant à raiſonner ſur les petites choſes qu'ils leur enſeignent; d'où vient que les ſciences gâtent ſouvent l'eſprit, au lieu de le former.

Les exemples seroient nécessaires ; j'en aurois donné davantage si je n'avois craint de grossir mon Ouvrage. Les Maîtres pourront aisément y suppléer ; & ils le doivent faire ; car, comme Saint Augustin le remarque très judicieusement, quand on a un peu de feu, on profite beaucoup plus en lisant une piece d'éloquence, qu'en apprenant, par cœur, des préceptes. *Si acutum & fervens adsit ingenium, faciliùs adhæret eloquentia legentibus & audientibus eloquentes, quàm eloquentiæ præcepta sectantibus.* Il faut donc que les Maîtres fassent lire à leurs Disciples les excellentes pieces d'éloquence, & qu'ils ne se servent de la Rhétorique que pour leur faire remarquer les traits éloquens des Auteurs qu'ils leur font voir ; ce qui ne se peut bien faire qu'en lisant les pieces toutes entieres. Les parties détachées, qu'on en propose pour exemple, perdent les graces quand elles sont hors de leur place : séparées du reste du corps, elles sont, pour ainsi dire, sans vie. Mon Ouvrage, comme je l'ai insinué, ne regarde pas seulement les Orateurs, mais généralement tous ceux qui parlent & qui écrivent, les Poëtes, les Historiens, les Philosophes, les Théologiens. Quoique j'écrive en François, j'espere que mon travail sera utile pour toutes les Langues.

Au reſte, ce n'eſt pas ſeulement une nouvelle Edition, mais un Ouvrage tout nouveau que je publie. J'ai refondu l'ancien, je l'ai retouché par-tout, augmenté de nouvelles réflexions, & d'exemples. Depuis les Editions précédentes, il a paru pluſieurs excellens Livres dont j'ai profité. J'étois jeune lorſque je publiai cet Ouvrage pour la premiere fois. Ce fut peut-être pour m'animer à travailler avec plus d'application, que des perſonnes d'un mérite rare en approuverent les premiers eſſais. Mais enfin cela me donna la hardieſſe de le faire paroître ; & depuis ce tems-là, toutes les fois qu'on l'a réimprimé à Paris, j'y ai corrigé ce que l'on a jugé à propos. C'eſt un avantage à un Livre que ſon Auteur ſurvive aſſez de tems après les premieres Editions, pour qu'il le puiſſe corriger ſuivant les avis de ſes amis, les ſentimens du Public, & ce que lui-même peut penſer ayant atteint un âge où il doit être plus capable de juger.

Pour rendre cette Edition encore plus complette, on a ajouté les excellentes Réflexions de l'Auteur ſur l'Art Poëtique, imprimées à Paris en 1678.

*Œuvres du P. Lamy, de l'Oratoire, qui se trouvent chez les mêmes Libraires.*

LEs Elemens de Mathématiques, ou Traité de la Grandeur en général, qui comprend l'Arithmétique, l'Algebre, l'Analyse, &c. *Seconde Edition, revue & augmentée.* In-12.

——— de Géométrie, ou de la Mesure des Corps, qui comprennent les Elemens d'Euclide, & l'Analyse, &c. *Seconde Edition, revue & augmentée.* In-12.

Traités de Méchanique, de l'Equilibre des Solides & des Liqueurs. In-12.

*Harmonia sive Concordia quatuor Evangelistarum.* In-12.

Traité Historique de la Pâque des Juifs, où l'on traite à fond la question, Si Notre Seigneur a fait la Pâque la veille de sa mort, &c. *In*-12.

——— Second Volume, contenant ses Réponses aux Peres Mauduy, Daniel, Pezron, & à M. Tillemon, &c. *In*-12.

Réflexion sur l'Art Poëtique; du plaisir que donne la lecture des Poëtes, & de la maniere de les lire avec fruit. *In*-12.

Démonstration de la vérité & de la sainteté de l'Evangile. *In*-12. *5 vol.*

# TABLE DES LIVRES ET CHAPITRES.

## LIVRE PREMIER.

## LIVRE SECOND.

## LIVRE TROISIEME.

## LIVRE QUATRIEME.

## LIVRE CINQUIEME.

Fin de la Table des Livres & Chapitres.

# LA RHETORIQUE OU L'ART DE PARLER.

## *LIVRE PREMIER.*

### CHAPITRE PREMIER.

*Des Organes de la Voix. Comment se forme la parole.*

IL n'y auroit point de societé entre les hommes, s'ils ne pouvoient se donner les uns aux autres des signes sensibles de ce qu'ils pensent & de ce qu'ils veulent. Ils le peuvent faire avec les yeux & les doigts, comme font les muets : mais outre que cette maniere d'exprimer ses pensées est très imparfaite, elle est encore incommode ; car l'on ne peut point, sans se fatiguer, faire connoître avec les yeux & les doigts toutes les différentes choses qui viennent dans l'esprit. Nous remuons la langue aisément, & nous pouvons diversifier le son de notre voix en différentes manieres faciles & agréables ; c'est pourquoi la nature a porté les hommes à se servir des organes de la Voix.

La disposition de ces organes est merveilleuse. La

Trachée-artere ou l'âpre-artere, qui vient des poulmons, & répond aux racines de la langue, est comme un tuyau d'orgue. Les poulmons servent de soufflets ; car ils attirent l'air en s'étendant, & le repoussent en se resserrant. La partie de la Trachée-artere, qui est proche de la racine de la langue, s'appelle le Larynx, qui est entouré de cartilages & de muscles, qui servent à l'ouvrir & à le fermer. C'est en ce lieu là que se forme le son de la voix. Quand l'ouverture du Larynx est étroite ; l'air sortant avec violence se froisse, & reçoit un trémoussement ou une certaine agitation qui fait le son de la voix, mais qui n'est point encore articulée. Cette voix est reçue dans la bouche, où la langue la modifie, & lui donne diverses formes, selon qu'elle la pousse ou contre les dents, ou contre le palais ; qu'elle l'arrête ou la laisse couler; que la bouche est plus ou moins ouverte.

Les hommes, trouvant tant de facilité à exprimer leurs sentimens par la voix, se sont appliqués à considerer toutes les différences qu'elle reçoit par les differens mouvemens des organes de la prononciation. Ils ont marqué chacune de ces modifications particulieres par une lettre ou caractére. Ces lettres sont appellées les Elémens du langage, parcequ'il en est composé. L'union de deux ou de trois lettres qui peuvent se prononcer de compagnie distinctement & facilement, fait une syllabe. Une ou plusieurs syllabes font un mot ou une parole. Dans la suite de cet ouvrage je parlerai des lettres, & de leur nombre, plus exactement que je ne fais ici : cependant, je remarquerai en passant que quoique le nombre des lettres soit petit, elles suffisent néanmoins pour composer les termes, je ne dis pas seulement des Langues qui se parlent aujourd'hui dans tout le monde, mais de celles qui ont été vivantes, & de celles qui pourront naître dans la suite des siecles. Car, quand il n'y auroit que vingt-quatre lettres différentes dans les Langues qui en ont un plus grand nombre, l'on peut démontrer qu'en les combinant en toutes les manieres possibles, l'on peut premierement faire cinq cens septante six mots de deux lettres; qu'en prenant ces vingt quatre lettres trois à trois, l'on peut faire un nombre de mots de trois lettres, qui sera vingt-quatre fois plus grand; c'est-à dire, 13824; & qu'en les prenant quatre à quatre cinq à cinq, six à six, le nombre des mots de cinq lettres sera vingt-quatre fois plus grand que celui de quatre: celui des mots de six lettres sera vingt-quatre fois plus grand que celui des mots de cinq lettres. Ainsi le nombre des mots de six, de sept, de huit lettres, & des autres suivans, augmente dans la même proportion: ce qui va si loin que l'imagination se confond, & qu'elle ne peut comprendre ce nombre prodigieux de différens mots qui se peuvent faire de la combinaison de vingt-quatre lettres. Il est vrai que l'on ne pourroit pas se servir de tous ces mots, parce-qu'il y en auroit plusieurs qui ne se pourroient pas prononcer distinctement & facilement; mais enfin le nombre de ceux dont on pourroit se servir est presque infini, & nous donne sujet d'admirer la sagesse de Dieu, qui, aïant donné l'usage de la parole aux hommes pour exprimer leurs différentes pensées, a voulu que la fécondité de la parole répondît à celle de leur esprit.

Les hommes auroient pu marquer ce qu'ils pensent, par des gestes. Les muets du Grand-Seigneur se parlent & s'entendent, même dans la plus obscure nuit, s'entretouchant de différentes manieres. Mais, comme on a dit, la facilité qu'il y a de parler, a porté les hommes à n'employer pour signes de leurs pensées, que des paroles, lorsqu'ils ne sont point contraints de garder le silence.

On appelle signe une chose qui, outre l'idée qu'elle donne d'elle-même quand on la voit, en donne une seconde qu'on ne voit point. Comme lorsqu'on voit à la porte d'une maison une branche de lierre; outre l'idée du lierre qui se présente à l'esprit, on conçoit qu'il se vend du vin dans cette maison. On distingue deux sortes de signes : les uns sont naturels, c'est-à-dire, qu'ils signifient par eux-mêmes; comme la fumée est un signe naturel qu'il y a du feu où on la voit. Les autres, qui ne signifient que ce que les hommes sont convenus qu'ils signifieroient, sont artificiels. Les mots sont des signes de la seconde espece; aussi le même mot a différentes significations, selon les Langues où il se trouve; & c'est de-là que bien que tous les hommes aient les mêmes idées, & que les choses ne soient pas différentes selon la différence des climats, chaque langue a ses termes. Il dépendoit des hommes d'établir les mots qu'ils vouloient, pour être le signe de leurs idées; de celle par exemple qu'ils ont du soleil. Dans la Perse, dans la Judée, en Grece, en Italie, le soleil est le même, & cependant les Perses, les Juifs, les Grecs & les Latins, n'ont pas choisi les mêmes sons pour être le signe de cet Astre. Il n'y a aucun rapport naturel entre ce mot *Soleil*, & l'Astre dont il donne l'idée : s'il en a une à l'égard de ceux qui savent le François, c'est parcequ'ils savent qu'en France nous avons coutume de marquer, par ce mot, cet astre, qui pourroit s'appeller *Lune*, si les hommes étoient convenus de ce terme pour marquer son nom.

Cette remarque nous donne lieu de distinguer deux choses dans les mots, le corps & l'ame, c'est-à-dire, ce qu'ils ont de materiel, & ce qu'ils ont de spirituel; ce que les oiseaux, qui imitent la voix des hommes, ont de commun avec nous, & ce qui nous est particulier. Les idées, qui sont présentes à notre esprit lorsqu'il commande aux organes de la voix de former les sons qui sont les signes de ces idées, sont l'ame des paroles : les sons, que forment les orgaſes de la voix, & qui, bien qu'ils n'aient en eux-mêmes rien de ſemblable à ces idées, ne laiſſent pas de les ſignifier, ſont la partie materielle, ou le corps des paroles.

On ne pourroit pas croire, ſi l'expérience ne le faiſoit voir, que les hommes ne parlent ſouvent que comme des perroquets. Ils ſe ſervent de mots dont ils ne connoiſſent pas la ſignification. En parlant, ou entendant parler, & en liſant les livres, ils ne s'appliquent qu'à la partie materielle du diſcours, ſans faire de réflexions ſur les idées, dont les paroles qu'ils diſent ou qu'ils entendent, ſont les ſignes. De-là vient que peu de perſonnes parlent raiſonnablement.

---

## CHAPITRE II.

*La parole eſt un tableau de nos penſées. Avant que de parler il faut former dans ſon eſprit le deſſein de ce tableau.*

PUiſque les paroles ſont des ſignes qui repréſentent les choſes qui ſe paſſent dans l'eſprit, on peut dire qu'elles ſont comme une peinture de nos penſées; que la langue eſt le pinceau qui trace cette peinture, & que les mots, dont le diſcours eſt composé en ſont les couleurs. Ainſi, comme les Peintres, ne couchent leurs couleurs qu'après qu'ils ont fait dans leur eſprit l'image de ce qu'ils veulent repréſenter ſur la toile, il faut, avant que de parler, former en nous-mêmes une image claire des choſes que nous penſons, & que nous voulons peindre par nos paroles. Ceux qui nous écoutent ne peuvent pas appercevoir nettement ce que nous voulons leur dire, ſi nous ne l'appercevons nous-mêmes. Notre diſcours eſt la copie de l'original qui eſt en notre tête. Il n'y a point de bonne copie d'un méchant original : c'eſt donc à cet original qu'il faut d'abord travailler. Avant que de remuer le pinceau, c'eſt-à-dire la langue, & que d'appliquer les couleurs, qui ſont les paroles, il faut ſavoir ce qu'on veut dire, & le diſpoſer d'une maniere réglée ; de ſorte que dans le diſcours qui exprimera nos penſées, les Lecteurs voient un tableau bien ordonné de ce que nous avons voulu leur repréſenter.

C'eſt à ceux, qui traitent l'art de penſer, de parler de cet ordre naturel qu'il faut garder dans l'arrangement de nos penſées. Chaque art a ſes bornes qu'il ne faut pas paſſer : je n'entreprendrai donc pas de preſcrire ici des regles touchant l'ordre qu'on doit donner aux choſes qui ſont la matiere du diſcours. J'avertirai ſeulement, qu'il faut méditer ſon ſujet, faire deſſus toutes les réflexions néceſſaires, pour ne rien oublier qui puiſſe contribuer à ſon éclairciſſement ; prenant garde auſſi de ne pas accabler l'eſprit des Lecteurs par une trop grande multitude de choſes, & de ne pas rendre ſon diſcours confus par des explications trop étendues. L'abondance cauſe ſouvent la ſtérilité. Les Laboureurs la craignent ; ils la préviennent ; & quand les blés ſont trop drus, ils font manger la pointe de l'herbe à leurs troupeaux.

Nous ne concevons jamais un raiſonnement, ſi notre eſprit ne ſupplée les choſes néceſſaires, & s'il ne retranche celles qui ſont ſuperflues. Un Auteur doit épargner cette peine à ceux qu'il entreprend d'inſtruire. Un livre, qui ne dit que la moitié des choſes, ne donne que des connoiſſances imparfaites ; mais auſſi un grand volume eſt un grand mal, μέγα βιβλίον μέγα κακόν. On s'y égare, on s'y perd, à peine a-t-on la patience de le feuilleter. Après avoir donc ramaſſé avec exactitude toutes les choſes qui regardent la matiere que l'on traite, il faut les reſſerrer, leur donner de juſtes bornes, faire un choix ſévere de ce qu'il faut dire, & rejetter ce qui est superflu Il faut envisager continuellement le terme où l'on veut arriver, & prendre le chemin le plus court, évitant tous les détours. Si l'on ne passe vîte par-dessus les choses qui ne sont pas importantes & essentielles, l'esprit du Lecteur est diverti de l'application qu'il doit donner à celles qui le sont.

Cette briéveté, si nécessaire pour rendre un Ouvrage net & fort, ne consiste pas dans le seul retranchement de tout ce qui est inutile; mais dans le choix de certaines circonstances qui tiennent lieu de plusieurs choses que l'on ne dit pas. A-peu-près comme fit Timanthe, ce fameux Peintre de l'antiquité, pour représenter dans une petite table la grandeur prodigieuse d'un Géant. Il le peignit couché par terre, dormant au milieu d'une troupe de Satyres, qui se jouoient autour de lui. L'un mesuroit sa tête, un autre appliquoit un Thyrse à son pouce, faisant connoître par cette invention ingénieuse quelle étoit la grandeur de ce corps, dont les plus petites parties étoient mesurées avec le Thyrse d'un Satyre. Ces inventions demandent de l'esprit & de l'application. C'est pourquoi un Auteur fort célebre, qui avoit cette adresse de renfermer beaucoup de choses en peu de paroles, s'excuse agréablement de ce que l'une de ses lettres est trop longue, sur ce qu'il n'avoit pas eu le loisir de la faire plus courte.

## CHAPITRE III.

*La fin & la perfection de l'art de parler consistent à représenter avec jugement ce tableau qu'on a formé dans son esprit.*

AVant que de passer outre, arrêtons-nous ici pour considerer quelle est la fin & la perfection de l'Art que nous traitons, ou quelle idée nous devons avoir de la beauté naturelle d'un discours. Je ne dirai point que la beauté en général consiste dans un *je ne sais quoi ;* car il me semble que je puis dire ce que c'est. La beauté plaît, & ce qui est bien ordonné plaît ; ce qui me persuade que l'ordre & la beauté sont presque une même chose. Ce n'est pas ici le lieu de rechercher la cause du plaisir qu'on ressent lorsqu'on voit les choses bien rangées. L'homme étant fait pour être heureux en possedant Dieu qui est essentiellement l'ordre, il falloit que tout ce qui approche de l'ordre, commençât son bonheur.

Or l'idée que nous avons de l'ordre, c'est que les choses ne sont bien ordonnées que lorsqu'elles ont un rapport à leur tout, & qu'elles conspirent pour atteindre leur fin. Quand cela arrive, les choses deviennent agréables quoiqu'elles ne le soient pas d'elles mêmes ; ce qui marque que nous sommes portés par une inclination naturelle à aimer l'ordre. La peinture le fait voir : il y a des tableaux qui ne représentent que des objets pour lesquels on a de l'aversion. Cependant, comme la fin de cet Art est de représenter les choses au naturel, si chaque trait qu'on apperçoit, exprime la pensée du Peintre, & que tout corresponde à son dessein, son ouvrage charme. Ce qui plaît n'est pas la vûe d'un serpent qui est peint, on fremit quand on en voit un ; mais ce qui fait plaisir c'est l'esprit du Peintre qui a su atteindre la fin de son Art. Aussi n'y en prend-on qu'à proportion que se découvre cette adresse. Sans cela on n'est satisfait que de la vivacité des couleurs, qui font des impressions agréables sur les sens. Il en est de même de l'Architecture. La vûe d'un Palais, fait selon toutes les regles de l'Art, ne plaît que lorsqu'on apperçoit la fin que l'Architecte s'est proposée ; qu'on voit qu'il rapporte toutes choses avec esprit à cette fin ; qu'on conçoit qu'il ne pouvoit pas y arriver par des voies plus simples, & qu'il n'a rien fait dont il ne puisse donner de bonnes raisons.

Nous parlons pour exprimer nos pensées, & pour communiquer les mouvemens de notre volonté ; car nous desirons qu'on ait avec nous les mêmes mouvemens vers l'objet de nos pensées & le sujet de notre discours. Sa beauté ne peut donc consister que dans ce rapport exact que toutes ses parties ont avec cette fin. Il est beau lorsque tous les termes dont il est composé donnent des idées si justes des choses, qu'on les voit telles qu'elles sont, & qu'on sent pour elles toutes les affections de celui qui parle. C'est son jugement qui plaît quand il ne fait rien qu'avec raison, que tous ses termes sont choisis, qu'ils sont propres & bien arrangés. C'est ce que nous admirons dans un discours. Car enfin, ce n'est pas le son des paroles qui en fait la beauté ; autrement on trouveroit plus beau le chant des rossignols que les discours les plus éloquens. Bien qu'un Auteur ne rapporte que des bagatelles, s'il en fait une peinture exacte, & qu'ainsi il arrive à la fin qu'il a en vûe, ceux qui sont capables d'appercevoir son art, prennent plaisir à l'entendre.

Prévenons-nous donc de cette vérité, que c'est la justesse qui fait la solide beauté d'un discours ; que pour bien parler, il faut être sage ; car c'est la sagesse qui dispose les choses, & les conduit à leur fin.

*Scribendi rectè, sapere est & principium & fons.*

Horace ( *Art. Poët. v.* 309. ) n'a jamais rien dit qui soit d'un meilleur sens. L'imagination est nécessaire : on ne peut exprimer que ce que l'on conçoit. Ce qui est maigre & estropié dans l'imagination de l'Orateur, l'est dans ses paroles. Il faut donc se représenter les choses dans leur état naturel, & concevoir pour elles des mouvemens raisonnables ; emploïant ensuite des termes qui les portent à l'esprit de celui qui écoute, telles qu'on les pense. Personne ne parle bien, n'écrit bien, qu'à proportion qu'il approche de cette fin. Il plaît à ceux qui découvrent qu'il ne pouvoit pas trouver des termes qui distinguassent mieux ce qu'il falloit marquer ; qu'il ne pouvoit pas placer ses termes dans un lieu où ils fissent un plus grand effet, où ils s'accommodassent mieux pour rendre la prononciation facile & coulante ; qu'il a pris le tour le plus naturel & le plus court. Car, outre qu'il ne faut rien faire d'inutile, il est certain que l'esprit n'aime pas qu'on l'amuse. Quelque vîtesse qu'ait la langue, ses mouvemens sont encore trop lents pour suivre la vivacité de l'esprit. Ainsi c'est une grande faute que de dire plusieurs paroles lorsqu'une suffit.

Je ne puis donner d'avis plus important dans ce commencement, que celui-ci, que l'on n'est éloquent qu'après avoir acquis une grande justesse d'esprit ; qu'on doit faire une attention continuelle en parlant, si l'on ne s'écarte point de la fin où l'on doit aller, si l'on y va effectivement. La raison nous éclaire, il faut marcher à sa lumiere : tout ce que nous dirons dans la suite de cet ouvrage ne sera que pour faire remarquer ce qu'elle dicte. Je souhaiterois qu'avant que de quitter ce Chapitre on le lût plus d'une fois, & qu'on examinât si ce que je dis est solide, en faisant l'essai sur quelque expression qui passe pour élégante, comme est celle-ci du commencement de la Genese. (*c.* 1. ℣. 3.) *Dieu dit: Que la lumiere se fasse ; & la lumiere se fit* : rien de plus sublime que cette pensée, rien de plus simple que l'expression. Longin, ce célebre Rheteur, donne cette expression, pour exemple d'une expression sublime. Or pourquoi l'est elle sublime, c'est-à-dire excellemment belle, si ce n'est parcequ'elle donne une haute idée de la puissance du Créateur ; ce que Moïse vouloit faire : c'étoit-là sa fin.

Comme nous l'avons dit, il faut avoir de l'imagination pour se bien représenter ce qu'on veut exprimer. Il faut savoir la Langue dans laquelle on écrit. Mais ce qui fait qu'entre ceux qui entendent parfaitement une Langue, qui ont une imagination vive & délicate, il y en a peu qui réussissent, c'est qu'on n'écrit pas avec tout le jugement qui seroit nécessaire. Pour faire un discours, quand il ne seroit que d'une page, il faut y emploïer un grand nombre de mots qu'il faut placer à propos. Il n'y a que ceux qui l'aient expérimenté, qui comprennent combien il faut d'étendue d'esprit; combien il faut d'application; à combien de choses il faut faire attention en même-temps; combien il faut faire de réflexions différentes pour ne rien dire que de raisonnable. Il y a toujours quelque petite chose qui échappe. Aussi on ne fait rien qui mérite d'être lû, à moins que de passer les yeux plusieurs fois sur son ouvrage, & de consulter en différens temps la raison, pour voir si on a bien compris ce qu'on a cru qu'elle dictoit. Rien ne nous doit plaire que ce qu'elle approuve.

Pour rendre plus sensible cet avis important, considérons que si aujourd'hui nous admirons les anciens Auteurs, c'est parcequ'après un examen de plusieurs siecles on a trouvé qu'ils sont raisonnables; au-lieu qu'on se laisse assez souvent surprendre, estimant dans les Auteurs modernes ce qu'on ne pourroit souffrir si on les examinoit à loisir. Ce n'est pas parcequ'Homere & Virgile sont anciens, que tous les gens d'esprit les admirent; c'est qu'en effet, comme le dit le célebre Traducteur de Longin, (7e. *réfl. sur Long.*) *il n'y a que l'approbation de la postérité qui puisse établir le vrai mérite des ouvrages. Quelqu'éclat qu'ait fait un Ecrivain durant sa vie, quelques éloges qu'il ait reçus, on ne peut pas pour cela infailliblement conclure que ses ouvrages soient excellens. De faux brillans, la nouveauté du style, un tour d'esprit qui étoit à la mode, peuvent les avoir fait valoir; & il arrivera peut-être que dans le sie[illegible] suivant on ouvrira les yeux, & qu'[illegible] méprisera ce que l'on a admiré.*

Ce sera sans doute aussi-tôt qu'on appercevra ce qui y choque le bon sens, rien ne pouvant plaire long-temps que ce qui est raisonnable. Car enfin l'illusion ne dure pas toujours. Chaque Auteur l'expérimente dans ses propres ouvrages. Dans la chaleur de la composition, qui n'est pas content de soi-même ? l'imagination est-elle réfroidie, on est chagrin, parcequ'alors on juge mieux, & qu'on s'apperçoit de son illusion. C'est pour cela qu'on ne doit pas se hâter de publier un ouvrage : il faut le revoir cent & cent fois ; car, je ne le puis trop dire, la difficulté de ne rien dire contre le bon sens est inconcevable à tous ceux qui ne l'ont pas expérimenté. C'est ce qui nous oblige de consulter nos amis. *Nous avons beau être éclairés par nous mêmes : les yeux d'autrui voient toujours plus loin que nous dans nos défauts, & un ésprit médiocre fera quelquefoïs appercevoir le plus habile homme d'une méprise qu'il ne voïoit pas.* Aussi ces excellens Peintres que l'Antiquité a admirés, les Apelles, les Polyctetes, selon la remarque de Pline, mettoient des inscriptions à leurs ouvrages, qui marquoient qu'ils n'étoient point encore achevés, & que si la mort ne les surprenoit, ils efaceroient & corrigeroient ce qu'on y trouveroit de défectueux. Pline appelle ces inscriptions : *Pendentes titulos*, comme celle-ci : *Apelles faciebat, aut Polycletus : tanquam inchoatâ semper arte & imperfectâ, ut contra judiciorum varietates superesset Artifici regressus ad veniam, velut emendaturo quidquid desideraretur, si non esset interceptus.*

## CHAPITRE IV.

*La maniere la plus naturelle de faire connoître ce qu'on pense, sont les différens sons de la voix. Comment le feroient des hommes, qui, naissant dans un âge avancé, mais sans savoir ce que c'est que parler, se trouveroient ensemble ?*

COmme l'on ne peut pas achever un Tableau avec une seule couleur, & distinguer les différentes choses qu'on y doit représenter, avec les mêmes traits, il est impossible aussi de marquer ce qui se passe dans notre esprit, avec des mots qui soient tous d'un même ordre. Apprenons de la nature même quelle doit être cette distinction ; & voïons comment les hommes formeroient leur langage, si, la nature les aïant fait naître séparément, ils se rencontroient ensuite dans un même lieu. Usons de la liberté des Poètes ; faisons sortir de la terre ou descendre du Ciel une troupe de nouveaux hommes, qui ignorent l'usage de la parole. Ce spectacle est agréable : il y a plaisir de se les imaginer parlans entr'eux avec les mains, avec les yeux, par des gestes & des contorsions de tout le corps ; mais apparemment, ils se lasseroient bien-tôt de toutes ces postures, & le hasard ou la prudence leur enseigneroit en peu de temps l'usage de la parole. (*L'Auteur reconnoît ailleurs l'impossibilité de cette supposition, liv. 3. chap. 1.*)

Il n'est pas possible de dire précisément ce que feroient ces hommes, en se formant un langage : quels sons ils choisiroient pour être le signe de chaque chose. Il n'en est pas des hommes comme des animaux, qui ont un cri semblable, tel que l'air le forme, en sortant de la même maniere de leur gozier. Tous les bœufs *beuglent*, les brebis *bêlent*, les chevaux *hennissent*, les lions *rugissent*, les loups *hurlent*. Il y a des oiseaux qui articulent, qui imitent la voix de l'homme; mais ce n'est qu'une imitation machinale. Les organes de l'ouie & de la parole sont liés; d'où vient qu'il est facile de prononcer ce qu'on entend. Les oiseaux, dans lesquels cette liaison est plus parfaite, se dressent aisément à prononcer par ordre un certain nombre de mots. Ils le font, mais il est évident que ce n'est qu'une impression corporelle qui les y détermine. Aussi la parole est une preuve sensible de la distinction de l'ame & du corps. Les mots ne signifient rien par eux-mêmes, ils n'ont aucun rapport naturel avec les idées dont ils sont les signes, & c'est ce qui cause cette diversité prodigieuse de différentes Langues. S'il y avoit un langage naturel, il seroit connu de toute la terre, & en usage par-tout.

C'est une fable ce qu'Herodote rapporte, ou si c'est une histoire, on n'en peut rien conclure. Il dit qu'un Roi d'Egypte aïant fait nourrir deux enfans par des chevres dans une maison séparée, au bout de deux ans ces enfans, en tendant la main à celui qui entra le premier dans le lieu où ils étoient, prononcerent ce mot *Beccos*, qui chez les Phrygiens, dit le même Auteur, signifie *du pain*: d'où le Roi d'Egypte conclut que le langage des Phrygiens étoit naturel, & que par consequent ils étoient les plus anciens Peuples du monde. Ce Roi raisonnoit mal; car il y a de l'apparence que ces enfans n'aïant jamais entendu d'autre voix que le cri des chevres qui les avoient allaittés, ils imitoient ce cri, auquel ce mot Phrygien ne ressembloit que par hazard. Les Grecs nomment βήκη, *Béché* une chevre, sans doute à cause de son cri.

Quel rapport y a-t-il entre la plus grande partie des choses & leurs noms? Peut-on, par exemple, appercevoir une si grande liaison entre ce mot *Soleil*

& la chose qu'il signifie, que ceux qui ont vû cet Astre aient été déterminés à prononcer plutôt ce mot *Soleil* qu'un autre ? Tout le rapport qu'il peut y avoir des noms aux choses, c'est par leur son. En cherchant un nom pour une chose, si elle fait un son, il se peut qu'on soit porté à lui en trouver un, dont la cadence exprime en quelque façon sa nature. Comme lorsqu'on a voulu donner un nom Latin au *Canon*, on a choisi ce mot *Bombarda*, dont la prononciation imite le son que fait le canon. Mais ces mots ne peuvent être qu'en très petit nombre, parce-qu'il y a peu de choses qui fassent son. Celui de ces six lettres *S o l e i l*, si les hommes ne l'avoient établi pour être le signe de cet Astre, réveilleroit également l'idée d'une pierre. Deux persones se communiquent leurs pensées avec toutes sortes de mots barbares, quand une fois ils sont convenus de ce qu'ils veulent faire signifier à ces mots.

Platon, dans son Cratile, dit qu'en imposant les noms il faut choisir ceux qui expriment véritablement la nature des choses qu'on veut qu'ils signifient. Cela est fort bien, & possible en quelque maniere, prenant les noms qu'on fait de nouveau, des choses mêmes avec lesquelles celle qu'on veut nommer a du rapport, & distinguant le nouveau nom par quelque changement, afin qu'il devienne propre. Mais la question est si les premiers noms d'une Langue qui sont comme les racines des autres, expriment naturellement ce qu'ils signifient. Cela se peut trouver en quelques-uns, comme nous l'avons dit. Les noms sont des sons, ainsi lorsqu'ils ne se peuvent prononcer qu'en faisant le son de la chose qu'ils signifient, on peut dire que ces noms sont naturels, comme *Beuglement*, *hennissement*, *rugissement*, *beugler*, *hennir*, *rugir* ; mais je l'ai déja dit, le nombre de ces noms est très petit. Tout ce qui ne sonne point, n'a point d'expression naturelle en ce sens : outre que de quelque mot qu'on se serve pour marquer ce qui a un son, ce mot pourra toujours réveiller l'idée de cette chose, si l'usage l'a autorisé. Celle du cri d'un animal se peut réveiller par un nom dont la prononciation n'a aucun rapport avec ce cri, si les hommes l'ont établi pour le signifier. La peine que prend Platon pour éclaircir cette question est donc inutile. Les étymologies ou véritables origines qu'il prétend donner pour plusieurs noms Grecs, sont fausses. Il lui auroit été plus facile de les dériver de la Langue sainte s'il l'avoit connue. Il avoue qu'il y a de certains noms qui se doivent regarder comme les élémens de la Langue, dont on ignore l'origine. Il ignoroit l'origine de l'homme que Dieu avoit formé de ses propres mains, & à qui il avoit donné un Langage, dans lequel les Savans prétendent qu'on peut trouver l'origine de toutes les Langues.

Quoi qu'il en soit de ce sentiment, qui s'accorde avec cette vérité constante, que tous les Peuples du monde tirent leur origine des trois enfans de Noé, il est évident que ces hommes, sortis nouvellement de la terre ou descendus du ciel, se seroient pû faire un langage dont chaque mot n'auroit point d'autre idée que celle avec laquelle ils l'auroient lié ; sans qu'on pût dire que quelque impression corporelle les y eût obligés, ou que la seule disposition de leur organe le leur eût fait prononcer ; ainsi que la voix ou le cri qui sort du gozier d'un cheval est un hennissement.

Concluons donc qu'il suffiroit que celui qui seroit le plus sage ou le plus autorisé de notre nouvelle troupe nommât, par exemple, ce mot *Soleil* dans le tems qu'on seroit tourné vers cet Astre & qu'on y feroit attention, pour faire qu'il devînt le nom de cet Astre ; après quoi ce n'auroit plus été un son vain. Mais il faut avouer que cette convention est difficile. Les Philosophes & les Historiens, qui veulent que les hommes ſoient nés de la terre comme des champignons, ont beau nous dire que la néceſſité de s'entr'aider les obligea de s'aſſembler, & de ſe faire un langage; je ne ſais ſi ne s'entendant point les uns les autres, ils ne ſe ſeroient pas plutôt diſperſés; aimant mieux demeurer avec des bêtes, comme ſaint Auguſtin dit qu'on aime mieux converſer avec ſon chien, qu'avec des hommes dont on n'eſt point entendu. Tant il eſt vrai qu'il faut reconnoître que ce n'eſt point le hazard qui a formé les hommes: qu'ils ont une premiere origine: qu'ils viennent d'un premier homme qui étoit l'ouvrage de Dieu; ce que nous dirons dans la ſuite avec plus d'étendue. Cependant demeurons dans notre hypotheſe d'une nouvelle compagnie d'hommes qui viennent de paroître ſur la terre.

## CHAPITRE V.

### *Ces nouveaux hommes pourroient trouver une maniere d'écrire. Celle que nous avons eſt dûe aux anciens Patriarches.*

SI ces hommes pouvoient ſe faire un langage, ils pourroient auſſi trouver des caracteres, ſignes de ce langage. C'eſt ce qu'il faut conſiderer ici. Les Langues ne ſe ſont perfectionnées qu'après qu'on a trouvé l'écriture, & qu'on a tâché de marquer par quelques ſignes permanens ce que l'on avoit dit de vive voix, ou ce que l'on avoit ſeulement penſé. Le ton, les geſtes, l'air du viſage de celui qui parle, ſoutiennent ſes paroles, & marquent une partie de ce qu'il penſe; ainſi en l'entendant parler on conçoit aiſément ce qu'il veut dire. Un diſcours écrit eſt mort; il eſt privé de tous ces ſecours. C'eſt pourquoi, à moins qu'il ne marque exactement tous les traits de la penſée de celui qui a écrit ; que toutes les paroles ne ſoient liées, & ne portent des marques du rapport qu'ont entr'elles les choſes qu'elles ſignifient, ce diſcours eſt imparfait, obſcur, inintelligible. C'eſt l'écriture qui fait appercevoir ce qui manque à une Langue pour être claire : on voit en écrivant ce qu'il y faut ſuppléer, ce qu'il y faut changer. Les Langues barbares peuvent ſuffire, quand il n'eſt queſtion que des beſoins de la vie animale, de la vente ou achat de quelques marchandiſes, mais elles ne ſeroient pas capables d'un ſtyle réglé dans lequel on pût expliquer les ſciences.

Or, il en eſt de l'écriture comme du langage, & généralement de tout ce qui dépend du choix des hommes. Tous les animaux font la même choſe ; parceque c'eſt le mouvement de la nature, qui eſt la même en tous, qui les fait agir ; mais entre pluſieurs hommes qui entreprennent une même choſe, chacun d'eux la fait d'une maniere particuliere. Comme ils peuvent choiſir quelque ſon que ce ſoit pour être le ſigne de leurs penſées, ils peuvent pareillement marquer ce ſon par tel ſigne qu'il leur plaira, & cela fort différemment. La maniere dont nous écrivons, qui conſiſte dans les différens arrangemens d'un petit nombre de lettres, eſt une invention admirable qui ſe doit rapporter aux premiers Patriarches. Les Peuples barbares, j'entends tous ceux qui ſe ſéparerent des enfans de Dieu, & errerent en différens coins du monde, n'eurent l'uſage de l'écriture, telle que nous l'avons, que fort tard ; ainſi que les Amériquains, avant que nous les connuſſions, avoient ſeulement des figures ou images pour marquer certaines choſes ; ce qui eſt bien différent de notre écriture. Avec vingt-trois différens ſignes, ou lettres différentes, nous marquons ce que nous voulons. Ces lettres ſont ſimples, faites d'un ou de deux traits, ou au plus de trois. En les combinant il n'y a point de chofe qui ait un nom, qu'elles ne marquent. Mais il n'en eft pas de même de ces images des Amériquains, qui étoient proprement des fymboles & non des élémens, maniere d'écrire fort imparfaite, & qui ne mérite pas le nom d'écriture. Celle des Chinois eft encore plus défectueufe : difons hardiment qu'ils ne favent point écrire. Il leur faut quarante ou foixante mille caracteres, & même jufqu'à quatre-vingt mille, comme l'affurent ceux qui ont été à la Chine. Combien faut-il de différens traits pour former & diftinguer ces caracteres ? Le moïen de fe les mettre tous dans la tête, de fe fouvenir en les voïant de ce qu'ils peuvent fignifier ; & lorfqu'on ne les voit point, & qu'on veut exprimer la chofe qu'ils fignifient, comment pouvoir tirer tous leurs traits ? L'Impreffion chez ces Peuples, eft auffi fort imparfaite ; car pour chaque page de leurs livres il faut qu'ils gravent fur une planche de bois les caracteres qu'ils y veulent repréfenter ; laquelle ne peut fervir que pour faire cette page ; ainfi il faut autant de différentes planches qu'il y a de pages. Une planche ne fe grave pas auffi facilement qu'on affemble des lettres, outre que celles qui ont fervi à une page, peuvent fervir à tout un livre.

Rien donc de plus imparfait que toute la littérature Chinoife. Chaque caractere fignifiant une feule chofe, il en faut connoître un nombre infini, dont il n'eft pas poffible de conferver en fa mémoire la fignification & les traits qui les diftinguent. Ajoutez qu'ils ne marquent que les chofes, & qu'ils n'expriment ni les actions, ni les rapports. Auffi les Chinois admirerent les Européens voïant qu'avec un petit nombre de différens traits ils pouvoient exprimer toute leur Langue. Nos caracteres fe nomment Elémens, parcequ'ils font en petit nombre, que tous les mots en font compofés, & qu'il n'y en a aucun qui ne puiffe fe réduire à quelqu'une de nos lettres, comme à son principe; ainsi que toutes ses choses matérielles se réduisent aux premiers élémens.

En parlant de la véritable origine des Langues, nous verrons en quel temps à-peu-près l'usage des lettres a été connu. Nous verrons la preuve de ce que nous avons avancé, que c'est aux Patriarches qu'on est redevable de leur invention. Mais il faut remarquer que cette invention s'est beaucoup perfectionnée dans la suite des siecles: si ce n'est qu'on veuille dire que dans les premiers commencemens, on se contentoit d'écrire ce qui étoit absolument nécessaire, & qu'on supprimoit ce qui se peut suppléer. On n'écrit dans une Langue que pour ceux qui la savent; ainsi en voiant les principales lettres d'un mot, il est facile à celui qui connoît ce mot de deviner les autres lettres qui ne sont point marquées. Les lettres qu'on nomme consonnes, ne se peuvent prononcer qu'on ne fasse en même-temps sonner une lettre voïelle. Ainsi un homme qui sait parfaitement l'Hébreu, quoiqu'il ne voie pas dans l'écriture toutes les voïelles, il les supplée aisément. Que cela soit possible, on n'en peut pas douter, puis qu'encore aujourd'hui les Docteurs Juifs ne les expriment pas dans leur écriture, & que cependant ils s'entendent bien, & lisent couramment l'écriture les uns des autres.

C'est un fait appuïé sur de bonnes preuves, que jusqu'au cinquieme siecle après la naissance de Jesus-Christ, les Hébreux n'avoient point l'usage de ce qu'ils appellent *points*, qui tiennent parmi eux lieu de voïelles. Ils avoient des voïelles à la vérité, mais celles-là ils les mettent au nombre des consonnes, & en les lisant, ils font souvent entendre le son d'une véritable voïelle qui est tout différent. Aussi il n'y a que ceux qui savent l'Hébreu qui le puissent lire sans points. Dieu peut-être le vouloit ainsi; afin que si les Livres de l Ecriture venoient a tomber entre les mains des nations étrangeres, ils ne fussent point entendus : car non seulement l'intelligence, mais la lecture même de ces livres, dépendoient d'une Tradition vivante ; l'Ecriture couvrant, de cette maniere, des mysteres qui ne devoient pas être connus de tout le monde.

Autrefois dans l'Hébreu & presque dans toutes les Langues on écrivoit tout de suite, on ne distinguoit point les différens mots, par des points, par des virgules, qui marquent quand un nouveau sens commence, quand il est achevé. On ne savoit ce que c'étoit de séparer les mots, de commencer toujours un nouveau sens par une grande lettre, de distinguer de même les noms propres. Dans les Langues qui ont des tons differens, qui ont des accens, comme la Langue Greeque, l'on n'a commencé de les marquer ces tons, ces accens, ces aspirations, que depuis que la Langue a commencé de se corrompre ; que la prononciation s'est changée ; & qu'on a cherché des moïens de conserver l'ancienne. On a mis des notes sur chaque mot, qui ne se voient point dans les anciennes inscriptions, dans les manuscrits de la premiere antiquité. En écrivant on ne doit rien négliger de ce qui peut contribuer à la clarté du style. Il y a des mots qui ont différentes significations, selon leurs différentes notes ou accens. Il faut profiter de tout ce qu'on a trouvé dans la suite des siecles pour perfectionner l'écriture. Quant à la maniere de la ranger, elle n'est pas la même dans toutes les Langues. Les Chinois rangent leurs caracteres par colomnes. Il n'écrivent pas sur une ligne transversale, mais de haut en bas sur une perpendiculaire, mettant les caracteres qui se suivent non à côté, mais les uns sur les autres ; ce que ceux de l'Isle de Taprobane, qui se nomme aujourd'hui Zeilan, faisoient du temps de Diodore de Sicile. Encore aujour-

faiſons quelque attention, & que nous réflechiſſons ſur ce que nous y découvrons, nous en jugeons; c'eſt-à-dire, que nous lui attribuons quelque qualité, en aſſurant qu'il eſt tel, ou qu'il n'eſt pas tel. Cette ſeconde opération de l'eſprit s'appelle *jugement*, laquelle eſt ſuivie d'une troiſieme qui tire des conſéquences de ce qu'on a connu d'un objet par les deux premieres opérations; c'eſt ce qu'on appelle *raiſonner*. Enfin, ſelon la nature & les qualités de l'objet de nos penſées, nous ſentons dans la volonté des mouvemens d'eſtime ou de mépris, d'amour ou de haine, de colere, d'envie, de jalouſie; ce qui ſe nomme *paſſion*. Ainſi tout ce qui ſe paſſe dans notre eſprit, eſt *action* ou *paſſion*. Nous verrons dans la ſuite comment les paſſions ſe peignent elles-mêmes dans nos paroles. L'on appelle idée, la forme d'une penſée qui eſt l'objet d'une perception; c'eſt-à-dire, d'une penſée qu'on a à l'occaſion de ce qu'on connoît par la premiere opération de l'eſprit. Par exemple, lorſque le Soleil frappe mes yeux par ſa lumiere, ce qui eſt pour lors préſent à mon eſprit, & ce que j'apperçois en moi-même, eſt l'idée du Soleil, laquelle demeure dans ma mémoire, lorſque cet aſtre diſparoît. Ainſi nous avons l'eſprit plein des idées d'une infinité de choſes matérielles que nous avons vûes. Nous avons auſſi les idées de pluſieurs vérités que nous n'avons point reçues des ſens.

Sans doute que ces nouveaux hommes donneroient leurs premiers ſoins à faire des mots pour être les ſignes de toutes ces idées, qui ſont les objets de notre perception, ou de la premiere opération de notre eſprit. Pour juger de ce qu'ils feroient dans l'établiſſement de ces ſignes, conſidérons que ces noms, quels qu'ils ſoient, en tant qu'ils ſont prononcés ou qu'ils le peuvent être, ſont des ſons que forment les organes de la voix. Or entre ces ſons il y en a de ſimples, auxquels on peut reduire tous les autres,

autres, dont ils ſont comme les premiers élémens. Nous diſtinguons dans la Langue Françoiſe vingt-trois ſons ſimples, qu'on marque par autant de lettres de différente figure. Ce nom *Dieu* eſt composé de quatre ſons différens ou lettres qui ont chacune leur ſon. Les diſpoſitions des organes de la voix peuvent être différentes, & dans leur ſubſtance, & dans leur uſage; ce qui fait que la même lettre a un ſon différent ſelon qu'elle eſt prononcée par différentes Nations. C'eſt pourquoi ſi on vouloit conſiderer toutes les variétés & différences qui peuvent être entre les ſons qu'on appelle ſimples, ou élémens de la parole, on trouveroit bien plus de vingt-trois lettres: car il y en a qui ne ſont en uſage que parmi certaines Nations qui les multiplient, & y mettent des différences aſſez conſidérables, pour pouvoir être marquées par différens caracteres. Nous avons, par exemple, trois ſortes d'*e* à qui nous pourrions donner des caracteres auſſi différens que leurs ſons, & ainſi augmenter le nombre de nos lettres. Entre les ſons qui ſont ſimples, il y en a qui ne ſont pas également faciles & agréables à tout le monde. Pour cela les uns les évitent, pendant que d'autres s'en ſervent. C'eſt pourquoi il ne faut pas s'étonner que tous les peuples du monde n'aient pas un égal nombre de caracteres; que leur alphabet ſoit plus grand ou plus petit que le nôtre. Parlons de ces hommes que nous introduiſons ſur la ſcene, comme ſi le hazard faiſoit qu'ils ſe ſerviſſent des ſons ou lettres de notre alphabet.

Nous ne comptons que vingt-trois lettres ou vingt-trois ſons ſimples; ainſi cette nouvelle troupe ne pourroit ſe ſervir des ſons ſimples que pour marquer vingt-trois choſes différentes; à moins qu'ils ne ſuſſent differencier chacun de ces ſons par différens tons, par l'élévation ou la poſition de la voix, comme dans le chant on prononce différemment la même voïelle ſelon qu'elle eſt notée, ce qui n'eſt pas impoſſible ni incroïable; car nous verrons qu'il y a eu des peuples, & que les Chinois le font encore, aujourd'hui, qui chantoient en quelque maniere en parlant: Mais enfin ſi notre nouvelle troupe prenoit nos manieres qui ſont naturelles, elle ne pourroit faire de vingt-trois lettres que vingt-trois noms. Suppoſons donc leur alphabet de vingt-quatre lettres. En compoſant des noms de deux lettres, elle en feroit vingt-quatre fois davantage; c'eſt-à-dire, cinq cens ſoixante & ſeize; & vingt quatre fois encore davantage; c'eſt-à dire, treize mille huit cens vingt-quatre, en faiſant des noms de trois lettres, comme nous l'avons dit. Ainſi il leur ſeroit facile, dans cette infinie varieté, de trouver des ſignes particuliers pour marquer chaque idée, & lui donner un nom.

Comme l'on ſe ſert naturellement de ſes premieres connoiſſances, nous pouvons croire que lorſque d'autres choſes ſe préſenteroient à leur eſprit qui ſeroient ſemblables à celles à qui ils auroient donné un nom propre, ils ne prendroient pas la peine de faire de nouveaux mots. ils ſe ſerviroient des premiers noms en les changeant un peu pour marquer la différence des choſes auxquelles ils les appliqueroient. L'expérience me le perſuade: lorſque le mot propre ne vient pas aſſez tôt à la bouche, on ſe ſert du nom d'une autre choſe qui a quelque rapport à celle-là. Dans toutes les Langues les noms des choſes à peu près ſemblables different peu entre eux: Pluſieurs mots prennent leur racine d'un ſeul, comme on le voit dans les Dictionnaires des Langues qui ſont connues.

Un même mot peut ſe diverſifier en pluſieurs manieres, par la tranſpoſition, par le retranchement de quelqu'une des lettres qui le compoſent, ou par l'addition d'une voyelle ou d'une conſonne; par le changement de la terminaiſon : de ſorte qu'il n'eſt pas difficile, lorſqu'on communique le nom propre d'une choſe à toutes celles qui lui ſont ſemblables, de marquer par quelque petit changement, ce que ces choſes ont de particulier, & en quoi elles different de celles dont elles ont pris le nom. C'eſt-à-dire qu'il n'eſt pas difficile de leur donner des ſignes particuliers.

Après cet établiſſement, les mots qu'ils auroient choiſis, & qui par eux-mêmes ne ſignifioient rien auroient la force d'exciter les idées des choſes auxquelles ils les auroient appliqués. Car les ayant prononcés, & entendu prononcer ſouvent lorſque ces choſes leur étoient préſentes, les idées de ces choſes & de ces mots ſe ſeroient liées : de ſorte que l'une ne pourroit pas être excitée ſans l'autre. Comme quand nous avons vû ſouvent une perſonne avec un certain habit, d'abord que nous penſons à elle, l'idée de cet habit ſe préſente à nous ; & la ſeule idée de cet habit fait que nous penſons à cette perſonne.

L'on ne peut ſavoir ſi ces hommes garderoient quelque regle en cherchant des termes pour s'exprimer. S'ils ne composeroient ces termes que d'un certain nombre de ſyllabes. La plupart des mots Chinois n'en ont qu'une. Les racines Hebraïques, & celles de la Langue Grecque n'ont que trois conſonnes. La nature porte à cette ſimplicité. Plus le diſcours eſt court, plus il répond à l'ardeur que nous avons de dire vîte ce que nous penſons ; & il ſatisfait en même-temps au deſir impatient qu'on a quand on écoute, de ſavoir ce que veut dire celui qui parle. Lorſque les Langues ont commencé à ſe corrompre, les mots ſe ſont pour l'ordinaire allongés. Il ne ſert de rien qu'un mot ait un plus grand nombre de ſyllabes lorſque deux ou trois ſuffiſent pour le faire diſtinguer de tout autre mot.

S'il étoit queſtion à préſent de faire de nouveaux

mots pour en compoſer une nouvelle Langue, il ſeroit bon d'obſerver quelques regles. La premiere devroit être de les compoſer d'un très petit nombre de ſyllabes. La ſeconde, de choiſir les ſyllabes dont le ſon auroit quelque rapport avec la choſe qu'on voudroit ſignifier ; car lorſqu'on cherche un ſigne, il eſt plus raiſonnable de prendre des choſes qui ſemblent faites pour cela : c'eſt ce qu'on a fait pour exprimer le cri des animaux, on a dit, *boare*, *hinnire*, *balare*, beugler, hennir, bêler : ces termes ont un ſon qui approche de celui qu'ils ſignifient. La troiſieme regle ſeroit de faire que les mots euſſent une liaiſon enſemble, ſelon que les choſes qu'ils ſignifieroient, auroient des liaiſons & des rapports. Il ne faudroit que les compoſer de lettres qui euſſent un ſon approchant, qu'il n'y eût entr'eux de différence que d'une ou de deux lettres, ou que ce fuſſent les mêmes lettres ; mais rangées d'une autre maniere, comme on en voit pluſieurs exemples dans la Langue ſainte. Mais il eſt inutile de donner ces regles, ſi ce n'eſt que cela nous fait comprendre en quoi peut conſiſter la ſimplicité & la beauté d'une Langue. Nous ne ſavons pas ce que feroient ces nouveaux hommes. Apparemment ils ne philoſopheroient pas beaucoup L'empreſſement qu'ils auroient de parler feroit qu'ils ſe ſerviroient des premiers termes qui ſe préſenteroient, & quand un terme eſt une fois établi, on ne s'aviſe gueres d'en chercher un autre.

---

## CHAPITRE VII.

*Réflexion ſur la maniere dont en chaque Langue on ſe fait des termes pour s'exprimer. Ces réflexions conviennent à l'Art de parler*

NOus ne prétendons pas apprendre l'Art de parler, de cette ſeule troupe de nouveaux hommes que nous avons introduits ici. Nous ne pouvons sçavoir que par conjecture ce qu'ils feroient. Nous voïons ce que les hommes ont fait en tout pays & dans tous les siecles, & il est bon de le considerer ; car il est de la derniere importance, pour connoître à fond la nature du langage, de remarquer les manieres de parler de chaque Nation. Bien des gens se trompent en s'imaginant que la Rhétorique ne consiste que dans les ornemens du discours ; & que des réflexions semblables à celles que nous allons faire, ne conviennent qu'aux Grammairiens. Ils jugent de l'éloquence, comme ceux qui ignorant la peinture, pensent que le coloris en est la principale chose. Je ne m'arrêterai pas à leurs jugemens ; & quoique je n'aie pas dessein de faire une Grammaire générale, je ferai cependant mes réflexions sur les manieres qui sont particulieres à de certaines Langues, lorsque je croirai qu'il sera nécessaire de le faire pour découvrir les fondemens de l'Art de parler.

Nous avons vû comme la nécessité auroit obligé notre nouvelle troupe d'établir des termes pour toutes les choses dont il faut parler souvent, mais il y a bien de l'apparence que leur Langue seroit d'abord fort stérile. Comme les pauvres se servent d'un même habit pour tous les jours ; qu'ils n'ont pour meubles que ce qu'il y a de plus simple & de plus nécessaire ; aussi ceux, qui n'ont pas de grandes connoissances, n'ont besoin pour s'exprimer que d'un petit nombre de termes, qui leur servent à toutes choses. Les personnes grossieres ne réfléchissent presque point. Leurs vûes sont bornées : ils ne peuvent parler que de ce qu'ils connoissent, ils n'ont donc besoin que d'un petit nombre de mots. Ils n'ont pas assez de délicatesse pour distinguer dans les choses ce qui met de la différence entr'elles ; c'est pourquoi elles leur paroissent semblables ; ainsi les mêmes mots leur servent pour toutes. Cela se voit dans le Langage des Barbares qui vivent comme des bêtes, & qui ne penſent qu'à boire & à manger. Ils n'ont des termes que pour marquer ces actions. Ceux qui ne connoiſſent point les Simples, les regardent preſque tous comme ſemblables; & ces termes généraux *d'herbe*, *de plante*, *de ſimple*, leur ſuffiſent. Les Medecins qui ont des idées diſtinctes de chaque Simple en particulier, n'ont pu s'en contenter; ils ont cherché des noms propres à chaque eſpece.

Selon que les peuples ont donc fait plus d'attention aux choſes, leurs termes ont des idées plus diſtinctes, & ils ſont en plus grand nombre. Une même choſe peut avoir pluſieurs degrés. Elle ſera dans ſon eſpece, une des plus grandes, ou une des plus petites. C'eſt pour exprimer ces degrés qu'on a fait les diminutifs, comme en Latin de *homo* on a fait *homuncio*. Les Italiens ont un grand nombre de diminutifs. Les Eſpagnols ont des diminutifs & des noms qui augmentent. De *âne* nous faiſons *ânon* : eux de *aſno* font *aſnillo* un petit âne, & *aſnazo* un grand âne. On peut regarder une même choſe, d'une maniere générale, ſans faire attention à ce qui la diſtingue de toute autre, & s'en former ainſi une idée abſtraite. Les noms qui marquent ces idées s'appellent *abſtraits*, comme ce mot *humanité*, qui marque l'homme conſidéré en général, ſans qu'on penſe à aucun homme en particulier. Tous les Langues n'ont pas également des diminutifs ou des augmentatifs, & de ces termes qu'on nomme *abſtraits*. Il ne faut pas juger des Langues étrangeres par la nôtre. Les uns peuvent obſerver ce que les autres négligent, voir une choſe par un endroit que nous n'appercevions point. C'eſt pourquoi en traduiſant il n'eſt pas poſſible d'exprimer toujours mot pour mot ce qui eſt dans l'original; car chaque peuple conſidere les choſes d'une maniere particuliere, & comme il lui plaît : ce qu'il marque par un terme propre, qu'on ne peut par conſéquent expliquer que par des circonlocutions & avec un grand nombre d'épithetes. Pour éviter cela, on est obligé de recevoir des termes étrangers, comme nous avons reçu l'*incognito* des Italiens.

Il dépend de nous de comparer les choses comme nous voulons, ce qui fait cette grande différence qui est entre les Langues qui ont une même origine. Ce que les Latins appellent *fenestra*, les Espagnols l'appellent *ventana*, les Portugais *janella*. Nous nous servons aussi de ce mot *croisée* pour marquer la même chose. *Fenestra*, *ventus*, *janua*, *crux*, sont des mots Latins. Le François, l'Espagnol, le Portugais viennent du Latin; mais les Espagnols considerant que les fenêtres donnent passage aux vents, ils les appellent *ventana* de *ventus*. Les Portugais ayant regardé les fenêtres comme de petites portes, ils les ont appellées *janella* de *janua*. Nos fenêtres étoient autrefois partagées en quatre parties avec des croix de pierre : on les appelloit pour cela des *croisées*, *de crux*. Les Latins ont consideré que l'usage des fenêtres est de recevoir la lumiere le mot *fenestra* vient du grec φαίνειν, qui signifie reluire. C'est ainsi que les différentes manieres de voir les choses portent à leur donner des noms différens.

La facilité & la douceur de la prononciation demandent une grande abondance de termes pour choisir ceux dont le concours soit moins rude; sans cela un petit nombre de termes suffiroit, qu'on pourroit accroître, ajoutant à quelques-uns de certaines syllabes, pour faire, par exemple, d'un primitif, des dérivés, ainsi que le font les Géorgiens, peuples de l'Asie. Tous les noms dérivés, dans leur Langue, ne different des primitifs que par cette terminaison *jani*. Si ce sont des noms de dignité, de charges, de quelqu'art, les dérivés ajoutent aux primitifs *me*. Avec cette syllabe *sa*, qu'ils mettent devant le nom d'une chose, ils font un dérivé qui marque le lieu de

tances, mais parcequ'on les applique à d'autres substances, on en fait des adjectifs, comme sont ces adjectifs, *doré*, *argenté*, *étamé*, & les autres. Au contraire les adjectifs deviennent substantifs, lorsqu'une maniere d'être se considere d'une maniere absolue. Ainsi *Couleur* est un nom substantif : & ces noms adjectifs *blanc*, *noir*, deviennent substantifs, quand on les considere en général sans les substances qui les soutiennent. *Le blanc*, *le noir*, sous des substantifs ; comme sont en général tous les noms qui ont une idée qu'on peut considerer absolument sans rapport ; comme *le boire*, *le manger*, *le dormir*. Les Grecs, les Latins, en quoi nous les imitons, font leurs adjectifs du substantif, en changeant la terminaison. Les Anglois sont obligés de joindre au substantif un second nom. Ainsi *Full* qui signifie *plein*, leur sert à faire plusieurs adjectifs : par exemple, *Joyfull*, plein de joie, pour joyeux. *Carefull*, plein de soin, pour *sollicitus* inquiet. *Some* signifie *quelque chose* ; *Deligth*, *delectation*, ils disent *deligth some*, pour *delectable* : le mot *lesse* signifie *moins*, *petit* ; ainsi *Carelesse* c'est la même choses que *négligent*.

Les noms signifient ordinairement les choses, d'une maniere vague & générale. Les articles, dans les Langues où ils sont en usage, comme dans la nôtre, & dans la Grecque, déterminent cette signification, & l'appliquent à une chose particuliere. Quand on dit, c'est une bonne chose que d'être *Roi*, cette expression est vague, mais si vous ajoutez l'article *le*, devant *Roi*, en disant, c'est un bonheur que d'être *le Roi*, cette expression est déterminée, & ne se peut entendre que du Roi de quelque peuple particulier dont on a déja parlé. Ainsi les articles contribuent merveilleusement à la clarté du discours ; parcequ'ils déterminent la juste idée qu'a celui qui parle. Aussi la Langue Grecque & notre langue sont sans doute les plus propres à traiter les sciences qui demandent plus de précision.

Les différentes manieres de terminer un nom peuvent tenir lieu d'un autre nom. Nous voïons dans toutes les Langues que les noms ont deux terminaisons, dont l'une fait connoître que la chose dont on parle est singuliere, c'est-à-dire, seule en nombre; l'autre, qu'elle n'est pas seule, mais qu'elle fait partie d'un nombre: ce qui fait dire que les noms ont deux nombres, le singulier, & le pluriel. Ce mot, *homme*, avec la terminaison du nombre singulier, marque un seul homme; mais avec la terminaison du nombre pluriel, *hommes*, il signifie tous ou plusieurs hommes. La consonne *S*, qu'on ajoute à la terminaison du nombre singulier, tient lieu dans cette occasion de ce mot *tous* ou *plusieurs*. Ainsi le singulier & le pluriel des noms servent à abreger le discours, & à le rendre distinct. Les Hébreux, les Grecs, & encore aujourd'hui les Polonois ont un troisieme nombre, dans lequel le nom marque que la chose qu'il signifie est double.

Nous ne considérons pas toujours simplement les choses qui sont les objets de nos pensées; nous les comparons avec d'autres; nous faisons réflexion sur le lieu où elles sont, sur le temps de leur durée, sur ce qu'elles ont, sur ce qu'elles n'ont pas, & sur tous les rapports enfin qu'elles peuvent avoir. Il faut des termes particuliers pour exprimer ces rapports & la suite & la liaison de toutes les idées que la considération de ces choses excite dans notre esprit. Dans quelques Langues les différentes terminaisons d'un même nom, qui font que les chûtes ou finales en sont différentes, suppléent à ces mots qui sont nécessaires pour exprimer les rapports d'une chose. Le Grec, le Latin se sert de ces terminaisons différentes: notre François & les Langues vulgaires, excepté la Polonoise qui est une dialect: de l'Esclavon, n'ont point ces terminaisons. Elles marquent les rapports d'un nom, avec des particules. Ces rapports sont infinis. Les Latins les expriment avec six chûtes, ou *cas*, auxquels ils ont donné les noms des rapports les plus ordinaires. Ils ont, par exemple, appellé *Nominatif* le nom considéré absolument sans autre chûte que celle qu'il a. Un nom au Nominatif marque simplement que la chose qu'il signifie est nommée : au Genitif, que cette chose engendre, ou est engendrée. Ce sont les Grammairiens qui ont donné ces noms aux différens cas, pour les distinguer : mais ces cas ont d'autres usages que ceux que signifient ces noms de *Genitif* & de *Datif*. Il y a six cas en chaque nombre, dans le singulier & dans le pluriel. *Le Nominatif*, *le Genitif*, *le Datif*, *l'Accusatif*, *le Vocatif* & *l'Ablatif*. Un même nom, outre la principale idée de la chose qu'il signifie, enferme un rapport particulier de cette chose avec quelqu'autre, selon qu'il est ou au Genitif ou au Datif, &c. *Le Nominatif* signifie simplement la chose; *le Genitif*, son rapport avec celle à qui elle appartient, *Palatium Regis*; *le Datif*, le rapport qu'elle a avec celle qui lui est profitable ou nuisible, *utilis reipublicæ*; *l'Accusatif*, le rapport qu'elle a avec celle qui agit sur elle, *Cesar vicit Pompeium*. On met le nom au *Vocatif*, lorsqu'on adresse son discours à la personne, où à la chose que ce nom signifie; *l'Ablatif* a une infinité d'usages. Il est impossible de les marquer tous.

Les Langues dont les noms ne souffrent point ces chûtes différentes, se servent de certains petits mots qu'on appelle Particules, qui font le même effet que ces chûtes, comme sont en notre Langue, *de*, *du*, *à*, *par*, *le*, *les*, *aux*, *des*, *&c.* Les Adverbes aussi ont un usage peu différent de la chûte des noms; car ils emportent avec eux la force d'une de ces particules. Cet Adverbe *sagement* a la force de ces deux mots, *avec sagesse*.

Les *Adverbes* sont ainsi appellés par les Grammairiens, parcequ'ordinairement on les joint avec un Verbe, comme *courir vîte* : *parler sagement*, *parler lentement*. Ils tiennent lieu d'un nom, & d'une particule qui marque un certain rapport ; c'est pourquoi dans les Langues qui ont des cas, il n'est pas nécessaire que les Adverbes en aient, parceque par eux-mêmes, sans chûte, ils signifient la chose & son rapport : par exemple, *parler lentement*. Dans toutes les Langues les Adverbes sont d'un très grand usage. Ce sont de petits mots qui ne se déclinent point, & qui tiennent lieu de plusieurs paroles : comme en Latin ces Adverbes de temps, *diù*, *cras* ; *nuper*, *dudùm* ; ceux-ci de lieu, *hîc*, *intus*, *foris* ; de quantité, *valdè*, *satis*, *perquàm*. Les différents rapports que les choses ont entr'elles, de lieu, de situation, de mouvement, de repos, de distance, d'opposition, de comparaison, sont infinis. On ne peut parler un moment sans avoir besoin d'en exprimer quelqu'un à l'occasion des choses dont on parle. Nous ne pouvons donc pas douter que ces hommes, que nous faisons trouver de compagnie, n'inventassent bien-tôt des moïens de marquer ces rapports, ou particules, comme dans notre Langue dont les noms n'ont point ces chûtes différentes ; ou par les différentes terminaisons des noms des choses mêmes, comme dans la Langue Grecque, dans la Latine.

Ils inventeroient des Adverbes : c'est-à-dire ces petits mots qui par eux-mêmes marquent des circonstances, qu'autrement on ne pourroit signifier qu'en plusieurs paroles : aussi les Adverbes donnent beaucoup de force au discours en l'abregeant. Les Latins, les Grecs pour cela font presque des Adverbes de tous leurs noms, par une terminaison qui leur est propre ; ainsi de *justus*, les Latins font *justè*, comme de *juste*, nous faisons *justement*. Notre Langue, qui ne veut pas être si serrée, ne fais pas tant d'usage des

Adverbes. Elle aime mieux mettre le nom avec la préposition ; ainsi en François on dit plus élégamment *avec sagesse*, *avec prudence*, *avec orgueil*, *avec modération*, que *sagement*, *prudemment*, *orgueilleusement*, *modestement*. C'est, comme je le crois, parceque la terminaison des Adverbes dans notre langue les allonge trop, ainsi on ne gagne rien. Outre que le son de cette terminaison *ment*, ordinaire aux Adverbes, n'est pas agréable. Aujourd'hui on la change ; car au lieu de *parler justement*, *parler raisonnablement*, on dit *parler juste*, *parler raison*, mettant le nom au lieu de l'Adverbe. Les Hébreux n'ont point de terminaisons comme les Grecs & les Latins, mais aussi ils ont ce qui n'est point dans ces Langues ; savoir des *affixes* ; c'est-à-dire, certaines terminaisons qui tiennent lieu de pronoms, ce qui abrege & rend le discours plus net ; ainsi *Thalmidi*, signifie mon disciple, & *Thalmido* son disciple.

## CHAPITRE IX.

### *Des Verbes, de leurs personnes, de leurs temps, de leurs modes, de leurs voix actives & passives.*

SI nous faisons attention à ce qui se passe dans notre esprit, nous remarquerons que l'on considere rarement les choses sans en faire quelque jugement. Après que ces nouveaux hommes auroient trouvé des mots pour signifier les objets de leurs perceptions, ils chercheroient donc des termes pour marquer leurs jugemens ; c'est-à-dire, cette action de l'esprit par laquelle on juge, en assurant qu'une chose est telle, ou qu'elle n'est pas telle. La partie du discours qui exprime un jugement, s'appelle *proposition*. Or une proposition enferme nécessairement deux termes, l'un appellé sujet qui est celui dont on affirme ; le ſecond qui eſt ce qui eſt affirmé, ſe nomme *l'attribut ;* comme dans cette propoſition : *Dieu eſt juſte ; Dieu* eſt le ſujet ; *juſte* qui eſt le ſecond terme eſt appellé attribut, qui eſt ce qu'on affirme, ou ce qu'on lui attribue. Outre cela une propoſition eſt compoſée d'un troiſieme mot qui lie le ſujet avec l'attribut, qui marque cette action de l'eſprit par laquelle il juge, affirmant l'attribut du ſujet. Dans toutes nos Langues nous appellons *Verbes*, les mots qui marquent cette action. Les Verbes, comme l'Auteur de la Grammaire générale & raiſonnée l'a judicieuſement remarqué, ſont des mots qui ſignifient l'affirmation.

Un ſeul mot ſuffiroit pour marquer toutes les opérations ſemblables de notre entendement, tel qu'eſt ce Verbe *Etre*, qui eſt le ſigne naturel & ordinaire de l'affirmation ; mais ſi nous jugeons de ces nouveaux hommes par ceux qui ont vécu dans tous les ſiecles paſſés, le deſir d'abreger leurs diſcours les porteroit ſans doute à donner à un même mot la force de ſignifier l'affirmation & l'attribut, comme l'on a fait dans preſque toutes les Langues, qui ont une infinité de mots qui marquent l'affirmation & ce qui eſt affirmé ; par exemple, celui-ci *je lis*, marque une affirmation, & en même-temps l'action que je fais lorſque je lis. Ces mots, comme nous avons dit, ſont appellés Verbes. Quand on leur ôte la force de ſignifier l'affirmation, ils rentrent dans la nature des noms ; auſſi on en a fait le même uſage, comme quand on dit *le boire*, *le manger*, ces mots ſont de véritables noms.

La répétition trop fréquente des mêmes noms eſt déſagréable & choquante ; cependant on eſt obligé de parler ſouvent des mêmes choſes. On a donc établi de petits mots pour tenir la place de ces noms qu'il faudroit répéter trop ſouvent. Ces petits mots ſont pour cela appellés *Pronoms*. On compte trois

Pronoms ; le pronom de la premiere personne tient lieu du nom de celui qui parle, comme *Moi*, *je*. Le Pronom de la seconde personne tient lieu de celle à qui l'on parle, comme *Tu*, *Toi*. Celui de la troisieme personne tient lieu de la personne ou de la chose dont on parle, comme *Il*, *Elle*. Ces pronoms ont deux nombres, comme les noms ; le Pronom de la premiere personne au pluriel tient la place des noms de ceux qui parlent ; comme *Nous*. Celui de la seconde personne au pluriel tient la place des noms de ceux à qui on parle, comme *Vous* : & le Pronom de la troisieme personne au pluriel tient la place des noms des personnes & des choses dont on parle, *Ils*, *Elles*.

Pour éviter encore la répétition ennuïeuse de ces Pronoms qui reviennent souvent, dans les anciennes Langues on ajoute aux Verbes quelque terminaison qui tient lieu de ces Pronoms. C'est pourquoi un seul Verbe peut faire une proposition entiere. Ce Verbe *verbero* comprend le sens de cette proposition *Ego sum Verberans*. Outre qu'il marque l'affirmation & la chose affirmée, il signifie encore la personne qui frappe, qui est celle qui parle d'elle-même ; parceque ce Verbe a une terminaison qui tient lieu du Pronom de la premiere personne.

Toutes les Langues ont été très simples dans leur commencement. C'est le desir d'abreger qui a fait que de deux ou plusieurs mots on n'en a fait qu'un. Il y a de l'apparence qu'en Hebreu on a dit d'abord *pakadatà*, comme nous disons : *tu as visité*, d'où ensuite on a fait *pakadta*, comme *pakadti* pour *pakadani* j'ai visité.

Notre Langue & les Langues des Nations voisines sont obligées d'exprimer à part les Pronoms. Les Hebreux ont cet avantage pardessus la Langue Grecque & la Latine, que non-seulement leurs Verbes marquent par leur terminaison le pronom qui en est le nominatif, mais encore celui qui en est le cas. Ainsi *pekado* signifie *ille visitavit eum.* Comme il n'y a point de noms qui reviennent si souvent que les pronoms, les Hebreux donnent pareillement à leurs noms une terminaison qui en tient lieu. Ainsi *Thalmid* signifiant *disciple*; *Thalmidi* signifie *mon disciple.*

Ce que l'on assure du sujet d'une proposition est ou passé, ou présent, ou futur. Les différentes inflexions des Verbes ont la force de marquer la circonstance du temps de la chose qui est affirmée. Les circonstances du temps sont en grand nombre. On peut considérer le temps passé par rapport au présent, comme lorsque nous disons: *Je lisois lorsqu'il entra dans ma chambre.* L'action de ma lecture est passée, au regard du temps auquel je parle; mais je la marque présente au regard de la chose dont je parle, qui est l'entrée d'un tel. On peut considérer le temps passé par rapport à un autre temps passé. *J'avois soupé lorsqu'il est entré*, ces deux actions sont passées l'une au regard de l'autre. Nous pouvons considérer le temps passé en deux manieres, ou comme défini, ou comme indéfini; marquer précisément, quand une action s'est faite, ou dire simplement qu'elle s'est faite; s'il y a quelque temps, ou si c'est aujourd'hui, ce que nous distinguons. *Pierre est venu chez moi, il m'a parlé*, n'est pas la même chose que *Pierre vint chez moi, il me parla.* Ces dernieres expressions marquent qu'on parle d'un temps passé qu'on ne définit point. Les premieres définissent ce temps, & donnent à entendre qu'on parle d'un temps passé depuis quelques heures, ou depuis un jour. Nous pouvons considérer le futur en la même maniere, envisageant un terme précis & défini dans le futur, & quelquefois n'y mettant aucunes bornes.

Nous ne pouvons savoir si dans cette nouvelle Langue, dont nous parlons, toutes ces différentes circonſtances des temps y ſeroient marquées par autant d'inflexions particulieres ; car nous ne voïons pas que les peuples aient diſtingué avec la même exactitude toutes ces circonſtances du temps. Les Verbes chez les Hébreux n'ont que deux temps, le prétérit ou le paſſé, & le futur ; ils n'ont que deux inflexions différentes pour exprimer la diverſité du temps. Les Grecs ſont plus exacts, leurs Verbes ont tous les temps dont nous avons parlé. Je ne doute point que les termes de ce nouveau Langage ne portaſſent au moins les ſignes de quelqu'une de ces circonſtances, puiſque dans toute propoſition il faut déterminer le temps de l'attribut, & que le deſir d'abreger le diſcours eſt naturel à tous les hommes. Quand je dis *j'aimerai*, l'inflexion du temps futur que je donne à ce Verbe *aimer*, me délivre de la peine de dire cette longue phraſe : *il arrivera un tems que je ſerai aimant.* Quand je dis : *j'ai aimé*, cette inflexion du prétérit m'épargne ce grand nombre de paroles, *il a été un temps paſſé que j'étois aimant.*

Les Verbes ont des *modes* ; c'eſt-à-dire, qu'ils ſignifient, outre les circonſtances du temps, les manieres de l'affirmation. Le premier mode eſt *l'Indicatif*, qui démontre & indique ſimplement ce que l'on aſſure. Le ſecond mode eſt *l'impératif*, dont le nom marque l'office, qui eſt de faire connoître que l'on ordonne à celui à qui l'on parle, de faire une telle choſe. Le troiſieme eſt *l'Optatif*, qui ne ſe trouve que chez les Grecs : celui-là exprime le deſir ardent qu'on a qu'une choſe arrive. Le quatrieme mode eſt le *Subjonctif*, ainſi nommé, parcequ'il y a toujours quelque condition jointe à ce que l'on aſſure ; *je l'aimerois, s'il m'aimoit* : ſi cette condition n'étoit exprimée par le Subjonctif, le ſens ſeroit ſuſpendu. Le cinquieme mode eſt *l'Infinitif.* Un Verbe dans ce mode a une ſignification fort étendue

& fort indéterminée, comme *boire*, *manger*, *être aimé*, *être frappé*. Nous verrons dans la suite que les Infinitifs ont la force de lier deux propositions, & que c'est leur principal usage.

Le sixieme mode est le *Participe*. Un Verbe dans le participe ne marque que la chose affirmée, il ne signifie point l'affirmation. C'est pourquoi les participes sont ainsi appellés, parcequ'ils tiennent du verbe & du nom, signifiant la chose que le verbe affirme, & étant en même temps dépouillés de l'affirmation. Le participe *frappé*, marque la chose que signifie le Verbe frapper : mais qui dit *frappé*, n'affirme rien, s'il n'ajoute ou ne sous-entend *il est*, ou *il a été frappé*.

Tous les Verbes, excepté les Verbe *Etre*, *Sum*, *es*, *est*, renferment deux idées, celle de l'affirmation, & de quelque action affirmée. Or une action a ordinairement deux termes; le premier, celui dont elle part; le second, celui qui la reçoit. Dans une action on considere celui qui en est auteur, qui agit, & celui sur lequel on agit, qu'on appelle communément le *Patient*. Il est nécessaire de déterminer quel est le terme de l'action dont on parle : si le sujet de la proposition dont on affirme cette action est agissant ou patient. C'est pourquoi dans les Langues anciennes les verbes ont deux terminaisons & inflexions différentes qui marquent si le verbe se prend dans une signification active ou passive. *Petrus amat*, & *Petrus amatur* : Pierre aime, & Pierre est aimé. Dans la premiere proposition le verbe qui est à l'actif, marque que c'est Pierre qui a de l'amour; dans le second, ce même verbe avec l'inflexion du passif, marque que c'est *Pierre* qui est le terme de l'affection dont on parle.

Il se pourroit donc faire que les verbes de la nouvelle Langue auroient aussi deux inflexions, une active, & l'autre passive. Peut-être qu'on y négligeroit de comprendre dans un ſeul verbe pluſieurs autres circonſtances d'une action : Si elle a été faite avec diligence, ſi l'auteur de cette action agit ſur lui-même, s'il l'a fait faire par quelqu'autre ; ce que les Hébreux ſignifiént par leurs verbes, ſelon les inflexions qu'ils leur donnent. Ils ont huit conjugaiſons où leurs verbes ont différentes ſignifications ; car ce n'eſt pas comme chez les Grecs & les Latins, dont les différentes conjugaiſons n'ont aucune force particuliere, & qui ne conjuguent les verbes différemment, que parcequ'on ne pourroit pas leur donner à tous les mêmes inflexions ſans en rendre la prononciation difficile. Le même verbe Hebreux, ſelon la conjugaiſon où il eſt, a ſept ou huit ſignifications différentes. Par exemple, ce verbe Hebreux *maſar*, *tradere*, ſelon qu'on le conjugue, ſignifie, 1. *Tradidit.* 2. *Traditus eſt.* 3. *Tradidit diligenter.* 4. *Traditus eſt diligenter.* La cinquieme conjugaiſon répond à ce qu'on appelle *le medium* chez les Grecs, où le verbe a une ſignification active & paſſive. 6. *Fecit tradere.* 7. *Factus eſt vel juſſus eſt tradere.* 8. *Tradidit ſe ipſum.* Il y a cent manieres de s'exprimer qui ne ſont pas eſſentielles, & qui ſont particulieres à certaines Langues. Je ne puis pas ſavoir ſi notre nouvelle troupe les négligeroit, & ſe contenteroit de celles qui ſont eſſentielles, & ſans leſquelles on ne peut ſe faire entendre.

Nous voïons tant de différence parmi les Nations en cela, que nous ne pouvons ſavoir à quoi ils ſe détermineroient, ſi ce n'eſt qu'étant encore ſans doctrine, il y a de l'apparence qu'ils prendroient les manieres de s'exprimer les plus ſimples & les plus faciles. Les Turcs ont cela de particulier, que par l'inſertion de quelques lettres, ils multiplient leurs conjugaiſons des verbes ; & leur donnent plus de force que ne font pas même les Hébreux. Le même verbe, ſelon la conjugaiſon où il eſt, marque l'affirmation ou la négation, la poſſibilité ou l'impoſſibilité de l'action qu'il ſignifie. Les Perſans ont avec l'Impératif un autre mode qui défend, comme l'Imperatif commande. Les Arabes ont auſſi une conjugaiſon qui marque le rapport de deux perſonnes qui agiſſent enſemble.

Ces différentes conjugaiſons, & tous ces modes abregent le diſcours. Les Grecs & les Latins n'ont point tant de conjugaiſons que les Orientaux; mais auſſi par le moïen des prépoſitions qu'ils lient avec les verbes, ils expriment une infinité de rapports de l'action ou de la paſſion que peut ſignifier un verbe, comme de *ſcribo* ils font ces verbes, *adſcribo*, *circumſcribo*, *deſcribo*, *exſcribo*, *inſcribo*, *interſcribo*, *perſcribo*, *tranſcribo*, qui marquent nettement des rapports particuliers de l'action que ſignifie *ſcribo*, avec les verbes ſimples. Nous avons pris de la Langue Latine les verbes compoſés. Nous diſons, *écrire*, *récrire*, *circonſcrire*, *décrire*, *inſcrire*, *preſcrire*, *tranſcrire*.

Notre particule *re* eſt d'un grand uſage pour la compoſition des verbes. Quelquefois elle ne change rien en leur ſignification; *repaître* ſignifie la même choſe que *paître*. Elle donne quelquefois plus de force: *reluire*, dit plus que *luire*. Souvent elle marque une action qui ſe fait une ſeconde fois; *reconquérir*, c'eſt *conquérir de nouveau*. Elle donne auſſi d'autrefois un ſens tout contraire à celui du verbe ſimple; *réprouver* a un ſens tout autre que *prouver*. Les Grecs, qui ont un plus grand nombre de ſemblables particules ou prépoſitions, ſont encore plus féconds que les Latins. On le voit dans les Dictionnaires Grecs qui ſont par racines. D'un même verbe on en fait une infinité d'autres. Les Hebreux n'ont point de verbes compoſés: ils ne joignent point à leurs verbes, ainſi que le font les Grecs & les Latins, des prépoſitions dont le nombre eſt petit en cette Langue. Aussi il s'y trouve souvent des ambiguïtés, parceque les prépositions déterminent précisément les rapports de ce qu'on juge, de ce qu'on affirme, & les manieres dont on juge, on assure, ou on nie.

Chaque Langue a ses avantages. Les Latins avec leurs *Gérondifs* marquent la nécessité d'une action. *Amanda virtus* est la même chose que *necessarium est*, ou *oportet amare virtutem*. Leur *Supin* marque l'intention de faire une action. *Eo lusum*, je vais dans l'intention de jouer. Ces différentes manieres de s'exprimer, qui sont toutes belles & ingénieuses, sont des preuves sensibles de la fécondité de l'esprit humain, de sa spiritualité & de sa liberté Les oiseaux d'une même espece n'ont pas un chant différent, & toutes ces différentes Nations, ont une Langue différente, non-seulement dans les termes, mais dans les manieres de s'exprimer.

## CHAPITRE X.

*Ce grand nombre de déclinaisons des noms, & de conjugaisons des verbes n'est point absolument nécessaire. Proposition d'une nouvelle Langue, dont la Grammaire se pourroit apprendre en moins d'une heure.*

L'Ardeur qu'ont les hommes de s'exprimer d'une maniere prompte & facile, leur a fait introduire dans le langage cette grande diversité de déclinaisons des noms, & cette multitude de différentes conjugaisons. Ils ont voulu qu'un même mot marquât plusieurs choses. Ils ont eu aussi égard à la facilité & à la douceur de la prononciation, ce qui a causé dans les Langues une infinité de choses dont on pourroit se passer, s'il n'étoit question que de dire ce qu'on pense. Les noms & les verbes ne peuvent pas être tous composés de mêmes lettres. Or les mots qui ont des lettres différentes, ne peuvent souffrir sans violence les mêmes chûtes & les mêmes inflexions. C'est pourquoi dans la Langue Latine & dans la Grecque, où les noms ont différentes chutes ou cas, il y a plusieurs manieres de décliner. Il y a aussi une grande multiplicité de conjugaisons des verbes, que la seule douceur de la prononciation rend nécessaires: car elles ne marquent aucune circonstance particuliere de l'action que le verbe affirme. On peut compter trente-six différentes conjugaisons dans la Grammaire Hebraique. Il y a treize conjugaisons des verbes réguliers chez les Grecs, dont chacune a trois voix, l'active, la passive, & celle qu'on appelle le *medium*. Les verbes qu'on nomme anomaux ou irréguliers ont tant d'inflexions particulieres, qu'à peine les Grammairiens les peuvent-ils nommer; il en est de même de la Langue Latine, & de plusieurs autres Langues. C'est ce qui grossit les Grammaires de ces Langues, & en rend l'étude difficile.

Nous ne pouvons pas savoir, comme j'ai déja dit, si ces nouveaux hommes ne se feroient point une maniere de parler moins délicate, mais plus simple. Les Tartares Monguls ou Mogols n'ont qu'une conjugaison: tous leurs verbes n'ont que deux temps; savoir, le passé & l'avenir, qu'ils distinguent par deux particules. *Ba* est la marque du passé, & *Mou*, celle du futur. La marque de l'infinitif est *Kou*; c'est aussi celle du gérondif. La marque de l'impératif est *B*. Celle du participe adjectif est *Gi*. Les premieres, secondes & troisiemes personnes pluriels & singulieres des verbes ne sont point marquées par des inflexions particulieres; on joint pour les distinguer les pronoms avec le verbe. Les noms n'ont point d'autre changement dans leur déclinaison que celui qui marque la différence du singulier au pluriel. *Mouri*, un cheval, *Mourit* les chevaux. Les comparatifs ſe forment en ajoutant la particule *Toutta*, qui ſignifie *plus*. Le *Mien*, *le Tien*, s'exprime de la ſorte, *Mourini*, ou *Manai mouri*, mon cheval. *Nanai mouri*, ton cheval. *Tenai mouri*, ſon cheval. Les noms des ouvriers ſe terminent en *Gi*. Les diminutifs ſe forment en ajoutant *Gane*. *Mouri*, un cheval. *Mourigane*, un petit cheval.

L'on peut apprendre toute cette Grammaire en moins d'une heure. On a propoſé quelquefois de faire une nouvelle Langue, qui pouvant être appriſe en peu de tems, devînt commune à tous les peuples du monde, ce qui ſeroit très utile pour le commerce. Pour faire cette Langue, il ne faudroit point établir d'autre Grammaire que celle de la Langue des Tartares : auſſi, avant que d'avoir vû une Relation de cette Langue dans le Recueil des Relations curieuſes que Monſieur Thevenot a fait imprimer, en parlant de cette propoſition d'une nouvelle Langue ; voici ce que j'en avois dit dans la premiere édition de cet Ouvrage. » On a quelquefois propoſé » de faire une nouvelle Langue, qui pouvant être » appriſe en peu de temps, devînt commune à toute » la terre. Je conjecture que le deſſein de ceux qui » faiſoient cette propoſition, conſiſtoit à faire que » cette Langue n'eût qu'un petit nombre de mots. Ils » auroient marqué chaque choſe par un ſeul terme, » & auroient fait que ce ſeul terme, avec quelque » petit changement, eût pu ſignifier toutes les au» tres choſes qui ſe rapportent à celles là. Ils au» roient fait tous les noms indéclinables, marquant » leurs différens cas par des particules ; & les deux » genres, le maſculin & le feminin, par deux termi» naiſons. Ils n'auroient fait que deux conjugai» ſons, l'une pour l'actif, & l'autre pour le paſſif : » encore chaque temps n'auroient point eu ces diffé-

rentes

» rentes terminaison, qui tiennent lieu de pro-
» noms : de sorte que toute la grammaire de cette
» Langue se pourroit apprendre en très peu de
» temps. »

La Langue qu'on appelle le Franc, est à peu-près semblable pour la Grammaire. Elle s'apprend aisément, & s'entend dans tous les côtes de la Mer mediterannée. Elle ne consiste que dans un petit nombre de mots Italiens, François, d'usage dans le commerce. Ces mots n'ont ni genre, ni nombre, ni cas, ni déclinaisons, ni conjugaisons, ni syntaxe.

Il y a autant de simplicité dans la Grammaire Chinoise, selon que Walton le rapporte après Alvarez Semedo. Les Chinois n'ont que trois cens vingt-six mots, presque tous d'une syllabe. Ils ont cinq tons différens, selon lesquels un même mot signifie cinq choses différentes ; ainsi la diversité des cinq tons fait que leurs 326 monosyllabes servent autant que cinq fois 326 mots, c'est-à-dire 1630. Walton dit néanmoins qu'on ne compte en toute la Langue que 1228 vocables ; c'est-à-dire, noms qui distingués par leurs lettres ou par leurs tons, aient des significations différentes. Comme ils n'ont pas l'usage des lettres, chaque nom a son caractere : ainsi autant de noms, autant de caracteres, dont on fait monter le nombre jusques à 12000. Quand les Peres Jésuites allerent prêcher à la Chine, & qu'ils en eurent appris la Langue, ils trouverent bien-tôt le moïen d'en écrire tous les noms avec les lettres de notre alphabet. Ainsi ils se délivrerent de l'embarras de tant de caracteres, ce qui surprit les Chinois. Pour les cinq tons, selon lesquels un même mot a cinq significations différentes, ils les distinguent par ces cinq notes ^ - \ / ᵕ. Ainsi le monosyllabe *Ya*, selon qu'il est noté de l'une de ces cinq notes, cinq différentes significations. *Yâ Deus, yá murus; yà excellens, yá stupor, yà anser.* Il n'y a guere que ceux du païs qui puissent prononcer distinctement ces différens tons.

Les Chinois n'ont ni genre, ni cas, ni déclinaisons. Les mots signifient selon qu'ils sont placés. De deux mots mis ensemble, celui qui est le premier est regardé comme adjectif, ainsi *aurum domus*; c'est, *aurea domus*; & *homo bonus*, c'est, *hominis bonitas.*

Les mots ont aussi la force du verbe, selon qu'ils sont placés: un nom qui signifie une action, tient lieu du verbe quand il est suivi d'un autre nom, comme si l'on disoit *ego amor tu*, pour dire *ego amo te.*

Le pluriel se distingue par une seule particule qu'il n'est pas permis d'ajouter à un nom lorsque dans le discours il paroît d'ailleurs qu'on parle de plusieurs. Ces peuples n'ont point de conjugaisons; ils ajoutent des pronoms aux noms qui tiennent lieu de verbe; ils y joignent la marque du pluriel quand ils parlent de plusieurs personnes. Le present, le prétérit & le futur; les modes, comme l'impératif, l'optatif, &c. se marquent par des particules. Le passif se marque aussi par une particule, & quelquefois par la seule place que tient un nom: les noms servent aussi de préposition. Ainsi il n'est pas difficile de comprendre comment les Chinois peuvent avec un aussi petit nombre de termes s'expliquer sur toutes choses; car les Grecs, dont la Langue est si féconde, n'ont gueres plus de deux mille racines.

C'est une question, si l'abondance des mots est une chose avantageuse? A quoi sert, dit le Pere Thomassin dans la préface de son Glossaire, d'avoir mille noms pour signifier une épée, & quatre-vingt pour un Lion, comme ont les Arabes? Mais il me semble que l'abondance dans une Langue, aussi bien qu'en toute autre chofe, eft un bien. Car en premier lieu il eft certain que les chofes de même efpece, de même genre, peuvent avoir une différence qui leur eft propre ; *Veau*, *Taureau*, *Vache*, *Bœuf*, font les noms d'une efpece d'animal ; mais cependant ces quatre noms marquent quatre chofes fort différentes. Selon qu'on confidere de plus près les chofes, & qu'on en fait différens ufages, on connoît mieux les différences, qu'on ne peut exprimer que par différens noms. Ainfi les mêmes Arabes qui fe fervent beaucoup de chameaux, leur donnent plus de trente différens noms, qui diftinguent les différens états d'un chameau. Lorfqu'il eft dans le ventre de la mere, quand il eft né, & qu'il tete, fi c'eft un mâle, fi c'eft un premier né, lorfqu'il commence à marcher, quand il eft fevré, lorfqu'il fe met à genoux pour recevoir fa charge, & felon d'autres particularités femblables. Cette grande abondance de termes qu'on a dans la Marine pour s'expliquer, eft-elle inutile ? Et comment fe pourroit faire la manœuvre d'un vaiffeau, fi chaque manœuvre n'avoit fon nom ? C'eft une néceffité d'avoir des termes différens pour exprimer des chofes différentes. Ce qui diftingue mieux la différence des chofes qui font trouver tant de différens termes, c'eft la délicateffe du génie de chaque Nation. Les Arts, en fe fervant d'un plus grand nombre de différens inftrumens, ont befoin d'un plus grand nombre de différens termes. Auffi les peuples qui les cultivent ont une plus grande abondance de termes.

Mais on replique, à quoi bon tant de fynonymes ou termes qui ne difent que la même chofe ? Cette multitude de mots d'une même fignification, que quelques Langues fe vantent d'avoir, en marque plutôt, dit on, la pauvreté que l'opulence : car elles n'auroient point tant de divers mots pour dire une même chose, si elles avoient le mot propre pour la signifier. Je réponds en premier lieu, qu'une Langue est véritablement pauvre quand elle ne fournit pas des termes propres pour s'expliquer, à ceux qui écrivent en cette Langue. En second lieu je dis que si on n'avoit point de synonymes, on ne pourroit pas rendre un discours poli & coulant; car il y a des mots qui ne peuvent se joindre ensemble sans en troubler la douceur. Il faut donc avoir à choisir entre des termes synonymes ceux qui s'accommodent mieux. En troisieme lieu, il n'y a rien de si ennuieux que d'entendre trop souvent les mêmes termes, s'ils sont remarquables. La variété dans le discours fait qu'on ne s'apperçoit presque pas qu'on entend parler; on croit voir les choses mêmes. Quand cela arrive, un discours est parfait; comme la perfection de la peinture, c'est qu'on la prenne pour les choses mêmes qui sont peintes. Or la variété dépend de la fécondité d'une Langue.

## CHAPITRE XI.

### *Comment l'on peut exprimer toutes les opérations de notre esprit, & les passions ou affections de notre volonté.*

NOus avons vu comment se marquent les deux premieres opérations de l'esprit; nos perceptions ou nos idées, & les jugemens que nous faisons de ce que nous avons apperçu. Voïons de quelle maniere nous pouvons exprimer la troisieme opération, qui est le *raisonnement*. Nous raisonnons, lorsque d'une ou de deux propositions claires & évidentes, nous concluons la vérité ou la fausseté d'une troisieme proposition obscure & contestée. Comme si pour montrer que Milon est innocent, nous disions;

il est permis de repousser la force par la force ; Milon, en tuant Clodius, n'a fait que repousser la force par la force ; donc, Milon a pu tuer Clodius. Le raisonnement n'est qu'une extension de la seconde opération, & un enchaînement de deux ou de plusieurs propositions. Ainsi il est évident que nous n'avons besoin que de quelques petits mots pour marquer cet enchaînement, comme sont les particules, *donc*, *enfin*, *car*, *partant*, *puisque*, *&c.* Quelques Philosophes reconnoissent une quatrieme opération de l'esprit, qu'ils appellent *Méthode.* Par cette opération on dispose & on ordonne plusieurs raisonnemens. On peut de même exprimer cette disposition & cet ordre, par quelques petites particules.

Toutes les autres actions de notre esprit, comme sont celles par lesquelles nous distinguons, nous divisons, nous comparons, nous allions les choses, se rapportent à quelqu'une de ces quatre opérations, & se marquent avec des particules qui reçoivent différens noms, selon leur différent office. Celles qui unissent sont appellées *conjonctives*, comme *&* ; celles qui divisent *négatives* & *adversatives*, comme *non*, *mais*. Les autres sont *conditionnelles*, comme *si*, *&c.*

Il y a des Langues qui ont un plus grand nombre de ces particules. Il y en a pour l'affirmation, la négation, le jurement, la séparation, la collection. Il y a des particules de lieu, de temps, de nombre, d'ordre, de commandement, de défense, de vœu, d'exhortation, qui marquent si on interroge, si on répond. Ces particules ont une très grande force ; elles ne signifient point les objets de nos pensées, mais quelqu'une de ces actions dont nous venons de parler. Plusieurs d'entr'elles servent aussi à marquer les mouvemens de l'ame, l'admiration, la joie, le mépris, la colere, la douleur. Notre *hâ* marque la douleur. *Ha*, *ha*, *he*, la joie. Ces particules s'appellent *interjections*. *O* en est une qui sert à exprimer quelque mouvement de l'ame, une surprise, l'admiration, *O quel malheur! O la belle chose!* Ces particules, *he*, *ho*, sont aussi des interjections qui servent à exprimer des mouvemens de l'ame; quand on interroge avec action, qu'on exhorte: *He de grace dites-moi*, *Ho répondez-moi*. Nous avons plusieurs particules semblables, qui ont différens usages. Toutes ne s'emploient gueres que dans quelque mouvement; comme quand en nous plaignant nous disons, *hai*, *hai*, *vous me blessez*. Cette particule se prononce aussi lorsqu'on se met à rire. *Fi* marque qu'une chose est dégoutante & vilaine, qu'on n'en veut point. Nous nous servons de cette particule *Helas*, dans les lamentations

Le discours n'est qu'un tissu de plusieurs propositions; c'est pourquoi les hommes ont cherché les moïens de marquer la liaison de plusieurs propositions qui se suivent. Notre *Que* François, qui répond à l'ὅτι des Grecs, fait cette office. Comme quand on dit: *Je sais que Dieu est bon*, il est évident que ce mot *Que* unit ces deux propositions, *Je sais*, & *Dieu est bon*: il marque que l'esprit les lie ensemble. Pour abréger, on met le verbe de la seconde proposition à l'infinitif; & c'est un des plus grands usages de l'infinitif, de lier ainsi deux propositions: par exemple, *Pierre croit tout savoir*, pour *Pierre croit qu'il sait tout*.

Nous savons de quelle maniere on peut signifier les actions de notre ame; voïons à présent ce que la nature feroit faire à cette troupe de nouveaux hommes, pour donner des signes de leurs passions. Consultons-nous nous mêmes sur ce qu'elle nous fait faire quand elle nous porte à donner des signes de l'estime ou du mépris, de l'amour ou de la haine, que nous avons des choſes qui ſont les objets de nos penſées & de nos affections. Le diſcours eſt imparfait lorſqu'il ne porte pas les marques des mouvemens de notre volonté ; & il ne reſſemble à notre eſprit, dont il doit être l'image, que comme des cadavres reſſemblent aux corps vivans.

Il y a des noms qui ont deux idées. Celle, qu'on doit nommer l'idée principale, repréſente la choſe qui eſt ſignifiée ; l'autre, que nous pouvons nommer acceſſoire, repréſente cette choſe revêtue de certaines circonſtances. Par exemple, ce mot *Menteur* ſignifie bien une perſonne que l'on repreut de n'avoir pas dit la vérité ; mais outre cela, il fait connoître qu'on lui reproche de vouloir cacher la vérité par une malice honteuſe, & que par conſéquent on le croit digne de haine & de mépris.

Ces ſecondes idées, que nous avons nommées acceſſoires, s'attachent elles-mêmes aux noms des choſes, & ſe lient avec leur idée principale, ce qui ſe fait ainſi. Lorſque la coutume s'eſt introduite de parler avec de certains termes de ce que l'on eſtime, ces termes acquerent une idée de grandeur : de ſorte qu'auſſi tôt qu'une perſonne les emploie, l'on conçoit qu'elle eſtime les choſes dont elle parle. Quand nous parlons étant animés de quelque paſſion, l'air, le ton de la voix, & pluſieurs autres circonſtances font aſſez connoître les mouvemens de notre cœur. Or les noms dont nous nous ſervons dans ces occaſions, peuvent dans la ſuite du temps renouveller par eux mêmes l'idée de ces mouvemens, comme lorſque nous avons vu pluſieurs fois un ami vêtu d'une certaine maniere, cette ſorte de vêtement eſt capable de nous donner l'idée de cet ami. De là vient que preſque tous les noms propres des choſes naturelles ont des idées acceſſoires ſales, parceque les débauchés ne parlant de ces choſes que d'une maniere inſolente

& deshonnête, les sales images de leur esprit se sont attachées à ces noms; comme un sage Païen s'en est plaint il y a long tems: nous n'avons, dit-il, presque plus de mots chastes & honnêtes. *Honesta nomina perdidimus.*

Et c'est aussi ce qui nous fait comprendre pourquoi avant la corruption universelle des hommes, ou dans le temps qu'on vivoit plus simplement, on avoit plus de liberté de nommer les choses par leur nom, comme ont fait ceux qui ont écrit les Livres de l'Ecriture. Ce n'est pas que ces Auteurs sacrés fussent moins chastes; mais c'est que les Hommes sont devenus plus malins, & qu'ils ont attaché de sales idées aux choses naturelles, dont on ne peut plus parler innocemment qu'en se servant de détour, c'est-à-dire, d'un long discours, qui en même-temps qu'il fait connoître les choses, en fait concevoir des idées honnêtes.

Les mots contractant d'eux-mêmes des idées accessoires, comme nous venons de le dire, c'est-à-dire les idées des choses, & de la maniere dont ces choses sont conçues, notre nouvelle troupe n'auroit pas la peine de chercher des noms pour marquer ces idées accessoires. Il se trouveroit sans artifice, que dans cette nouvelle Langue il y auroit des termes, qui outre les idées principales des objets qu'ils signifient, marqueroient encore les mouvemens de ceux qui se servent de ces termes; comme on connoît que celui qui traite un autre de menteur, le méprise, & l'a en aversion. Outre cela, comme nous ferons voir dans la suite de cet Ouvrage, les passions se peignent elles-mêmes dans le discours, & elles ont des caracteres qui se forment sans étude & sans art.

## CHAPITRE XII.

*Conſtruction des mots enſemble. Il faut exprimer tous les traits du tableau qu'on a formé dans ſon eſprit.*

APrès avoir trouvé tous les termes d'une Langue, il faut penſer à l'ordre & à l'arrangement de ces termes. Si les mots qui renferment un ſens, ne portent des marques de la liaiſon qu'ils doivent avoir, & ſi on n'apperçoit où ils ſe rapportent, le diſcours ne forme aucun ſens raiſonnable dans l'eſprit de celui qui l'écoute. Entre les noms, comme nous avons remarqué, les uns ſignifient les choſes, les autres les manieres des choſes. Les premiers ſont appellés ſubſtantifs, les ſeconds ſont nommés adjectifs. Ainſi comme les manieres d'être appartiennent à l'être, les adjectifs doivent dépendre des ſubſtantifs, & porter les marques de leur dépendance. Dans une propoſition le terme qui en eſt l'attribut ſe rapporte à celui qui en eſt le ſujet : ce rapport doit donc être exprimé.

Dans pluſieurs Langues les noms ſont diſtingués en deux genres par des terminaiſons différentes. Nous appellons le premier genre, maſculin ; le ſecond le genre, féminin. La biſarrerie de l'uſage eſt étrange dans cette diſtribution, tantôt il a déterminé le genre par le ſexe, faiſant de maſculin les noms d'Hommes, & tout ce qui appartient à l'Homme ; & de genre feminin les noms de Femmes, & ce qui regarde ce ſexe, n'aïant égard qu'à la ſeule ſignification : & tantôt, ſans conſiderer ni la terminaiſon, ni la ſignification, il a donné aux noms le genre qu'il lui a plu. Les noms adjectifs, & les autres noms qui ſignifient plutôt les maniere des choses, que les choses, ont ordinairement deux terminaisons, une masculine, l'autre feminine.

Cela est ordinaire dans le Grec & dans le Latin, & dans les Langues qui en dépendent; ce qui contribue à rendre ces Langues claires, de quelque maniere qu'on range le discours, comme nous le dirons. Les noms Anglois n'ont ni cas, ni genre, comme si tous étoient adverbes, ce qui doit causer de l'obscurité dans leur Langue. La Langue Hébraïque a cet avantage, que ses verbes, aussi-bien que les noms, sont capables de différens genres. On voit si c'est d'un Homme ou d'une Femme que l'on parle.

La différence de genre sert à marquer la liaison des membres du discours, & la dépendance qu'ils ont les uns des autres. On donne toujours aux adjectifs le genre de leurs substantifs; c'est-à-dire, que si le nom substantif est masculin, son adjectif a une terminaison masculine; & c'est cette terminaison qui fait connoître à qui il appartient. Lorsqu'un être est multiplié, ses manieres sont aussi multipliées: il faut donc encore que les adjectifs suivent le nombre singulier ou pluriel de leur substantif. Les verbes ont deux nombres, comme les noms: au singulier ils marquent que le sujet de la proposition est un en nombre: au pluriel leur signification enferme la pluralité de ce sujet: par conséquent les verbes doivent être mis dans le nombre du nom exprimé ou sous-entendu qui est le sujet de la proposition.

Les Hommes sont quelquefois si occupés des choses mêmes, qu'ils ne font pas réflexion sur leurs noms: ils ne prennent pas garde quel est le genre de ces noms, quel est leur nombre; ils reglent leurs discours par les choses: ils placent le verbe au pluriel, quoique le nom auquel il se rapporte soit singulier, parcequ'ils conçoivent par ce nom une idée de pluralité. Ainsi Virgile dit: *Pars mersi tenuêre ratem*, pour *pars mersa tenuit ratem* : parceque, sans avoir égard à ce nom, *pars*, qui est feminin, & au singulier, il envisage les Hommes dont il parle. Nous disons en François, *il est six heures*, considérant *ces six heures* comme un seul temps déterminé, qui est nommé six heures. Quelquefois on oublie un mot, parceque ceux à qui on parle peuvent le suppléer. On dit en Latin, *triste lupus stabulis*, sous-entendant ce mot, *negotium*.

Il est évident que, comme le discours n'est qu'une image de nos pensées, afin que le discours soit naturel, il doit avoir des signes pour tous les traits de nos pensées, & les représenter toutes comme elles se trouvent rangées dans notre esprit. Cela seroit ainsi dans toutes les Langues, si le desir qu'on a d'abréger, n'avoit porté les Hommes à retrancher du discours tout ce qu'on y peut suppléer, & à choisir pour cela des expressions abrégées ; ce qui se voit dans la Langue Latine. Toutes ces expressions, où il semble que l'ordre naturel n'est pas gardé, n'ont cependant rien de particulier, si ce n'est que l'usage en a retranché quelque mot qui se suppléoit facilement : cette maniere de parler, *pœnitet me peccati*, est la même chose que *pœna tenet me peccati mei*. Comme celle-ci, *meâ refert*, est la même chose que *in meâ re fert*. Sanctius, dans l'excellent ouvrage qu'il a composé sur cette matiere en expliquant la syntaxe Latine, montre que toutes les manieres de cette Langue, qui paroissent extraordinaires, ne le sont en effet que parcequ'il y a quelque mot supprimé, & qu'ainsi il est facile de les rappeller à l'ordre commun.

Les Maîtres de l'Art ont nommé figures les manieres de parler extraordinaires. Il y a des figures de Rhétorique, il y a des figures de Grammaire. Les premieres expriment les mouvemens extraordinaires dont l'ame est agitée dans les passions, où elles forment une cadence agréable. Les figures de Grammaire se font dans la construction, lorsque l'on s'éloigne des regles ordinaires : Par exemple, cette maniere de s'exprimer, *pars mersi tenuêre ratem*, dont nous venons de parler, est une figure que les Grammairiens appellent *Syllepse*, ou *Conception*; parceque pour lors l'on conçoit le sens autrement que les mots ne portent, & qu'ainsi l'on fait la construction selon le sens, & non selon les paroles. *Triste lupus stabulis* est ce qu'on appelle *ellipse*, c'est-à dire omission ou oubli de quelque chose, comme ici de ce nom *negotium*. On appelle *hyperbate* le renversement de la maniere ordinaire d'arranger les mots. Ainsi *transtra per & remos* pour *per transtra & remos*, est une hyperbate. On peut quelquefois se servir d'expressions différentes qui donnent une même idée, de sorte qu'il semble indifférent de se servir de l'une plutôt que de l'autre, comme *dare classibus austros*, ou *dare classes austris*, exposer les navires aux vents, ou leur faire recevoir le vent, sont deux expressionspeu différentes. Lorsque de ces deux façons de parler on choisit celle qui est moins ordinaire, cela s'appelle *Enallage* ou *changement*.

Le discours doit avoir tous les traits de la forme des pensées de celui qui parle, comme on vient de le dire : il faut donc quand nous parlons, que chacune de nos idées que nous voulons faire connoître, ait dans le discours un signe qui la représente. Mais aussi il faut observer qu'il y a des mots qui ont la force de signifier beaucoup de choses, & qui, outre leurs idées principales, peuvent en réveiller plusieurs autres, du nom desquelles ils font par conséquent l'office. Lorsque toutes nos idées sont exprimées avec leur liaison, il est impossible que l'on n'apperçoive ce que nous pensons, puisque nous en donnons tous les signes nécessaires. C'est pourquoi ceux-là parlent clairement qui parlent ſimplement, qui expriment leurs penſées d'une maniere naturelle, dans le même ordre, dans la même étendue qu'elles ſont dans leur eſprit. Il eſt vrai qu'un diſcours eſt languiſſant quand on donne des termes particuliers à chaque choſe qu'on veut ſignifier. On ennuie ceux qui écoutent, s'ils ont l'eſprit prompt. Outre cela, l'ardent deſir de faire connoître ce qu'on penſe, ne ſouffre pas ce grand nombre de paroles. On voudroit, s'il étoit poſſible, s'expliquer en un ſeul mot: c'eſt pourquoi on choiſit des termes qui puiſſent exciter pluſieurs idées; & par conſéquent tenir la place de pluſieurs paroles: & l'on retranche ceux qui étant oubliés, ne peuvent cauſer d'obſcurité. La regle, c'eſt d'avoir égard à la qualité de l'eſprit de ceux à qui on parle: ſi ce ſont des perſonnes ſimples, il ne leur faut laiſſer rien à deviner, & leur dire les choſes au long.

L'Ellipſe, cette figure de Grammaire qui ſupprime quelques paroles, eſt fort commune dans les Langues Orientales. Les peuples d'Orient ſont chauds & prompts; ainſi l'ardeur avec laquelle ils parlent, ne leur permet pas de dire ce qui ſe peut ſous-entendre. Notre Langue ne ſe ſert point de cette figure, ni de toutes les autres figures de Grammaire. Elle aime la netteté & la naïveté; c'eſt pourquoi elle exprime les choſes, autant qu'il ſe peut, dans l'ordre le plus naturel & le plus ſimple.

En parlant nous devons avoir un ſoin particulier des choſes principales, & choiſir pour elles des expreſſions qui faſſent de fortes impreſſions, ſoit par la multitude des idées qu'elles contiennent, ſoit par leur étendue. Les Peintres groſſiſſent les traits principaux de leurs Tableaux; ils en augmentent les couleurs, & affoibliſſent celles des autres traits, afin que l'obſcurité de ces derniers releve l'éclat de ceux qui doivent paroître. Les pétites choses, & qui ne sont pas de l'essence d'un discours, ne veulent être dites qu'en passant : c'est une faute de jugement bien grande d'emploier pour elles de longues phrases : c'est détourner les yeux du Lecteur de ce qu'il est important qu'il considere, & les attacher à une bagatelle. On peche en deux manieres bien différentes contre le juste choix que l'on doit faire d'expressions serrées ou étendues, selon que la matiere le demande. Les uns sont diffus, les autres sont secs : les uns prodiguent les paroles, les autres les ménagent trop ; les uns sont stériles, les autres sont trop féconds. Les premiers ne représentent que la carcasse des choses, & leurs ouvrages sont semblables aux premiers desseins d'un tableau, dans lequel le Peintre n'a fait que marquer par un leger craïon la place des yeux, de la bouche, & des oreilles du Portrait qu'il veut faire. La trop grande fécondité des derniers étouffe les choses. Il faut apporter un juste tempérammment. Après que le Peintre a tiré tous les traits nécessaires, ceux qu'il ajoute ensuite gâtent les premiers. Les paroles superflues obscurcissent le discours ; elles empêchent qu'il ne soit coulant ; elles lassent les oreilles, & s'échappent de la mémoire.

*Omne supervacuum pleno de pectore manat.*
( *Horat. Art. Poët. v.* 337. )

La politesse consiste en partie dans un retranchement sévere de toutes ces paroles perdues qui en sont comme les ordures. Un corps n'est poli qu'après qu'on a ôté avec la lime les petites parties qui rendoient sa surface raboteuse.

Les Grammairiens appellent *Tautologie* cette répétition des mêmes choses, qui ne sert qu'à rendre le discours plus long & plus ennuïeux. Lorsque le discours est ainsi chargé de paroles superflues, ce défaut se nomme aussi *Perissologie*. Néanmoins on n'est pas obligé de ménager les paroles avec tant de scrupule, que l'on ne puisse mettre quelque mot de plus qu'il ne faut, comme quand on dit en Latin, *Vivere vitam*, *auribus audire*. Cette maniere de parler qui est figurée, se nomme *Pleonasme* ou *abondance*.

Pour éviter les deux extrêmités de dire trop, ou de ne dire pas assez, il faut méditer son sujet avec beaucoup d'application, pour s'en former une image nette, qui ait tous les traits qui lui sont propres & essentiels. Dans le premier feu de la composition il ne faut point ménager ses paroles ; mais après qu'on a dit tout ce qu'on pouvoit dire, il faut, s'il m'est permis de parler ainsi, mettre toutes ces paroles dans le pressoir pour en exprimer le suc, & en retrancher le marc. C'est-à-dire qu'il faut retrancher ce qui est inutile, avec cette précaution qu'en coupant des chairs superflues, on ne coupe point quelque nerf. Un discours doit être lié : une particule retranchée fait que la liaison ne paroît plus. La délicatesse, & en même temps la force du style, consistent dans l'union & dans la liaison des parties du discours. Il ne faut point laisser au lecteur cette liaison à deviner : ce ne sont, comme je l'ai dit, que de petits mots qui la font ; il faut donc bien prendre garde de ne les pas retrancher. Mais aussi il faut avouer que lorsque le discours est clair par lui-même, ces mots étant inutiles, ils ne font que l'embarasser. C'est pourquoi on a raison de condamner notre *car* en plusieurs occasions ; par exemple, en celle-ci, *il fait jour, car le soleil est levé*. Cette conséquence est trop claire pour qu'il soit besoin de la marquer. Comme un Lecteur est bien aise qu'on ne l'oblige pas de deviner, aussi tout ce qu'on lui dit de trop l'importune. Il ne faut rien oublier pour atteindre la fin, mais ce qui ne sert de rien est un embarras qui retarde.

## CHAPITRE XIII.

### *De l'ordre & de l'arrangement des mots.*

CE n'est pas une chose aussi aisée qu'on le pense, de dire quel est l'ordre naturel des parties du discours ; c'est-à-dire, quel est l'arrangement le plus raisonnable qu'elles puissent avoir. Le discours est une image de ce qui est présent à l'esprit, qui est vif. Tout-d'un-coup il envisage plusieurs choses, dont il seroit par conséquent difficile de déterminer la place, le rang que chacune tient, puisqu'il les embrasse toutes, & les voit d'un seul regard. Ce qui est donc essentiel pour ranger les termes d'un discours, c'est qu'ils soient liés de maniere qu'ils ramassent & expriment tout-d'un-coup la pensée que nous voulons signifier. Néanmoins, si nous voulons trouver quelque succession d'idées dans l'esprit, comme l'on ne peut concevoir le sens d'un discours si auparavant on ne sait quelle en est la matiere, on pourroit dire que l'ordre demande que dans toute proposition le nom qui en exprime le sujet soit placé le premier ; s'il est accompagné d'un adjectif, que cet adjectif le suive de près ; que l'attribut soit mis après le verbe qui fait la liaison du sujet avec l'attribut ; que les particules qui servent à marquer le rapport d'une chose avec une autre, soient insérées entre ces choses, afin que tous les mots qui lient deux propositions, se trouvent ensemble.

Aussi voïons-nous que les peuples qui expriment sans Art leurs pensées, se sont assujettis à cet ordre. Les anciens Francs parloient comme ils pensoient. Ils ne cherchoient point d'autre ordre que celui des choses mêmes, & les exprimant selon qu'elles se présentoient à leur esprit, ils rangeoient leurs paroles comme leurs pensées se trouvoient disposées dans leur conception. On pense d'abord au sujet d'une proposition : l'esprit ensuite le compare & en assure quelque chose, ou il nie cette chose, selon le jugement qu'il fait ; ainsi le sujet occupe la premiere place, ensuite l'action de l'esprit qui juge est avant la chose qui est niée ou affirmée. Dans notre Langue, le nom qui exprime le sujet de la proposition va devant ; après on place le verbe, & suit le nom qui marque l'attribut. Cet ordre est naturel, & c'est un des avantages de notre Langue de ne point souffrir qu'on s'en écarte. Elle veut qu'on parle comme l'on pense. Pour penser raisonnablement, il faut considerer les choses avec cet ordre, que premierement on s'applique à celles dont la lumiere sert à faire découvrir les autres. Il faut donc que les paroles soient placées selon que leur sens doit être entendu, afin qu'on puisse appercevoir le sens de celles qui suivent. Le génie de notre Langue, c'est qu'un discours François ne peut être beau si chaque mot ne réveille toutes les idées, l'une après l'autre ; selon qu'elles se suivent. Nous ne pouvons souffrir qu'on éloigne aucun mot qu'il faille attendre pour concevoir ce qui précede ; ennemis pour cela des parenthéses & des longues périodes. Aussi notre Langue est propre pour traiter les sciences, parcequ'elle le fait avec une admirable clarté, en quoi elle ne cede à aucune autre. Il ne s'agit donc en enseignant, que d'être clair.

Mais aussi il faut avouer que ce n'est pas tant une vertu qu'une néceßité à notre Langue de suivre l'ordre naturel ; ce qui lui est commun avec toutes les Langues dont les noms n'ont ni genre, ni cas. Il faut, dans un discours, qu'il paroisse où se doivent rapporter les parties dont il est composé. Nous ne parlons des choſes, que pour marquer ce que nous en jugeons, à quoi nous les rapportons. Si cela ne paroît, le diſcours eſt confus. Qu'on diſe en Latin: *Deus fecit hominem*, ou *hominem fecit Deus*, il n'y a aucune ambiguité. On voit bien que ce n'eſt pas l'Homme qui a fait Dieu, parcequ'*hominem* étant à l'accuſatif. & *Deus* au nominatif, on connoît que c'eſt ce nominatif qui agit ſur l'Homme; mais dans notre Langue, *Dieu a fait l'Homme*, & *l'Homme a fait Dieu*, n'eſt pas une même choſe. C'eſt le ſeul ordre qui diſtingue celui qui agit d'avec celui qui eſt le ſujet de l'action; quand on dit, *Dieu a fait l'Homme*, l'on marque que c'eſt Dieu qui agit. Sans cet arrangement ces mêmes mots ont un ſens contraire; au lieu qu'en Latin *hominem fecit Deus*, ou *hominem Deus fecit*, ou *fecit hominem Deus*, ou *Deus fecit hominem*, eſt une même choſe.

Les Latins & les Grecs ne ſont donc pas obligés de s'aſſujettir comme nous à l'ordre naturel. Il y a même lieu de conteſter ſi c'eſt un défaut dans leur Langue de s'en diſpenſer; car outre que ce renverſement, comme on l'a fait voir, quand il eſt reglé ne cauſe point d'obſcurité, on peut dire que le diſcours en eſt même plus clair & plus fort. Lorſqu'on parle on ne veut pas ſeulement marquer chaque idée qu'on a dans l'eſprit par un terme qui lui convienne; on a une conception qui eſt comme une image faite de pluſieurs traits qui ſe lient pour l'exprimer. Il ſemble donc qu'il eſt à propos de préſenter cette image toute entiere, afin qu'on conſidere d'une ſeule vue tous ſes traits liés les uns avec les autres comme ils le ſont; ce qui ſe fait dans le Latin, où tout eſt lié, comme les choſes le ſont dans l'eſprit. Dans cette expreſſion, *hominem fecit Deus*, on voit que ce mot *hominem*, n'eſt pas là ſans ſuite, qu'il ſe doit rapporter à quelque nom; & toute l'expreſſion *hominem fecit*

*Deus*, repréſente la penſée de celui qui parle, non par parties briſées, mais toute entiere. Ce premier mot *hominem* ne ſignifie rien ; il faut, pour découvrir ce qu'il ſignifie, enviſager toute l'expreſſion ; ce qui oblige de la conſiderer toute entiere. On peut dire qu'en François chaque mot fait un ſens. *Dieu a fait;* cela a un ſens, mais ces mots *hominem fecit*, n'en ont aucun, qu'après qu'on y a joint le nominatif *Deus*. En quelque Langue que ce ſoit on n'apperçoit jamais parfaitement le ſens d'une expreſſion qu'après l'avoir entendue toute entiere ; ainſi l'ordre naturel n'eſt pas ſi abſolument néceſſaire qu'on ſe l'imagine, pour faire qu'un diſcours ſoit clair. Celui qui dit *hominem fecit Deus*, ne conſidere l'homme que dans ce rapport qu'il a avec Dieu qui eſt ſon Créateur : cet accuſatif marque ce rapport. Ajoutez que le retardement que ſouffre le Lecteur, & l'attente qu'on lui donne d'une ſuite, le rendent beaucoup plus attentif. L'ardeur qu'il a de découvrir les choſes s'augmente, & cette attention fait qu'il les conçoit plus facilement. Auſſi les expreſſions Latines ſont plus fortes étant plus liées. Le renverſement qu'on y fait, lie une propoſition, & la ramaſſe en quelque maniere ; car le Lecteur eſt obligé pour l'entendre d'enviſager toutes les parties enſemble ; ce qui fait que cette propoſition le frappe plus vivement. Encore une fois, tout eſt coupé en François. Nos paroles ſont détachées ; c'eſt pourquoi elles ſont languiſſantes, à moins que les choſes dont on parle n'en ſoutiennent le tiſſu.

Je l'ai dit, il ne faut pas s'imaginer que l'eſprit forme ſes penſées avec tant de lenteur, que les choſes auxquelles il penſe ne ſe préſentent à lui que ſucceſſivement. D'une ſeule vûe il voit pluſieurs choſes. On peut donc dire qu'un arrangement eſt naturel lorſqu'il préſente toutes les parties d'une propoſition unies entre elles comme elles ſont dans l'eſprit. Cela s'accommode mieux à notre vivacité naturelle. On perd patience lorſqu'on ne nous dit les choſes que l'une après l'autre, d'une maniere interrompue, & par conſéquent ennuïeuſe à un eſprit qui voudroit qu'on lui dît les choſes tout-d'un-coup comme il les voit. Celui qui a écrit des avantages de notre Langue (*Monſieur le Laboureur, déſenſe de la Langue Françoiſe*) n'avoit pas fait cette réflexion, lorſqu'il condamne la maniere dont les Latins pouvoient arranger leurs paroles. Il tâche de les rendre ridicules. Il rapporte ces paroles de Ciceron : *Quem enim noſtrûm ille moriens apud Mantineam Epaminondas non cum quadam miſeratione delectat ?* Ce qu'il traduit ainſi : *Lequel car de nous lui mourant à Mantinée Epaminondas ne avec quelque compaſſion delecte-t il point ?* Sans doute que ce François eſt choquant, parceque ce n'eſt point ainſi qu'on parle en François, & que c'eſt l'ordre, comme nous l'avons dit, qui fait connoître où chaque choſe doit ſe rapporter ; au-lieu qu'en Latin ce ſont les cas, les gentes. Auſſi quelque renverſement qu'on trouve dans les paroles Latines de Ciceron, à moins qu'on n'ignore le Latin, on ne peut y trouver d'obſcurité. C'eſt en vain que cet Auteur dit que les Romains penſoient en François avant que de parler en Latin. Car un François même ne tiendroit guere du génie de ſa Nation, s'il penſoit ſucceſſivement & diſtinctement à toutes les choſes qu'il ne peut exprimer que les unes après les autres. On le ſait ſi bien, qu'un tour trop régulier rend le diſcours languiſſant. Quand on le peut, on s'en écarte, & avec grace. *Il périt ce Germanicus, ſi cher aux Romains, dans une armée où il eût eu moins à craindre les ennemis de l'Empire, qu'un Empereur qu'il avoit ſi bien ſervi.* Cela a bien plus de grace que ce tour régulier : *Ce Germanicus si cher aux Romains périt dans une armée, &c.*

Néanmoins il ne faut pas conclure de tout ce'a qu'il soit permis aux Latins & aux Grecs de transporter leurs mots sans aucune modération. Il n'y a que de foibles Ecrivains qui prennent cette liberté, les bons l'ont condamnée ; car sans difficulté un mot ne doit jamais être trop éloigné du lieu où il se rapporte. Quand on y manque, c'est un défaut qui se pardonne, mais c'est lorsqu'il est rare ; & alors les Grammairiens, comme nous l'avons dit, en font une figure qu'ils appellent *hyperbate ;* c'est-à-dire transposition ; telle qu'est celle-ci dans ces vers de Virgile :

——— *Furit immissis Vulcanus habenis*
*Transtra per & remos.* ( Æneid. l. 5. v. 662. & seq. )

Disons encore, en faveur de la Langue Latine, que cette liberté qu'elle a, lui donne le moïen de rendre le discours plus coulant & plus harmonieux. Elle peut déplacer un mot de son lieu naturel sans que ce déplacement cause du désordre, pour le mettre ailleurs où sa prononciation s'accommodera mieux avec celle des mots qui le précéderont ou qui le suivront. Nous sommes extraordinairement gênés en François. Comme ce n'est que le seul ordre qui fait la construction, c'est-à-dire, qui fait connoître où chaque chose se doit rapporter, le génie de notre Langue nous assujettit à l'ordre qui est usité, quand même il n'arriveroit aucune obscurité si on ne le suivoit pas : c'est une même chose que *blanc bonnet* ou *bonnet blanc*, *noir chapeau* ou *chapeau noir*, *blanche robe* ou *robe blanche*, cependant on ne peut pas dire l'une & l'autre. On est contraint de dire toujours *un bonnet blanc*, *un chapeau noir*, *une robe blanche*, comme au contraire il faut dire *une belle femme*, il n'eſt jamais permis de dire, *une femme belle.*

L'arrangement même, ce qui n'eſt point en Latin, change le ſens des mots, car *ſage femme* & *femme ſage ; groſſe femme* & *femme groſſe*, *mort bois* & *bois mort*, ne ſont pas une même choſe.

Il y a pourtant de certaines occaſions où le renverſement de l'ordre naturel eſt une beauté. Cette expreſſion, *comme diſent les Philoſophes*, eſt plus élégante que celle-ci, *comme les Philoſophes diſent.* Ce qui fait voir que ſi l'on ne peut ſouffrir les changemens qui ne cauſent point d'obſcurité, c'eſt ſouvent un caprice. Les Italiens ne ſont pas ſi exacts obſervateurs de l'ordre naturel que nous. C'eſt une beauté de leur Langue que de dire, *il mio amore*, pour *l'amore mio*. Ils ne ſe mettent pas en peine que cela faſſe quelque équivoque : ils diſent *Aleſſandro l'ira vince :* ce qui peut avoir deux ſens. La coutume fait beaucoup. On conçoit aiſément ce qui eſt dans les manieres ordinaires ; ce qui fait qu'elles deviennent naturelles. Les Anglois arrangent leurs ſubſtantifs autrement que nous. *The Kings' Court*, comme s'ils diſoient *du Roi la Cour.*

## CHAPITRE XIV.

### *De la netteté, & des vices qui lui ſont oppoſés.*

L'Arrangement des mots mérite une application particuliere, & l'on peut dire que c'eſt par l'Art de bien placer les parties du diſcours, que les excellens Orateurs ſe diſtinguent de la foule : car enfin les mots ſont dans la bouche de tout le monde, les Orateurs ne les font pas ; il n'y a que la diſpoſition de ces mots qui leur appartienne, & qui fasse dire qu'ils parlent bien.

*Dixeris egregiè, notum si callida verbum*
*Reddiderit junctura novum.* (Horat. Art. Poët. v. 47. & seq.)

Je ne parle pas encore ici de cet arrangement qui rend le discours harmonieux, mais de celui qui le rend net. La netteté & la clarté sont une même chose. Un discours est net lorsqu'il présente une peinture nette & claire de ce qu'on a voulu faire concevoir. Pour peindre un objet nettement, il en faut représenter les propres traits, donnant pour cela les seuls coups du pinceau nécessaires. Ceux qui sont inutiles gâtent l'ouvrage. La clarté dépend en premier lieu de la propriété des termes; le sens figuré n'y nuit point, pourvû qu'il soit à la portée de tout le monde: en second lieu, de l'arrangement des paroles. Lorsqu'on s'attache à l'ordre naturel, on est clair: ainsi le renversement de cet ordre, ou la transposition des mots, *trajectio verborum*, est un vice opposé à la netteté. Notre Langue ne souffie de transpositions que rarement. Ce n'est pas parler François, dit Vaugelas, que de dire, *Il n'y en a point qui plus que lui se doive justement promettre la gloire*: Il faut dire, *Il n'y en a point qui plus justement que lui se doive promettre la gloire.* C'est une transposition que d'éloigner trop un mot de celui qu'il doit suivre immédiatement, comme dans cet exemple, *selon le sentiment du plus capable d'en juger de tous les Grecs*, au lieu de dire, *selon le sentiment de celui de tous les Grecs qui étoit le plus capable d'en juger.* Il faut placer chaque mot dans le lieu où il répand plus de lumiere. C'est une espéce de transposition que d'éloigner deux mots qui doivent s'éclaircir. Afin que cela n'arrive pas, il faut couper une phrase lorsque la fin est trop écartée du commencement; autrement quand le Lecteur est à la fin, il ne se souvient presque plus du commencement.

Le second vice contre la netteté est un embarras de paroles superflues. On ne conçoit jamais nettement une vérité, qu'après avoir fait le discernement de ce qu'elle est d'avec ce qu'elle n'est pas ; c'est-à-dire, qu'après qu'on s'en est formé une idée nette, qui se peut exprimer en peu de paroles. Le froment tient peu de place après qu'il est séparé de la paille. Aussi retranchant les paroles qui ne servent de rien, le discours est court & net : par exemple, ôtant de l'expression suivante les paroles inutiles qui l'embarrassent : *En cela plusieurs abusent tous les jours merveilleusement de leur loisir* ; d'embarrassée qu'étoit cette expression vous la rendrez nette, la réduisant à ces termes : *En cela plusieurs abusent de leur loisir.* Il faut éviter de prendre de longs détours, il faut aller droit à la vérité.

On doit être exact à observer les regles de la syntaxe ; ou de la construction. Ce n'est pas parler nettement que de dire : *Il ne se peut taire ni parler ;* car on ne dit pas, se parler : ainsi il faut dire, *il ne peut se taire ni parler.* Il y a des termes dont la signification vague & étendue ne peut être déterminée que par leur rapport à quelqu'autre terme : se servir de ces termes, & ne pas faire connoître où ils se doivent rapporter, c'est vouloir user d'équivoques. Par exemple, qui diroit : *Il a toujours aimé cette personne dans son adversité*, il feroit une équivoque ; car le Lecteur n'apperçoit pas ou le pronom *son* doit se rapporter, si c'est à cette personne, ou à celui qui a aimé : cette faute est très considerable. Or une des principales applications de ceux qui écrivent, doit être d'éviter de semblables équivoques, comme nous en avertit le plus judicieux de tous les Rhéteurs ; non-seulement celles qui jettent le Lecteur dans l'incertitude quel peut être le véritable sens d'une expreſſion, mais celles même que la ſuite du diſcours éclaircit, & où perſonne ne peut être trompé. Il (*Quintilian. l. 8. c. 2.*) en donne des exemples pris de la langue Latine. *Vitanda imprimis ambiguitas, non hæc ſolùm quæ incertum intellectum facit; ut, Chremetem audivi percuſſiſſe Demeam; ſed illa quoque quæ etiam ſi turbare non poteſt ſenſum, in idem tamen verborum vitium incidit; ut ſi quis dicat, viſum à ſe hominem librum ſcribentem; nam etiam ſi librum ab homine ſcribi pateat, malè tamen compoſuerat, feceratque ambiguum, quantum in ipſo fuit.*

Comme dans le François nous ne marquons point les rapports des noms par des genres & par des cas, nous ferions à tous momens des équivoques, ſi nous n'employions les articles, qui ſervent à déterminer le ſens du diſcours. Ce ſeroit une équivoque de dire, *l'amour de la vertu & Philoſophie*; car on ne marque point le rapport de ce mot *Philoſophie*, s'il le faut joindre avec *la vertu*, ou avec *amour*. Cette ambiguité n'eſt point en Latin: quand on dit, *amor virtutis & Philoſophiæ*, on voit que *Philoſophiæ* étant au génitif comme *virtutis*, il faut joindre ces deux choſes enſemble. Pour ôter cette équivoque dans cette expreſſion Françoiſe, il faut mettre l'article, *l'amour de la vertu & de la Philoſophie*. Dans l'uſage des articles il faut diſtinguer l'article indéfini d'avec celui qui eſt défini, & ne pas mettre l'un pour l'autre. C'eſt mal parler que de dire *je n'ai point de l'argent*, lorſqu'on veut dire en général qu'on eſt ſans argent. En cette occaſion il faut écrire *je n'ai point d'argent*. Au contraire quand on ne parle pas en général, mais qu'on indique une choſe déterminée, c'eſt une faute de ſe ſervir de cet article indéfini pour celui qui eſt défini: Dire, par exemple, *donnez-moi d'argent*, pour *donnez-moi de l'argent*.

C'est la nécessité qu'il y a d'éviter les équivoques qui nous fait rejetter les participes autant qu'on le peut : je dis autant qu'on le peut, car on est souvent obligé de s'en servir, parce qu'ils abregent le discours. Le sens des participes est indéterminé dans notre langue ; ils n'ont ni cas, ni genre : ainsi comme leur rapport ne paroît pas, il n'y a que la suite qui les fasse appercevoir ; c'est pourquoi ils causent des ambiguités, comme dans cet exemple : *Je l'ai apperçu sortant de l'Eglise*, on ne sait si c'est moi qui sortois, ou celui dont je parle. Cette équivoque ne se fait point en Latin ; car selon ce que je voudrai signifier, je dirai : *Vidi eum egredientem Ecclesiâ*, ou *vidi eum Ecclesiâ egrediens*. Pour éviter donc l'équivoque, on est obligé de dire la chose d'une autre maniere. *Je l'ai apperçu lorsque je sortois de l'Eglise*, ou *lorsqu'il sortoit de l'Eglise*, selon le sens qu'on veut marquer. Vaugelas remarque fort bien que ce n'est pas assez de se faire entendre, mais qu'il faut faire ensorte qu'on ne puisse point n'être point entendu. Il n'y a rien de plus opposé à la netteté, que le sont certaines expressions que ce même Auteur appelle louches, parceque l'on croit qu'elles regardent d'un côté, & elles regardent de l'autre, comme est ce vers de l'Oracle.

*Aio te, Æacida, Romanos vincere posse.*

Pyrrhus fils d'Achille descendant d'Eacus, à qui s'adressoit cet Oracle, l'entendoit de cette maniere : *O descendant d'Eacus, je dis que tu pourras vaincre les Romains*, & le sens étoit que les Romains remporteroient sur lui la victoire. Les Grecs appellent ce vice *Amphibologie*. Les parentheses trop longues & trop fréquentes sont aussi opposées à la netteté : Les exemples n'en sont pas rares dans les Auteurs.

L'avis que j'ai donné de placer les particules dans les lieux où elles sont nécessaires, est très considérable. Comme nos membres ne feroient pas un corps, s'ils n'étoient liés les uns avec les autres d'une maniere imperceptible : aussi des paroles & des phrases ne sont pas un discours, si elles ne sont liées si étroitement, que le Lecteur soit conduit du commencement jusques à la fin, presque sans qu'il s'en apperçoive. Ce sont ces petites particules qui font cette liaison, qui font un corps de toutes les parties du discours, & en unissent les membres. Elles font la beauté & la délicatesse du langage ; elles rendent le discours coulant & suivi : sans elles il est semblable à un corps disloqué, coupé & mis en pieces, à du sable sans chaux, *Arena sine calce*, comme l'Empereur Claude le disoit du style de Seneque. Ce défaut rend & languissant & désagréable tout ce que l'on dit. Le ménagement des particules est un des grands secrets de l'éloquence, particulierement dans la Langue Grecque & dans la Latine.

---

## CHAPITRE XV.

### *De la véritable origine des Langues.*

SI ce que Diodore de Sicile a écrit de l'origine des Langues étoit véritable, ce que nous avons dit de ces nouveaux hommes qui se sont formé une Langue, ne seroit pas une fable, mais une véritable histoire. Cet Auteur propose le sentiment de quelques Philosophes touchant le commencement du monde. Après que les élémens eurent pris leur place dans l'Univers, & que les eaux se furent assemblées en un même lieu, la terre, disent ils, qui étoit encore humide, fut échauffée par la chaleur du

Soleil, &, devenant féconde, produisit les hommes & les autres animaux, comme elle produit encore aujourd'hui des rats, des grenouilles & la plupart des insectes, qui naissent, comme on le pense, de pourriture. Tout est faux dans ce que dit Diodore. Quel mouvement pourroit remuer les parties du limon, de sorte qu'en se froissant, en se coupant, elles prissent des figures justes pour composer la machine d'un animal? Je ne parle pas seulement de l'homme, je dis qu'il n'y a point d'insecte qui ne soit composé d'un nombre de ressorts qui ne se pourroient compter, quand ils seroient assez gros pour être sensibles. Si on ne peut donc nous faire comprendre que le hazard puisse former une montre d'une centaines de parties différentes, comment nous expliqueroit-on la composition d'un animal qui a des millions de ressorts? Mais achevons d'écouter cette fable que Diodore raconte. Il dit donc que les hommes, nés de la terre, comme les herbes dans un jardin, les grenouilles dans un étang, que ces hommes, dis-je, qui étoient dispersés de côté & d'autre, apprirent par expérience, qu'il leur étoit avantageux de vivre ensemble pour se défendre les uns les autres contre les bêtes: que d'abord ils s'étoient servis de paroles confuses & grossieres, lesquelles ils polirent ensuite, & établirent des termes nécessaires pour s'expliquer sur toutes les matieres qui se présentoient: & qu'enfin, comme les hommes n'étoient point nés dans un seul coin de la terre, & que par conséquent il s'étoit fait plusieurs societés différentes, chacune aïant formé son langage, il étoit arrivé que toutes les Nations ne parloient pas une même Langue.

C'étoit l'opinion des Grecs les plus polis, qui s'imaginoient être effectivement nés dans les païs qu'ils habitoient, se glorifiant d'être enfans de leur propre terre, *αὐτόχθονες indigenæ*. Si la terre ne peut pas produire un insecte, ou qu'on ne puisse pas concevoir comme elle le pourroit faire, on ne concevra pas que l'homme soit sorti de la terre, ou qu'il se soit fait. Tous les anciens monumens de l'histoire s'accordent avec l'Ecriture, qui nous apprend que Dieu créa le premier homme. Les Grecs n'avoient aucune véritable connoissance de l'Antiquité, comme Platon le leur reproche dans l'un de ses Dialogues, où il fait dire à Timée, que les Egyptiens avoient coutume d'appeller les Grecs des enfans, parcequ'ils ne savoient, non plus que de petits enfans, d'où ils étoient sortis, & ce qui s'étoit passé avant leur naissance; ainsi nous ne devons pas nous arrêter à leurs contes.

Tous les anciens monumens de l'antiquité, comme je l'ai dit, rendent témoignage à la vérité de ce que Moïse raconte dans la Genese, de la naissance du monde, & des premiers hommes. Nous apprenons de ce Livre divin, de l'autorité duquel personne ne peut douter, que Dieu forma Adam le premier de tous les hommes; il le créa parfait, avec une compagne, il lui donna donc un langage qu'ils parlerent l'un avec l'autre. C'est cette Langue qui doit être regardée comme la premiere. Les savans croient avoir des preuves que c'est la Langue Hebraïque dont Dieu s'est servi en parlant aux Patriarches, & dans laquelle Moïse & les autres Ecrivains sacrés ont écrit les saintes Ecritures. On croit donc que ce premier langage, qui fut ensuite celui des Hébreux, se conserva après le déluge jusqu'à la confusion qui survint dans le langage de ceux qui bâtirent la Tour de Babel. Ce n'est pas le sentiment d'un certain Auteur, * dont le Livre a été imprimé à Venise, il y a quelques années. Il soutient que la Langue Grec-

* *Joan. Petr. Ericus.*

que eſt la premiere de toutes : qu'Adam a parlé Grec. Ses preuves ſont, qu'auſſi-tôt que ce premier homme ouvrit les yeux, il admira la beauté des ouvrages de Dieu, & s'écria, O; qu'ainſi il trouva l'ὦ Grec; enſuite l'ῦ, lorſqu'après qu'Eve fut ſortie de ſon côté, en la ſentant il prononça ῦ ῦ. Il dit que le premier né d'Adam aïans pleuré en naiſſant, il fit entendre ῖ ῖ ῖ ῖ; comme le ſecond enfant, qui avoit, dit l'Auteur, la voix plus grêle, en criant prononça ὶ ὶ ὶ ὶ. C'eſt par de ſemblables raiſons qu'il prétend prouver que la Langue Grecque eſt auſſi naturelle que certains chants à une certaine eſpece d'oiſeaux. Il tombe ainſi dans l'opinion de ces Philoſophes dont nous nous ſommes moqués. Rien de plus ridicule ni de plus faux qu'un ſemblable ſentiment. Les Grecs mêmes, comme Hérodote, ne font pas difficulté de croire que leur Langue vient d'une Langue plus ancienne.

Reprenons la ſuite conſtante de l'hiſtoire des Langues. L'Hébreu, ou la Langue des anciens Patriarches, fut celle de toute la terre. Avant que les enfans de Noé euſſent entrepris de bâtir la Tour de Babel, il n'y avoit qu'une ſeule Langue. Le deſſein de ceux qui voulurent élever cette Tour, étoit de ſe défendre contre Dieu même, s'il vouloit encore punir le monde par un déluge, qu'ils eſpéroient ne leur pouvoir plus nuire lorſqu'ils auroient achevé cet ouvrage. Dieu, voïant cette entrepriſe téméraire, mit une telle confuſion dans leur Langue & dans leurs paroles, qu'il leur étoit impoſſible de comprendre ce qu'ils s'entrediſoient les uns aux autres. C'eſt ce qui les contraignit de laiſſer imparfait cet ouvrage de leur vanité, & de ſe ſéparer en divers païs.

L'opinion la plus commune touchant cette confuſion, eſt que Dieu ne confondit pas tellement le langage de ces hommes, qu'il fit autant de différentes Langues qu'ils étoient d'hommes. L'on croit seulement qu'après cette confusion chaque famille se servit d'une Langue particuliere : ce qui fit que les familles s'étant séparées, les hommes furent distingués aussi-bien par la différence de leur langage, que par celle des lieux où ils se retirerent. Il se pouvoit faire que cette confusion ne consistât pas en de nouveaux mots, mais dans le changement ou transposition, dans l'addition ou retranchement de quelques lettres, de celles qui composoient les termes qui étoient en usage avant cette confusion. Ce qui le fait croire, c'est qu'on tire facilement de la Langue Hebraïque, qui a été celle d'Adam, & qui s'est toujours conservée, l'origine des anciens noms des Villes, des Provinces, & des peuples qui les ont premierement habitées ; comme plusieurs savans hommes l'ont très bien prouvé, mais particulierement Samuel Bochard dans sa Géographie sacrée.

Il y a des Auteurs qui prétendent que ce que Moïse dit de la confusion des Langues de ceux qui bâtissoient la Tour de Babel, se peut entendre d'une mésintelligence qui se mit entr'eux. Leur raison, c'est que les Orientaux après la dispersion se sont servis de diverses Dialectes plutôt que de diverses Langues : que sans une confusion miraculeuse de Langues, l'éloignement des peuples, l'établissement des Empires & des Républiques, la diversité des Loix & des coutumes, le commerce des Nations déja séparées purent causer du changement dans le langage : que la Grece, par exemple, a été habitée par les Phéniciens & les Egyptiens, de la Langue desquels le Grec s'est formé : que la Langue des Perses, des Scythes, & celle des Peuples septentrionnaux, ont beaucoup de rapport les unes avec les autres, &

tirent, toutes, leur origine de l'Hebreu. C'est ce que le Pere Thomassin prouve dans son Glossaire.

Ainsi ce n'est point le hazard qui a appris aux hommes à parler ; c'est Dieu qui leur a donné leur premier langage ; c'est de la Langue qu'il donna à Adam, que toutes les Langues sont venues, celle-là aïant été, pour ainsi dire, divisée & multipliée. De quelque maniere que cela se soit fait, la confusion que Dieu mit dans les paroles de ceux qui vouloient élever la Tour de Babel, n'est pas la seule cause de cette grande diversité & multiplicité des Langues. Celles qui sont en usage aujourd'hui par toute la terre, sont en bien plus grand nombre que n'étoient les familles des enfans de Noé, lorsqu'elles se séparerent, & bien différentes de leur langage. Il se fait dans les Langues, aussi bien que dans toutes les autres choses, des changemens insensibles, qui font qu'après quelque temps elles paroissent tout autres qu'elles n'étoient dans leur commencement. Nous ne doutons pas que le François que nous parlons maintenant ne vienne de celui qui étoit en usage il y a cinq cens ans, cependant à peine pouvons-nous entendre le François qui se parloit il y a deux cens ans. Il ne faut pas s'imaginer que ces changemens n'arrivent que dans nôtre Langue. Quintilien dit que la Langue Romaine de son temps étoit si différente de celle des premiers Romains, que les Prêtres n'entendoient presque plus les Hymnes que les premiers Prêtres de Rome avoient composées pour être chantées devant les Idoles de leurs Dieux. Platon dans le Cratyle dit la même chose de l'ancien Grec ; que vû les grands changemens qui s'y étoient faits, il ne falloit pas s'étonner qu'il différât autant du nouveau, que celui-ci du Barbare. *Οὐδὲν θαυμαστὸν ἂν εἴη εἰ ἡ παλαιὰ φωνὴ πρὸς τὴν νυνὶ βαρβαρικῆς μηδὲν διαφέρει.* Platon appelle Barbare le langage des Peuples qui n'ont aucune politesse, qui ne cultivent ni les arts, ni les sciences.

La différence du langage, ou la férocité des premiers hommes qui étoient corrompus, comme l'Ecriture le déclare, fit que peu de temps après la confusion de la Tour de Babel, ils se séparerent, ne pouvant vivre les uns avec les autres. Chacun se retira dans les lieux qui n'étoient point encore habités, où il pouvoit vivre avec ses femmes & ses enfans, & regner seul. C'est le grand nombre d'idées, la diversité des affaires, le trafic, les arts, les sciences, qui ont fait trouver ce nombre prodigieux de mots dont une Langue a besoin, & cette grande régularité dans la construction des paroles, afin qu'elles soient capables d'un style clair, sans équivoques. Mais qui étoient-ils ces premiers hommes qui allerent habiter les différens climats de la terre? des chasseurs qui n'avoient aucune occupation, ni entretien, ni commerce qui demandât de la fécondité dans les termes, & de la régularité dans l'arrangement. Ils n'avoient besoin que d'un jargon, qui se multiplia & se diversifia prodigieusement; car comme il ne consistoit que dans un petit nombre de termes, il se pouvoit changer facilement.

La différence du temperament & des climats fait qu'on ne prononce pas de la même maniere. Ainsi ceux mêmes qui avoient dans le commencement le même langage avant leur séparation, purent dans la suite prononcer si différemment les mêmes mots, qu'ils ne parurent plus les mêmes. Ajoutons que n'aiant eu qu'un très petit nombre de termes, quand ils se séparerent, lorsqu'il en fallut trouver de nouveaux pour marquer les choses dont ils commençoient de se servir, ils ne pouvoient pas inventer les mêmes, étant éloignés les uns des autres, & ne se connoissant plus. C'est ainſi qu'il y eut ſur la terre autant de différentes Langues que de contrées. Cela devoit arriver quand il n'y auroit point eu de confuſion miraculeuſe des Langues parmi les entrepreneurs de la Tour de Babel, & que tous les hommes dans le temps qu'ils ſe diſperſerent ſe fuſſent entendus. Ils ont pu dans la ſuite changer ſi fort leur premier langage; qu'il s'en ſoit formé de nouvelles Langues L'inconſtance des hommes en eſt une des principales cauſes. L'amour qu'ils ont pour la nouveauté leur fait établir de nouveaux mots à la place de ceux qu'ils rebutent, & d'autres manieres de prononcer, qui font dans la ſuite des années un langage tout nouveau.

Chaque peuple a ſes manieres de prononcer, ſelon la qualité du climat. Ceux du Nord ſont portés à ſe ſervir de mots compoſés de conſonnes fortes, qui ſe prononcent du fond du goſier. Les Saxons changent les conſonnes, que les Grammairiens appellent *tenues*, dans les moïennes, & celles-ci en aſpirées; ainſi au lieu de *bibimus*, ils prononcent *pipimus*; pour *bonum*, ils diſent *ponum*, pour *vinum*, *finum*. Il y a des Nations entieres qui ne peuvent prononcer de certaines lettres, comme les Ephraïmites ne pouvoient prononcer le *ſchin* des Hebreux, & pour *ſchibboleth*, diſoient *ſibboleth* Les Gaſcons & les Eſpagnols n'aiment point la lettre *F*. Ceux-ci diſent *harina* pour *farina*, *habulare* pour *fabulare*: les Gaſcons diſent *hille* pour *fille*. C'eſt ce qui fait que chaque Nation déguiſe tellement les mots qu'elle emprunte d'une Langue étrangere, qu'on ne les connoît plus.

Auſſi ceux qui recherchent l'étymologie ou l'origine des nouvelles Langues, pour faire comprendre comment elles viennent des anciennes, ont ſoin de rapporter quelles ont été les différentes manieces de prononcer en différens temps, & comment par ces différentes manieres, les mots ont été changés de telle sorte, qu'ils paroissent tout autres qu'ils n'étoient dans leur premiere origine. Par exemple, il n'y a pas grande conformité entre *écrire*, & le mot Latin *scribere*, d'où il vient; entre *établir*, & *stabilire* : voici la cause de cette différence. Nos François avoient coutume, en prononçant cette lettre *S*, de faire sonner devant elle un *E*, comme on le fait encore au dela de la Loire. Ainsi au lieu de *scribere*, ils prononçoient *escribere* : *establire*, pour *stabilire*. L'on a pris la coutume ensuite de ne point prononcer la lettre *S*, après *E*, au commencement des mots : c'est pourquoi on a dit *ecribere*, *etabilire*; & enfin en abregeant ces mots, sont venus ces mots François, *écrire*, *établir*. Les changemens qui se sont faits de cette maniere dans la prononciation, ont tellement déguisé les mots Latins, qu'il s'en est fait une nouvelle Langue. Il en est de toutes les Langues comme de la Françoise. Notre Langue, l'Espagnole, & l'Italienne viennent du Latin. Le Latin vient du Grec. Le Grec vient en partie de l'Hebreu, comme le Chaldaïque & le Syriaque. L'on s'étonne d'abord quand on fait venir d'une Langue plus ancienne quelque mot d'une nouvelle Langue : Par exemple, un mot Latin d'un mot Hebreu; si leur différence est considérable. Cet étonnement vient de ce que l'on ne prend pas garde que ce mot Latin avant que d'avoir la forme qu'il a, a passé par plusieurs païs, & qu'il a été prononcé en différentes manieres qui l'ont défiguré.

Les peuples ont des inclinations particulieres pour de certaines lettres, pour de certaines terminaisons, soit par caprice ou par raison, trouvant que la prononciation de ces lettres & de ces terminaisons est plus facile, & qu'elle s'accommode mieux avec leurs dispositions naturelles. Cela se remarque particulierement dans la Langue Grecque; & c'est ce qui a introduit dans l'usage commun de cette Langue ces particularités qu'on nomme *Dialectes*. Les Attiques, par exemple, au lieu de σ mettent ξι, ῥῶ, ταῦ. Ils ajoutent cette syllabe ἐν, à la fin de beaucoup de mots : ils joignent souvent ι, à la fin des adverbes : ils abregent les mots, au contraire les Ioniens les allongent. Les Dores ou Doriens font dominer l'α presque par-tout. Les Eoliens mettent un β avant ρ; de deux μμ, ils en font deux ππ; ils changent le θ en φ. Il en est de même de la Langue Chaldaïque, au regard de la Langue Hébraïque. Les Italiens, les François, & les Espagnols, ont leurs lettres & leurs terminaisons particulieres, comme on le peut voir dans les Grammaires, & dans les Dictionnaires de ces Langues. Ces particularités, comme il est manifeste, changent beaucoup les Langues, & mettent de grandes différences entr'elles; de sorte que bien qu'elles viennent d'une même mere, s'il m'est permis de parler ainsi, elles ne paroissent point sœurs. Les Langues Françoise, Espagnole, & Italienne semblent être sorties de Langues toutes différentes.

Si chaque canton de la terre a eu dans son commencement un Langage particulier, comment, me dira-t-on, ces Langues générales, étendues, & qu'on a nommées des Langues meres, se seroient-elles pu former ? Cela est arrivé lorsqu'un homme qui avoit plus d'esprit & de force de corps, soit par son savoir faire, soit par la force de ses armes, a rassemblé plusieurs peuples qu'il a obligés de vivre sous les mêmes Loix. C'a été une nécessité qu'ils convinssent d'un Langage. Les vaincus prirent celui des victorieux, à qui ils voulurent faire leur cour, & dont ils rechercherent les faveurs. Alors, vivant enſemble, s'entr'aidant, bâtiſſant des maiſons, exerçant les arts, trafiquant, la néceſſité, le plaiſir, l'utilité, les ornemens, les affaires, les jeux, les converſations, firent qu'il leur étoit néceſſaire d'avoir pluſieurs termes pour s'expliquer. Soit par hazard, ſoit par choix, ils ſe ſervirent des termes les plus propres pour s'exprimer ſans équivoques & avec agrément. Or quand un terme eſt une fois reçu & autoriſé, il devient propre : l'uſage en eſt plus facile. Ce qui eſt aiſé plaît : on agit ſelon les habitudes. Ainſi dans un Etat il s'eſt établi une ſorte de Langage qu'on a parlé plus volontiers.

La terre aïant été comme partagée en différens Etats & Empires, il s'eſt fait différentes Langues. Il n'étoit plus poſſible que des peuples éloignés, ſous différentes dominations, ſous différens climats, inventaſſent les mêmes termes ; ſe formaſſent un même Langage. Chaque peuple s'eſt ſervi des mêmes mots qu'il a trouvés établis, qu'il a allongés, abregés, changés, pour ſignifier des choſes a-peu-près ſemblables, ſelon qu'il s'eſt plû à certains ſons, à certaines lettres ; ce qui eſt remarquable en toutes les Langues, le ſeul ſon ou la ſeule terminaiſon d'un mot faiſant juger de quelle Langue il peut être. C'eſt toujours ſelon une certaine analogie ou proportion que les hommes forment leur Langage. On fait plus volontiers ce qu'on a coutume de faire ; on le fait plus aiſément, & enſuite preſque néceſſairement. De-là vient que chaque Langue a ſes mots d'un certain ſon, ſes termes particuliers, un certain tour.

L'établiſſement des Empires a été ſuivi, comme nous venons de le dire, de l'établiſſement des Langues meres. Les changemens qui ſont arrivés aux Etats en ont auſſi cauſé dans le Langage. Car dans ces changemens plusieurs peuples se lient ensemble, d'où l'on voit naître un Langage bizarre. Ainsi notre François ne vient pas seulement du Latin, il est composé de plusieurs mots usités aux anciens Gaulois, avec lesquels les Romains se mêlerent dans les Gaules. La Langue Angloise a plusieurs mots François; ce qui vient de ce que les Anglois ont long-temps demeuré dans la France, dont ils possédoient une partie très considérable. Les Espagnols ont plusieurs mots Arabes, soumis qu'ils ont été pendant plusieurs siecles aux Mores qui parlent Arabe. Les termes des Arts viennent pour l'ordinaire des lieux où ils ont été cultivés. Ainsi les Grecs aïant travaillé avec plus de soin à perfectionner les sciences, les termes des beaux Arts viennent presque tous du Grec. L'art de naviger a été fort cultivé dans le Nord; plusieurs de nos termes de Marine en viennent.

La Langue Latine s'est corrompue, & de sa décadence sont venues les Langues Italienne, Espagnole, & Françoise: ce qui s'est fait de cette maniere. Les Romains perdirent l'Empire par leur molesse. En dégénérant de la valeur de leurs peres, ils corrompirent leur Langage avec leurs mœurs. Outre cela les Barbares s'étant rendus maîtres de l'Italie, de l'Espagne & des Gaules, il se fit un mélange de mots barbares avec le Latin qu'on parloit dans tout l'Empire. Les peuples devinrent grossiers & ignorans: ils ne penserent plus à parler correctement. La Langue Latine ne se peut bien parler sans une attention particuliere, à cause de tous ses différens genres & différentes déclinaisons. Nous voïons que dans notre Langue qui est si facile, le petit peuple ne peut s'assujettir aux regles; il dira plus souvent *j'allions; je fimes*, que *nous allions*, *nous fimes*: ainsi la Langue Latine ne devint plus qu'un jargon; on prit les manieres des Barbares qui n'avoient point de déclinaisons. Lorsque les Italiens, les Espagnols, les François commencerent à se relever, & qu'ils furent maîtres chez eux, ils travaillerent à dégrossir ce jargon qui s'étoit introduit après la décadence de l'Empire & de la Latinité. Chacun commença à se faire des regles & à s'y assujettir. Ce qui a fait les trois Langues, Italienne, Espagnole & Françoise.

Les Colonies ont fort multiplié les Langues. On voit que les Tyriens, qui trafiquoient autrefois par toute la terre, avoient porté leur Langage de tous côtés. On parloit à Carthage, Colonie des Tyriens, la Langue Phénicienne, qui est une dialecte de l'Hebreu. On le peut démontrer par plusieurs argumens, mais particulierement par les Vers écrits en Langage Punique ou Carthaginois, qui se lisent dans Plaute. Or ces Colonies multiplient une Langue, comme nous venons de le dire, & d'une elles en font plusieurs. Car outre que ceux qui vont en ces Colonies ne savent pas assez exactement la Langue de leur pais pour la conserver sans la corrompre, cette Langue, recevant dans deux différens païs où on la parle des changemens différens, elle se divise & se multiplie nécessairement. Il n'est pas difficile de trouver la véritable origine des Langues, pourvu que l'on connoisse un peu l'antiquité: mais mon dessein ne me permet pas de m'arrêter plus long-temps sur cette matiere. De ce que nous avons dit, il suit clairement que l'usage change les Langues, qu'il les fait ce qu'elles sont, & qu'il exerce sur elles un souverain empire, comme nous le ferons voir plus amplement dans le Chapitre suivant.

## CHAPITRE XVI.

*L'usage est le maître des Langues. Elles s'apprennent par l'usage.*

IL ne s'agit pas de faire une nouvelle Langue, mais d'entendre celles dont on se sert, & de les parler purement. Nous avons vû qu'originellement les hommes sont maîtres du Langage; qu'il dépendoit d'eux de choisir comme il leur plaisoit des sons pour signes de leurs pensées; mais que c'est de la premiere Langue que Dieu forma lui-même, que toutes les Langues sont venues. Je ne peux donc m'empêcher de combattre ici l'impertinence d'Epicure, quoique je l'aie déja fait. Il prétendoit que les hommes étoient nés de la terre comme des champignons, & que les mots dont ils se sont servis étoient naturels, & qu'il ne dépendoit pas de leur liberté d'en choisir. Voici comment le Langage se forma, selon ce mauvais Philosophe. Comme les animaux, à la présence de quelque objet extraordinaire, font de certains cris, de même les hommes aïant été frappés par les images des choses qui se présenterent à eux, l'air qui étoit renfermé dans leurs poûmons fut déterminé à sortir d'une certaine maniere, & forma une voix qui devint le nom de ces choses.

Il est très certain qu'il y a des voix naturelles, & que dans les passions l'air sort des poûmons d'une maniere particuliere, & forme les soupirs, & plusieurs exclamations, qui sont des voix véritablement naturelles. Mais il y a bien de la différence entre ce Langage qui n'est pas libre, & celui dont nous usons pour exprimer nos idées. Il y a plusieurs raisons qui prouvent que les mots ne sont point naturels. Premierement ils ne ſont pas les mêmes en toutes les Langues, ce qui devroit être ſi la nature avoit trouvé elle-même les mots dont nous nous ſervons. Car les Turcs qui ne parlent pas François, ne ſoupirent pas d'une autre maniere que les François. Toutes les brutes d'une même eſpece font le même cri; & communément nous ne voïons rien faire à un homme qui ſoit différent de ce que nous faiſons, que dans ce qui dépend de ſa liberté. La nature agit de la même maniere en tous les hommes: les peuples parlant donc différentes Langues, c'eſt une marque aſſurée que le Langage n'eſt pas l'ouvrage de leur nature; mais de leur liberté. L'expérience le montre. Tous les jours on fait des mots nouveaux; on en tire à la vérité quelques-uns des autres Langues; mais auſſi on en invente qui n'ont jamais été.

Ce n'eſt donc point la nature que nous devons conſulter pour apprendre d'elle quels termes on doit emploïer. L'uſage eſt le maître & l'arbitre ſouverain des Langues, perſonne ne lui peut conteſter cet empire. Or cet uſage n'eſt rien autre choſe que ce que les hommes, uſant de leur liberté, ont coutume de faire. Un particulier s'aviſe de propoſer un certain terme, ſi pluſieurs veulent bien prendre la coutume de s'en ſervir, c'en eſt fait, ce n'eſt plus un ſon confus qui ne ſignifie rien, mais un véritable mot qui a une idée qui ſe lie avec lui par la coutume que l'on a de penſer à la choſe qu'il ſignifie, en même temps qu'on le prononce & qu'on l'entend prononcer.

La raiſon & la néceſſité nous obligent de ſuivre l'uſage; car il eſt de la nature du ſigne d'être connu parmi ceux qui s'en ſervent. Les mots n'étant donc des ſignes de nos idées, que parcequ'ils ont été liés par l'uſage à certaines choſes, on ne doit les emploïer que pour signifier celles dont on est convenu qu'ils seroient les signes. On pouvoit appeller *Chien* cet animal que nous appellons *Cheval*; & celui que nous appellons *Chien*, un *Cheval*; mais l'idée du premier étant attachée à ce mot *Cheval*, & celle du second à cet autre mot *Chien*, on ne peut les confondre & les prendre l'un pour l'autre, sans mettre une entiere confusion dans le commerce des hommes, semblable à celle qui s'éleva parmi ceux qui voulurent bâtir la Tour de Babel. On méprise la bizarrerie de ceux qui ne suivent pas les modes qu'une longue coûtume autorise; c'est une bizarrerie bien plus grande & qui tient de la folie, de s'écarter des manieres ordinaires de parler. Se servir de termes inconnus, c'est envelopper de ténebres ce qu'on veut expliquer.

Il arrive dans le Langage la même chose que dans les habits; il y en a qui poussent les modes jusques à l'excès; d'autres prennent plaisir à s'opposer au torrent de la coutume. Il y a des personnes qui affectent de ne se servir que des termes & des expressions qui sont reçues depuis fort peu de temps. Les autres déterrent le Langage de leurs bisayeuls, & parlent avec nous comme s'ils conversoient avec ceux qui vivoient il y a deux cens ans. Les uns & les autres pechent contre le bon sens. Lorsque l'usage ne fournit point de termes propres pour exprimer ce que nous voulons dire, on a droit de rappeller ceux que l'usage a rebutés mal-à-propos. Un homme est excusable quand pour se faire entendre il fait un nouveau mot; pour lors on doit blâmer la pauvreté de la Langue, & louer la fécondité de l'esprit de celui qui l'a enrichie. *Datur venia verborum novitati, obscuritati rerum servienti.* Pourvu toutefois que ce nouveau mot soit habillé à la mode, & qu'il ne paroiſſe point étranger ; c'eſt-à-dire, qu'il ait un ſon qui ne ſoit pas entierement différent de celui des mots uſités ; qu'en le faiſant venir, par exemple, du Latin, on le change ſelon l'analogie, c'eſt-à-dire, en la maniere qu'on change les mots Latins qui ont une terminaiſon ſemblable, comme de *alacer*, on fait *alaigre* ; de *macer*, on fait *maigre*. Au lieu que les noms en *er*, qui n'ont pas *c* devant *er*, comme *tener*, *Alexander*, ſe changent autrement : nous diſons *tendre*, *Alexandre*.

Les Langues s'apprennent par l'uſage, ſans étude & ſans art. Le fils d'un artiſan, d'un laboureur, parle le Langage de ſon pere, il ſe ſert des mêmes mots, des mêmes manieres de parler, & il les prononce avec le même ton, ſans que ſon pere l'en inſtruiſe ; il apprend à parler comme lui, ſans preſque aucun deſſein d'apprendre, ſans écouter aucune leçon, en l'entendant parler ſeulement. La nature eſt une excellente maîtreſſe, qui inſtruit efficacement. Les organes de nos ſens ſont preſque tous liés les uns avec les autres. Lorſque les oreilles ſont remuées par un certain mouvement, la Langue eſt déterminée à un mouvement proportionné à celui qui ſe fait dans les oreilles. De là vient qu'entendant chanter ou prononcer quelque parole, nous ſentons dans les organes de la voix une diſpoſition à chanter le même air, à prononcer la même parole. L'homme eſt porté par la nature à imiter tout ce qu'il voit faire. Si nous voyions ce qui ſe paſſe dans le mouvement des nerfs, ou petits filets qui viennent du cerveau, nous verrions ſans doute cette admirable liaiſon & communication des organes. Nous y remarquerions que par le chant d'une perſonne, les nerfs des oreilles ſont remués de maniere que leur mouvement ſe communique aux filets qui ſervent aux organes de la parole, qui reçoivent ainſi une diſpoſition pour produire le même chant.

Outre cela nous avons de l'empreſſement pour dire ce que nous penſons, & la néceſſité où nous ſommes de demander du ſecours, & d'entretenir commerce avec les hommes, fait que nous deſirons ardemment de ſavoir ce que les autres penſent. Nous aimons la compagnie, nous prenons plaiſir à parler & à entendre parler. Tout cela fait que dans un païs étranger on en apprend la Langue ſans peine, autant qu'il eſt néceſſaire pour entendre ceux avec qui on converſe, & pour demander ſes beſoins. Les enfans ſont encore plus ardens pour ce qu'ils ſouhaitent; auſſi apprennent-ils les Langues plus facilement. Si on veut faire apprendre le François à un jeune étranger, il n'y a qu'à le faire jouer avec des François de ſon âge : le deſir qu'il aura de prendre ſa part du plaiſir, ce qu'il ne peut faire qu'en exprimant ſes deſirs, & entendant tout ce que diſent les autres, lui fera plus apprendre de François en quinze jours, qu'un Maître ne lui en montreroit en ſix mois.

Il n'eſt donc pas difficile de concevoir comment un enfant apprend le Langage de ſon pere, & comment il prononce avec le même ton & de la même maniere les paroles qu'il entend. Son pere, en lui préſentant du pain, ou quelqu'autre choſe, a ſouvent fait ſonner à ſes oreilles ce mot *pain*. Ainſi, comme nous avons dit ci-deſſus, l'idée de la choſe qu'on appelle *pain*, & le ſon des lettres qui compoſent ce nom, ſe ſont liés dans ſa tête; de ſorte qu'il eſt porté à dire ce même mot en voïant du pain, qu'il ſe trouve diſpoſé à le prononcer, & qu'il le fait, l'expérience lui aïant fait connoître que lorſqu'il le prononce on lui en donne. C'eſt ainſi que pluſieurs oiſeaux apprennent à parler. Mais il y a bien de la différence entre les enfans & les oiſeaux : ceux-ci n'aïant point d'eſprit, ne prononcent jamais le petit nombre de mots qu'ils ont appris que dans le même ordre & dans la même occasion où ces organes ont reçu cette disposition pour les prononcer : au lieu qu'un enfant arrange en différentes manieres les mots qu'il a appris. Il fait des discours suivis, qui ne peuvent être l'effet d'une impression corporelle, ainsi que Virgile dit que les oiseaux chantent d'une maniere particuliere, selon la disposition de l'air. La parole est l'appanage de l'homme.

---

## CHAPITRE XVII.

*Il y a un bon & un mauvais usage. Regles pour en faire la distinction.*

QUand nous élevons l'usage sur le trône, & que nous le faisons l'arbitre souverain des Langues, nous ne prétendons pas mettre le sceptre entre les mains de la populace. Il y a un bon & un mauvais usage ; & comme les gens de bien servent d'exemple à ceux qui veulent bien vivre, aussi la coutume de ceux qui parlent bien, est la regle de ceux qui veulent bien parler. *Usum qui sit arbiter dicendi, vocamus consensum eruditorum, sicut vivendi, consensum bonorum.* Or il n'est pas difficile de faire le discernement du bon usage d'avec celui qui est mauvais ; des manieres de parler de la populace qui sont basses, d'avec celles des personnes savantes, & que la condition ou le mérite éleve au dessus du commun.

Il y a trois moïens de faire ce discernement. Le premier est l'expérience, On peut consulter sur un doute ceux qui parlent bien : remarquer de quelle maniere ils s'expriment : quel tour ils donnent à leurs pensées ; ce qu'ils affectent ; ce qu'ils évitent. Si on ne peut avoir leur conversation, on a les Livres, où l'on parle ordinairement avec plus d'exactitude, parcequ'on a le temps & le loisir de choisir les bonnes manieres, & de corriger les mauvaises. La mémoire étant pleine des méchans mots qu'on entend continuellement, il est difficile qu'il n'en échappe quelqu'un dans la conversation. Dans la composition en revoïant son ouvrage, on fait sortir les mauvaises manieres de parler, qui s'y étoient glissées sans qu'on s'en apperçût.

Le second moïen que nous avons pour connoître le bon usage, est la raison, comme je vais le faire voir. Toutes les Langues ont les mêmes fondemens, que les hommes établiroient, si par une avanture semblable à celle que nous avons feinte, ils étoient obligés de se faire une nouvelle Langue. Il est facile, avec les connoissances que nous avons données de ces fondemens, de se rendre maître & juge d'une Langue, & de condamner les loix de l'usage qui sont opposées à celles de la nature & de la raison. Si l'on n'a pas droit d'en établir de nouvelles, on a la liberté de ne se pas servir de ce qu'on n'approuve pas. Les Langues ne se polissent que lorsqu'on commence à raisonner, & qu'on bannit du Langage les expressions qu'un usage corrompu y a introduites, qui ne s'apperçoivent que par des yeux savans, & par une connoissance exacte de l'Art que nous traitons. Or par ce choix d'expressions justes, les Langues se renouvellent; & le non-usage, s'il m'est permis de parler ainsi, des méchantes manieres de parler, établit l'usage de celles qui sont raisonnables. C'est de cette sorte que la Langue Grecque s'est polie, & qu'elle est devenue, sans contredit, la plus belle & la plus parfaite de toutes les Langues. On sait que les Grecs s'adonnerent entierement à la science des mots ; les Philosophes mêloient la Grammaire avec la Philosophie, & en faisoient une partie de leur étude. Ainsi remarquant dans leur Langue ce qui choquoit la raison & les oreilles, ils tâchoient de l'éviter en cherchant des expressions plus raisonnables & plus commodes. Ce Langage, qu'ils se formoient dans leur cabinet & dans leurs écoles, passoit bien-tôt dans les conversations du peuple ; car les Grecs, sur tout les Athéniens, avoient une passion prodigieuse pour l'éloquence. Ceux qui leur préparoient des discours étudiés, étoient écoutés favorablement. C'étoit là un des grands divertissemens d'Athenes. Ainsi ce peuple étant accoutumé à entendre parler d'une maniere belle & polie ; ne parloit que poliment.

Dans l'établissement du Langage, la raison, comme nous l'avons vû dans les Chapitres précédens, ne prescrit qu'un petit nombre de loix ; les autres dépendent de la volonté des hommes. Tout le monde ne se propose qu'une même fin en parlant ; mais comme on y peut arriver par différens chemins, la liberté de choisir ceux qui plaisent, cause les différences qui se remarquent entre les manieres de s'exprimer d'une même Langue. Néanmoins quelque liberté que les peres de cette Langue aient prise en la formant, on y apperçoit une certaine uniformité qui regne dans toutes ses expressions, & des regles constantes qui y sont observées. Les hommes suivent ordinairement les coutumes qu'ils ont une fois embrassées ; c'est pourquoi, bien que la parole dépende presque entierement du caprice des hommes, on remarque, comme il a été dit, une certaine uniformité dans son usage. Si on sait donc que les noms qui ont un tel son, sont de tel genre ; quand on doutera du genre de quelqu'autre nom, il faudra les comparer avec ceux qui se terminent de la même maniere, & dont le genre est connu. Lorsque je veux être assuré si la troisieme personne du parfait simple d'un verbe qui est proposé, se doit terminer en *a*, je considere son infinitif. S'il est en *er*, je n'ai plus de difficulté, sachant que dans notre Langue tous les Verbes qui ont un semblable infinitif, terminent en *a* la troisieme personne de ce temps. Nous voïons que les noms en *al* ont au pluriel *aux*, comme *cheval*, *chevaux*; *animal*, *animaux*.

Cette maniere de connoître l'usage d'une Langue par la comparaison de plusieurs de ses expressions, & par le rapport que l'on suppose qu'elles ont entr'elles, s'appelle *Analogie*, qui est un mot Grec qui signifie proportion. C'est par le moïen de l'Analogie que les Langues ont été fixées. C'est par elle que les Grammairiens, aïant connu les regles & le bon usage du Langage, ont composé des Grammaires qui sont très utiles lorsqu'elles sont bien faites, puisque l'on y trouve ces regles que l'on seroit obligé de chercher par le travail ennuïeux de l'Analogie.

De tous les moïens pour reconnoître le bon usage, le plus assuré est l'expérience. L'usage est toujours le maître. On doit choisir les expressions les plus raisonnables; & c'est par ce choix que les Langues se purgent de ce qu'elles ont d'impur. Mais lorsque l'usage ne nous présente qu'un seul terme & qu'une seule expression pour exprimer ce que nous sommes obligés de dire, la raison même veut que nous nous en servions; & nous ne pechons point en emploïant cette expression, quoique mauvaise. Car en cette occasion la maxime des Jurisconsultes se trouve véritable : *Communis error facit jus*. L'Analogie n'est pas la maîtresse du Langage. Elle n'est pas descendue du Ciel pour en établir les loix. Elle montre seulement celles de l'usage.

*Non*

*Non eſt lex loquendi, ſed obſervatio*, comme le dit Quintilien.

Pour apprendre parfaitement l'uſage d'une Langue, il en faut étudier le génie, & remarquer les idiomes, ou manieres de parler qui lui ſont particulieres. Le génie d'une Langue conſiſte en de certaines qualités que ceux qui la parlent affectent de donner à leur ſtyle. Le génie de notre Langue eſt la netteté & la naïveté. Les François recherchent ces qualités dans le ſtyle, & ſont fort différens en cela des Orientaux, qui n'eſtiment que les expreſſions myſtérieuſes, & qui donnent beaucoup à penſer. Les idiomes diſtinguent les Langues les unes des autres, auſſi-bien que les mots. Ce n'eſt pas aſſez pour parler François de n'emploïer que des termes François; car ſi on tourne les termes, & qu'on les diſpoſe, comme feroit un Allemand ceux de ſa Langue; c'eſt parler Allemand en François. L'on appelle *Hebraïſmes* les idiomes de la Langue Hébraïque; *Helleniſmes* ceux de la Langue Grecque; & ainſi des autres Langues C'eſt un Hébraïſme que de dire, *vanité des vanités*, au-lieu de dire, *la plus grande de toutes les vanités*; & de marquer une diſtribution par la répétition d'un même mot, comme dans ce diſcours: Noé fit entrer dans l'Arche *ſept & ſept* de tous les animaux: pour dire, Noé fit entrer *ſept paires* de tous les animaux qui étoient réputés mondes; comme l'entendent les meilleurs Interprêtes de l'Ecriture. C'eſt un Helleniſme que de ſe ſervir de l'infinitif au-lieu des noms, diſant *le boire, le manger*; mais cet idiome ſe trouve auſſi dans notre Langue, qui a une très grande conformité avec la Grecque. Les expreſſions qui ont été rejettées par l'uſage nouveau, & qui ſont particulieres aux anciens Auteurs, ſe nomment *Archaïſmes*. Chaque province a ſon idiome, qu'il n'eſt pas facile de quitter. Tite-Live, dont l'éloquence est si pure, n'a pu purger son style des manieres de parler de Padoue, comme l'a remarqué Asinius Pollio, selon Quintilien. *In Tito Livio, miræ facundiæ viro, putat inesse Pollio Asinius quandam Patavinitatem.*

## CHAPITRE. XVIII.

*De la pureté du Langage. En quoi elle consiste. Ce que c'est que l'élégance.*

PUisqu'il faut se soumettre à la tyrannie de l'usage, nous devons étudier avec soin ses loix pour les observer religieusement. La premiere étude doit être des mots particuliers, dont il faut rechercher avec exactitude les idées, pour ne les emploïer que dans leur propre signification; c'est-à dire, pour signifier exactement les idées auxquelles ils ont été attachés par l'usage. Outre cela il faut faire attention à toutes celles qui sont accessoires de cette principale idée qu'ils ont, de crainte de prendre le noir pour le blanc, en donnant une idée basse d'une chose qu'on a dessein de relever & de faire paroître.

Pour bien parler, il ne suffit pas seulement d'emploïer des mots qui soient autorisés par l'usage; il faut que ce soit dans la signification précise que leur donne l'usage, comme nous venons de le dire. Pour faire le portrait du Roi, ce n'est pas assez de représenter un visage avec deux yeux, un nez, une bouche; il faut exprimer les traits du visage du Roi. On s'imagine devenir éloquent, pourvû qu'on charge sa mémoire de phrases ramassées dans les Livres de ceux dont l'éloquence est estir mée. On ſe trompe fort, & ceux qui ſuivent cette méthode, ne parlent jamais juſte. Car ils accommodent les choſes qu'ils traitent à ces phraſes; ſans ſe ſouvenir du lieu où les Auteurs de qui ils les ont priſes, les avoient placées : ainſi leur diſcours eſt ſemblable à ces habits qu'on achete chez les Fripiers, qui ne ſont jamais ſi juſtes que ceux que l'on fait faire pour ſoi. Leur ſtyle eſt bizarre, ſemblable à ces groteſques qui ſont faits de mille piéces rapportées, de coquillages de différentes figures, de différentes couleurs, de rocailles qui n'ont aucun rapport naturel avec la figure qu'elles repréſentent.

Ces phraſes empruntées ſont une marque de pauvreté dans le ſtyle, comme les piéces dans un habit; elles ne s'y trouvent que pour remplir les places vuides du diſcours; car enfin, quand on eſt garni de phraſes, on ne demeure jamais court. C'eſt pourquoi un de nos Poëtes ſe plaint agréablement du chagrin de ſa Muſe, qui rejettoit un ſecours ſi favorable.

*Encor ſi pour rimer, dans ma verve indiſcrete,*
*Ma Muſe au-moins ſouffroit une froide épithete,*
*Je ferois comme un autre : & ſans chercher ſi loin,*
*J'aurois toujours des mots pour les coudre au beſoin.*
*Si je louois Philis, en miracles feconde,*
*Je trouverois bien-tôt : A nulle autre ſeconde.*
*Si je voulois vanter un objet nompareil,*
*Je mettrois à l'inſtant : Plus beau que le Soleil.*
*Enfin parlant toujours & d'Aſtres & de merveilles,*
*De Chef-d'œuvres des Cieux, de beautés ſans pareilles,*
*Avec tous ces beaux mots ſouvent mis au hazard,*
*Je pourrois aiſément, ſans génie & ſans Art,*
*Et tranſpoſant cent fois & le nom & le verbe,*
*Dans mes Vers recouſus mettre en piéces Malherbe.*

{ Deſpr. Sat. 2, v. 33. &c.

Ce n'eſt pas aſſez de choiſir des termes uſités & propres, leur liaiſon doit être raiſonnable : ſans cela un diſcours n'aura aucune forme, non plus que des lettres d'Imprimerie qu'on jetteroit au hazard ſur une table ; car les idées de chaque mot en particulier peuvent être très claires, & ne faire cependant aucun ſens, jointes enſemble ; parceque celles auxquelles ils ont été joints par l'uſage, ſont incompatibles. Ces deux mots *quarré*, & *rond*, ſont très bons ; leurs idées ſont claires. On conçoit bien ce que c'eſt qu'être quarré, ce que c'eſt qu'être rond ; mais uniſſant ces deux mots en diſant un *quarré rond*, on dit une choſe qui ne peut pas être conçue. On ne peut pas comprendre qu'on chauſſe des gans, cependant ces deux mots *chauſſer*, & *gans*, ſont très François ; ni qu'on *deſcende à cheval*, quand on y monte. Lorſque la répugnance de deux idées n'eſt pas ſi manifeſte, & que la liaiſon de deux termes n'eſt pas ſi clairement condamnée par l'uſage que celle de ceux-ci, *chauſſer des gans*, *deſcendre à cheval*, elle n'eſt apperçue que par un petit nombre de perſonnes. La plupart de ceux qui entendront prononcer ces paroles ſuivantes, ſeront ſurpris par leur éclat, & n'appercevront pas qu'elles ne forment aucun ſens raiſonnable. *De nobles journées qui portent de hautes deſtinées au de-là des mers.* N'eſt ce pas là une confuſion de belles paroles, qui ne ſignifie rien ? Le Vers ſuivant eſt encore un galimatias.

*Le comble des grandeurs ſappe leur fondement.*

Qui pourroit s'imaginer ce que dit l'Auteur de e Vers ? Les idées de *comble*, & de *ſapper*, ſe combattent, il eſt impoſſible de les allier. On ſait bien ce que veut dire le Poëte, mais aſſurément il ne le dit pas. C'eſt-là plutôt une faute de jugement, qu'une ignorance du Langage ; ce qui fait voir que pour parler juſte, on doit travailler pour le moins autant à former ſon jugement que ſa Langue.

Pour le rang qu'il faut donner aux mots lorſqu'on les lie enſemble, les oreilles inſtruiſent ſi ſenſiblement de ce qu'il y faut obſerver, qu'il n'eſt pas beſoin que j'en parle. L'uſage ne garde pas toujours l'ordre naturel dans certains mots : il veut qu'on place les uns les premiers, & qu'on éloigne les autres. Les oreilles qui ſont accoutumées à cet arrangement, en apperçoivent les moindres changemens, & elles en ſont bleſſées. Nous ſommes plus touchés de ce qui choque nos ſens, que de ce qui choque la raiſon. On ſera moins choqué d'un mauvais raiſonnement ; que de cette tranſpoſition, *tête ma*, pour *ma tête*. Ce défaut eſt ſi viſible, qu'il n'eſt pas beſoin d'avertir que l'on y prenne garde.

Le diſcours eſt pur lorſque l'on ſuit le bon uſage, ſe ſervant de ce qu'il approuve, & rejettant ce qu'il condamne. Les vices oppoſés à la pureté ſont *le barbariſme* & *le ſolécisme*. Les Grammairiens ne ſont pas d'accord touchant la définition de ces deux vices. Vaugelas dit que le barbariſme eſt aux mots, aux phraſes & aux particules, ce que le ſolecisme eſt aux déclinaiſons, aux conjugaiſons, & à la conſtruction. On commet un barbariſme, en diſant un mot qui n'eſt point François, comme *pache*, pour *pacte* ; ou un mot qui eſt François en un ſens, & non pas en l'autre, comme *lent*, pour *humide*, en ſe ſervant d'un adverbe pour une prépoſition ; comme *deſſus la table*, pour *ſur la table* ; en uſant d'une phraſe qui n'eſt pas Françoiſe, comme *élever les mains vers le Ciel*, au-lieu de dire, *lever les mains au Ciel* : *je m'en ſuis fait pour cent pistoles*, comme disent les Gascons, au lieu de dire, *j'ai perdu cent pistoles au jeu.* C'est un barbarisme de supprimer les particules qu'il faut mettre, ou de mettre celles qu'il faut supprimer. Pour le solecisme qui a lieu dans les déclinaisons, dans les conjugaisons, & dans la construction; voici des exemples de tous les trois. *Les émails*, pour *les émaux; il allit*, pour *il alla : je n'ai point de l'argent*, pour *je n'ai point d'argent : Un grand erreur*, pour *une grande erreur : j'avons fait cela*, pour *nous avons fait cela.*

Vaugelas remarque qu'il y a bien de la différence entre la netteté dont nous avons parlé ci-dessus, & la pureté dont nous parlons présentement. Un Langage pur est ce que Quintilien appelle *emendata oratio*; & un Langage net, ce qu'il appelle *dilucida oratio*. Ce sont deux choses si différentes, dit Vaugelas, qu'il y a une infinité de gens qui écrivent nettement; c'est-à-dire, qui s'expliquent si bien, qu'à la simple lecture on conçoit leur intention, & néanmois il n'y a rien de si impur que leur Langage : comme au contraire il y en a qui écrivent purement; c'est à-dire, sans barbarisme & sans solecisme, qui néanmoins arrangent si mal leurs paroles, & embarassent tellement leur style, qu'à peine conçoit-on ce qu'ils veulent dire.

Les plus belles expressions deviennent basses, lorsqu'elles sont profanées par l'usage de la populace qui les applique à des choses basses. L'application qu'elle en a fait, attache à ces expressions une certaine idée de bassesse, de sorte qu'on ne peut s'en servir sans souiller, pour ainsi dire, les choses que l'on en revêt. Ceux qui écrivent poliment, évitent avec soin ces expressions, & c'est de-là en partie que vient ce changement continuel dans le Langage.

*Ut sylvæ foliis pronos mutantur in annos,*
*Prima cadunt; ita verborum vetus interit ætas,*
*Et juvenum ritu florent modò nata, vigentque.*
( Horat. Art. Poët. v. 60. & seq. )

Les personnes de qualité, & les savans tâchent de s'élever au dessus de la populace. Pour cela ils évitent de parler comme elle, & ils n'emploient jamais ces expressions qu'elle gâte par le mauvais usage qu'elle en fait. Les Hommes imitent volontiers ceux dont ils estiment la qualité; ainsi on voit qu'en très peu de temps les mots qu'ils bannissent de leur conversation, ne sont ensuite reçus de personne. Ils sont obligés de quitter la Cour & les Villes, & de se retirer dans les villages, pour n'être plus que le Langage des Paisans.

Mais enfin, outre cette exactitude à garder les loix de l'usage, & ce soin à n'emploïer que des façons de parler pures, il faut avouer que ce qui éleve au dessus du commun ceux qu'on admire, est un certain art, ou un bonheur qui leur fait trouver des expressions riches & ingénieuses pour dire ce qu'ils pensent. Avec un peu de soin & d'étude on évite la censure des Critiques; mais on ne peut plaire que par un bonheur qui est très rare. Que peut-on blâmer dans les paroles suivantes: *C'est à Cadmus que la Grece est redevable de l'invention des caracteres; c'est de lui qu'elle a appris l'art de l'Ecriture.* On ne peut, dis je, blâmer cette expression, mais on est charmé lorsqu'on entend la même chose exprimée de cette autre maniere noble & spirituelle.

*C'est de lui que nous vient cet Art ingénieux*
*De peindre la parole, & de parler aux yeux,*
*Et, par les traits divers de figures tracées,*
*Donner de la couleur & du corps aux pensées.*

Ce choix d'expressions riches & heureuses, fait ce qu'on appelle *l'élégance ;* mais outre cela, pour rendre un discours élégant, il est nécessaire que l'on y fasse appercevoir une certaine facilité qu'on remarque dans ces belles statues qu'on appelle en Latin *Elegantia signa*. Cette facilité plaît à la vûe, en ce qu'elle imite de plus près la nature, dont les opérations n'ont rien de gêné. Ces statues grossieres, dont les membres sont roides, & collés les uns contre les autres, *rigentia signa*, choquent les yeux. Quand un Homme a peine à s'exprimer, on travaille avec lui, & on ressent une partie de sa peine. S'il s'exprime d'une maniere naturelle & facile, de sorte qu'il semble que chaque mot soit venu prendre sa place, sans qu'il ait eu la peine de l'aller chercher, cela plaît infiniment. La vûe d'un Homme qui se joue, relâche en quelque maniere l'esprit de ceux qui le voient.

Cette facilité se fait sentir dans un ouvrage lorsque l'on se sert d'expressions naturelles, & que l'on évite celles qui semblent recherchées, & qui portent les marques sensibles d'un esprit qui fait les choses avec peine. Ce n'est pas que pour se servir de termes naturels & propres, il ne soit besoin de travail; mais il ne doit pas paroître. Il faut se donner la torture en composant, si l'on veut bien faire : mais il faut que le Lecteur conçoive, à la facilité qu'il trouve d'entendre ce qu'on lui dit, qu'on étoit de fort bonne humeur lorsqu'on écrivoit. *Ludentis speciem dabit, & torquebitur*. ( Horat. lib. 2. Ep. 2. v. 124 ) Autant qu'on le peut, & que la matiere qu'on traite le permet, il faut donner à son discours le tour libre des conversations. Lorsqu'une personne parle avec un air facile & enjoué, cela ne sert pas peu à faire entrer dans ses sentimens ; le plaisir de sa conversation rend les choses aisées.

## CHAPITRE XIX.

*De la perfection des Langues. L'Hebraïque a été parfaite dès sa premiere origine : C'est à elle que toutes les autres doivent leur premiere perfection. Quand, & comment la Grecque s'est perfectionnée.*

NOus avons compris dans ce premier Livre ce qu'il y a de plus essentiel à l'Art de parler ; ses principales regles sont fondées sur la raison ; ce n'a donc été que lorsque les Hommes ont commencé d'être raisonnables, que les Langues se sont polies & perfectionnées : qu'il s'est trouvé des personnes d'esprit qui les ont cultivées, qui ont consulté la raison sur les manieres de s'exprimer clairement & noblement. Puisqu'Adam avoit été créé raisonnable & sage, on ne peut pas douter qu'il n'ait parlé raisonnablement & sagement ; ainsi sa Langue, qui est l'Hebraïque, fut parfaite dès sa premiere origine.

Dans le temps que Moïse écrivoit en Hébreu, la Grece étoit un païs barbare, & telle que pouvoit être l'Amérique lorsque nos Navigateurs la découvrirent. Toute l'antiquité témoigne que ce fut Cadmus qui apprit aux Grecs l'usage des lettres. Les uns le font Egyptien, les autres Phénicien ; mais tous conviennent que ce fut de la Phénicie qu'il alla en Grece, & que les lettres qu'il donna aux Grecs étoient Phéniciennes. Il auroit fallu dire qu'elles étoient Hebraïques ; car les noms des lettres de l'alphabet Grec sont les mêmes que ceux de l'alphabet Hebreu : & ce qui démontre que ce ne sont pas les Grecs qui ont donné cet alphabet aux Hebreux, c'eſt que ces noms en Grec ne ſignifient rien, & qu'en Hebreu, ou dans la Langue Phénicienne, ils ſignifient quelque choſe, comme Plutarque le remarque. Ainſi ils ſont barbares au regard des Grecs, & naturels aux Hebreux. Une autre preuve, c'eſt que les Grecs s'étant ſervis de l'alphabet pour compter, quand ils ont ceſſé de ſe ſervir de quelques unes des lettres Hebraïques, pour conſerver aux autres leur valeur ils ont ſubſtitué un ſigne en la place de l'ancienne lettre ; par exemple, après avoir rejetté le *vau*, qui eſt le digame Eolique, & la lettre F, des Latins, ils ont mis en ſa place cette note ϛ pour ſigne du nombre ſix, dont le *vau* Hebreu eſt le ſigne, étant la ſixieme lettre de l'alphabet Hebraïque. De même aïant rejetté le *Tzade* & le *Koph* des Hebreux, ils ont ſubſtitué des ſignes des nombres que marquoient ces lettres, afin que les ſuivantes conſervaſſent leur premiere valeur. C'eſt donc une vérité conſtante que l'alphabet Grec a été formé ſur l'alphabet Hebreu. Or, comme nous l'avons remarqué, les Langues ne ſe ſont perfectionnées que quand on a commencé de les écrire ; c'eſt donc à l'Hebreu que les Grecs doivent la premiere perfection de leur Langue, qui ne pouvoit être que très groſſiere avant l'arrivée de Cadmus dans la Grece, vers le temps que la République Judaïque étoit Gouvernée par les Juges. La Grece avoit été entierement barbare juſques à ce temps-là, pendant deux mille cinq ou ſix cens ans.

Cadmus porta la ſcience des Egyptiens chez les Grecs ; au-moins leur donna-t-il pluſieurs connoiſſances qu'ils n'avoient point : il leur donna des Loix ; il les aſſembla ; il les gouverna. Ce fut vers ce temps-là qu'ils commencerent d'obéir à des Princes, de bâtir des Villes. L'Hiſtoire Grecque nous apprend que la Grece eut différens Princes ; qu'il se forma différens Etats, différentes Républiques.

De là est venu que tous les Grecs aïant conçu de l'amour pour l'éloquence, & chacun travaillant à polir la Langue de son païs, la Langue Grecque se parla différemment. Il se forma plusieurs dialectes, ou différentes manieres de parler : chaque Peuple se fit des termes. Les principales dialectes furent l'Attique, l'Ionique, la Dorique, l'Eolienne. La Grece n'est pas fort étendue : les Athéniens, les Ioniens, les Doriens, les Eoliens ne sont pas éloignés les uns des autres ; ainsi le commerce qu'ils avoient ensemble faisoit que toutes ces dialectes, ou manieres de parler, ne leur étoient pas inconnues : leurs Ecrivains pûrent donc prendre la liberté de se servir de toutes les dialectes, de tous les termes de chaque Etat ; ce qui donna une merveilleuse fécondité à leur Langue.

Ce qui contribua particulierement à polir la Langue Grecque, & à la rendre la plus capable de toutes les Langues d'exprimer toutes choses avec énergie & harmonie, ce fut l'amour qu'ils eurent pour la Musique. Les Instrumens de Musique furent en usage parmi eux de fort bonne heure. Ce n'étoient pas seulement des airs qu'ils chantoient en pinçant leurs Luths, ou Guitares. En touchant les cordes ils prononçoient des paroles, & il paroît que leurs premiers Docteurs, Philosophes, Théologiens, Historiens, étoient des Poëtes ou des Chantres. Dans le premier Livre de l'Odissée, Phemius chanta sur sa Guitare les actions des Dieux & des Hommes, comme le font les Chantres :

*Ἔργ' ἀνδρῶν τε θεῶν τε, τά τε κλείουσιν ἀοιδοί.*

Les Musiciens chantoient ainsi les faits des Héros. Ils expliquoient la Religion, ses Mysteres, la généalogie des Dieux. Ils rendoient raison de ce qui s'observe dans le Ciel. Ce n'est point une conjecture en l'air. « Strabon, en parlant d'Homere » dans le premier livre de sa Géographie, après » avoir dit qu'il y a deux espéces ou sortes de dis- » cours étudiés, l'un mesuré, & l'autre libre, » c'est-à-dire, que tout discours est vers ou pro- » se, soutient que les premieres piéces étudiées » furent des Vers. Πρώτιστα γὰρ ἡ ποιητικὴ κατα- » σκευὴ παρῆλθεν εἰς τὸ μέσον. Que les vers aïant » plû, Cadmus, Pherecydes, Hecatœus, qui » écrivirent en prose, conserverent les manieres » des Poètes, à la réserve des mesures. Strabon » ajoute que ceux qui écrivirent après eux, quit- » tant davantage les manieres Poëtiques, chan- » gerent enfin entierement le premier style, & ré- » duisirent la prose à l'état où elle est, l'aïant dé- » gradée, comme si on changeoit le style Tragique » dans celui de la Comédie. Dire & chanter c'é- » toit autrefois la même chose, ce qui montre » que la Poësie est la source de l'éloquence ( C'est » toujours Strabon qui parle. ) Tous les vers » étoient des chants, on ne les récitoit qu'en » chant ; d'où vient que toutes les piéces de » Poësies se nomment chant. *Rapsodie*, *Tragedie*, » *Comédie* : ce mot Grec ᾠδὴ signifiant *chant*. En- » fin Strabon dit que le nom Grec πεζὸς, qu'on » donne à la prose, ( en Latin elle se nomme *pe-* » *destris*, ) est une preuve que les discours écrits, » de poétiques qu'ils étoient autrefois, élevés, & » comme portés dans un chariot, ont été abbais- » sés, & réduits à marcher à pied. »

Ce passage de Strabon étoit trop considerable pour ne le pas rapporter tout entier. Il est facile de comprendre comment les Poetes purent changer la Langue Grecque, en la perfectionnant, &

en faire comme une nouvelle Langue toute différente de ce qu'elle étoit dans sa premiere origine. Le plaisir de la musique rend indulgent ceux qui écoutent. On souffre que les Musiciens prennent la liberté de couper, d'alonger le discours, selon que cela s'accommode avec leur chant. Ces premiers Historiens, Théologiens, Philosophes, qui étoient ensemble Poëtes & Musiciens, furent les maîtres de la Langue. Ils la polirent comme il leur plut : ainsi en peu de temps ils en firent le Langage le plus parfait. Ailleurs c'est l'usage qui a été le maître de la Langue. C'est un tyran, comme nous l'expérimentons en France, qui souvent commande sans raison, à qui il faut obéir aveuglément. Pour bien parler François, il faut parler comme on parle. Nos Poëtes mêmes n'ont guere plus de liberté que ceux qui écrivent en prose. D'abord qu'on s'apperçoit qu'un Poëte emploie dans ses vers un terme, une expression hors de l'usage, & qu'il paroît que c'est pour attraper une rime, on ne peut le souffrir, ni lui, ni ses vers.

Ce n'étoit pas cela dans la Grece, sur-tout dans les premiers temps. Les Savans furent les maîtres d'ajouter à un mot des lettres, d'en retrancher, de l'alonger, de le couper. La Grece eut des esprits excellens, qui voïageoient en Egypte, en Phénicie, de tous côtés, pour profiter de la doctrine & des expériences de tous les peuples. En toutes choses ils étudioient la raison, ils écoutoient ce qu'elle prescrit. Il ne faut donc pas s'étonner s'ils réussirent. Ils se formerent un goût admirable pour l'éloquence, pour les arts. Aussi tout ce qu'on a pu faire dans la suite des temps, c'est de les imiter. Nous n'avons ni Peintre, ni Sculpteur qui les ait surpassés. Les Architectes n'ont réussi qu'autant qu'ils ont suivi les belles proportions que la Grece avoit trouvées. On voit dans la conduite des Poëmes Epiques & Dramatiques, combien les Grecs sont raisonnables. Toute la Grece avoit un amour, une estime infinie, & une déférence entiere pour ceux qui réussissoient. Une Langue qui a donc été formée avec une pleine liberté, & par des Maîtres si raisonnables, comment n'auroit-elle pas été la plus parfaite ?

Toutes les autres Langues ne se sont perfectionnées dans la suite, que lorsque les Ecrivains ont pris les Grecs pour modeles de l'art d'écrire. On peut dire que la Langue Grecque étoit déja dans sa perfection du temps d'Homere, trois mille ans après la création du monde, lorsque Salomon régnoit en Judée. Rome fut batie environ deux cens cinquante ans après ce temps-là. Alors la Langue Latine étoit fort grossiere. Ce ne fut que dans le sixieme siecle depuis que cette Ville fut bâtie, qu'elle eut des Poëtes considerables, Livius, Nevius, Plaute. Ils tâchoient d'imiter les Grecs ; ils ne faisoient presque que traduire en Latin leurs ouvrages. Ceux qui vouloient profiter voïageoient dans la Grece, y demeuroient long-temps pour y acquérir la connoissance des Arts, c'étoit la fin de leur voïage : *Ad mercaturam bonorum artium*, comme parle Ciceron. Enfin la Langue Latine a acquis sa perfection sous ce Prince des Orateurs, & sous le siecle d'Auguste, après la mort duquel la Langue ne fit plus que se gâter, & perdit son éclat, aussi-bien que l'Empire Romain son lustre & sa grande puissance. On n'eut plus le bon goût de Ciceron, de Virgile, d'Horace. On ne consulta plus, comme ils le faisoient, le bon sens ; au-moins on ne le fit pas avec tant de soin, ni tant de succès. Les Goths, qui ruinerent l'Empire Romain, & s'en emparerent

**[illegible]**, étoient grossiers, barbares. Ce fut Ulphilas qui leur apprit l'usage des lettres, vers la fin du quatrieme siecle. Vers ce temps-là il se fit plusieurs Etats, plusieurs Roïaumes du débris de l'Empire Romain. Dans la suite des années, quand ces Etats commencerent à fleurir, on y forma une Langue particuliere, qu'on tâcha de polir. Ainsi prirent naissance les Langues, Italienne, Françoise, Espagnole. Ce n'est gueres qu'au siecle passé qu'on a pensé à polir la Langue Françoise. Auparavant nos habiles ne s'appliquoient qu'à bien écrire en Latin. Notre Langue ne s'est perfectionnée que quand nos Ecrivains, s'étant formé le goût par la lecture des anciens Auteurs Grecs & Latins, ont rendu le François si beau, si clair, si coulant, qu'il engage tous les Etrangers à l'étudier. On imprime, & on lit ailleurs qu'en France nos bons Auteurs François. A quoi doit-on cette perfection de notre Langue, qu'à ce soin qu'ont eu enfin nos Auteurs d'examiner leurs compositions à la lumiere de la raison, & de chercher les véritables fondemens de l'Art de parler ?

Il est important pour l'honneur de la Religion, qu'on soit bien persuadé que c'est aux Hebreux que les Grecs doivent leur premiere politesse. Herodote le déclare nettement ; car après avoir dit que ce fut Cadmus qui apporta les Lettres & les Sciences dans la Grece, il ajoute qu'avant lui les Grecs n'avoient point l'usage des lettres ; que les premieres dont ils se servirent étoient Phéniciennes ; & qu'ils en changerent le son & la figure dans la suite du temps. Selon Pausanias les Grecs écrivoient de droite à gauche, preuve que c'est des Hebreux qu'ils avoient appris l'écriture. Il parle ( *Liv. 5.* ) d'une Statue ancienne où le nom d'Agamemnon étoit ainsi écrit de droite à gauche. Cette ancienne maniere n'avoit donc changé que depuis la prise de Troie. Il dit avoir vû dans une ancienne arche ou coffre, qui se gardoit religieusement dans un Temple, une inscription dont les caracteres étoient rangés comme des sillons, qui recommençoient où ils finissoient, tantôt de droite à gauche, tantôt de gauche à droite. Nous avons parlé ci dessus de cette maniere d'écrire.

# LA RHETORIQUE OU L'ART DE PARLER.

## LIVRE SECOND.

### CHAPITRE PREMIER.

*Les mêmes choses peuvent être conçues differemment, ce que la parole, qui est l'image de l'esprit, doit marquer.*

SI les Hommes concevoient toutes les choses qui se présentent à leur esprit simplement comme elles sont en elles-mêmes, ils en parleroient tous de la même maniere. Tous les Géometres tiennent le même Langage, quand ils démontrent ce Théorême : *Les trois angles d'un triangle sont égaux à deux angles droits.* Ils se servent des mêmes expressions, parceque la nature nous détermine à parler comme nous pensons, & que quand on pense de même, on tient le même Langage. Mais il s'en faut bien que toutes les pensées des Hommes soient semblables ; c'est-à-dire qu'ils regardent toutes choses d'une même façon. Ils en jugent différemment ; & selon le bien ou le mal qu'ils y découvrent ou qu'ils croient y découvrir, ils ont différens mouvemens de mépris ou de haine, d'amour ou d'aversion, qui font que chacun a des idées différentes. La même chose ne paroît jamais la même à tous les Hommes. Elle est aimable aux uns, les autres ne la peuvent regarder qu'avec des sentimens d'aversion. Après qu'on a une fois regardé un Homme comme son ennemi, on ne prend plus plaisir à considerer ses bonnes qualités. Cette considération augmenteroit la douleur qu'on a de le voir opposé à ses prétentions, parcequ'elle feroit voir sa puissance. On prend donc plaisir au-contraire à se former des idées extraordinaires de ses défauts. On trouve de la satisfaction à le concevoir foible & méchant. Ses moindres défauts se présentent sous une forme monstrueuse ; comme ses vertus paroissent toutes petites & imparfaites, l'on ne fait attention qu'à ce qui peut en donner du mépris. Ce n'est pas encore assez : à l'occasion de ses imperfections dont on s'occupe volontiers, parceque nous voulons toujours justifier nos passions, on se représente tous ceux qui se sont signalés par leurs crimes : joignant ainsi dans sa pensée cet ennemi avec tous les criminels qui ont jamais été. La finesse des renards, la malice des serpens, l'avidité des loups, la cruauté des tigres, la fureur des lions ne manquent point de venir à l'esprit ; de sorte qu'on se forme une image terrible de cette personne dont on a fait l'objet de son aversion & de sa colere.

Je fais ici ce que feroit un Peintre qui n'enseigne pas à son Eleve ce que les choses doivent être pour qu'elles soient parfaites ; mais qui ne s'applique qu'à les lui faire bien représenter telles qu'elles sont. Ce n'est pas à un Rhéteur à former l'esprit & le cœur de celui qui étudie la Rhétorique, & à lui apprendre qu'il ne doit pas concevoir les choses autres qu'elles sont ; qu'il n'en doit avoir que des idées raisonnables, & qu'il ne lui est pas permis d'entretenir dans son cœur des mouvemens injustes. Cela n'est pas du ressort de sa profession. Tout ce qu'il doit faire c'est de l'avertir que si ses pensées ne sont pas reglées, si le jugement qu'il fait des choses est extravagant, le discours qui en fera la peinture, fera paroître son extravagance. Je puis néanmoins faire cette réflexion, qu'il n'est pas possible que nous regardions indifféremment toute sorte de choses. Les passions ne sont mauvaises que par le mauvais usage qu'on en fait. Elles nous ont été données par l'Auteur de la nature pour nous mouvoir vers le bien, & pour fuir le mal. C'est une lâcheté de regarder le bien froidement sans s'y porter, & de considérer le mal sans horreur & sans un violent desir de le fuir. Ainsi il n'y a qu'une ame molle, & qui n'a aucun sentiment de la nature, qui puisse être indifférente à l'égard de toutes choses bonnes ou mauvaises. Un ame généreuse, qui a du feu, s'excite selon la qualité de l'objet qui l'occupe ; elle en conçoit les idées qu'il en faut avoir, & elle ressent les mouvemens qui ne manquent point de suivre lorsque la nature est vive, & qu'elle est bien reglée : de sorte qu'il se fait une image dans elle-même, où les choses se trouvent représentées avec les traits qui leur sont propres, avec leurs couleurs naturelles.

Les Hommes, qui ont été faits les uns pour les autres, imitent ce qu'ils voient faire. Il y a une merveilleuse sympathie entre eux. Ils sont comme liés les uns aux autres. Un Enfant prononce sans peine les mots qu'il entend prononcer. Si on entend chanter, on prend le ton que celui qui chante le plus fort, oblige les autres de prendre. Il faut faire des efforts pour ne pas suivre ceux qui vous devant nous, & pour ne pas marcher avec eux de compagnie. Je dis cela pour faire comprendre que tout le secret de la Rhétorique, dont la fin est de persuader, consiste à faire paroître les choses telles qu'elles nous paroissent; car si on en fait une vive image semblable à celle que nous avons dans l'esprit, sans doute que ceux qui la verront, auront les mêmes idées que nous; qu'ils concevront pour elle les mêmes mouvemens, & qu'ils entreront dans tous nos sentimens. Il s'agit donc maintenant d'appprendre comment par le secours de la parole on peut faire une image de notre esprit, où l'on voie la forme de nos pensées; c'est-à-dire, comment on peut faire que les choses qui sont la matiere du discours, soient représentées avec les traits & avec les couleurs sous lesquelles nous voulons qu'elles soient vûes.

Il est certain que nous parlons selon que nous sommes touchés. Les mouvemens de l'ame ont leurs caracteres, dans les paroles comme sur le visage. Le ton de la voix, & le tour qu'on prend, font connoître de quelle maniere on regarde les choses dont on parle, le jugement qu'on en fait, & les mouvemens dont on est animé à leur égard. Ce sont ces caracteres qu'il faut étudier & dans la pratique du monde, & dans les livres. Les Auteurs qui excellent dans ces manieres vives de peindre les mouvemens de l'ame, n'ont réussi que parcequ'ils ont observé ce que chacun fait, & de quelle maniere on parle dans l'émotion. On donne de grandes louanges à Aristote pour avoir marqué dans sa Rhétorique le caractere de chaque passion, & les mœurs de chaque âge, de chaque condition. Je consens qu'il mérite ces louangas; mais je soutiens qu'il est plus utile de s'étudier soi-même, & d'observer comme chacun parle & agit. Les préceptes d'Aristote sont bons; mais on profite davantage lorsqu'on

fit le quatrieme Livre de l'Enéide, où l'on voit des peintures naturelles des passions ; ou que sans s'amuser à lire des Livres, on étudie le monde même. On ne peint jamais bien une passion qu'aprés l'avoir vûe en original ; c'est-à-dire, qu'aprés avoir étudié ceux qui étoient animés de cette passion. Les Auteurs se trompent, & ce qui fait qu'on est peu touché en lisant leurs Livres, c'est qu'ils ne peignent pas les mouvemens qu'ils veulent inspirer, avec des traits naturels. Ils ne veulent emploïer que de riches couleurs, des paroles magnifiques, ils rejettent les expressions ordinaires, qui sont pourtant les traits naturels de ces mouvemens ; c'est-à-dire, que lorsqu'on est ému, on ne parle point comme ils le font. Il en est des figures que les Déclamateurs emploient, comme de ces raisonnemens en forme de Philosophes, qui dégoûtent, parceque ce n'est point la maniere naturelle de raisonner. Il faut encore remarquer, que quoique les Hommes sages n'entrent pas sans de grands sujets en des mouvemens de colere impétueux, cependant ils ne parlent jamais sans quelque feu ; c'est pourquoi dans l'Histoire même, l'on ne doit point raconter les choses froidement. Il y a des tours figurés de conversation : quand on les sait prendre ; le Lecteur ne croit pas lire un Livre, il croit voir les choses, ou qu'un Homme vivant lui raconte ce qu'il lit.

Tous ces traits, qui peignent les mouvemens de notre ame, l'estime, le mépris, la haine, l'amour, consistent en trois choses : Premierement, dans le ton ; il y a un ton railleur & de mépris ; il y a un ton admirateur. Dans l'empressement de trouver la vérité, ou de la faire connoître, on presse ceux à qui on parle, de la déclarer. On leur fait de vives interrogations d'un ton animé. En second lieu, on donne un tour extraordinaire, tout différent de celui qu'ont les paroles d'un homme tranquille. Enfin, comme nous allons voir dans le Chapitre suivant, dans les grands mouvemens on emploie des mots extraordinaires, parceque la passion nous fait concevoir les choses tout autres qu'elles ne paroissent quand on les considere tranquillement.

## CHAPITRE II.

*Il n'y a point de Langue assez riche & assez abondante pour fournir des termes capables d'exprimer toutes les différentes faces sous lesquelles l'esprit peut se représenter une même chose. Il faut avoir recours à de certaines façons de parler qu'on appelle* Tropes, *dont on explique ici la nature & l'invention.*

LA fécondité de l'esprit des Hommes est si grande, qu'ils trouvent stériles les Langues les plus fécondes. Ils tournent les choses en tant de manieres, ils se les représentent sous tant de faces différentes, qu'ils ne trouvent point de termes pour toutes les diverses formes de leurs pensées. Les mots ordinaires ne sont pas toujours justes, ils sont ou trop forts, ou trop foibles. Ils ne donnent pas des choses la juste idée qu'on en veut donner. C'est néanmoins ce que ceux qui parlent avec Art recherchent avec plus d'empressement ; car c'est en cela que consiste l'éloquence. On prend les sentimens de ceux qui nous parlent, lorsque leurs paroles les marquent vivement, comme nous l'avons remarqué. Si l'on veut donc exprimer les sentimens d'estime & d'amour qu'on a pour la chose dont on parle, il ne faut emploïer aucun terme qui ne contribue à donner des idées de grandeur & de perfection ; c'eſt à-dire qu'il faut choiſir des termes qui faſſent paroître cette choſe grande & parfaite. Ce choix demande un grand diſcernement ; ceux qui n'ont qu'un médiocre génie, ſe contrediſent à tous momens. Il y a dans leurs diſcours cent choſes qui ſont contraires à leur deſſein, qui font pleurer lorſque leur principal deſſein eſt de faire rire, & qui ne donnent que du mépris de ce qu'ils avoient entrepris de faire eſtimer. Celui qui fait attention à ce défaut, & qui tâche de l'éviter, trouve ſtériles les Langues les plus fécondes. Ainſi pour exprimer exactement ce qu'il penſe, il eſt obligé de ſe ſervir de cette adreſſe dont on uſe, quand ne ſachant pas le nom propre de celui que l'on veut indiquer, on le fait par des ſignes & par des circonſtances qui ſont tellement attachées à ſa perſonne, que ces ſignes & ces circonſtances excitent l'idée qu'on n'a pu ſignifier par un nom propre. C'eſt un ſoldat, dit-on, c'eſt un Magiſtrat ; c'eſt un petit homme.

*Crine ruber, niger ore, brevis pede, lumine læſus.*
( Martial. Epigramm. lib. 5. Epigramm. 4. )

Les objets qui ont entre eux quelque rapport & quelque liaiſon, ont leurs idées en quelque maniere liées les unes avec les autres. En voïant un ſoldat, on ſe ſouvient facilement de la guerre. En voïant un Homme, on ſe ſouvient de ceux dans le viſage deſquels on a remarqué les mémes traits. Ainſi l'idée d'une choſe peut être excitée par le nom de toutes les autres choſes, avec leſquelles elle a quelque liaiſon.

Quand pour ſignifier une choſe on ſe ſert d'un mot qui ne lui eſt pas propre, & que l'uſage avoit appliqué à un autre ſujet ; cette maniere de s'expliquer eſt figurée ; & ces mots, qu'on tranſporte de la choſe qu'ils ſignifient proprement, à une autre qu'ils ne ſignifient qu'indirectement, ſont appellés Tropes ; c'est-à-dire, termes dont on change & renverse l'usage, comme ce nom *Tropes*, qui est Grec, le fait assez connoître τρέπω *verto*. Les Tropes ne signifient les choses à quoi on les applique, qu'à cause de la liaison & du rapport que ces choses ont avec celles dont ils sont le propre nom ; c'est pourquoi on pourroit compter autant d'espéces de Tropes, que l'on peut marquer de différens rapports ; mais il a plu aux premiers Maîtres de l'Art de n'en établir qu'un petit nombre.

## CHAPITRE III.

*Listes des espéces de Tropes qui sont les plus considerables.*

### *METONYMIE.*

JE donne entre les especes de Tropes, la premiere place à la *Métonymie*, parceque c'est le Trope le plus étendu, & qui comprend sous lui plusieurs autres especes. *Métonymie* signifie un nom pour un autre. Toutes les fois qu'on se sert d'un autre nom que de celui qui est propre, cette maniere de s'exprimer s'appelle une Métonymie ; comme quand on dit : *Cesar a ravagé les Gaules ; tout le monde lit Ciceron ; Paris est allarmé* : il est évident que l'on veut dire que l'armée de Cesar a ravagé les Gaules : Que tout le monde lit les ouvrages de Ciceron : Que le peuple de Paris est dans une grande crainte. Il y a une si grande liaison entre le Chef & son armée, entre un Auteur & ses écrits, entre une Ville & ses Citoïens, qu'on ne peut penser à l'un, que l'idée de l'autre ne se présente aussi tôt. Ainsi ce changement

ment de nom ne cause aucune confusion.

## *SYNECDOCHE.*

LA *Synecdoche* est une espece de Métonymie, par laquelle on met le nom du tout pour celui de la partie, ou celui de la partie pour le nom du tout : comme quand on dit *l'Europe*, pour la *France*, ou la *France* pour *l'Europe* : *le rossignol* pour un oiseau en général ; ou *oiseau* pour *rossignol* : *arbre*, pour une espece d'arbres en particulier, ou une espece d'arbres pour toutes sortes d'arbres. On dira : la peste est en Angleterre, quoiqu'elle ne soit qu'à Londres ; qu'elle est à Londres, quoiqu'elle soit dans toute l'Angleterre. On dit en parlant d'un rossignol en particulier, d'un chêne en particulier : Voilà un bel oiseau : Voilà un bel arbre : se servant avec cette liberté du nom de la partie pour signifier le tout, & du nom du tout pour signifier la partie.

On rapporte à cette espece de Trope la liberté que l'on prend de mettre un nombre certain & déterminé, pour un nombre qu'on ne sait pas précisément. On dira : cette maison a cent belles avenues, lorsqu'elle en a plusieurs, & qu'on n'en sait pas le nombre. Quand aussi, pour faire un compte rond, on ajoute ou l'on retranche ce qui empêcheroit que le compte ne fût rond : s'il y a quatre-vingt-dix-neuf ans, trois mois, quinze jours : on dira librement, il y a cent ans.

## *ANTONOMASE.*

L'Antonomase est une espece de Métonymie. Elle se fait lorsqu'on applique le nom propre d'une chose à plusieurs autres ; ou au contraire lorsque l'on donne à quelque Particulier un nom commun à plusieurs. Sardanapale étoit un Roi voluptueux. Neron un Empereur cruel; c'est par Antonamase qu'on appellera un voluptueux, un *Sardanapale*, & que l'on donnera le nom de *Néron*, à un Prince cruel. Ces mots d'Orateur, de Poète, de Philosophe, sont des noms communs, & qui se donnent à tous ceux qui sont d'une même profession: cependant on applique ces mots à des Particuliers, comme s'ils leur étoient propres. On dit, parlant de Ciceron, l'Orateur donne ce précepte dans sa Rhétorique. Le Poète a fait la description d'une tempête dans le premier Livre de son Enéide, pour dire: Virgile a fait, &c. Le Philosophe l'a démontré dans sa Métaphysique; au-lieu de dire, Aristote l'a démontré. Dans chaque état ceux qui y excellent par-dessus le commun, s'en approprient aussi la gloire & le nom. Toutes les fois qu'on parle de l'éloquence, on pense facilement à Ciceron, & par conséquent l'idée d'Orateur & celle de Ciceron se lient; de sorte que l'une suit l'autre.

## *METAPHORE.*

LEs Tropes sont des noms que l'on transporte de la chose dont ils sont le nom propre, pour les appliquer à des choses qu'ils ne signifient qu'indirectement: ainsi tous les Tropes sont des *Metaphores*; car ce mot qui est Grec, signifie translation. Cependant on attribue le nom de Metaphore à une espece de Trope, & pour lors on définit la Métaphore, un Trope, par lequel au lieu d'un nom propre, on admet un nom étranger, que l'on emprunte d'une chose semblable à celle dont on parle. On appelle les Rois, les Chefs de leur Roiaume, parceque, comme le chef commande à tous les membres du corps, les Rois commandent à leurs sujets. L'Ecriture sainte appelle élégamment le Ciel durant un sécheresse, un ciel d'airain. On dit d'une maison qu'elle est riante, lorsque la vûe en est agréable, & semblable en quelque maniere à cet agrément qui paroît sur le visage de ceux qui rient.

## *ALLEGORIE.*

L'Allegorie se fait lorsqu'en parlant on semble dire tout autre chose que ce que l'on dit en effet, comme l'étymologie de ce mot le marque. C'est une continuation de plusieurs Metaphores, comme dans cette Allegorie que fait Isaïe chap. 5. *Mon bien-aimé avoit une vigne sur un lieu élevé, gras & fertile. Il l'environna d'une haie, il en ôta les pierres, & la planta d'un plant très rare & excellent : il bâtit une Tour au milieu, & il y fit un pressoir. Il s'attendoit qu'elle porteroit de bons fruits ; & elle n'en a porté que de sauvages. Maintenant donc, vous habitans de Jerusalem, & vous hommes de Juda, soïez les Juges entre moi & ma vigne. Qu'ai-je dû faire de plus à ma vigne, que je n'aie point fait? Est-ce que je lui ait fait tort d'attendre qu'elle portât de bon raisin, au-lieu qu'elle n'en a produit que de mauvais? Mais je vous montrerai maintenant ce que je m'en vais faire à ma vigne. J'en arracherai la haie, & elle sera exposée au pillage : je détruirai tous les murs qui la défendent, & elle sera foulée aux pieds. Je la rendrai toute déserte, & elle ne sera point taillée, ni labourée : Les ronces & les épines la couvriront ; & je commanderai aux nuées de ne pleuvoir plus sur elle.* Ce qu'Isaïe ajoute, fait assez connoître que ce discours est une Allegorie. *La vigne,* dit il, *du Seigneur des armées, est la maison d'Israel, & les hommes de Juda étoient le plant auquel il prenoit ses délices : J'ai attendu qu'ils fissent des actions justes.* Saint Prosper nous donne l'exemple d'une Allegorie, qui est encore fort éloquente, lorsqu'il décrit les effets de la Grace.

*C'est elle qui suivant son immuable loi,*
*Seme en l'esprit ce grain dont doit naître la foi,*
*Lui fait prendre racine, & par ses douces flâmes*
*Fait pousser puissamment son germe dans nos ames,*
*C'est elle qui d'enhaut veille pour le nourrir,*
*Qui le garde sans cesse, & qui le fait meurir.*
*Elle a soin que l'ivraie, ou les âpres épines*
*N'étouffent en croissant ces semences divines;*
*Qu'un vent de complaisance, un souffle ambitieux*
*Ne renverse l'épi qui monte vers les cieux;*
*Que le torrent bourbeux des charnelles délices*
*Ne l'entraîne avec soi dans le torrent des vices:*
*Qu'un lâche amour de l'or ne le seche au dedans*
*Par l'invisible feu de ses desirs ardens;*
*Ou que, lorsqu'élevé sur sa tige superbe,*
*Il dédaigne de loin la bassesse de l'herbe,*
*Un tourbillon d'orgueil, comme un foudre soudain,*
*Ne lui donne en sa chûte un honteuse fin.*

Prenez garde que dans l'Allegorie il faut finir comme l'on a commencé, & prendre toutes les Metaphores, des mêmes choses dont on a emprunté les premieres expressions. Ce que vous voïez que Saint Prosper observe exactement, prenant toutes ces Metaphores des choses qui regardent les bleds. Quand ces allegories sont obscures, & qu'on n'apperçoit pas d'abord le sens naturel des paroles de l'Auteur, elles peuvent être appellées Enigmes, telle qu'est celle-ci. Le Poëte décrit les agitations du sang pendant la fiévre,

*Ce sang chaud & bouillant ; cette flâme liquide,*
*Cette source de vie, à ce coup homicide,*
*En son lit agité ne se peut reposer,*
*Et consume le champ qu'elle doit arroser.*
*Dans ses canaux troublés sa course vagabonde*
*Porte un tribut mortel au Roi du petit monde.*

Ce dernier vers particuliérement est fort Enigmatique, & tout-d'un-coup on ne découvre pas, que ce Roi est le cœur qui est le principe de la vie, par lequel tout le sang du corps passe continuellement. Il faut faire réflexion sur ce qu'on dit que l'homme est un petit monde.

## *LITOTE.*

LItote ou *diminution*, est un Trope par lequel on dit moins qu'on ne pense, comme quand on dit : *Je ne puis vous louer*, cette expression marque un reproche secret. *Je ne méprise pas vos présens*, au lieu de dire : Je les reçois volontiers.

On peut rapporter à cette figure les manieres extraordinaires de représenter la petitesse d'une chose, comme le fait Isaïe en représentant ce qu'est le monde entier comparé à Dieu, chapitre 40. *Qui est celui*, dit-il, *qui a mesuré les eaux dans le creux de sa main, & qui la tenant étendue, a pesé les cieux ? Qui soutient de trois doigts toute la masse de la terre, qui pese les montagnes, & met les collines dans la balance ?* Et dans le même Chapitre ce Prophete parlant encore de la grandeur de Dieu : *C'est lui*, dit-il, *qui s'assied sur le globe de la terre, & qui voit tous les hommes qu'elle renferme, comme des sauterelles ; qui a suspendu les cieux comme une toile, & qui les étend comme un pavillon qu'on dresse pour s'y retirer.*

## HYPERBOLE.

L'Hyperbole eſt un Trope qui repréſente les choſes ou plus grandes, ou plus petites qu'elles ne ſont dans la vérité. On emploie les Hyperboles lorſque les termes ordinaires ſont ou trop foibles, ou trop forts, & qu'ils ne ſe trouvent pas proportionnés à notre idée : ainſi craignant de ne pas dire aſſez, on dit plus. Comme ſi je veux exprimer la vîteſſe d'un excellent coureur ; je dirai qu'il va *plus vîte que le vent*. Si je parle d'une perſonne qui marche avec une extrême lenteur ; je dirai qu'elle marche *plus lentement qu'une tortue*. On peut dire que ces expreſſions ſont des menſonges ; mais ces menſonges ſont fort innocens, puiſque leur fin eſt la vérité ; comme le dit Seneque : *In hoc omnis hyperbole extenditur, ut ad verum mendacio veniat*. Ces Hyperboles, comme il paroît dans les exemples que nous venons de propoſer, font concevoir que la vîteſſe de l'un eſt bien grande, & que la lenteur de l'autre eſt extrême, puiſque l'on dit du premier, qu'il va *plus vîte que le vent ;* & de l'autre, qu'il marche *plus lentement qu'une tortue*. On pardonne ces excès ; parcequ'en ſe ſervant de termes ordinaires, on ne diroit pas aſſez, & il eſt à propos de dire plus que moins. *Conceditur amplius dicere, quia dici quantum eſt non poteſt : meliuſque ultra, quàm citra ſtat oratio.* ( Quintil. lib. 8. c. 6. ) C'eſt pourquoi ſaint Jean n'a pas fait de difficulté de dire à la fin de ſon Evangile : *Jeſus a fait tant d'autres choſes, que ſi on les rapportoit en détail, je ne crois pas que le monde entier pût contenir les Livres qu'on en écriroit.*

## IRONIE.

IRonie eſt un Trope par lequel on dit tout le contraire de ce que l'on penſe ; comme quand on appelle *Homme de bien*, une perſonne dont les vices ſont connus. Le ton de la voix avec lequel on prononce ordinairement les ironies, & la qualité de la perſonne à qui on ſait que le titre qu'on lui donne ne convient pas, font connoître la penſée de celui qui parle ; comme lorſque le Prophête Elie diſoit aux Prêtres de l'Idole de Baal, qui invoquoient à haute voix cette Idole qui ne les pouvoit entendre : *Criez plus haut ; car votre Dieu Baal parle peut-être à quelqu'un ; ou il eſt en chemin, ou dans une hôtellerie : il dort peut-être, & il a beſoin qu'on le réveille.* L'effet de l'Ironie c'eſt de faire faire attention à la baſſeſſe de celui qu'on veut faire mépriſer, en lui donnant des louanges, & diſant des choſes qui ne lui conviennent point, & ne font que préparer à ſentir ſa baſſeſſe. Ce ſeroit un menſonge que l'Ironie, ſi le faux à ſa faveur ne devenoit vrai, dit un célebre Auteur. C'eſt elle qui a introduit ce que nous appellons *contre-vérité*, & qui fait que quand on dit d'une Femme libertine & ſcandaleuſe, que c'eſt une très honnête perſonne, tout le monde entend ce qu'on dit, ou plutôt ce qu'on ne dit pas, *intelligitur quod non dicitur.* Les *contre-vérités* ſont ce que les anciens Rhéteurs nommoient *Antiphraſe*.

## CATACHRESE.

CAtachreſe eſt le Trope le plus libre de tous : on prend la liberté d'emprunter le nom d'une choſe toute contraire à celle qu'on veut ſignifier, ne le pouvant faire autrement ; comme lorſqu'on dit, *un cheval ferré d'argent*. La raiſon rejette cette expreſſion ; mais la néceſſité oblige de s'en ſervir. *Aller à cheval ſur un bâton : Equitare in arundine longa*. Un bâton n'eſt pas un cheval. Ces expreſſions enferment une contradiction ; mais on s'entend bien.

Voilà les eſpeces de Tropes les plus conſidérables ; & c'eſt à ces eſpeces que les Maîtres rapportent tous les Tropes dont on peut ſe ſervir. Je n'ai pas prétendu enſeigner la maniere d'en trouver. Outre que l'uſage en fournit un très grand nombre, on ſait ſe ſervir dans la chaleur du diſcours, de tout ce que l'imagination préſente : & comme dans la paſſion on ne manque jamais d'armes, parceque la colere donne l'adreſſe de s'armer de tout ce que l'on rencontre, *Furor arma miniſtrat* ( Virgil. ), lorſque l'on a l'imagination échauffée, on ſe ſert de tous les objets qui ſe trouvent dans la mémoire, pour ſignifier ce que l'on veut dire. Il n'y a rien dans la nature, que l'on n'applique à la choſe dont on parle, & qui ne fourniſſe des Tropes au beſoin, lorſque les termes propres manquent.

## CHAPITRE IV.

### *Les Tropes doivent être clairs.*

C'Eſt particulierement dans les Tropes que conſiſtent les richeſſes du Langage. Auſſi comme le mauvais uſage des grandes richeſſes cauſe le déreglement des Etats ; le mauvais uſage des Tropes eſt la ſource de quantité de fautes que l'on commet dans le diſcours ; c'eſt pourquoi il eſt important de bien regler cet uſage. Premierement l'on ne doit emploïer les Tropes que pour exprimer ce qu'on n'auroit pu repréſenter qu'imparfaitement avec des termes ordinaires ; & lorſque la néceſſité oblige de ſe ſervir de Tropes, il faut qu'ils aient ces deux qualités. La premiere qu'ils ſoient clairs : La ſeconde qu'ils ſoient proportionnés à l'idée qu'ils doivent réveiller.

Trois choſes empêchent les Tropes d'être clairs ; la premiere, s'ils ſont tirés de trop loin, & pris de choſes, qui ne donnent pas occaſion à l'ame de penſer d'abord à ce qu'il faut qu'elle ſe repréſente pour découvrir la penſée de celui qui parle : comme ſi on appelloit une maiſon de débauche, les *ſyrtes de la jeuneſſe*, on ne pourroit pénétrer le ſens de cette Métaphore, qu'après avoir rappellé dans ſa mémoire que les ſyrtes ſont des bancs de ſable, proche de l'Afrique, fort dangereux, ce que tout le monde ne ſait pas ; au-lieu qu'en nommant cette maiſon *l'écueil de la jeuneſſe*, ce que l'on a voulu ſignifier, eſt auſſi-tôt apperçu. Il n'y a perſonne qui ne comprenne d'abord ce qu'on a voulu dire.

Pour éviter ce défaut, on doit tirer les Métaphores de choſes ſenſibles qui ſoient ſous les yeux, & dont l'image par conſéquent ſe préſente d'elle-même ſans qu'on la cherche. En voulant indiquer une perſonne, dont le nom ne m'eſt pas connu, je me rendrois ridicule, ſi je me ſervois de certains ſignes obſcurs, qui ne donneroient aucune occaſion facile à ceux qui m'écouteroient, de ſe former une idée de cette perſonne. Mais ce défaut, que l'on évite avec tant de ſoin dans la converſation, eſt recherché comme une vertu par un très grand nombre d'auteurs. Il y a des perſonnes qui prennent plaiſir à faire venir de loin toutes leurs Métaphores, & qui les empruntent de choſes inconnues, pour faire paroître leur érudition. S'ils parlent d'une Province, ils lui donnent par *Synecdoche* le nom d'une de ses parties qui sera la moins connue. Leurs Tropes viennent tous du fond de l'Asie, de l'Afrique. Il faut pour les entendre savoir le nom des plus petits villages, de toutes les fontaines, de toutes les collines du païs dont ils parlent. Ils ne nomment jamais une personne par son nom, mais par celui de l'aïeul de ses aïeux, faisant une vaine montre des connoissances qu'ils ont de l'antiquité.

La sagesse divine, qui s'accommode à la capacité des Hommes, nous donne dans les Livres Sacrés un exemple de ce soin qu'on doit avoir de se servir des choses connues à ceux qu'on instruit, lorsqu'il est question de leur faire comprendre quelque chose de difficile. Ceux qui ont l'esprit petit, & qui cependant osent critiquer l'Ecriture, condamnent les Métaphores & les Allégories qui y sont prises des champs, des pâturages, des brebis, des chaudieres & des marmites. Ils ne prennent pas garde que les Israélites étoient tous bergers, & qu'ainsi il n'y avoit rien qui leur fût plus connu que le ménage de la Campagne. Les Prêtres, à qui l'Ecriture s'adressoit particulierement, étoient perpétuellement occupés à tuer des bêtes dans le Temple, à les écorcher, & à les faire cuire dans les grandes cuisines qui étoient au-tour du Temple. Les Ecrivains sacrés ne pouvoient donc pas choisir des choses dont les images se présentassent plus facilement à l'esprit des Israélites.

2°. L'idée du Trope doit être tellement liée avec celle du nom propre, qu'elles se suivent, & qu'en excitant l'une des deux, l'autre soit renouvellé. Ce défaut de liaison est la seconde chose qui rend les Tropes obscurs. Cette liaison est ou naturelle, ou artificielle. J'appelle liaison naturelle celle qui se trouve lorsque les choses signifiées par les noms propres, & par les Métaphoriques, ont un rapport si naturel, qu'elles se ressemblent, & qu'elles dépendent les unes des autres : comme quand on dit d'un Homme, qu'il a les bras d'airain, pour dire que ses bras sont forts ; on peut appeller naturelle la liaison qui est entre ce Trope & son nom propre. J'appelle liaison artificielle celle qui a été faite par l'usage. C'est la coutume d'appeller un Arabe, un Homme avec lequel on ne peut traiter : c'est un terme usité, la coutume qu'on a de s'en servir dans ce sens, fait que l'idée de ce mot *Arabe* réveille celle d'un Homme intraitable. Une liaison artificielle est plutôt apperçue qu'une liaison naturelle, parceque cette premiere aïant été établie par l'usage, on y est plus accoutumé.

3°. L'usage trop fréquent des Tropes est la troisieme chose qui les rend obscurs. Les Métaphores les plus claires ne signifient les choses qu'indirectement. L'idée naturelle de ce que l'on n'exprime que par Métaphore, ne se présente à l'esprit qu'après quelque réflexion ; on s'ennuie de toutes ces réflexions, & l'on souhaite que celui que l'on écoute épargne la peine de deviner ses pensées. Mais quand nous condamnons le trop fréquent usage des Tropes, nous parlons de ceux qui sont extraordinaires. Il y en a qui ne sont pas moins usités que les termes naturels ; ainsi ils ne peuvent jamais obscurcir le discours.

L'on ne doit jamais se servir d'expressions Métaphoriques qui ne soient pas ordinaires, sans y avoir préparé les Lecteurs. Un Trope doit être précédé de choses qui empêchent de prendre le change ; & la suite du discours doit faire connoître qu'il ne faut pas s'arrêter à l'idée naturelle qu'il présente.

A moins que d'être extravagant, ou de vouloir prendre plaisir à n'être pas entendu, on ne continue point depuis le commencement d'un discours, ou d'un livre, jusqu'à la fin, dans de perpétuelles Allégories. Nous ne pouvons connoître la pensée d'un Homme, que lorsqu'il nous en donne, au moins quelquefois, des signes naturels, & qui ne soient point équivoques. Comment savons-nous qu'une personne badine, & ne parle pas sérieusement, sinon parceque nous l'avons vue sérieuse dans d'autres occasions Comment distingue-t-on un bateleur qui fait le fou, d'avec un fou véritable? n'est-ce pas parceque l'on voit que ce bateleur ne joue ce personnage que pendant un peu de temps, & qu'un fou est toujours fou? Quand donc on prétend qu'un Auteur n'a jamais exprimé ses pensées que par des Métaphores, on le juge capable d'une extravagance qui est presque inouie, à moins que quelque trait de politique ne l'ait obligé d'obscurcir son discours.

## CHAPITRE V.

*Les Tropes doivent être proportionnés à l'idée qu'on veut donner. Cette idée doit être raisonnable.*

L'Usage des Tropes est absolument nécessaire, parceque, comme nous avons dit, les mots ordinaires ne suffisent pas toujours. Si je veux donner l'idée d'un rocher dont la hauteur est extraordinaire; ces termes grand, haut, élevé, qui se donnent aux rochers d'une hauteur commune, n'en feront qu'une peinture imparfaite : mais disant que ce rocher semble *menacer le Ciel*, l'idée du *Ciel*, qui est la chose la plus élevée de toute la nature, l'idée de ce mot *menacer*, qui convient à un Homme qui est au-dessus des autres, forme l'idée de la hauteur extraordinaire que je ne pouvois exprimer d'une autre maniere que par cette hyperbole. Mais il faut apporter beaucoup de tempéramment dans ces expressions, & prendre garde qu'il y ait toujours quelque proportion entre l'idée naturelle du Trope, & celle que l'on a dessein de donner ; autrement ceux qui écoutent s'imaginent toute autre chose que ce que pense l'Auteur. Si en parlant d'une vallée médiocrement profonde, on dit qu'elle va *jusques aux Enfers* ; si en parlant d'un rocher qui est un peu élevé, on dit *qu'il touche les Cieux* ; qui ne croira pas que l'on parle d'une vallée d'une profondeur prodigieuse, & d'un rocher d'une merveilleuse hauteur ? Il faut sur-tout prendre garde que le Trope ne donne une idée toute contraire à celle qu'on veut donner, & que voulant faire pleurer on ne fasse rire ; si par exemple, la Métaphore dont on se sert donnoit une idée ridicule, comme celle-ci : *Morte Catonis Respublica castrata est.*

Il y a mille moïens de temperer les expressions hardies dont on est quelquefois contraint de se servir. On y peut apporter ces adoucissemens : *Pour ainsi dire* ; *si j'ose me servir de ces termes* ; *pour m'exprimer plus hardiment* ; prevenant ainsi le Lecteur, lorsqu'on ne veut pas qu'on juge mal de nous ; car il est évident que le mauvais usage des Tropes est une marque d'une imagination déréglée. Ces grandes expressions sont les marques de nos jugemens & de nos passions. Lorsque les objets nous paroissent rares, & que nous les jugeons tels, soit pour leur bassesse, soit pour leur extrême grandeur ; pour lors nous ressentons des mouvemens d'estime ou de mépris, de haine ou d'amour, que nous exprimons par des paroles proportionnées à notre jugement & à notre passion. Si donc le jugement que nous avons formé de ces objets est mal fondé, si les sentimens que nous en avons conçus sont déraisonnables ; notre discours nous trahit, & découvre notre foiblesse.

Ainsi ce n'est pas assez que les Tropes soient proportionnés à nos idées, mais il faut outre cela que ces idées soient justes. Les Auteurs qui affectent de ne dire que de grandes choses, de n'emploïer que de grands mots, que de riches Métaphores, que des Hyperboles hardies, paroissent ridicules à ceux qui savent juger, & ne peuvent souffrir qu'un homme regarde d'un même œil les petites & les grandes choses; que tout lui paroisse grand; qu'il estime aussi-bien une bagatelle, que la chose la plus sérieuse & la plus importante, & qu'il parle de tout avec un style égal.

Il faut néanmoins distinguer si c'est dans la passion qu'il parle; car c'est avec sujet que Plutarque l'a dit, que la passion est comme un nuage, au travers duquel les choses paroissent plus grandes. Ainsi les Hyperboles les plus hardies peuvent convenir à l'idée de celui que la passion fait parler. Mais encore une fois, son idée doit être raisonnable: c'est pour cela qu'on ne peut excuser l'Hyperbole de l'Epigramme suivante de Martial sur le Palais de Domitien: c'est une flatterie déraisonnable.

*Quand je vois ce Palais que tout le monde admire,*
*Loin de l'admirer, je soupire*
*De le voir ainsi limité.*
*Quoi! prescrire à mon Prince un lieu qui le resserre!*
*Une si grande Majesté*
*A trop peu de toute la terre.*

## CHAPITRE VI.

### *Utilité des Tropes.*

LEs Tropes font une peinture sensible de la chose dont on parle. Quand on appelle un grand Capitaine, *un foudre de guerre*, l'image du foudre repréſente ſenſiblement la force avec laquelle ce Capitaine ſubjugue des Provinces entieres, la vîteſſe de ſes conquêtes, & le bruit de ſa réputation & de ſes armes. Les Hommes pour l'ordinaire ne ſont capables de comprendre que les choſes qui entrent dans l'eſprit par les ſens. Pour leur faire concevoir ce qui eſt ſpirituel, il faut ſe ſervir de comparaiſons ſenſibles, qui ſont agréables, parcequ'elles ſoulagent l'eſprit, & l'exemptent de l'application qu'il faut avoir pour découvrir ce qui ne tombe pas ſous les ſens. C'eſt pourquoi les expreſſions Métaphoriques, priſes des choſes ſenſibles, ſont très fréquentes dans les ſaintes Ecritures. Lorſque les Prophêtes parlent de Dieu, ils ſe ſervent continuellement de Métaphores tirées des choſes expoſées à nos ſens, comme nous l'avons déja remarqué. Ils donnent à Dieu des bras, des mains, des yeux; ils l'arment de traits, de carreaux, de foudres; pour faire comprendre au peuple ſa puiſſance inviſible & ſpirituelle, par des choſes ſenſibles & corporelles. Saint Auguſtin dit pour cette raiſon, que la ſageſſe de Dieu n'a pas dédaigné de jouer en quelque maniere avec nous, qui ſommes des enfans, aux paraboles & aux ſimilitudes. *Sapientia Dei, quæ cum infantia noſtra parabolis & ſimilitudinibus quodammodo ludere non dedignata eſt, Prophetas voluit humano more de divinis loqui, ut hebetes hominum animi divina & cæleſtia terreſtrium ſimilitudine intelligerent.* (S. Aug. lib. 4. de doctrinâ Chriſtianâ.)

Une ſeule Métaphore dit ſouvent plus qu'un long diſcours. Quand on dit, par exemple, que *les ſciences ont des recoins & des enfoncemens fort peu utiles.* Cette ſeule Métaphore renferme un ſens, que pluſieurs expreſſions naturelles ne peuvent faire comprendre d'une maniere auſſi ſenſible. Outre cela par le moïen des Tropes on peut diversifier le discours. Parlant long-temps sur un même sujet, pour ne pas ennuïer par une répétition trop fréquente des mêmes mots, il est bon d'emprunter les noms des choses qui ont de la liaison avec celle qu'on traite ; & de les signifier ainsi par des Tropes qui fournissent le moïen de dire une même chose en mille manieres différentes.

La plupart de ce qu'on appelle expressions choisies, tours élégans, ne sont que des Métaphores, des Tropes, mais naturels & si clairs, que les mots propres ne le seroient pas davantage. Aussi notre Langue, qui aime la clarté & la naïveté, donne toute liberté de s'en servir ; & on y est tellement accoutumé, qu'à peine les distingue-t-on des expressions propres, comme il paroît dans celles-ci, qu'on donne pour des expressions choisies : Il faut que la complaisance *ôte à la sévérité ce qu'elle a d'amer* ; & que la sévérité *donne quelque chose de piquant à la complaisance, &c.* La sagesse la plus austere *ne tient pas* long-temps contre de grandes largesses ; & les ames venales se laissent *éblouir* par l'éclat de l'or. Les dépits *délient* la Langue des Amans. Ces Métaphores sont un grand ornement dans le discours ; mais comme je l'ai dit, il faut en user avec retenue ; autrement on tombe en ce qu'on appelle discours précieux, affecté, qui ne consiste que dans un mauvais usage des Tropes, comme dans cette expression d'une précieuse ridicule, qui en parlant de ceux qui ont du goût & du discernement, disoit *des gens qui savent faire un doux accueil aux beautés d'un ouvrage, & par de chatouillantes approbations vous régaler de votre travail.* C'est le vice des petits génies, qui ne se pouvant distinguer par des pensées nobles, tâchent de le faire par des manieres de parler extraordinaires.

## CHAPITRE VII.

*Les paſſions ont un Langage particulier. Les expreſſions qui ſont les caracteres des paſſions, ſont appellés figures.*

OUtre ces expreſſions propres & étrangeres, que l'uſage & l'Art fourniſſent pour être les ſignes des mouvemens de notre volonté auſſi-bien que de nos penſées, les paſſions ont des caracteres particuliers avec leſquels elles ſe peignent elles-mêmes dans le diſcours. Comme on lit ſur le viſage d'un Homme ce qui ſe paſſe dans ſon cœur ; que le feu de ſes yeux, les rides de ſon front, le changement de couleur de ſon viſage, ſont les marques évidentes des mouvemens extraordinaires de ſon ame ; les tours particuliers de ſon diſcours, les manieres de s'exprimer, éloignées de celles que l'on garde dans la tranquillité, ſont les ſignes & les caracteres des agitations dont ſon eſprit eſt ému dans le temps qu'il parle.

Les paſſions font que l'on conſidere les choſes, d'une autre maniere que l'on ne fait dans le repos & dans le calme de l'ame : Elles groſſiſſent les objets, elles y attachent l'eſprit, & font ſur lui preſque autant d'impreſſion, que les choſes mêmes. Mais les paſſions produiſent auſſi ſouvent des effets contraires ; car elles emportent l'ame, & la font paſſer en un inſtant par des changemens bien différens. Tout d'un coup elles lui font quitter la conſidération d'un objet, pour en voir un autre qu'elles lui préſentent ; elles la précipitent ; elles l'interrompent ; elles la tournent : en un mot, les paſſions font dans le cœur de l'Homme ce que font les vents ſur la mer, qui tantôt pouſſent ſes eaux vers le rivage, tantôt les font rentrer dans son sein, & presque dans le même instant l'élevent jusqu'au Ciel, & semblent la faire descendre jusques au centre de la terre.

Ainsi les paroles répondant à nos pensées, le discours d'un Homme qui est ému ne peut être égal. Quelquefois il est diffus, & il fait une peinture exacte des choses qui sont l'objet de sa passion : il dit la même chose en cent façons différentes. Une autre fois son discours est coupé, les expressions en sont tronquées, cent choses y sont dites à la fois : il est entrecoupé d'interrogations, d'exclamations ; il est interrompu par de fréquentes digressions ; il est diversifié par une infinité de tours particuliers, & de manieres de parler différentes. Ces tours & ces manieres de parler sont aussi faciles à distinguer d'avec les façons de parler ordinaires, que les traits d'un visage irrité d'avec ceux d'un visage calme.

On voit facilement dans le discours de Didon combien elle est animée. Cette Reine parle à Enée après qu'il lui a déclaré sa résolution de quitter Carthage, à quoi les Dieux l'obligeoient. Un de nos Poëtes la fait ainsi parler en François. *

*Pendant qu'il parle ainsi, Didon de toutes parts*
*Jette confusément mille incertains regards,*
*Et sans daigner jamais baisser sur lui la vûe,*
*Elle entrevoit pourtant son ame toute nue ;*
*Mais, ne voïant plus rien qui le pût arrêter,*
*Le dépit en ces mots la force d'éclater.*
*Non, cruel, tu n'es point le fils d'une Déesse :*
*Tu suças en naissant le lait d'une tigresse :*
*Et le Caucase affreux, t'engendrant en couroux,*

* Boileau, Contrôleur de l'Argenterie du Roi, frere de celui qui a composé les Satyres.

*Te fit l'ame & le cœur plus durs que ses cailloux.*
*Car qu'ai je à menager, & qu'ai-je plus à craindre?*
*A quoi bon déguiser? & pourquoi me contraindre?*
*Mes plaintes, mes regrets, & tout mon déplaisir*
*Ont-ils pû de son cœur arracher un soupir?*
*Mes yeux noyés de pleurs pour toutes mes alarmes*
*Ont-ils vû de ses yeux couler les moindres larmes?*
*Et son ame insensible aux traits de la pitié*
*A-t-elle d'un regard flatté mon amitié?*
*Grands Dieux, pourrez-vous voir de la voute étoilée*
*La Foi si lâchement à vos yeux violée?*
*Hèlas! en qui peut-on s'assurer désormais?*
*Ah! qu'on se fie à tort à la foi des bienfaits!*
*Qui l'eût jamais pensé qu'un traitement si rude*
*Eût payé mes faveurs de tant d'ingratitude?*
*Ne te souvient-il plus, perfide, de ce jour*
*Que pâle & tout tremblant tu parus à ma Cour;*
*Qu'encor tout effrayé des horreurs du naufrage,*
*Ma pitié mit ta flotte à l'abri de l'orage;*
*Et que me demandant secours en ton malheur,*
*Avecque ce secours je te donnai mon cœur?*
*O ciel! qui ne seroit transporté de furie;*
*Quant à l'impiété joignant la raillerie,*
*Il veut, pour colorer son départ de ces lieux,*
*Rendre de son forfait coupables tous les Dieux;*
*Et lorsque pour aider à couvrir l'imposture*
*Il vient nous effrayer des ordres de Mercure?*
*Certes, les Dieux là-haut seroient bien de loisir*
*Si des soucis si bas altéroient leur plaisir.*
*Hé bien ingrat, hé bien, suis donc ces vains Oracles.*
*J'y consens de bon cœur, & n'y fais plus d'obstacles.*
*Va, malgré les hyvers & tes lâches sermens,*
*Exposer ta fortune à la merci des vents.*
*Peut-être que la mer ouvrant cent précipices,*
*A ta punition offrira cent supplices.*

*Alors en vain, alors, ſur la fin de tes jours*
*Tu voudras appeller Didon à ton ſecours.*
*Des feux de mon bûcher j'irai juſqu'en l'abîme*
*Allumer dans ton cœur les remors de ton crime,*
*Et mon ombre par-tout te ſuivant pas à pas,*
*Te montrera par-tout ton crime & mon trépas;*
*Et juſques dans l'enfer faiſant vivre ma haine,*
*Mon ame chez les morts jouira de ta peine.*

Ces tours, qui ſont les caracteres que les paſſions tracent dans le diſcours, ſont ces figures célebres dont parlent les Rhéteurs, & qu'ils définiſſent *des manieres de parler éloignées de celles qui ſont naturelles & ordinaires*: c'eſt-à-dire, différentes de celles qu'on emploie quand on parle ſans émotion. Cette définition n'a rien d'obſcur, & qui mérite une plus longue explication. Nous allons voir l'avantage & la néceſſité de l'uſage de ces figures.

## CHAPITRE VIII.

### *Les figures ſont utiles & néceſſaires.*

TRois raiſons obligent de s'en ſervir. Premierement, quand on fait parler une perſonne émue de quelque paſſion, ſi on veut faire une peinture exacte de cette paſſion, on doit donner à ſon diſcours toutes les figures propres, & les tourner en la maniere qu'une perſonne animée d'un mouvement ſemblable, figure & tourne ſon diſcours. Les habiles Peintres, pour exprimer les penſées & les mouvemens de ceux dont ils font le portrait, donnent à leurs images tous les traits qui ne manquent jamais de ſuivre ces penſées &

ces mouvemens, dont par conséquent ils sont les indices.

Les passions, comme nous avons dit, se peignent elles-mêmes dans les yeux & dans les paroles. Les expressions de la colere & de la gaieté ne peuvent être semblables : ces passions ont des caracteres différens. C'est donc en vain qu'on prétend les représenter ou par des couleurs, ou par des paroles, si l'on n'exprime dans la peinture & dans le discours les traits & les figures par lesquelles elles se distinguent elles mêmes les unes des autres.

La seconde raison est encore plus forte pour prouver l'avantage & la nécessité de l'usage des figures. On ne peut pas toucher les autres, si on ne paroît touché.

——— *Si vis me flere dolendum est*
*Primum ipsi tibi*. ( Hor. Art Poèt. v. 102. & 103 ).

Les Hommes ne peuvent remarquer que nous sommes touchés, s'ils n'apperçoivent dans nos paroles les marques des émotions de notre ame. Jamais on ne concevra des sentimens de compassion pour une personne dont le visage est riant : il faut avoir des yeux abattus ou baignés de larmes, pour causer ce sentiment. Il faut par la même raison que le discours porte les marques des passions que nous ressentons & que nous voulons communiquer à ceux qui nous écoutent.

Les Hommes sont liés les uns avec les autres par une merveilleuse sympathie, qui fait que naturellement ils se communiquent leurs passions, comme nous l'avons déja observé. Nous nous revêtons des sentimens & des affections de ceux avec qui nous vivons, à moins qu'il n'y ait quelque obstacle qui arrête le cours de la nature ; & cela se fait, parceque notre corps est tellement disposé, que la seule idée d'une personne en colere remue notre sang, & nous donne quelque mouvement de colere. Une personne qui fait paroître de la tristesse sur son visage, donne de la tristesse; si elle donne quelque marque de joie, ceux qui s'en apperçoivent prennent part à sa joie : *Ut ridentibus arrident, ita flentibus adflent humani vultus.* (Horat. ibid.) C'est un effet merveilleux de la sagesse de Dieu, qui nous a faits premierement pour lui, & en second lieu, les uns pour les autres. Car comme les passions font agir l'ame pour rechercher le bien & éviter le mal, la nature par cette sympathie nous porte à combattre le mal qui attaque ceux avec qui nous vivons, & à leur procurer le bien qu'ils souhaitent. *Format enim natura prius nos intus ad omnem fortunarum habitum, juvat aut impellit ad iram, aut ad humum mœrore gravi deducit & angit*, (Horat. ibid.) Ainsi puisque nous ne parlons presque jamais que pour communiquer nos affections aussi-bien que nos idées, il est évident que pour rendre notre discours efficace, il faut figurer; c'est-à-dire, qu'il faut lui donner les caracteres de nos affections, qui se communiquent, comme nous venons de le dire, à ceux qui nous entendent parler, lorsqu'elles paroissent. Outre cela, comme les mouvemens des passions sont toujours agréables, quand ils sont modérés, c'est-à-dire, qu'ils ne sont point accompagnés de quelque grande douleur, on aime un discours animé, qui remue l'ame, & lui inspire différens mouvemens. Un discours dépouillé de toutes sortes de figures, est froid & languissant.

Une troisieme raison considérable prouve l'utilité des figures Les animaux savent se défendre, & acquerir ou conserver par la force ce qui leur est utile. Ceux qui croient que ce ne sont que des machines, montrent ingénieusement comment leur corps eſt tellement organiſé, que ſans avoir beſoin d'un eſprit qui les dirige, ils peuvent ſe défendre, & combattre pour leur conſervation. Nous mêmes nous expérimentons que nos membres, ſans la participation de l'ame, ſe diſpoſent en la maniere qui eſt propre pour éviter les injures, Le corps prend des poſtures propres à attaquer & à ſe défendre : les mains & les pieds s'expoſent pour conſerver la tête. Les pieds s'affermiſſent pour ſoutenir le corps & le rendre capable de réſiſter aux efforts de nos adverſaires : les bras ſe roidiſſent pour frapper avec force : tout le corps ſe plie, ſe courbe, ſe ramaſſe, ſoit pour éviter les coups qu'on lui porte, ſoit pour ſe porter lui-même ſur ſon ennemi, & le terraſſer. Tout cela ſe fait naturellement, & preſque ſans aucune réflexion.

Il ne faut pas s'imaginer que les figures de Rhétorique ſoient ſeulement de certains tours que les Rhéteurs aient inventés pour orner le diſcours. Dieu n'a pas refuſé à l'ame ce qu'il a accordé au corps : ſi le corps ſait ſe tourner, & ſe diſpoſer adroitement pour repouſſer les injures, l'ame peut auſſi ſe défendre : la nature ne l'a pas faite immobile lorſqu'on l'attaque. Toutes les figures qu'elle emploie dans le diſcours quand elle eſt émue, font les mêmes effets que les poſtures du corps ; ſi celles-ci ſont propres pour ſe défendre des attaques des choſes corporelles, les figures du diſcours peuvent vaincre ou fléchir les eſprits. Les paroles ſont les armes ſpirituelles de l'ame, qu'elle emploie pour perſuader ou pour diſſuader. Je ferai voir l'efficacité & la force de ces figures dans ce combat, après que j'aurai donné la définition de chacune en particulier. L'on ne peut pas marquer toutes les poſtures que les paſſions font prendre au corps. Il eſt auſſi impoſſible d'exprimer toutes les figures dont un homme ſe ſert dans la passion pour tourner son discours. Je parlerai seulement des plus remarquables, qui sont celles dont les Maîtres de l'Art traitent ordinairement.

## CHAPITRE IX.

### *Liste des figures.*

POur entrer dans une véritable connoissance de toutes ces figures dont nous allons donner une liste, il suffit de remarquer que ce sont des tours ou manieres de parler que la passion fait prendre, comme nous venons de dire. Ces tours étant différens, les Maîtres de l'Art leur ont donné des noms différens. Il est peu important pour la pratique de l'éloquence, de savoir le nom de toutes ces figures, comme il n'est pas nécessaire pour bien combattre, que l'on sache le nom de toutes les postures qu'un corps adroit & bien exercé prend dans le combat. Cependant comme c'est un Langage ordinaire dans les sciences, il y a quelque nécessité de ne pas ignorer ce que veulent dire tous ces noms; ainsi l'on ne doit pas trouver mauvais si je m'arrête à les expliquer. Les réflexions que j'ajoute à ces explications ne seront pas inutiles.

### *EXCLAMATION.*

L'Exclamation doit être placée, à mon avis, la premiere dans cette liste des figures, puisque les passions commencent par elle à se montrer dans le discours. L'exclamation est une voix poussée avec force. Lorsque l'ame vient à être agitée de quelque violent mouvement, les esprits animaux courans par toutes les parties du corps, entrent en abondance dans les muscles qui se trouvent vers les conduits de la voix, & les font enfler ; ainsi ces conduits étant rétrécis, la voix sort avec plus de vîtesse & d'impétuosité au coup de la passion dont celui qui parle est frappé. Chaque flot qui s'éleve dans l'ame est suivi d'une exclamation. Le discours d'une personne passionnée est plein d'exclamations semblables. *Helas ! ah mon Dieu ! ô Ciel ! ô Terre !* Il n'y a rien de si naturel. Nous voïons qu'aussi-tôt qu'un animal est blessé, & qu'il souffre, il se met à crier ; comme si la nature lui faisoit demander du secours.

## *DOUTE.*

LEs mouvemens des passions ne sont pas moins changeans & inconstans que les flots d'une mer agitée : ainsi ceux qui s'y abandonnent sont dans une perpétuelle inquiétude. Tantôt ils veulent, tantôt ils ne veulent pas. Ils prennent un dessein, & puis ils le quittent ; ils l'approuvent, & ils le rejettent presqu'en même temps. En un mot, l'inconstance des mouvemens de leur passion pousse leurs esprits de différens côtés. Elle les tient suspendus dans une irrésolution continuelle, & se joue d'eux, comme les vents se jouent des vagues de la mer. La figure qui représente dans le discours ces irrésolutions, est appellée Doute, dont vous avez un bel exemple dans la peinture que fait Virgile des inquiétudes de Didon sur ce qu'elle devoit faire, quand elle se vit abandonnée par Enée.

*Helas ! s'écria-t-elle au fort de sa misere,*
*Quel projet désormais me reste-t-il à faire ?*
*Chez les Rois mes voisins mon cœur humble & confus*
*Ira-t-il s'exposer au hazard d'un refus ?*
*Eux, dont j'ai tant de fois avec tant d'insolence*

*Méprisé la recherche & bravé la puissance ?*
*Irai-je en suppliant, à la honte des miens,*
*Implorer la pitié des superbes Troyens ?*
*Trop aveugle Didon, puis-je après cette injure*
*Ne pas connoître encor cette race parjure ?*
*Et comment mes soupirs pourroient ils retenir*
*Ceux de qui mes bienfaits n'ont pû rien obtenir ?*
*Ou bien irai-je enfin jusqu'au bout de la terre*
*Avec tous mes Sujets leur déclarer la guerre ?*
*Mais comment voudroient-ils à travers les dangers*
*Poursuivre ma vengeance en des bords étrangers,*
*Eux que leur intérêt, & que leur propre vie*
*Ont à peine arrachés du sein de leur patrie ?*
*Mourons donc, puisqu'enfin dans l'état où je suis*
*La mort est l'espoir seul qui reste à mes ennuis.*
( Boileau, traduct. du 4e. liv. de l'Enéide. )

On feint quelquefois de douter, afin d'obliger ceux à qui l'on parle, de considérer des vérités ausquelles ils ne font point d'attention. C'est ainsi qu'Isaïe, pour faire ressouvenir les Israélites de la protection que Dieu leur avoit donnée, leur demande, ch. 63, *Où est celui qui les a tirés de la mer avec les Pasteurs de son troupeau ? Où est celui qui a mis au milieu d'eux l'esprit de son Saint ; qui a pris Moïse par la main droite, & l'a soutenu par le bras de sa Majesté : qui a divisé les flots devant eux, pour s'acquerir un nom éternel ? Qui les a conduits dans le fond des abimes, comme un cheval qu'on mene dans une campagne sans qu'il fasse un faux pas !*

## EPANORTHOSE.

UN Homme irrité ne se contente jamais de ce qu'il a dit & de ce qu'il a fait ; l'ardeur de son mouvement le pousse toujours plus loin : ainsi les mots qu'il emploie ne lui ſemblant point aſſez dire ce qu'il ſouhaite, il condamne ſes premieres expreſſions, comme trop foibles, & corrige ſon diſcours, y ajoutant des termes plus forts.

*Non, cruel, tu n'es point le fils d'une Déeſſe,*
*Tu ſuças en naiſſant le lait d'une tigreſſe :*
*Et le Caucaſe affreux, t'engendrant en couroux,*
*Te fit l'ame & le cœur plus durs que ſes cailloux.*
( Boileau traduct. du 4e. liv. de l'Enéide. )

Le nom de cette figure eſt Grec, & ſignifie *correction.*

C'eſt une eſpece d'Epanorthoſe, que ces paroles du Fils de Dieu aux Juifs, touchant ſaint Jean. *Qu'êtes-vous donc allés voir ? Un Prophète ? Oui certes je vous le dis, & plus que Prophète.* ( Matth. c. 11. ℣. 9. )

## *ELLIPSE.*

UNe paſſion violente ne permet jamais de dire tout ce que l'on voudroit dire. La Langue eſt trop lente pour ſuivre la vîteſſe de ſes mouvemens : ainſi dans le diſcours d'un Homme que la colere anime, l'on ne trouve qu'autant de mots que la Langue en a pu prononcer dans la promptitude de la paſſion. Quand le mouvement de cette paſſion eſt interrompu, ou tourné d'un autre côté, la Langue, qui le ſuit, profere d'autres paroles qui n'ont plus de liaiſon avec celles qui précedent. Dans Térence, ce Pere irrité contre ſon Fils, ne lui dit que ce mot *omnium*, que le Traducteur François a rendu heureuſement par ce mot *le plus.* Car la colere de ce Pere eſt ſi forte, qu'il n'acheve pas ce qu'il voudroit dire ; que ſon Fils étoit le plus méchant de tous les Hommes. *Omnium hominum peſſimus. Ellipſe* dit la même choſe qu'*Omiſſion.*

## APOSIOPESE.

APosiopese est une espece d'ellipse ou d'omission. Elle se fait lorsque venant tout-d'un-coup à changer de passion, ou à la quitter entierement, on coupe tellement son discours, qu'à peine ceux qui écoutent peuvent-ils deviner ce que l'on vouloit dire. Cette figure est fort ordinaire dans les menaces. *Si je vous*, &c. *Mais*, &c.

*Quos ego.... Sed motos præstat componere fluctus.* ( Ænéid. l. 1, v. 139. )

## HYPERBATE.

L'*Hyperbate* n'est autre chose que la transposition des pensées ou des paroles dans l'ordre & la suite d'un discours. Nous en avons parlé dans le premier Livre, comme d'une figure de Grammaire: mais nous la devons regarder ici comme une figure qui porte le caractere d'une passion forte & violente. *En effet*, comme le dit Longin, ( Traité du Subl. c. 18. ) *voiez tous ceux qui sont émus de colere, de fraïeur, de dépit, de jalousie, ou de quelqu'autre passion que ce soit ( car il y en a tant, que l'on n'en sait pas le nombre, ) leur esprit est dans une agitation continuelle. A-peine ont ils formé un dessein, qu'ils en conçoivent aussi-tôt un autre, & au milieu de celui-ci, s'en proposant encore de nouveaux, où il n'y a ni raison, ni rapport, ils reviennent souvent à leur premiere résolution. La passion en eux est comme un vent léger & inconstant qui les entraîne, & les fait tourner sans cesse de côté & d'autres : Si bien que dans ce flux & ce reflux perpetuel de sentimens opposés, ils changent à tous momens de pensée & de Langage, & ne gardent ni ordre, ni suite dans leurs discours*.. » *Nos affaires sont réduites à la derniere » extrémité, Messieurs : il faut maintenant embrasser » le travail & la fatigue.* « *L'ordre naturel demandoit qu'il commençât ainsi : Messieurs, il est temps d'embrasser le travail, car enfin nos affaires sont, &c.* Mais *la passion qui l'anime le porte à répandre la terreur avant que d'en dire la raison.* ( Denys Phoc. ibid. )

## *PARALIPSE.*

CEtte figure n'est qu'une feinte que l'on fait de vouloir omettre ce que l'on dit, mais une feinte qui est naturelle. Quand on est animé, les raisons se présentent en foule à l'esprit. Il desireroit se servir de toutes, mais il craint d'ennuïer ; outre que l'activité de ses actions empêche qu'il ne s'arrête à toutes : ainsi il produit en foule les raisons qu'il propose, témoignant qu'il ne prétend pas en parler, c'est à-dire, s'y arrêter autant de temps qu'elles le demanderoient. *Je ne veux pas parler, Messieurs, du tort que m'a fait mon ennemi. J'oublie volontiers les injures que j'ai reçues de lui. Je ferme les yeux à tout ce qu'il machine contre moi.* Paralipse est un mot Grec qui signifie *Omission.* Il y en a un bel exemple dans l'Epître aux Hebreux, ( *ch.* 11. ℣. 32. ) où saint Paul en faisant le dénombrement de ceux dont la foi avoit été plus remarquable, après en avoir nommé plusieurs, il ajoute : *Que dirai-je davantage ? le temps me manquera si je veux parler encore de Gedeon : de Barach, de Samson, de Jephté ; de David, de Samuel, & des Prophètes.*

## *REPETITION.*

LA répétition est une figure fort ordinaire dans le discours de ceux qui parlent avec chaleur, & qui desirent avec passion qu'on conçoive les choſes qu'ils veulent faire concevoir. Quand on eſt aux priſes avec ſon ennemi, on ne ſe contente pas de lui faire une ſeule bleſſure, on lui porte pluſieurs coups; & de crainte qu'un ſeul ne faſſe pas l'effet qu'on attend, on lui en donne pluſieurs. Auſſi en parlant, ſi l'on craint que les premieres paroles n'aient pas été entendues, on les répete, ou bien on dit les mêmes choſes en différentes manieres. La paſſion occupe l'eſprit de ceux dont elle s'eſt rendue maîtreſſe. Elle imprime fortement les choſes qui l'ont fait naître dans l'ame; ainſi il ne faut pas s'étonner qu'en étant plein, on en parle plus d'une fois. La répétition ſe fait en deux manieres, ou en répétant les mêmes mots, ou en répétant les mêmes choſes en différens termes. Ces Vers de David, où il parle de l'aſſurance qu'il a dans les promeſſes que Dieu lui a faites de le ſecourir, ſerviront d'exemple de la premiere eſpece de répétition.

*Les loix de ſon amour ſont des loix éternelles;*
*Toujours dans mon malheur je l'aurai pour appui:*
*Toujours ſon bras puiſſant vengera mes querelles;*
*Il me ſera toujours ce qu'il m'eſt aujourd'hui.*

Autre exemple *Virgil. liv. 4. Georg.*

——— *Te, ſolo in littore ſecum,*
*Te, veniente die, te, decedente, canebat.*

Pour exemple de la ſeconde eſpece, j'ai choiſi ces beaux vers de ſaint Proſper, dans leſquels il exprime en différentes manieres cette ſeule vérité, que nous ne faiſons aucun bien que par le ſecours de la Grace divine.

*Grand Dieu, quoi que s'oppoſe une erreur téméraire,*

*Si l'Homme fait le bien, Toi seul le lui fais faire.*
*Ton esprit, pénétrant dans les replis du cœur*
*Pousse la volonté vers son divin Moteur.*
*Ta bonté nous donnant ce que tu nous demandes,*
*Pour accomplir nos vœux forme encor nos demandes.*
*Tu conserves tes dons par ton puissant secours,*
*Tu fais notre mérite, & l'augmentes toujours :*
*Et dans ce dernier prix, qui tout autre surpasse,*
*Couronnant nos travaux, tu couronnes ta Grace.*

En répetant les mêmes parôles, on les peut disposer avec tant d'Art, que se répondant les unes aux autres, elle fassent une cadence agréable aux oreilles. Je réserve à parler dans le Livre suivant de ces répétitions, qu'on peut nommer des répétitions harmonieuses.

## PARONOMASE.

C'Est une répétition du même nom : mais après y avoir fait quelque changement, soit en ajoutant, soit en retranchant. L'exemple suivant est une Paronomase très belle & très vive. Elle est tirée de Ciceron. (*Or. p. Marcellus.*) Après avoir dit à César : *Vous avez déja vaincu tous les autres vainqueurs, par votre équité & par votre clémence ; mais vous vous êtes aujourd'hui vaincu vous-même :* il ajoute : *Vous avez, ce semble, vaincu la victoire même, en remettant aux vaincus ce qu'elle vous avoit fait remporter sur eux : car votre clémence nous a tous sauvés, nous que vous aviez droit, comme victorieux, de faire périr. Vous êtes donc le seul invincible, par qui la victoire même, toute fiere & toute violente qu'elle est de sa nature, a été vaincue.*

## PLEONASME.

Pléonaſme, c'eſt quand on dit plus qu'il n'étoit néceſſaire, comme quand on dit : *Je l'ai entendu de mes oreilles.* Ce mot vient d'un verbe Grec qui ſignifie *ſurabonder.* Or il ne faut pas que ce qu'on ajoute ſoit entierement ſuperflu. Un Pléonaſme qui ne feroit pas une plus grande impreſſion, ou s'il n'eſt pas néceſſaire d'en faire une plus grande, eſt vicieux : ainſi dans ce diſcours : » comme je ſuis Auteur, il faut que je réponde » en Homme du métier ; c'eſt-à-dire, que j'examine » ſelon les regles que nous ont données nos Maî» tres : ſans cela on ne me diſtingueroit pas du » *commun peuple.* » L'Auteur des Réflexions ſur l'élégance & la politeſſe du ſtyle, remarque fort bien, que *commun* en cet endroit eſt un Pléonaſme inutile, puiſque *peuple* tout court, fait le même effet, que *commun peuple.*

Lorſque ce que l'on ajoute dit plus, & qu'on monte comme par dégrés, cela fait une figure que tantôt on appelle *Climax*, tantôt *Auxeſe*, qui ſont des mots Grecs. Le premier ſignifie *gradation*, élevation qui ſe fait de dégré en dégré. Le ſecond *augmentation.*

## SYNONYME.

Synonyme, c'eſt quand on exprime une même choſe par pluſieurs paroles qui n'ont qu'une même ſignification : ce qui arrive, qnand la bouche ne ſuffiſant pas au cœur, on ſe ſert de tous les noms qu'on ſait, pour exprimer ce que l'on penſe. *Abiit, evaſit, erupit. Il s'en eſt allé, il a pris la fuite, il s'eſt échappé.* ( Cic. Catil. 2. )

Les Synonymes ſont comme autant de ſeconds

coups de pinceau, qui font paroître les traits qui n'étoient pas assez formés. Mais quand ils sont inutiles, ils sont vicieux, comme les seconds coups de pinceau gâteroient ce qui est fini. Aussi on critique ce vers,

*Fuir d'un si grand fardeau la charge trop pesante.*

parcequ'i n'y a pas de différence entre *fardeau* & *charge*. Si ces sortes de Synonymes sont vicieux, il faut condamner ce grand nombre d'épithetes inutiles, dont les mauvais Orateurs chargent leurs discours; comme sont ces épithetes:

*L'éclatant embarras* des plus superbes équipages.
*Le pompeux fracas* de ces grands divertissemens.

## HYPOTYPOSE.

LEs objets de nos passions sont presque toujours présents à l'esprit. Nous croïons voir & entendre ceux à qui l'amour nous attache.

——— *Illum absens absentem auditque videtque.*

Nous pensons aussi fortement à ceux que nous croïons nous vouloir nuire.

*Je les vois, je les vois s'apprêter au carnage,*
*Comme des lions rugissans, &c.*

C'est pourquoi toutes les descriptions que l'on fait de ces objets sont vives & exactes, comme celle que fait Oreste, dans Euripide, des furies de l'Enfer qu'il craint.

*Mere cruelle, arrête, éloigne de mes yeux*
*Ces filles de l'Enfer, ces spectres odieux.*
*Ils viennent, je les vois: mon supplice s'apprête,*
*Mille horribles serpens leur sifflent sur la tête.*

Ces descriptions, qui sont si vives, se distinguent

des deſcriptions ordinaires. Elles ſont appellées hypotypoſes, parcequ'elles figurent les choſes, & en forment une image qui tient lieu des choſes mêmes ; c'eſt ce que ſignifie ce nom Grec *Hypotypoſe.* David, parlant du ſecours que Dieu lui devoit donner contre ſes ennemis, & que ſa foi & ſon eſpérance lui rendoient préſent, s'explique, comme ſi ces ennemis étoient déja abbattus à ſes pieds.

*Tu m'entens, les voilà qui tombent*
*Ces Hommes pleins d'iniquité :*
*Tu confonds leur témérité ;*
*Et malgré leur orgueil ſous ta main ils ſuccombent.*

## DESCRIPTION.

HYpotypoſe eſt une eſpece d'enthouſiaſme qui fait qu'on s'imagine voir ce qui n'eſt point préſent, & qu'on le repréſente ſi vivement devant les yeux de ceux qui écoutent, qu'il leur ſemble voir ce qu'on leur dit. La deſcription eſt une figure aſſez ſemblable, mais qui n'eſt pas ſi vive. Elle parle des choſes abſentes comme abſentes, cependant d'une maniere qui fait une grande impreſſion ; comme il paroît dans cette deſcription qu'Iſaïe fait d'une Nation que Dieu devoit appeller pour punir les Juifs de leur rebellion. Ce Prophète parle ainſi, chap. 5. *Dieu élevera ſon étendard pour ſervir de ſignal à un peuple très éloigné : il l'appellera d'un coup de ſifflet des extrémités de la terre ; & il accourra auſſi-tôt avec une vîteſſe prodigieuſe. Il ne ſentira ni la laſſitude, ni le travail ; il ne dormira, ni ne ſommeillera point ; il ne quittera jamais le baudrier dont il eſt ceint, & un ſeul cordon de ſes ſouliers ne ſe rompra dans ſa marche. Toutes ſes fleches ont une pointe perçante, &*

*tous ses arcs sont toujours bandés. La corne du pied de ses chevaux est dure comme le cailloux, & la roue de ses chariots est rapide comme la tempête. Il rougira comme un lion, il poussera des hurlemens terribles, comme les lionceaux. Il fremira, il se jettera sur sa proie, & il l'emportera, sans que personne la lui puisse ôter.*

Voici l'exemple d'une description fort vive, à qui on pourroit donner le nom d'*hypotypose*. C'est le Soleil qui décrit à Phaéton la route qu'il devoit tenir.

*Aussi-tôt devant toi s'offriront sept étoiles :*
*Dresse par-là ta course, & suis le droit chemin.*
*Phaéton à ces mots prend les rênes en main :*
*De ses chevaux aîlés il bat les flancs agiles.*
*Les Coursiers du Soleil à sa voix sont dociles.*
*Ils vont ; le char s'éloigne, & plus prompt qu'un éclair,*
*Pénetre en un moment les vastes champs de l'air.*
*Le Pere cependant, plein d'un trouble funeste,*
*Le voit rouler de loin sur la plaine céleste,*
*Lui montre encor sa route, & du plus haut des Cieux*
*Le suit autant qu'il peut de la voix & des yeux.*
*Va par-là, lui dit-il, reviens, détourne, arrête.*

Ne diriez-vous pas, dit Longin, que l'ame du Poète monte sur le char avec Phaéton ; qu'elle partage tous ses périls, & qu'elle vole dans l'air avec les chevaux ? Car s'il ne les suivoit pas dans les Cieux, s'il n'assistoit à tout ce qui s'y passe, pourroit-il peindre la chose comme il le fait ?

## DISTRIBUTION.

LA Distribution est encore une espece d'Hypotypose ; l'on s'en sert lorsque l'on fait un dénombrement des parties de l'objet de sa passion. David nous en fournit un exemple, lorsque dans le mouvement de son indignation contre les pécheurs, il fait une vive peinture de leur iniquité. *Leur gosier est comme un sépulchre ouvert : ils se sont servis de leur langue pour tromper avec adresse : ils ont sur leurs levres un venin d'aspic : leur bouche est remplie de malédiction & d'aigreur : leurs pieds sont vîtes & legers pour répandre le sang.*

Voici un exemple fort animé, tiré de saint Paul. *J'ai été battu de verges par trois fois : j'ai été lapidé une fois : j'ai fait naufrage trois fois : j'ai passé un jour & une nuit au fond de la mer : j'ai été souvent dans les voiages, dans les périls sur les fleuves, dans les périls des voleurs, dans les périls de la part de ceux de ma Nation, dans les périls de la part des Payens, dans les périls au milieu des Villes, dans les périls au milieu des déserts, dans les périls sur la mer, dans les périls entre les faux freres, &c.*

## ANTITHESES : ou OPPOSITIONS

LEs Antitheses ou oppositions, les comparaisons, les similitudes, qui sont des figures propres à représenter les choses avec clarté, sont les effets de cette forte impression que fait sur nous l'objet de la passion qui nous anime, & dont par conséquent il est facile de parler clairement & exactement, l'aïant présente devant les yeux de l'ame. On sait que les choses opposées se font appercevoir les unes les autres : la blancheur éclate auprès de la no[illegible]. Voici un exemple d'une Antithese que je tire de saint Prosper. Il parle de ceux qui agissent sans être poussés par le Saint-Esprit.

*Leur ame en cet état recule en s'avançant,*
*En voulant monter, tombe, & perd en amassant;*
*Comme elle suit l'attrait d'une lueur trompeuse,*
*Sa lumiere l'offusque, & la rend ténébreuse.*

Ce passage du chapitre troisieme d'Isaïe, ) ℣. 16. 24. ) que vous allez lire, contient de fort belles Antitheses : *Parceque les filles de Sion se sont élevées, qu'elles ont marché la tête haute en faisant des signes des yeux, & des gestes des mains, qu'elles ont mesuré tous leurs pas, & étudié toutes leurs démarches; le Seigneur rendra chauve la tête des filles de Sion, & il arrachera tous leurs cheveux. En ce jour-là le Seigneur leur ôtera leurs chaussures magnifiques, leurs croissans d'or, leurs colliers, leurs filets de perle, leurs brasselets, leurs coëffes, leurs rubans de cheveux, leurs jarretieres, leurs chaînes d'or, leurs boîtes de parfum, leurs pendans d'oreilles, leurs bagues, leurs pierreries qui leur pendent sur le front, leurs robes magnifiques, leurs écharpes, leurs beaux linges, leurs poinçons de diamans, leurs miroirs, leurs chemises de grand prix, leurs bandeaux, & leurs habillemens legers contre le chaud de l'été. Et leur parfum sera changé en puanteur : leur ceinture d'or en une corde : leurs cheveux frisés en une tête nue & sans cheveux, & leurs riches corps de cotte, en un cilice.*

Le Sonnet fameux de l'Avorton contient de fort belles Antitheses ou oppositions. Une Fille enceinte, pour sauver son honneur, fit mourir son fruit dans son sein. Le Poëte parle, ou fait parler cette Fille à cet Avorton :

*Toi, qui meurs avant que de naître,*

*Assemblage confus de l'être & [illegible] néant,*
*Triste avorton, informe Enfant,*
*Rebut du néant & de l'être;*
*Toi, que l'amour fit par un crime,*
*Et que l'honneur défait par un crime à son tour;*
*Funeste ouvrage de l'amour,*
*De l'honneur funeste victime,*
*Laisse moi calmer mon ennui,*
*Et du fond du néant où tu rentre aujourd'hui,*
*Ne trouble point l'horreur dont ma faute est suivie.*
*Deux tyrans opposés ont décidé ton sort,*
*L'amour, malgré l'honneur, te fait donner la vie,*
*L'honneur, malgré l'amour, te fait donner la mort.*

Je ne voudrois pas soutenir que ce sonnet soit également beau en toutes ses pensées, & à couvert d'une critique raisonnable.

## *SIMILITUDE.*

POur la similitude, je ne puis choisir un plus bel exemple, que celui que je rencontre dans la Paraphrase qu'a faite Monsieur Godeau du premier des Pseaumes de David, où il est parlé du bonheur des Justes.

*Comme sur le bord des ruisseaux*
*Un grand arbre, planté des mains de la nature,*
*Malgré le chaud brûlant, conserve sa verdure,*
*Et de fruit tous les ans enrichit ses rameaux:*
*Ainsi cet Homme heureux fleurira dans le monde,*
*Il ne trouvera rien qui trouble ses plaisirs,*
*Et qui constamment ne réponde*
*A ses nobles projets, à ses justes desirs.*

## COMPARAISON.

IL n'y a pas grande différence entre la similitude & la comparaison, si ce n'est que celle-ci est plus animée, comme il paroît dans cette comparaison où David fait connoître qu'il préfere les Loix de Dieu à toutes choses.

*L'or me paroît moins desirable*
*Que ses divins mandemens;*
*Pour moi les riches diamans*
*N'ont rien qui leur soit comparable,*
*Et le miel le plus doux est sans douceur pour moi*
*Auprès de sa divine Loi.*

Voici plusieurs exemples de cette figure, tirés d'Isaïe ch. 1. ℣. 3. on ne peut rien voir de plus animé: *Le Bœuf connoît celui à qui il est, & l'âne l'étable de son maître; mais Israel ne m'a point connu, & mon peuple a été sans entendement.* Et dans le ch. 10. ℣. 15. ce Prophète réprime l'insolence de ceux qui s'élevent contre Dieu même, à cause de la puissance qu'il leur a donnée pour châtier son peuple. *La coignée se glorifie-t-elle contre celui qui s'en sert? La scie se soyleve-t-elle contre la main qui l'emploie? C'est comme si la verge s'élevoit contre celui qui la leve; & comme si le bâton se glorifioit; quoique ce ne soit que du bois.* Et chap. 45. ℣. 9. *Malheur à l'Homme qui dispute contre celui qui l'a crée, lui qui n'est qu'un peu d'argile, & qu'un vase de terre. L'argile dit-elle au Potier; Qu'avez-vous fait?*

Remarquez deux choses dans les comparaisons: La premiere, que l'on ne doit pas rechercher un rapport exact entre toutes les parties d'une comparaison & le sujet dont on parle. On y fait entrer de certaines choses qui n'y sont placées, que pour rendre ces comparaiſons plus vives, comme dans la comparaiſon que Virgile fait de ce jeune Ligurien vaincu par Camille, avec une colombe qui eſt entre les ſerres d'un Epervier : après avoir dit ce qui eſt de principal, & ſurquoi tombe la comparaiſon, il ajoute :

*Tum cruor, & vulſæ labuntur ab æthere plumæ,*
( Ænéid. liv. 11. v. 724. )

Il n'étoit pas néceſſaire de dire qu'on voit le ſang qui coule, & les plumes qui tombent : cela n'eſt point de comparaiſon, & ne ſert qu'à faire une peinture ſenſible d'une Colombe qui eſt déchirée par un Epervier. Je fais la ſeconde remarque en faveur de cet admirable Poëte, pour le défendre contre la critique de ceux qui condamnent ſes comparaiſons, comme étant baſſes. Mais c'eſt avec bien de l'Art que dans ſon Enéide, il les tire des choſes ſimples ; il veut délaſſer l'eſprit de ſon Lecteur, que la grandeur & la dignité de ſa matiere avoit tenu dans une trop grande application. Pour ſe convaincre qu'il a eu ce deſſein, on n'a qu'à conſidérer les comparaiſons de ſes Géorgiques, qui ſont au contraire grandes & relevées.

## SUSPENSION.

LOrſqu'on commence un diſcours de telle ſorte que l'Auditeur ne ſait pas ce que doit dire celui qui parle, & que l'attente de quelque choſe de grand, le rend attentif, cette figure eſt appellée *Suſpenſion*. En voici une de Brébœuf dans ſes entretiens Solitaires. Il parle à Dieu.

*Les ombres de la nuit à la clarté du jour,*
*Les tranſports de la rage aux douceurs de l'amour,*
*A l'étroite amitié la diſcorde ou l'envie,*

*Le plus bruiant orage, au calme le plus doux :*
*La douleur au plaisir, le trépas à la vie,*
*Sont bien moins opposés, que le pécheur à vous.*

Autre exemple. *L'œil n'a point vû, l'oreille n'a point entendu, & le cœur de l'Homme n'a jamais conçu, ce que Dieu a préparé pour ceux qui l'aiment.* (Ep. 1. aux Cor. c. 2. ℣. 9.

## *PROSOPOPE'E.*

QUand une passion est violente, elle rend insensés en quelque façon ceux qu'elle possede. Pour lors on s'entretient avec les morts & avec les rochers, comme avec des personnes vivantes : on les fait parler comme s'ils étoient animés. C'est de-là que cette figure s'appelle *Prosopopée*, parcequ'on fait une personne de ce qui n'en est pas une : Comme dans l'exemple suivant, où un Etranger aïant été accusé d'homicide, parcequ'on le trouva seul enterrant un Homme mort, ce que la charité lui avoit fait faire : *Juste Dieu*, dit-il, *protecteur des innocens, permettez que l'ordre de la nature soit troublé pour un moment, & que ce cadavre, déliant sa langue, reprenne l'usage de la parole. Il me semble que Dieu accorde ce miracle à mes prieres : Ne l'entendez-vous pas, Messieurs, comme il publie mon innocence, & déclare les auteurs de sa mort ?. Si c'est un juste ressentiment*, dit-il, *contre celui qui m'a mis dans le tombeau, qui vous anime, tournez-votre colere contre ce calomniateur qui triomphe maintenant dans une entiere assurance, après avoir chargé cet innocent du poids de son crime.*

Quintilien (*liv. 9. c. 2.*) dit que cette figure doit se faire avec beaucoup d'Art, & qu'il faut qu'elle touche beaucoup, ou qu'on en soit extrêmement rebuté. *Magna quadam vis eloquentiæ desideratur.*

*Falsa enim & incredibilia naturâ necesse est aut magis moveant, quia supra vera sunt; aut pro vanis accipiantur, quia vera non sunt.* Ce Maître des Orateurs dit qu'il faut adoucir cette figure, comme le fait Ciceron dans cet exemple. *Etenim si mecum patria, quæ mihi vitâ meâ multò est charior, si cuncta Italia, si omnis respublica sic loquatur, M. Tulli, quid agis?* (1. Catil. 27.)

La figure que l'on appelle en Latin *sermocinatio*; c'est-à-dire, *dialogue*, *entretiens*, est une espece de Prosopopée. L'Orateur feint de se taire, pour faire parler celui qui est le sujet de son discours. En voici un riche exemple: ce sont des vers que Patris composa peu de jours avant sa mort.

*Je songeois cette nuit que de mal consumé,*
*Côte à côte d'un pauvre on m'avoit inhumé,*
*Et que n'en pouvant pas souffrir le voisinage,*
*En mort de qualité je lui tins ce Langage:*
*Retire-toi, coquin, va pourrir loin d'ici:*
*Il ne t'appartient pas de m'approcher ainsi.*
*Coquin, ce me dit-il, d'une arrogance extrême;*
*Va chercher tes coquins ailleurs, coquin toi-même.*
*Ici tous sont égaux; je ne te dois plus rien:*
*Je suis sur mon fumier comme toi sur le tien.*

## SENTENCE.

LEs Sentences que Quintilien appelle *lumina orationis*, ne sont que des réflexions que l'on fait sur une chose qui surprend, & qui mérite d'être considérée. Une sentence se fait en peu de paroles, qui sont énergiques, & qui renferment un grand sens; comme est celle-ci: *Il n'y a point de déguisement qui puisse long-temps cacher l'amour où il est, ni le feindre où il n'est pas.*

On peut mettre au nombre des sentences toutes

les expreſſions ingénieuſes qui renferment en peu de paroles de grands ſens, ou qui diſent plus de choſes que de paroles. Néanmoins leur prix ne conſiſte pas tant dans les choſes que dans le tour des paroles, ou dans l'Art avec lequel on peut avec peu de paroles dire beaucoup. Il y a des ſentences dont le ſens fait la beauté; n'importe qu'il ſoit exprimé avec étendue. La réflexion que Lucain fait ſur l'erreur des anciens Gaulois, qui croïoient que les ames ne ſortoient d'un corps que pour rentrer dans un autre, ſervira d'exemple d'une eſpece de ſentence, qui eſt plus étendue.

*Officieux menſonge! agréable impoſture!*
*La fraïeur de la mort, des fraïeurs la plus dure,*
*N'a jamais fait pâlir ces fieres Nations*
*Qui trouvent leur repos dans leurs illuſions.*
*De-là naît dans leur cœur cette bouillante envie*
*D'affronter une mort qui donne une autre vie,*
*De braver les périls, de chercher les combats*
*Où l'on ſe voit renaître au milieu du trépas.*

## EPIPHONEME.

EPiphonême eſt une exclamation qui contient quelque ſentence ou quelque grand ſens, que l'on place à la fin d'un diſcours: c'eſt comme le dernier coup dont on veut frapper les Auditeurs, & une réflexion vive & preſſante ſur le ſujet dont on parle. Cet Hemiſtiche de Virgile eſt un Epiphonême.

——— *Tanta-ne animis cœleſtibus ira?* (Enéid. liv. 1. v. 15.)

Lucain finit par une eſpece d'Epiphonême cette plainte qu'il fait faire aux habitans de Rimini, contre la ſituation de leur Ville, qui étoit expoſée aux premiers mouvemens de toutes les guerres civiles & étrangeres.

*Et Rome n'a jamais vû tonner de tempêtes,*
*Que leur premier éclat n'ait fondu sur nos têtes.*

## INTERROGATION.

L'Interrogation regne presque par-tout dans un discours figuré. La passion porte continuellement vers ceux que l'on veut persuader, & fait qu'on leur adresse tout ce que l'on dit. Aussi cette figure est merveilleusement utile pour appliquer les Auditeurs à ce qu'on veut qu'ils entendent. Voici l'exemple d'une interrogation très animée ; c'est David qui se plaint à Dieu dans le neuvieme Pseaume, de ce qu'il semble avoir abandonné les innocens affligés.

*Quoi ? Seigneur, est-ce ainsi que tu veux t'éloigner*
*Du Juste en sa misere ?*
*Est-ce ainsi que tu veux d'un Sauveur & d'un Pere*
*Les tendres soins lui témoigner ?*
*Il gémit sous le faix de ses vives douleurs ;*
*Son ennui le consume ;*
*Tandis que le méchant, plus fier que de coutume,*
*Rit & triomphe de ses pleurs.* ( Pseaume 9, ℣. 22. 23. & selon l'Hebr. Ps. 10. ℣. 1. 2. )

C'est par une figure semblable que JESUS-CHRIST fait faire attention aux Juifs qu'il est le Messie, puisque saint Jean-Baptiste, qu'ils avoient regardé comme l'Ange du Seigneur, le leur avoit déclaré. C'étoit un fait auquel il étoit important que les Juifs fissent attention ; car en leur faisant considérer que Jean étoit le Précurseur, il leur faisoit appercevoir qu'il étoit le Messie, suivant le témoignage que Jean lui avoit rendu. C'est pour cela que J. C. emploie cette figure qui est si propre pour rendre un esprit attentif à la vérité qu'on lui veut faire sentir. *Qu'êtes-vous allés chercher dans le désert ? Un roseau agité du vent ? Qu'êtes-vous, dis-je allés voir ? un Homme vêtu avec luxe & avec mollesse ? Vous savez que ceux qui s'habillent de cette sorte sont dans les maisons des Rois. Qu'êtes-vous donc allés voir ? Un Prophète ? Oui certes je vous le dis, & plus que Prophète ; car c'est de lui qu'il a été écrit : j'envoie devant vous mon Ange qui vous préparera la voie* ( Ev. saint Matt. ch. 11. ℣. 7. 10. ) Naturellement quand on parle avec chaleur, dans l'envie qu'on a de persuader & d'être écouté, on agit de la main aussi-bien que de la voix, & on tire celui à qui on parle par ses habits ; on lui frappe le bras afin qu'il soit attentif. C'est là l'effet de l'interrogation.

## *APOSTROPHE.*

L'Apostrophe se fait lorsqu'un Homme étant extraordinairement émû, il se tourne de tous côtés, il s'adresse au Ciel, à la terre, aux rochers, aux forêts, aux choses insensibles, aussi-bien qu'à celles qui sont sensibles. Il ne fait aucun discernement dans cette émotion ; il cherche du secours de tous côtés : il s'en prend à toutes choses, comme un Enfant qui frappe la terre où il est tombé. C'est ainsi que David au 1. chapitre du 2. Livre des Rois, ( ℣. 21. 22. ) étant vivement affligé de la mort de Saül & de Jonathas, fait des imprécations contre les montagnes de Gelboé, qui avoient été le théâtre funeste de cet accident.

*Et vous, montagnes de Gelboé, que jamais la rosée & la pluie ne vous rafraichissent ; que jamais on ne trouve de moisson sur vos funestes coteaux, qui ont vu la fuite de tant de Capitaines d'Israel, & qui ont été teints de leur sang.* Apostrophe signifie *conversion.*

Isaïe (*c.* 45. ℣. 8.) apostrophe le Ciel & la Terre, pour les prier de donner le Messie qu'il attendoit avec tant d'impatience. *Cieux, envoyez d'en-haut votre rosée, & que les nuées fassent descendre le Juste comme une pluie; que la Terre s'ouvre, & qu'elle germe le Sauveur.*

## EPISTROPHE.

NOtre Langue n'a point de termes propres pour exprimer le nom que les Rhéteurs Grecs donnoient à cette figure.

*L'Epistrophe* est une espece de conversion, ou plutôt d'une réversion ou retour, lorsqu'on répete le même mot d'une maniere fort énergique, comme dans ce raisonnement de saint Paul: (*Ep.* 2. *Cor. c.* 11. ℣. 22.) *Sont-ils Hebreux? Je le suis aussi. Sont-ils Israëlites? Je le suis aussi. Sont-ils de la race d'Abraham? J'en suis aussi, &c.* Elle a beaucoup de force, & rend sensible ce qu'on veut faire concevoir; comme quand Ciceron veut persuader qu'Antoine étoit la cause de tous les maux de la République *Doletis tres exercitus Populi Romani interfectos? Interfecit Antonius. Desideratis clarissimos cives? Eos quoque eripuit vobis Antonius. Auctoritas hujus ordinis afflicta est? Afflixit Antonius, &c.* (Cic. Phil. 2.) *Quis legem tulit? Rullus. Quis majorem Populi partem suffragiis privavit? Rullus. Quis comitiis præfuit? Idem Rullus.* (Orat. 2. de Lege agr.)

## PROLEPSE, & UPOBOLE.

ON appelle *Prolepse* cette figure, que l'on fait lorsque l'on prévient ce que les Adversaires pourroient objecter; & *Upobole* la maniere de répondre à ces objections que l'on a prévenues. Je trouve dans saint Paul un exemple de ces deux figures. Ce Saint, parlant de la Résurrection future, s'objecte une difficulté qu'on pouvoit lui proposer, & il y répond : *Mais quelqu'un me dira, en quelle maniere les morts ressuscitent-ils, & quel sera le corps dans lequel ils reviendront ? Insensés que vous êtes, ne voïez-vous pas que ce que vous semez dans la terre ne reprend point de vie, s'il ne meurt auparavant ; & quand vous semez, vous ne semez pas le corps de la plante qui doit naître, mais la graine seulement, comme du bled, ou quelque autre chose.* (1. aux Cor. ch. 15. ℣. 35-37.

## COMMUNICATION.

LA Communication se fait lorsqu'on délibere avec ses Auditeurs ; qu'on demande quel est leur sentiment, *Que feriez-vous, Messieurs, dans une occasion semblable ? Quelle autre mesure prendriez-vous, que celles qu'a prises celui que je défens.* C'est une espece de communication que fait saint Paul, lorsque dans le sixieme Chapitre de l'Epître aux Romains, ( *vers.* 22. ) après leur avoir rapporté les avantages de la Grace, & les miseres qui suivent le péché, il leur demande : *Quel fruit tiriez-vous donc alors de ces désordres, dont vous rougissez maintenant, puisqu'ils n'avoient pour fin que la mort ?*

## CONFESSION.

CEtte figure est un aveu de ses fautes, qui engage de pardonner la faute qu'on reconnoît. C'est une figure fort ordinaire dans les Pseaumes de David. L'exemple suivant est beau. Il parle à

Dieu dans le vingt-quatrieme Pseaume. ( *vers. 7. & suiv.* )

*Ne regarde point mes forfaits,*
*Je sais que du pardon ils me rendent indigne ;*
*Regarde ta bonté, qui ne tarit jamais.*
*Plus les péchés sont grands, plus la Grace est insigne :*
*Pour l'amour de toi seul, non pour mon repentir,*
*Fais m'en les effets ressentir.*

## EPITROPHE, *ou* CONSENTEMENT

QUelquefois on accorde libéralement ce que l'on peut refuser, afin d'obtenir ce que l'on demande. Cette figure est souvent malicieuse, comme en cet exemple. C'est l'illustre Poète Satyrique, qui répond à ceux qui le reprenoient d'avoir censuré avec trop d'aigreur les vers d'un honnête Homme.

*Ma Muse en l'attaquant, charitable & discrete,*
*Sait de l'Homme d'honneur distinguer le Poète :*
*Qu'on vante en lui la foi, l'honneur, la probité,*
*Qu'on prise sa candeur & sa civilité :*
*Qu'il soit doux, complaisant, officieux, sincere,*
*On le veut : j'y souscrits ; & suis prêt à me taire.*
*Mais que pour un modele on montre ses écrits :*
*Qu'il soit le mieux renté de tous les beaux Esprits :*
*Comme Roi des Auteurs, qu'on l'éleve à l'Empire :*
*Ma bile alors s'échauffe, & je brûle d'écrire.*

C'est encore par cette figure que pour toucher un ennemi, & lui donner horreur de sa cruauté, on l'invite quelquefois à faire tout le mal qu'il peut faire. Elle est aussi ordinaire dans les plaintes qui se font aux amis, comme dans celle que fait Aristée dans Virgile à sa mere Cyrene.

*Quin age : & ipsa manu felices erue sylvas.*

*Fer*

*Fer ſtabulis inimicum ignem, atque interfice meſſes.*
*Ure ſata, & validam in vites molire bipennem :*
*Tanta mea ſi te ceperunt tædia laudis.* (Virgil. Georg. l. 4. v. 329.

Je puis donner pour exemple de cette figure le Sonnet ſuivant, qui eſt admirable.

*Grand Dieu, tes jugemens ſont remplis d'équité :*
*Toujours tu prens plaiſir à nous être propice :*
*Mais j'ai tant fait de mal, que jamais ta bonté*
*Ne me pardonnera ſans choquer ta Juſtice.*

*Oui, mon Dieu, la grandeur de mon impiété*
*Ne laiſſe à ton pouvoir que le choix du ſupplice ;*
*Ton interêt s'oppoſe à ma félicité,*
*Et ta clémence même attend que je périſſe.*

*Contente ton deſir puiſqu'il t'eſt glorieux :*
*Offenſe-toi des pleurs qui coulent de mes yeux :*
*Tonne, frappe, il eſt temps, rends-moi guerre pour guerre :*

*J'adore en périſſant la raiſon qui t'aigrit.*
*Mais deſſus quel endroit tombera ton tonnerre*
*Qui ne ſoit tout couvert du ſang de* JESUS-CHRIST.

## PÉRIPHRASE

LA Périphraſe eſt un détour que l'on prend pour éviter de certains mots qui ont des idées choquantes, & pour ne pas dire de certaines choſes qui produiroient de mauvais effets. Ciceron étant obligé d'avouer que Clodius avoit été tué par Milon, ſe ſert d'adreſſe. *Les ſerviteurs de Milon*, dit il, *étant empêchés de ſecourir leur Maître, que Clodius ſe vantoit d'avoir tué, & le croyant, ils firent dans ſon abſence, ſans ſa participation, & ſans ſon aveu, ce que chacun auroit attendu de ſes ſerviteurs dans une occaſion semblable.* Il évite ces noms odieux de tuer ou de mettre à mort.

La Périphrase est particulierement d'usage lorsqu'on est contraint de parler de choses qui pourroient salir l'imagination, si on les exprimoit naturellement. Il faut les désigner par des circonstances & des qualités qui leur sont propres, & qui ne laissent point de mauvaises impressions dans l'esprit. Il n'étoit pas fort nécessaire de traduire cet endroit d'une des Odes d'Anacreon, où ce Poëte fait le portrait de Venus qui se baigne, ou qui traverse quelque bras de mer à la nage. Mais celui qui a fait cette traduction, le fait avec toute la circonspection possible, usant de Périphrase.

*Sur la mer il la représente*
*Tout aussi belle, aussi charmante*
*Qu'elle est là-haut parmi les Dieux,*
*Sans que de sa beauté céleste*
*Il cache aux regards curieux*
*Que ce qu'un usage modeste*
*Dérobe d'ordinaire aux yeux.*

---

## CHAPITRE X.

*Le nombre des figures est infini. Chaque figure se peut faire en cent différentes manieres.*

JE n'ai point rapporté dans cette liste les Hyperboles, les grandes Métaphores & plusieurs autres Tropes, parceque j'en ai parlé ailleurs: ce sont néanmoins de véritables figures; & quoique la disette des Langues oblige d'emploïer assez souvent ces expressions tropiques, lors même que l'on est tranquille, cependant on ne s'en sert ordinairement que durant la passion. C'est elle qui fait que les objets nous paroiſſent extraordinaires, & que par conſéquent on ne trouve point de termes dans l'uſage ordinaire, qui les repréſentent auſſi grands & auſſi petits qu'ils nous paroiſſent. Outre céla, je n'ai pas prétendu parler de toutes les figures; il faudroit d'auſſi gros volumes pour marquer les caracteres des paſſions dans les diſcours, que pour exprimer ceux que les mêmes paſſions peignent ſur le viſage. Les menaces, les plaintes, les reproches, les prieres, ont en chaque Langue leurs figures. Il n'y a point de meilleur Livre que ſon propre cœur; & c'eſt une folie de vouloir aller chercher dans les écrits des autres, ce que l'on trouve chez ſoi. Si on deſire ſavoir les figures de la colere, qu'on s'étudie quand on parle dans le mouvement de cette paſſion.

Enfin, il ne faut pas s'imaginer que les figures doivent être toutes ſemblables aux exemples que j'en ai donnés, & que ces exemples ſoient comme des modeles ſur quoi on doive former toutes les figures que l'on fera. L'Apoſtrophe, l'Interrogation, l'Antitheſe ſe peuvent faire en cent manieres: ce n'eſt point l'Art qui les regle, ce n'eſt point l'étude qui les doit trouver; ce ſont des effets naturels de la paſſion, comme nous l'avons déja remarqué. Je le ferai voir encore plus amplement dans le chapitre ſuivant.

## CHAPITRE XI.

*Les figures ſont comme les armes de l'ame. Parallele d'un Soldat qui combat, avec un Orateur qui parle.*

POur faire comprendre encore plus clairement ce que j'ai dit ci-deſſus, que les figures ſont les armes de l'ame, je ferai ici le parallele d'un soldat qui combat, les armes à la main, & d'un Orateur qui parle. Je considere un soldat en trois états : le premier est lorsqu'il combat avec forces égales, & que son ennemi n'a aucun avantage sur lui : dans le second, il est environné de dangers ; & dans le troisieme, étant obligé de ceder à la force, il n'a plus recours qu'à la clémence de son vainqueur. Dans le premier état, ce soldat est appliqué à trouver des moïens de gagner la victoire ; tantôt il attaque, tantôt il repousse ; tantôt il recule, tantôt il avance : il fait mine de fuir pour retourner avec plus d'impétuosité ; il redouble ses coups, il menace, il se rit des efforts de son adversaire. Quelquefois il s'excite lui-même, & combat avec plus d'ardeur. Il prévoit tous les desseins de son ennemi : il s'empare des lieux qu'il juge avantageux ; en un mot, il est dans un perpétuel mouvement ; toujours disposé, soit à se défendre, soit à attaquer.

Lorsque l'ame combat par les paroles, les passions dont elle est échauffée ne la portent pas avec moins de chaleur à se tourner de tous côtés, pour trouver des raisons & des preuves des vérités qu'elle soutient. Dans l'ardeur que l'on a de se défendre, & de faire valoir ce que l'on dit, on répete les mêmes choses, on les dit en différentes manieres : On en fait des descriptions, des hypotyposes, on se sert de comparaisons, de similitudes, on prévient ce que l'adversaire doit objecter, & l'on y répond. Quelquefois pour marque de confiance l'on accorde tout ce qu'on demande : & l'on témoigne que l'on ne veut pas se servir de toutes les raisons que la justice de la cause pourroit fournir. Un soldat tient son ennemi en haleine ; les coups qu'il lui porte continuellement, les assauts qu'il lui livre de tous côtés, le tiennent éveillé. Un Orateur soutient l'attention de ses Auditeurs. Lorsque leur esprit s'éloigne, il les rappelle à lui par des Apoſtrophes, par des Interrogations, qui obligent ceux à qui elles ſont faites de répondre à ce qu'on leur demande. Il les réveille, & les fait revenir de leur aſſoupiſſement par des exclamations fréquentes & réitérées.

Un ſoldat environné d'un nombre d'ennemis, ſans ſecours, s'en plaint, il leur reproche leur lâcheté. La colere le porte contre eux, la crainte le rappelle auſſi-tôt. Il demeure immobile & plein d'irréſolutions : cependant le deſir d'éviter le péril qui le menace, le preſſe & l'échauffe ; il tente enſuite toutes ſortes de voies, il s'anime, il s'excite, la paſſion le rend adroit & ingénieux ; elle lui fait trouver des armes ; & il emploie tout ce qu'il rencontre pour ſa défenſe. Un Orateur peut-il étouffer les ſentimens de douleur qu'il reſſent, & ne les point témoigner par des exclamations, des plaintes, des reproches, lorſqu'il apperçoit que la vérité eſt combattue ou obſcurcie ? Dans ces occaſions l'ardeur qu'il a de la garantir des ténebres dont on veut l'offuſquer, fait qu'il avance preuves ſur preuves. Tantôt il les explique, tantôt après les avoir ſeulement propoſées, il les abandonne pour répondre aux objections des adverſaires. Il demeure quelque temps dans le ſilence & dans l'irréſolution ſur le choix de ſes preuves. Il avance quelque choſe, auſſi-tôt il cenſure ce qu'il a avancé, comme n'étant point aſſez fort. Quand les preuves lui manquent, ou que celles qu'il produit ne ſont pas ſuffiſantes, il apoſtrophe toute la nature, il fait parler les pierres, il fait ſortir des tombeaux les morts, & il oblige le ciel & la terre à fortifier par leur témoignage la vérité pour laquelle il parle avec tant d'ardeur, & qu'il veut établir.

Pour achever la parallele que j'ai commencé, je conſidere ce Soldat dans le troiſieme état où il eſt réduit, lorſqu'il ne diſpute plus la victoire, &

qu'il eſt obligé de ceder à ſon ennemi. Pour lors il n'emploie plus les armes qui lui ont été inutiles, les traits de ſon viſage n'ont plus rien de menaçant ; il n'oppoſe que des larmes, il s'abaiſſe encore davantage que ſon ennemi ne l'a abaiſſé, il ſe jette à ſes pieds, & embraſſe ſes genoux. L'Homme eſt fait pour obéir à ceux de qui il dépend & dont il eſt ſoutenu, & pour commander à ſes inférieurs qui reconnoiſſent ſa puiſſance. Il fait l'un & l'autre avec plaiſir. Deux perſonnes ſe lient fort étroitement enſemble, quand l'une a beſoin d'être ſoulagée, qu'elle le deſire, & que l'autre la peut ſoulager. Dieu aïant fait les Hommes pour vivre enſemble, ils les a formés avec ces inclinations naturelles. Une perſonne affligée prend naturellement toutes les poſtures humbles qui la font paroître au-deſſous de ceux à qui elle demande du ſecours ; & nous ne le pouvons refuſer ſans réſiſter aux ſentimens de la nature. Nous les ſecourons avec un plaiſir ſecret, qui eſt comme le prix du ſoulagement que nous leur donnons : & c'eſt cette eſpece de récompenſe qui entretient un commerce entre les malheureux & ceux qui les ſoulagent.

Dans le diſcours il y a des figures qui répondent à ces poſtures d'affliction & d'humilité, auſquelles les Orateurs ont ſouvent recours. Les Hommes étant libres, il dépend d'eux de ſe laiſſer perſuader. Ils peuvent détourner leur vûe pour ne pas appercevoir la vérité qui leur eſt propoſée, ou diſſimuler qu'ils la connoiſſent ; ainſi un Orateur eſt preſque toujours dans ce troiſieme état où nous conſiderons ce ſoldat. Lorſqu'un Homme ſe voit contraint de ceder, & que le deſir qu'il a de ſe conſerver l'oblige à s'abaiſſer, & à gagner par ſes prieres ce qu'il ne peut vaincre par la force de ſes raiſons ; pour lors il eſt éloquent à persuader le malheur de l'état où il est réduit. Les prieres ordinairement sont pleines de descriptions de la misere de celui qui les fait. Job (*c.* 13. ℣. 25.) dit en parlant à Dieu, qu'il n'est qu'une feuille dont les vents se jouent, une paille séche. *Contra folium quod vento rapitur ostendis potentiam tuam, & stipulam siccam persequeris.* Et David, ——— (*Ps.* 6)

*Je soupire le jour sous les rudes atteintes*
*De mes longues douleurs :*
*Le repos de la nuit est troublé par mes plaintes ;*
*Et mon lit agité nage presqu'en mes pleurs.*

En un mot, comme il y a des figures pour menacer, pour reprocher, pour épouvanter ; il y en a pour prier, pour fléchir, pour flatter.

## CHAPITRE XII.

### *Les figures éclaircissent les vérités obscures, & rendent l'esprit attentif.*

On ne peut douter d'une vérité connue. On peut bien la combattre de bouche ; mais le cœur lui est véritablement assujetti. Ainsi pour triompher de l'opiniâtreté ou de l'ignorance de ceux qui résistent à la vérité, il suffit d'exposer à leurs yeux sa lumiere, & de l'approcher de si près, que sa forte impression les réveille, & les oblige d'être attentifs. Les figures contribuent merveilleusement à lever ces deux premiers obstacles qui empêchent qu'une vérité ne soit connue ; l'obscurité & le défaut d'attention. Elles servent à mettre une proposition dans son jour, à la développer, & à l'étendre. Elles forcent un Auditeur d'être attentif, elles le réveillent, & le frappent si vivement, qu'elles ne lui permettent pas de dormir, & de tenir les yeux de son esprit fermés aux vérités qu'on lui propose.

Comme je n'ai eu dessein de rapporter dans la liste que j'ai donnée des figures, que celles que les Rhéteurs y placent ordinairement, je n'y ai pas voulu parler des Syllogismes, des Enthymêmes, des Dilemmes, & des autres especes de raisonnemens que l'on traite dans la Logique : cependant il est manifeste que ce sont de véritables figures, puisque ce sont des manieres de raisonner extraordinaires, qu'on n'emploie que dans l'ardeur que l'on a de persuader ou de dissuader ceux à qui on parle. Ces raisonnemens ou figures ont une force merveilleuse, qui consiste en ce que joignant une proposition claire & incontestable avec une autre qui n'est pas si claire & qui est contestée, la clarté de l'une dissipe les ténebres de l'autre : & comme ces deux propositions sont étroitement liées ; si ce raisonnement est bon, on ne peut consentir que l'une soit véritable, que l'on ne demeure d'accord que l'autre l'est aussi. Mais la chaleur de la passion ne permet pas que l'on s'assujettisse entierement aux regles que la Logique prescrite, pour faire ces raisonnemens en forme.

Un raisonnement solide accable & désarme les plus opiniâtres : les autres figures n'ont pas à la vérité tant de force, mais elles ne sont pas inutiles. Les Répétitions & les Synonymes éclaircissent une vérité : si on ne l'a pas comprise par une premiere expression, la seconde la fait concevoir. Quelles ténebres peuvent obscurcir la vérité d'une chose qu'une personne éloquente explique, dont il fait de riches descriptions, des dénombremens qui nous menent, s'il m'est permis de parler de la sorte, par tous les recoins & les enfoncemens d'une affaire, des Hypotypoſes qui nous tranſportent ſur les lieux, & qui par un enchantement agréable font que nous croïons voir les choſes mêmes ? Les Antitheſes ne ſont pas de vains ornemens ; les oppoſitions des choſes contraires contribuent à l'éclairciſſement d'une vérité, comme les ombres relevent l'éclat des couleurs.

Notre eſprit n'eſt pas également ouvert à toutes vérités. Nous comprenons bien plus facilement les choſes qui ſe préſentent à nous tous les jours & qui ſont dans l'uſage commun des Hommes, que celles qui en ſont éloignées, & dont nous n'entendons parler que très rarement. C'eſt pourquoi les comparaiſons & les ſimilitudes, que l'on tire ordinairement des choſes ſenſibles, font entrer facilement dans l'intelligence des vérités les plus abſtraites. Il n'y a rien de ſi relevé & de ſi ſubtil qu'on ne puiſſe faire comprendre aux eſprits les plus petits, pourvu qu'entre les choſes qu'ils connoiſſent, ou qu'ils peuvent connoître, on en trouve adroitement de ſemblables à celles qu'on veut leur expliquer.

Nous trouvons un exemple merveilleux de cette adreſſe, dans un diſcours que fit Monſieur Paſchal à un jeune Seigneur, pour le faire entrer dans la véritable connoiſſance de ſa condition. Il lui propoſa cette Parabole.

*Un Homme eſt jetté par la tempête dans une Iſle inconnue, dont les habitans étoient en peine de trouver leur Roi qui s'étoit perdu ; & aïant beaucoup de reſſemblance de corps & de viſage avec ce Roi, il eſt pris pour lui, & reconnu, en cette qualité, de tout ce peuple. D'abord il ne ſavoit quel parti prendre ; mais il ſe réſolut enfin de ſe prêter à ſa bonne fortune. Il reçut tous les reſpects qu'on lui voulut rendre, & il ſe laiſſa traiter de Roi.*

*Mais comme il ne pouvoit oublier ſa condition*

*naturelle, il songeoit, en même-temps qu'il recevoit ces respects, qu'il n'étoit pas ce Roi que ce peuple cherchoit, & que ce Roïaume ne lui appartenoit pas. Ainsi il avoit une double pensée; l'une par laquelle il agissoit en Roi, l'autre par laquelle il reconnoissoit son état véritable, & que ce n'étoit que le hazard qui l'avoit mis en la place où il étoit. Il cachoit cette derniere pensée, & découvroit l'autre. C'étoit par la premiere qu'il traitoit avec le peuple, & par la derniere qu'il traitoit avec soi-même.*

Dans cette image Monsieur Paschal fait considérer à ce jeune Seigneur, que c'est le hazard de la naissance qui l'a fait grand; que c'est l'imagination des Hommes qui a attaché à la qualité de Duc une idée de grandeur, & qu'en effet il n'est pas plus grand qu'un autre. Il lui apprend de la sorte quels sentimens il devoit avoir de sa condition, & lui fait comprendre des vérités qui eussent été au-dessus de son âge, s'il ne les avoit rendues sensibles par un tour si ingénieux.

## CHAPITRE XIII.

*Les figures sont propres à exciter les passions.*

SI les Hommes aimoient la vérité, il suffiroit de la leur proposer d'une maniere vive & sensible, pour les persuader; mais ils la haïssent, parcequ'elle ne s'accorde que rarement avec leurs intérêts, & qu'elle n'éclate que pour faire paroître leurs crimes; ils fuient donc son éclat, & ferment les yeux de crainte de l'appercevoir *Amant lucentem, oderunt redarguentem.* (S. Aug. Ils étouffent cet amour naturel que nous avons pour elle, & ils s'endurcissent contre les blessure salutaires que font les traits dont elle frappe la conscience. Ils ferment toutes les portes des sens, afin qu'elle n'entre pas dans leur esprit ; ou ils la reçoivent avec tant d'indifférence, qu'ils l'oublient aussi-tôt qu'ils l'ont apprise.

L'éloquence ne seroit donc pas la maîtresse des cœurs, & elle y trouveroit une forte résistance, si elle ne les attaquoit par d'autres armes que celles de la vérité. Les passions sont les ressorts de l'ame, ce sont elles qui la font agir. C'est ou l'amour ou la haine, ou la crainte ou l'espérance, qui conseillent les Hommes, qui les déterminent : ils suivent ce qu'ils aiment, ils s'éloignent de ce qu'ils haïssent. Celui qui tient les ressorts d'une machine, n'est pas tant le maître de tous les effets de cette machine, que celui-là l'est d'une personne dont il connoît les inclinations, & à qui il fait inspirer la haine ou l'amour, selon qu'il faut le faire avancer vers un objet, ou l'en éloigner.

Or les passions sont excitées par la présence de leur objet : le bien présent donne de l'amour & de la joie. Lorsqu'on ne le possede pas encore, mais qu'on le peut posseder, il brûle l'ame de desirs, dont il entretient le feu par l'espérance. Le mal qui est présent cause de la haine ou de la tristesse ; s'il est absent, l'ame est tourmentée par des craintes & par des terreurs qui se changent en desespoir, lorsqu'on n'apperçoit point le moïen de l'éviter. Pour allumer donc les passions dans le cœur de l'Homme, il faut lui en présenter les objets, & c'est à quoi servent merveilleusement les figures.

Nous avons vû comme les figures impriment fortement une vérité, comme elles la développent, comme elles l'expliquent. Il faut les emploïer en la même maniere pour découvrir l'objet de la passion que l'on desire d'inspirer, & pour faire une vive peinture qui exprime tous les traits de cet objet. Si on parle contre un scélérat qui mérite la haine des Juges, on ne doit point épargner les paroles, ni éviter les répetition, & les synonymes, pour frapper vivement leur esprit de l'image de ses crimes. Les Antitheses sont nécessaires pour faire concevoir l'énormité de sa vie, par l'opposition de l'innocence de ceux qu'il aura persécutés. On peut le comparer aux scélérats qui ont vêcu avant lui, & faire voir que sa cruauté est plus grande que celle des tigres & des lions. C'est dans la description de cette cruauté, & des autres mauvaises qualités de ce scélérat, que triomphe l'éloquence. Ce sont particulierement les Hypotyposes, ou vives descriptions, qui produisent l'effet que l'on attend de son discours, & qui font naître dans l'ame des Juges la passion dont on se sert pour les faire aller où l'on veut les mener. Les exclamations fréquentes témoignent la douleur que cause la vûe de tant de crimes si énormes, & font ressentir aux autres les mêmes sentimens de douleur & d'aversion. Par les Apostrophes, par les Prosopopées, on fait qu'il semble que toute la nature demande avec nous la condamnation de ce criminel.

## CHAPITRE XIV.

### *Réflexions sur le bon usage des figures.*

LEs figures étant, comme nous avons vû, les caracteres des passions; quand ces passions sont déreglées, les figures ne servent qu'à peindre leurs déreglemens. Elles sont les instrumens dont on se sert pour ébranler l'ame de ceux à qui on parle. Si ces instrumens sont maniés par un esprit animé de quelque passion injuste, ces figures sont dans sa bouche ce qu'est une épée dans la main d'un furieux. Il ne faut pas s'imaginer qu'il soit permis de noircir par de fausses accusations ceux contre qui on parle, & que pour parler éloquemment, il soit nécessaire d'emploïer contre eux les mêmes figures dont on se serviroit pour porter des Juges à condamner le plus criminel & le plus abominable de tous les Hommes. Les Déclamateurs, à qui ce défaut est ordinaire, ne trompent jamais deux fois. On s'accoutume à entendre leurs exclamations, & il leur arrive la même chose qu'à ceux qui ont coutume de feindre qu'ils sont malades. Quand ils le sont effectivement, on ne les croit pas.

*Nec semel irrisus triviis attollere curat*
*Fracto crure planum : licet illi plurima manet*
*Lachryma : per sanctum juratus dicat Osirim,*
*Credite : non ludo : crudeles, tollite claudum.*
*Quare peregrinum, vicinia rauca reclamat.*
( Horat. l. 1. Epist. 17. v. 58. & seq. )

Ce défaut dans les uns est une marque de malice, & dans les autres de légereté & d'extravagance. C'est une malice, lorsqu'on prend plaisir à combattre la vérité : que l'on ne desire pas éclairer l'esprit de ses Auditeurs, mais le troubler par les nuages de quelque injuste passion qui leur dérobe la vûe de la vérité. On ne doit pas toujours accuser les Déclamateurs de cette malice : souvent ils ne prennent pas garde aux impressions que peuvent faire leurs figures : leur dessein n'est pas de persuader ; mais seulement de paroître éloquens. Pour cela ils s'échauffent, & ils emploient toutes les plus fortes figures de la Rhétorique, quoiqu'ils n'aient point d'ennemis à combattre ; semblables à un phrénétique qui se sert de son épée pour combattre un ennemi phantastique, que son imagination troublée lui fait voir en l'air. Ces Déclamateurs entrent dans des enthousiasmes, qui leur font perdre l'usage de la raison, & leur font voir les choses tout autrement qu'elles ne sont.

*Et solem geminum, & duplices se ostendere Thebas.*
( Virg. Ænéid. l. 4. *v.* 470. )

Ce défaut est le caractere d'un enfant qui se fâche sans sujet : néanmoins les Ecrivains les plus élevés y tombent, parcequ'on ne croiroit pas pouvoir passer pour éloquent, si on ne faisoit des figures. Il faut pour cela parler avec chaleur sur toutes les matieres, se corrompre l'esprit, & appercevoir toutes les choses autres qu'elles ne sont. Il faut faire des réflexions sur tout ce qui se présente, & ne parler que par sentence. Mais ce qui est de plus ridicule, c'est que dans toutes ces figures, ces mauvais Orateurs ne tâchent qu'à plaire, sans se mettre en peine de combattre & de terrasser leur ennemi par la force de leurs paroles. On peut dire qu'en cela ils sont semblables à un insensé, qui dans un combat ne se soucieroit pas de frapper son adversaire, & d'en être frappé, pourvu qu'il attirât sur lui les yeux de ses spectateurs, qu'il combattît avec grace, avec un air galand & agréable. Ce sont ces mauvais Orateurs que Perse raille dans une de ses Satyres en la personne de Pedius.

*Fur es, ait Pedio : Pedius quid ? crimina rasis*
*Librat in Antithetis, doctas posuisse figuras*
*Laudatur.* ( Pers. Sat. 1. *v.* 86. )

Ces mauvais Orateurs, dis-je, affectent de mesurer toutes leurs paroles, de leur donner une ca-

[illegible]dence juste qui flatte les oreilles. Ils proportionnent toutes leurs expressions. En un mot, ils figurent leurs discours ; mais de ces figures qui sont au regard des figures fortes & persuasives, ce que sont les postures que l'on fait dans un ballet, au regard de celles qui se font dans un combat.

L'étude & l'Art qui paroissent dans un discours peigné, ne sont pas le caractere d'un esprit qui est vivement touché des choses dont il parle, mais plutôt d'un Homme qui est dégagé de toute affaire, & qui se joue. Ainsi on appelle ces figures mesurées, qui ont une cadence agréable aux oreilles, des figures de Théatre, *Theatrales figuræ.* Ce sont des armes pour la montre, qui ne sont pas d'assez bonne trempe pour le combat. Les figures propres pour persuader ne doivent point être recherchées ; c'est la chaleur dont on est animé pour la défense de la vérité, qui les produit, qui les trace elle-même dans le discours ; de telle sorte que l'éloquence n'est que l'effet de ce zèle. C'est ce que dit saint Augustin du style éloquent de saint Paul. D'où vient, dit-il, que les Epîtres de ce grand Apôtre sont si animées, qu'il se fâche, qu'il reprend, qu'il fait des reproches, qu'il blâme, qu'il menace ? qu'il marque les differens mouvemens de son esprit par le changement de sa voix ? L'on ne peut pas dire qu'il se soit étudié puérilement, comme font les Déclamateurs, à faire des figures : néanmoins son discours est très figuré. C'est pourquoi, comme nous ne pouvons pas dire que saint Paul ait recherché l'éloquence, nous ne pouvons pas nier que l'éloquence n'ait suivi son discours. *Quid sic indignatur Apostolus in Epistolis suis, sic corripit, sic exprobrat, sic increpat, sic minatur? Quid est quòd animi sui affectum tam crebra & tam aspera vocis mutatione testatur? Nullus dixerit more Sophistarum pueriliter &*

*consultò figurasse orationem suam. Tamen multis figuris distincta est, Quapropter sicut Apostolum præcepta eloquentiæ non secutum esse dicemus; ita quòd ejus sapientiam secuta sit eloquentia non denegamus.* (Aug. lib. 4. doctrinâ Christianâ.)

Mais ce n'est pas seulement dans les grandes occasions que les figures doivent être emploïées. Les passions ont plusieurs dégrés. Toutes les coleres ne sont pas également grandes : toutes les figures n'ont pas aussi la même force. Il y a des Antitheses pour les grands mouvemens : il y en a pour de légeres émotions ; c'est pourquoi on ne doit pas condamner toutes sortes de figures dans un discours qui est fait sur une matiere, qui semble ne donner aucune occasion d'émotions justes & raisonnables. L'ardeur que l'on a de se bien exprimer, & de faire concevoir les choses que l'on enseigne, a ses figures comme les autres passions. Dans la conversation la plus douce, quoiqu'on ne trouve aucune résistance dans l'esprit de ceux avec qui l'on s'entretient, cela n'empêche pas que pour une plus grande explication, on ne répete quelquefois les mêmes mots, qu'on ne se serve de différentes expressions pour dire la même chose. Il est permis d'en faire des descriptions exactes, de chercher dans les choses naturelles & sensibles, des comparaisons & des images de ce que l'on dit. On peut demander le sentiment de ceux qui écoutent, les interroger pour les rendre plus appliqués, ou pour retenir leurs esprits dans l'attention nécessaire, & leur faire faire des réflexions sur ce que l'on a dit. Ainsi la conversation, comme nous avons dit, a ses figures, aussi-bien que les harangues & les déclamations.

On appelle froid le style de ces Orateurs qui font un mauvais usage des figures, parceque quelques efforts qu'ils fassent pour animer leurs Auditeurs, on les écoute avec une certaine froideur, qui eſt d'autant plus ſenſible, que l'on n'eſt agité d'aucune des émotions qu'ils avoient voulu exciter. Car enfin on ſe rit d'un Homme & de ſes larmes quand on le voit pleurer ſans ſujet. S'il entre en colere ſans que perſonne s'oppoſe à ſes deſſeins, cette paſſion paſſe pour une véritable folie. Martial ſe moque de cette éloquence déplacée.

*Non de vi, neque cæde, nec veneno,*
*Sed lis eſt mihi de tribus capellis :*
*Vicini queror has abeſſe furto.*
*Hoc Judex ſibi poſtulat probari :*
*Tu Cannas, Mitridaticumque bellum,*
*Et perjuria Punici furoris,*
*Et Sullas, Marioſque, Mucioſque*
*Magnâ voce ſonas, manuque totâ.*
*Jam dic, Poſthume, de tribus capellis.* ( Martial. lib. 6. Epigr. 16. )

On ne peut donc être touché quand on voit quelqu'un émû, ſi l'on ne trouve qu'il y a ſujet de l'être. Un Homme qui pleure dans un péril évident, oblige ceux qui le voient de pleurer avec lui. La colere d'un miſérable qu'on voit accablé injuſtement, engage dans ſon parti ceux qui ſont témoins de cette injuſtice. Ainſi pour toucher, ou pour faire que les figures qu'on emploie faſſent leur effet, il faut que les paſſions qu'elles peignent ſoient raiſonnables ; c'eſt-à-dire, que l'Orateur doit faire paroître les choſes qu'il traite ſous une telle forme, qu'on ne les puiſſe voir ſans en être émû. Il faut diſpoſer le cœur du Lecteur, n'entreprenant jamais d'y exciter aucun mouvement, qu'après l'y avoir préparé. Si on veut le porter à la compaſſion, il faut lui faire voir une grande miſere ; gardant ce tempérament, que la paſſion qu'on exprime par des figures, ne ſoit pas plus grande que ne mérite le ſujet, & que ce soit toujours la passion qui fasse produire les figures extraordinaires au milieu de quelque grande circonstance. Cela demande une grande prudence, c'est aussi comme nous disons très souvent, le jugement qui fait les grands Orateurs. Les François sont particulierement ennemis de ces figures qui sont trop fortes. On a en France de la douceur & de la politesse ; on ne peut souffrir les humeurs chaudes & violentes. On estime & l'on aime ceux qui savent se modérer ; c'est pourquoi les figures extraordinaires nous paroissent ridicules, si ce n'est dans certaines occasions qui sont rares. Car il n'arrive pas souvent que la raison permette de laisser agir les mouvemens d'une passion. Cet avis bien médité donnera de grandes lumieres pour l'éloquence.

# LA RHETORIQUE OU L'ART DE PARLER.

## LIVRE TROISIEME.

### CHAPITRE PREMIER.

*Dessein de ce Livre. On y traite de la partie materielle de la parole ; c'est-à-dire des sons dont les paroles sont composées. On décrit comment se forment ces sons.*

JE donne beaucoup plus d'étendue à l'ouvrage que j'ai entrepris, que n'en ont les Rhétoriques ordinaires. Mon but est de découvrir les fondemens de l'Art que je traite. Je tâche de ne rien oublier pour cela. Nous avons vû comment se forme la voix. Nous avons dit que nous avons une orgue naturelle ; que les poumons en sont les soufflets ; & que ce canal par lequel nous respirons, qu'on appelle la Trachée-artere, ou l'âpre-artere, est comme le tuïau de l'orgue. A présent que nous entreprenons de traiter à fond de la partie matérielle de la parole ; c'eſt-à-dire, des ſons dont elle eſt compoſée, il faut expliquer comme ſe forme le ſon de chaque lettre. C'eſt dans le larinx que ſe fait la voix ; c'eſt ainſi qu'on nomme le haut de l'âpre-artere, qui eſt entouré de muſcles. L'ouverture du larinx ſe nomme *glotte*, ou languette qui s'ouvre & ſe ferme plus ou moins par le moïen des muſcles qui la font mouvoir. Cette glotte eſt compoſée de deux membranes cartilagineuſes. Lorſque ces membranes ſont tendues, & qu'elles ne laiſſent qu'un petit paſſage, comme une fente, l'air qui ſort ſoudainement des poûmons, les ſecoue, ce qui fait le ſon de la voix, de la même maniere que ſe fait le ſon d'une muſette & d'un haut-bois. Les anches de ces inſtrumens, font le même effet que la glotte. Les cartilages dont elle eſt compoſée, reçoivent un trémouſſement de l'air qui les ſépare avec contrainte quand nous parlons. Les bons Anatomiſtes diſtinguent cinq de ces cartilages, aſſez ſolides, polis, & faiſant reſſorts. Ils ſont entourés de pluſieurs petits muſcles qui ont une admirable liaiſon avec les oreilles, ſes yeux, les parties du viſage, avec le cœur, la poitrine ; ce qui fait que le ſeul ſon de la voix fait connoître l'état de celui qui parle, & qu'on lit ſur ſon viſage ce qu'il dit aux oreilles.

La voix nous ſeroit commune avec pluſieurs animaux, ſi elle ne recevoit point d'autres formes que celle qu'elle prend en ſortant du larinx. Les muſcles qui ſont attachés à cette partie, ſervent à la modifier. Elle eſt douce ou rude, ſelon la qualité des membranes de la glotte ; & elle reçoit pluſieurs dégrés, ou tons, ſelon que l'ouverture du larinx eſt plus ou moins grande : quand elle eſt petite le ſon en eſt aigu ; mais ce n'eſt pas ici le lieu de faire ces conſidérations qui regardent la Muſique. Conſidérons que la voix, après être sortie du larinx, reçoit différentes modifications, selon la disposition de la bouche où elle est reçue, que la langue la porte à ses différentes parties, aux dents & aux levres. Dans les orgues, les tuïaux ont des sons tout différens, selon leurs différentes formes. Les différentes modifications de la bouche, font les sons qui composent les paroles : les lettres sont les signes de ces sons.

L'expérience fait voir qu'on peut imiter toutes sortes de sons. On imite avec un appeau le chant des cailles, dans lequel on entend le son de quelques syllabes ; ce qui a fait croire qu'on pourroit faire parler une machine. Il n'y auroit, dit-on, qu'à remarquer la disposition de la bouche nécessaire pour faire le son de chaque lettre, faisant autant de tuïaux qu'il en faudroit pour prononcer toutes les lettres. On feroit, dit-on, une orgue parlante, qui prononceroit des paroles selon qu'elle seroit touchée. Remarquons combien la difficulté de cette entreprise est grande, afin qu'on comprenne l'habileté de celui qui nous a faits ; ce que nous ne pouvons pas assez considerer. S'il s'agissoit de faire parler François à une orgue ; comme nous avons cinq voïelles, & dix-sept consonnes, il faudroit déja vingt-deux machines différentes, qui ne seroient pas également simples ; car il y a des lettres qui demandent que la machine qui les feroit sonner, se fermât & s'ouvrit, ce qu'une seule ne pourroit faire. Il y a bien de la différence entre le son de deux lettres qu'on prononce séparément, & celui de la syllabe qu'elles composent. Ces deux sons s'allient pour n'en faire qu'un ; ainsi deux machines, dont l'une feroit, par exemple, *a*, l'autre *b*, ne feroient pas *ab*, ni *ba*. Combinant donc *a* en ces deux manieres avec les dix-sept consonnes, il faudroit trente-quatre différentes machines pour marquer ces syllabes ;

& comme il en faudroit autant pour chacune des cinq voïelles, qui demanderoient pareillement trente-quatre machines différentes, il en faudroit par conséquent pour toutes cent soixante dix.

Il y a des syllabes de trois lettres, dont les unes ont une voïelle entre deux consonnes, comme *bab*, & les autres une consonne entre deux voïelles, comme *aba*. La voïelle *a* se peut combiner avec les consonnes pour faire une syllabe de trois lettres, pour le moins en deux cens quatre-vingt-neuf manieres différentes. Multipliant ce nombre par le nombre de voïelles, c'est-à-dire, par cinq, cela fait mille quatre cens quarante-cinq ; il faudroit autant de différens instrumens. Les syllabes de trois lettres se font encore d'une autre maniere. On peut à la syllabe *ab* ajouter une consonne, comme *abb*, *abc*, *abd* ; ce qui demanderoit encore une infinité de machines. Je n'ai point voulu remarquer ici que nous avons plus de cinq voïelles, comme nous le ferions voir. Nous avons deux sortes d'*a*, trois sortes d'*e*, deux sortes d'*o*, deux d'*u*, ce qui augmenteroit infiniment l'orgue dont nous parlons. Pourroit-on inventer un si grand nombre de machines, & les faire jouer avec la vitesse nécessaire ? Car comme les sons de deux ou de plusieurs lettres qui font une syllabe, doivent être unis, il faut que les sons des syllabes qui font un mot, soient liés ensemble, autrement on entend des syllabes, & non point des mots. Il faudroit un clavier d'une infinité de touches ; & on est embarrassé quand un clavier n'en a qu'un certain nombre, qui est assez petit.

Admirons donc ici la disposition merveilleuse des organes de la parole, qui n'ont rien d'embarrassant, & qui sont tellement placés, qu'on s'en sert plus facilement qu'on ne peut remarquer comment ils ſont faits. Dieu, dont nous ſommes l'ouvrage, nous fait faire, ſans que nous appercevions qu'il y ait de la difficulté, ce qui eſt impoſſible à l'Art. Nous faiſons avec la bouche, ce que ne pourroit faire un million de machines; car ce nombre ne ſuffiroit pas encore. Il y a pluſieurs millions de différens mots qui demandent des diſpoſitions particulieres dans les organes de la voix; auſſi la Langue qui en eſt un des principaux, eſt compoſée d'un nombre innombrable de petits filets, qui ſont comme autant d'inſtrumens par leſquels elle ſe tire, elle s'allonge, elle ſe replie, elle ſe tourne en tant de manieres qu'on ne les peut compter.

Les levres ont pareillement pluſieurs muſcles qui les font jouer en différentes manieres. La bouche ſe peut ouvrir différemment; de ſorte que ce n'eſt point une exagération de dire qu'on ne feroit pas avec un million de machines ce que nous faiſons avec la bouche. Après cela qu'on me vante tant qu'on voudra ces têtes parlantes; je ſuis perſuadé que ce n'étoit que des marionettes. On trompoit avec eſprit ceux à qui on ne donnoit pas le tems de remarquer l'artifice dont on ſe ſervoit. Les Hiſtoriens qui nous parlent d'une tête ſemblable faite par Albert le Grand, nous content ce qu'ils veulent. Il n'y a que ceux qui n'ont pas fait attention à la maniere dont nous parlons, qui croient qu'on puiſſe imiter un ouvrage auſſi admirable qu'eſt la tête de l'Homme.

Mais il eſt très-vrai que ſi on ne peut pas faire parler une tête artificielle, on peut faire parler un muet. Il n'y a qu'à lui faire prendre garde à la diſpoſition qu'il voit que prennent les organes de la voix de ceux qui parlent pour faire ſonner chaque lettre, réiterant ſouvent la prononciation d'une même lettre, dont on lui fait voir en même temps le caractere, afin qu'il remarque les mouvemens de la langue, l'ouverture de la bouche, comment les dents coupent les sons, comment les levres battent l'une contre l'autre, pour faire ensuite ce qu'il voit faire. Les muets ne sont muets que parcequ'ils n'entendent pas : ainsi ils ne peuvent pas apprendre à prononcer le son de chaque lettre, autrement que par cet artifice qui leur fait voir ce qu'ils ne peuvent pas entendre. Monconys rapporte dans son voïage d'Angleterre, qu'un excellent Mathematicien d'Oxfort, fit lire en sa présence un muet ; & que c'étoit le second qu'il avoit fait parler. Il avoue néanmoins qu'il ne faisoit que faire sonner les lettres séparément ; & qu'il ne pouvoit lier leurs sons. J'ai souvent entendu parler de plusieurs sourds, qui au mouvement des levres, & à la maniere qu'ils voïoient qu'on ouvroit la bouche, connoissoient tout ce qu'on disoit. Je le crois ; car j'ai vû dans le Diocese de Grenoble, dans la paroisse de Besse, une Femme sourde, à qui ses parens faisoient entendre tout ce qu'ils vouloient. Ils lui parloient fort bas, de maniere qu'elle ne pouvoit remarquer que les mouvemens de leurs levres, & la disposition de la bouche ; j'en fis faire en ma présence plusieurs expériences.

La quatrieme Edition de cet Ouvrage étoit commencée lorsque j'ai vû une excellente dissertation d'un Médecin Suisse qui réside en Hollande, & se nomme Amman. Il assure qu'il a appris à plusieurs personnes sourdes & muettes à parler, à lire & à écrire. Il explique sa méthode, qui consiste en deux choses, dont la premiere est d'observer avec les yeux les différens mouvemens des organes de la prononciation. Il décrit les dispositions particulieres à chaque lettre, & comment il les fait remarquer & distinguer à ceux qu'il instruit,

Pour

Pour cela il les oblige, en se regardant dans un miroir, de s'habituer à faire les mêmes mouvemens qu'ils lui voient faire. L'autre partie de sa méthode, c'est de donner lui-même au gosier de celui qu'il forme, la disposition qu'il doit avoir pour certaines lettres, comme peut faire un Maître à écrire, qui prend la main de son disciple, & la conduit : ou comme un Maître à danser qui tourne les pieds de son écolier, & lui fait faire les pas qu'il veut qu'il fasse. Cet admirable Maître des muets, quand il leur donne ses premieres leçons, forme avec ses mains dans leurs organes la disposition qui est nécessaire pour prononcer chaque lettre. Il presse leurs levres l'une contre l'autre, & il les sépare ; il leur fait étendre la langue, ou la replier, l'enfler, selon que cela est nécessaire. Dans les lettres à la prononciation desquelles le nez contribue, il leur presse cette partie, de la maniere qu'il convient. Sans doute qu'il faut pour cela beaucoup d'adresse & d'exercice. Car si nous avons tant de peine à prononcer des lettres d'une Langue étrangere, quand on n'y est point habitué dès sa naissance, il y a bien plus de difficulté à faire prendre la coutume, à ceux qui n'ont point d'ouie, de prononcer des lettres qu'ils n'ont jamais entendues.

C'est une excellente remarque de ce savant & ingénieux Médecin, Que si Dieu n'avoit point donné la parole au premier des Hommes, l'usage en auroit été ignoré. Je reconnois volontiers l'impossibilité de la supposition que j'ai faite d'une nouvelle troupe d'Hommes nouvellement sortis de la terre, ou descendus du Ciel. Ces Hommes n'auroient pû se former un Langage articulé, non plus que les muets. L'expérience le fait connoître, que des muets, instruits comme nous venons de le dire, peuvent apprendre à parler, mais qu'ils ne le peuvent faire sans Maître. Tout le Langage n'est qu'un assemblage de sons simples, dont les lettres que nous appellons les élémens du discours, sont les figures. On n'a point vû qu'aucun muet ait inventé de lui-même la prononciation de ces lettres. La chose est aisée à ceux qui entendent parler ; car naturellement nous imitons ce que nous entendons. Mais un sourd, que dis-je, un sourd ? un Enfant, un Homme, quelque âge qu'il eût, quand il auroit de bonnes oreilles, s'il ne conversoit point avec des Hommes qui sussent parler, il ne parleroit jamais ; c'est-à-dire, qu'il ne formeroit jamais aucune parole articulée. C'est un conte que ce qu'on nous veut dire de ces Enfans, qui nourris avec des animaux, prononcerent naturellement de certains mots. Aussi les miracles que faisoit Notre-Seigneur sur les sourds & sur les muets étoient grands, en premier lieu, parcequ'il leur rendoit l'ouie, & qu'à l'instant même ils entendoient ce qu'on leur disoit, chose aussi surprenante que si transportés parmi les Chinois, nous connoissions à la même heure tout ce qu'ils nous diroient. En second lieu, ce qui rendoit les miracles de Notre Seigneur plus admirables, c'est que sans instruction ces muets parloient distinctement : ce qui ne se pouvoit faire naturellement, puisqu'en mille choses plus aisées, il est impossible de faire certains mouvemens qu'après un long exercice. Je ne crois pas que jamais les Hommes eussent prononcé les différentes lettres de l'alphabet, s'ils ne les avoient entendu prononcer. Ils peuvent bien les changer, les altérer, & faire de nouvelles Langues ; mais je ne conçois pas que s'ils n'avoient jamais entendu parler distinctement, ils eussent trouvé d'eux-mêmes le son de chaque lettre. L'expérience le prouve, comme je l'ai dit, puisqu'on n'a jamais vû de muet parler de lui-même.

La facilité avec laquelle nous parlons, est cause qu'on ne fait presque aucune attention à la disposition des organes de la parole. On croit qu'il est inutile de le faire. Un fameux Comédien en a fait un sujet de raillerie dans l'une de ses Comédies, où il joue un Bourgeois, qui après avoir amassé du bien, vouloit passer pour Homme de qualité, & en avoir les airs. Pour cela il croïoit qu'il falloit savoir quelque chose; il prit donc un Maître. Ce Bourgeois étoit si grossier & si sot, que l'idée qu'il avoit de la science se réduisoit à vouloir apprendre l'Orthographe, & l'Almanach pour savoir quand il y a de la Lune & quand il n'y en a point. Il falloit donc que son Philosophe, qui l'instruit sur le Théâtre, choisît une leçon accommodée à sa capacité & à celle du peuple. Il lui apprend donc seulement comme se forme chaque lettre, les voïelles & les consonnes.

Un Homme seroit ridicule qui croiroit que c'est là une grande science, & qui s'écriroit en écoutant de semblables leçons: *Ah! que cela est beau! vive la science*; comme fait le Bourgeois qui traite sa servante d'ignorante, parcequ'elle ne sait pas ce qu'elle fait quand elle prononce un *U*. Un Homme, dis-je, qui s'imagineroit que cela est nécessaire pour parler, seroit aussi ridicule que celui qui croiroit ne pouvoir manger, à moins que de savoir tout ce que les Anatomistes disent de curieux sur la maniere dont les viandes se broïent dans la bouche, & se mêlent avec le suc salivaire qui en fait la premiere digestion. Cette connoissance, si facile, de la maniere dont chaque lettre se forme, est le fondement de presque tout ce qu'on peut dire de curieux sur les irrégularités de la Grammaire. Elle sert à rendre raison d'une infinité de choſes qui regardent la maniere de dé-cliner les noms, de conjuguer les verbes. Ainſi quoi qu'on en puiſſe penſer & dire, je m'arrêterai ici quelques momens ; outre qu'à préſent on ne peut plus mépriſer une recherche qui a appris le ſecret de faire parler les muets, & de faire que les ſourds peuvent lire, ſur le viſage de celui qu'ils voient parler, ce qu'ils ne peuvent entendre ; car ſans doute que ceux qui ont obſervé les diſpoſitions propres à la prononciation de chaque lettre, que prend la bouche, ( & il ne faut avoir qu'un miroir pour Maître ) peuvent au ſeul mouvement des levres, concevoir tout ce que l'on dit en leur préſence, quoiqu'ils ne l'entendent pas.

## CHAPITRE II.

*Des lettres dont les mots ſont composés. Premierement des voïelles. Comment leur ſon ſe forme.*

PErſonne n'a recherché plus utilement que ce ſavant Médecin dont nous venons de parler, la maniere dont ſe forment les lettres. Il en traite dans deux ouvrages qu'il a faits. Le premier a pour titre, *Surdus & mutus loquens*. Le dernier qui vient de paroître eſt une excellente diſſertation ſur cette même matiere. Je n'ai pas vû le premier Ouvrage. Voici ce que j'avois écrit avant que d'avoir vû cette diſſertation.

La voix, comme on l'a dit, n'eſt que le ſon que fait l'air qui ſort des poûmons lorſqu'il paſſe avec contrainte par l'ouverture du Larinx, entre les deux membranes de la glotte. Cette voix ſe modifie différemment dans la bouche ; il s'en fait différens ſons dont on compoſe les paroles, & qui ſont comme les membres, *artus*, du diſcours ;

ce qui fait qu'on dit que la voix est articulée, après qu'elle a reçu ces différentes formes. Les caracteres qu'on a choisis pour être les signes de chacuns de ces différens sons, s'appellent *lettres.* Les lettres qui marquent les différens sons qui se font seulement par les différentes ouvertures de la bouche, s'appellent *voïelles*, parceque leur son n'est presque que la seule voix qui n'a pas encore reçu de grands changemens. La voix est la matiere du son de toutes les lettres. Si l'on ne faisoit que faire battre les levres l'une contre l'autre, ou remuer la langue, on ne feroit point entendre le son d'aucune lettre ; de même qu'une flûte ne dit rien quand on n'y pousse point d'air, & qu'on ne fait que remuer les doigts. Il faut que la voix précede ou accompagne le mouvement des organes qui font les lettres qu'on appelle *consonnes*, qui sont ainsi nommées, parcequ'elles ne sont point entendues, qu'on n'entende en même-temps le son d'une voïelle ; c'est-à-dire, qu'on n'entende une voix qui leur tient lieu de matiere, à quoi elle donne une forme particuliere.

Il faut donc parler des voïelles avant que de venir aux consonnes. Les différentes manieres dont on ouvre la bouche, font qu'il y a différentes voïelles. Ce passage de la glotte, où se forme la voix, peut s'ouvrir ou se resserrer. Les poûmons peuvent renvoïer plus ou moins de cet air qui fait la voix ; outre que selon qu'on ouvre la bouche plus ou moins, on y fait retentir la voix dans ses différentes parties, ce qui la diversifie. Alors la langue ne fait rien, si ce n'est dans sa racine, comme nous l'allons voir en examinant comment se forme chaque voïelle. Elles ont une grande affinité entr'elles ; parceque les manieres dont elles se forment sont peu différentes, ce qui fait que dans toutes les Langues on change facilement une voïelle dans une autre.

A. Lorſqu'on ouvre la bouche, la voix qui ſort fait ce ſon qu'on appelle *A*, lequel ſon retentit dans le fond du goſier. La langue ne fait rien. Elle demeure ſuſpendue ſans toucher aux dents, laiſſant ainſi couler la voix qui eſt portée en haut. Le ſon de cette voïelle eſt éclatant, parcequ'elle ſe prononce la bouche ouverte : ainſi la voix ſortant avec plus de liberté, frappe davantage les oreilles.

E. Quand le larinx ſe reſſere, que les poûmons pouſſent moins d'air, que la bouche eſt moins ouverte, & que les levres ſe replient en dedans, la voix qu'on entend eſt la lettre *E*. Il ſemble que le goſier retienne le ſon de cette lettre, & que ce ſon s'appuie ſur la racine de la langue, dont la pointe touche pour lors les dents qui ſont médiocrement ſéparées. Le ſon de cette voïelle eſt doux : auſſi quoiqu'elle ſe répete ſouvent, on n'en eſt pas choqué. Il n'en eſt pas de même de la troiſieme voïelle des Grecs qu'ils nomme *hèta*, que quelques Grammairiens croient être un double *E*, ou un *E*, répété, qui a la force de *EE*. Néanmoins quand on prononce cette voïelle d'une voix fine & déliée, ou efféminée, elle charme ; auſſi elle ſe trouve ſouvent dans les Poéſies tendres des Grecs.

I. La voïelle *I* ſe prononce avec moins de travail. Il faut peu d'air pour la former. Le ſon n'en eſt pas retenu dans le goſier. Il eſt porté vers les dents qui contribuent à le diſtinguer. La bouche eſt un peu ouverte, & les levres s'étendent : ſelon que le ſon de cette voïelle frappe plus ou moins les dents, il eſt plus fort, & ſa prononciation a différens effets. Il devient déſagréable, quand on l'entend très ſouvent, ce qu'on appelle iotaciſme. Nous verrons qu'il y a un *J* conſonne.

O. Dans la prononciation de la voyelle *O*, le contraire arrive, de ce que l'on a remarqué de l'I. Le larinx s'ouvre, le goſier s'enſle, & ſe fait creux, on y entend sonner cette lettre, toute la bouche s'arrondit, & les levres font un cercle ; au lieu que dans la prononciation d'un *i*, elles font comme une ligne droite. Le son de cette lettre approche de celui de la lettre *A*. La différence de ces deux voïelles, c'est que l'*O* sonne davantage dans le fond du gosier, d'où il est entendu, comme s'il résonnoit dans une caverne : au reste il approche de l'*A* ; c'est pourquoi il y a des Nations qui les confondent, comme le font les Allemans. Le son de la Diphtongue *ou* differe de l'*O* seulement parcequ'il est plus obscur.

U. La prononciation de l'*U* est douce. Le larinx contraint moins la voix qui sort des poûmons, ainsi cette voix est [illegible] forte. Le gosier ne s'ouvre pas, ainsi l'on [illegible]tend pas la voix résonner. Les levres avancent en dehors, & se rassemblent pour faire une très petite ouverture. C'est ce qui fait que les Hebreux rangent cette lettre entre les consonnes qu'ils appellent *Labiales*.

Le son de l'*u* sort en partie des narines ; c'est pourquoi Aristophane, dans le Pluton, une de ses Comédies, faisant parler un Sycophante qui fait flairer les viandes, compose un vers Héxametre tout entier de cette voïelle répétée douze fois, pour faire six mesures. Quand l'*u* est adouci, il approche du son de l'*i*. C'est pourquoi les Latins confondoient autrefois ces deux voïelles. Ils disoient *optimus* & *optumus*. Ce son adouci de l'*u*, que les Grecs appellent *upsilon*, c'est-à-dire, *u* petit, est bien différent du son de la diphtongue *ou*. Cette voïelle se range comme l'*i* entre les consonnes, comme nous le verrons ; c'est-à-dire, qu'il y a un *v* consonne.

Chacune de ces cinq voïelles peut se prononcer différemment, selon la mesure du temps qu'on s'arrête à les faire sonner, afin qu'elles soient mieux entendues, ce qui les distingue en voïelles longues & en voïelles breves. Nous n'avons point de caracteres non plus que les Latins pour marquer ces différences, comme en ont les Grecs, qui pour cela comptent sept voïelles. Il dépend de ceux qui parlent de s'arrêter plus ou moins de temps sur les voïelles ; & ainsi de mettre entre elles plus ou moins de différence.

C'est pourquoi le nombre des voïelles, considérées selon le temps qu'on met à les prononcer, n'est pas le même dans toutes les Langues. Les Hebreux en comptent jusques à treize, parcequ'ils ont par exemple, un *a* long, un *a* bref, un *a* très bref.

C'est une question, que nous examinerons dans la suite, si en notre Langue une même voïelle se prononce toujours dans des [illegible]égaux : c'est-à-dire, si quelquefois elle est longue, & quelquefois breve ? Mais il est certain que nous prononçons differemment une même voïelle, sans que nous mettions de différence dans le temps que nous emploïons à la prononcer. Lorsqu'on ouvre la bouche davantage, le son en est plus fort & plus clair : quand on l'ouvre moins, il est plus foible & moins clair. Ces différens dégrés de force causent cette différence qui est entre un *è* ouvert, un *é*, fermé, & un *e* muet. E est ouvert dans *progrès*, *excès*, *fer*, *enfer*. Il est fermé dans *bonté*, *placé*. Il est muet dans *glace*, *place*. Il y a de la différence entre *place* en Latin *sedes*, & *placé*, ce qu'on dit en Latin *locatus*. La différence de l'*u* & de l'*y* Grec vient de la même cause. Nous ne nous servons pas de différens caracteres pour marquer ces différences ; on met seulement sur la lettre ordinaire une note qu'on appelle *accent*, qui avertit qu'il faut élever la voix. Nos voïelles ont une prononciation toute différente quand elles sont accentuées. On prononce différemment *mala*, une eſpece de coffre, & *mâle* en Latin *maſculus*: ce mot *hôte*, en Latin *hoſpes*, & *hote*, qui eſt une eſpece de pannier. On compte juſques à treize voielles différentes dans notre Langue. Outre la différence que le temps qu'on emploie à les prononcer peut mettre entre elles, il eſt certain qu'elles ont différens ſons, ſelon qu'on les retient dans le goſier, qu'on les pouſſe vers le palais, qu'on les porte vers différentes parties de la bouche. De là vient que les mêmes voïelles n'ont pas le même ſon dans la bouche de différentes Nations.

On remarque qu'entre les voïelles, celles qui ont un ſon plus fort ſont particulierement l'*a* & l'*i*, enſuite l'*o*. Le ſon de l'*e* eſt ſourd, parcequ'il ſe fait dans la bouche qui en retient le ſon. Ceux qui ont aimé les voïelles ſonnantes, ont évité cette voïelle *e*, lorſqu'elle ne ſe rencontroit pas avec des conſonnes qui en relevaſſent le ſon. Quoique l'*o* ſoit plus fort, quelques-uns ont mieux aimé l'*ou* que le ſimple *o*. Lorſqu'on lie le ſon de deux voïelles, il s'en fait un troiſieme, ce qu'on nomme une diphtongue; c'eſt-à-dire, une lettre qui a deux ſons, comme *æ*, *œ*.

Comme chaque voïelle a un ſon qui lui eſt particulier, plus fort ou plus foible, chaque Nation, ſelon ſon inclination dominante, affecte de ſe ſervir des voïelles qui conviennent plus à ſon humeur; & c'eſt ce qui a fait les différentes dialectes de la Grece. Cela ſe voit dans les Langues vivantes; car les Eſpagnols, qui ſont naturellement graves & fiers, ſe ſont ſervis de mots qui rempliſſent la bouche, qui demandent une grande ouverture, de grands mots, qui ſonnent beaucoup. Ainſi ils répetent beaucoup l'*A*, voyelle magnifique, qui ſe fait par une grande ouverture. Ils terminent pluſieurs de leurs mots en *O* & *Os*, terminaiſon qui eſt fort ſonnante. Les François, qui n'aiment point l'affectation, se servent volontiers de l'E, dont la prononciation est plus douce ; & c'est pour cela que les élisions, qui sont rudes dans les autres Langues, n'ont rien de désagréable dans la nôtre, parceque plusieurs de nos mots se terminent en E, dont l'élision est douce, comme il paroît dans le vers suivant.

*J'aime une amante ingrate, & n'aime qu'elle au monde.*

C'est ce que montre fort bien l'Auteur des avantages de la Langue Françoise, qui remarque qu'un François n'est point obligé de parler de la gorge, d'ouvrir beaucoup la bouche, de frapper de la langue contre les dents, ni faire des figures & des gestes, comme il paroît que font la plupart des Etrangers, quand ils parlent leur Langage, & comme nous sommes contraints de faire lorsque nous voulons parler comme eux.

---

## CHAPITRE III.

### *Des Consonnes. Comment elles se forment.*

ON peut dire que les voïelles sont au regard des lettres qu'on appelle consonnes, ce qu'est le son d'une flûte aux différentes modifications de ce même son que font les doigts de celui qui joue de cet instrument. Dans le son des voïelles, la Langue, comme on l'a dit, ne fait presque rien ; on entend une voix continue. Au contraire dans les consonnes, la voix est interrompue : tantôt la langue l'arrête, & tantôt la laisse couler ; elle est coupée par les dents, & battue par les levres.

La langue est un des principaux organes de la parole. C'est elle qui conduit la voix, qui la détermine & la change, selon qu'elle se replie ou qu'elle se déploie, & qu'elle frappe certaines parties de la bouche. La capacité du gosier fait que la voix y résonne. Il y a des consonnes dont le son se forme dans cette partie. Les levres donnent aussi une forme particuliere à la voix, selon qu'elles battent les unes contre les autres, qu'elles se ferment ou qu'elles s'ouvrent. Les dents contribuent pareillement à articuler la voix. Il y a des consonnes dont le son se forme dans le palais. Nous avons dit qu'on entend toujours, lorsqu'on prononce une consonne, le son d'une voïelle, qui est entendue dans le lieu de l'organe qui la modifie pour en faire une consonne, soit dans le gosier, soit dans le palais, soit sur la langue, entre les dents, sur les levres. D'où vient que les Hébreux distinguent les consonnes en différentes classes, ausquelles ils donnent le nom des organes qui servent à les former ; c'est-à-dire, qu'ils les distinguent en lettres du gosier, ou gutturales ; lettres des levres, ou labiales ; en lettres de la Langue, lettres du palais, & lettres des dents.

Il y a des peuples dans l'Orient qui ont des lettres que leurs Grammairiens appellent *Uvales*, parcequ'elles s'entendent dans cette partie de la bouche où est la luette, qu'on nomme en Latin *uva*. Ils ont des lettres qu'ils ne prononcent qu'en sifflant, d'autres qu'ils prononcent en begayant, *balbutiendo*. Il y a des lettres dans leurs alphabets qui se prononcent la langue repliée proche de la racine des dents.

Les Grammairiens Grecs distinguent leurs lettres en voïelles, c'est-à-dire, lettres qui font un son ; en lettres *muettes*, qui sont celles qui par elles-mêmes n'ont point de son, & en lettres qui ont un demi ſon. Ils comptent ſept voielles, comme nous avons vû, & neuf muettes qu'ils diſtinguent en trois claſſes, chacune de trois lettres. La premiere claſſe comprend celles qu'ils appellent *tenues*, dont le ſon eſt foible; ſavoir, π. κ. τ. qui répondent à nos lettres P. K. T. La ſeconde claſſe contient les lettres qui ont un ſon qui n'eſt ni fort ni foible, qu'ils nomment pour cela moïennes, & qui ſont β. γ. δ. b. g. d. La troiſieme comprend les aſpirées qu'on ne prononce qu'avec aſpiration; ſavoir, φ. χ. θ. que nous exprimons ainſi, ph. ch. th. ajoutant h, qui eſt la marque de l'aſpiration, aux lettres tenues.

Les lettres d'un demi ſon ſont celles que les Grammairiens appellent *liquides*, qui ont une prononciation coulante. On compte quatre liquides; ſavoir, λ. μ. ν. ρ. l. m. n. r. Les lettres de demi ſon ſont en ſecond lieu toutes les lettres qu'on appelle doubles, parcequ'elles ont la force de deux lettres, comme ſont ψ. ξ. ζ. qui enferment une muette avec un ſigma, c'eſt-à-dire; avec une *s*. La lettre double ψ. vaut βσ. πσ. φσ. La lettre ξ. vaut κσ. γσ. χσ. & ζ. vaut δσ.

Il y a des lettres fort oppoſées à ces lettres doubles, qui ſont celles que les Hébreux appellent *quieſcentes*, parcequ'elles ſemblent ſe repoſer, & ne rien faire dans la prononciation. Nous avons de ces lettres dans notre Langue; dans ce mot *fuſt*, comme quand nous diſons *qu'il fuſt*, la lettre *s*, ne ſe prononce pas. Cependant elle n'eſt pas inutile, non plus que la lettre *o*. dans ce mot *paon*. Ces lettres qu'on appelle *quieſcentes*, ne font pas une claſſe à part, parcequ'en général une lettre eſt *quieſcente*, ou de repos, dans le mot où elle ſe trouve, lorſqu'elle n'y conſerve pas toute ſa force: ce qui arrive ſouvent dans les Langues qui aiment une grande douceur dans la prononciation.

Il y a des rencontres, où, si l'on n'adoucissoit pas certaines lettres, la prononciation seroit fort rude.

Avant que nous considérions comment se forme chaque consonne, il sera bon de remarquer que les organes de la parole peuvent diversifier la voix en tant de manieres différentes, que si on marquoit ces manieres par autant de caracteres particuliers, on feroit des alphabets qui auroient une infinité de différentes lettres. On le voit par expérience. Chaque Nation a des manieres si particulieres de prononcer certaines lettres, que s'il leur falloit donner un signe propre, il faudroit leur en donner un tout différent de ceux qui sont ordinaires. C'est ce qui fait que les alphabets ne sont pas les mêmes dans toutes les Langues. Il y a des peuples qui ont plus de lettres que nous, comme nous avons des lettres qu'ils n'ont point. La prononciation se peut diversifier; comme nous venons de le dire. Lorsque cette diversité est notable, on est obligé de la marquer par un signe particulier; c'est-à-dire, par une lettre ou caractere particulier, qui ne peut être bien prononcé que par ceux du païs, parceque la prononciation de cette lettre consiste dans une maniere à laquelle il faut être habitué. On ne peut pas non plus l'exprimer avec nos caracteres, qui sont les signes d'une prononciation différente. Nous le voïons lorsque nous voulons exprimer avec nos caracteres Grecs ou Latins, les caracteres Hébreux. Personne ne s'accorde: les uns les expriment d'une maniere, les autres d'une autre; & tous se trompent, parceque les Hébreux prononçoient ces lettres d'une maniere qui leur étoit si particuliere, que nous n'avons point de lettres qui en puissent être un signe propre.

L'ordre qu'on peut garder en examinant comment se forment ces consonnes, c'est de suivre la distribution que les Hébreux en font, selon les organes où elles s'entendent. Commençons par les consonnes du gosier, ou gutturales, qui sont dans la Langue Hebraïque, *aleph*, *he*, *ghet*, ou *chet*, *hgain* ou *gnaim* ou *aiim* ; car les Grammairiens ne s'accordent pas entre eux touchant la prononciation de ces lettres, que les anciens Grecs ne regardoient que comme des aspirations ; c'est pourquoi en exprimant les noms Hebreux en Grec, ils ne marquoient point ces lettres. Elles sont appellées gutturales, parcequ'elles se prononcent *in gutture*, dans le fond du gosier ; c'est-à-dire, que pour les prononcer il faut ouvrir le gosier plus qu'on ne fait pour les autres lettres. C'est ce qu'on appelle aspirer une lettre. Nous avons en Latin & en notre Langue, un caractere particulier pour marquer l'aspiration, qui est H. qui n'a point d'autre usage. *Spiritus magis quàm littera.* Nous n'avons point d'autres lettres aspirées. Pour exprimer les aspirées des Grecs, nous joignons aux lettres tenues, comme nous l'avons dit, un *h*. Ainsi pour φ nous mettons *ph*, pour χ nous mettons *ch*, & *th* pour θ. Le φ est un *p* prononcé avec aspiration. Le χ un *c* avec aspiration, & θ un *t* avec aspiration ; mais l'aspiration de l'*h* est douce. On voit dans les mots Latins, qui viennent du Grec, & qui commencent par une voïelle qui s'aspire, qu'on met une *h* devant une voïelle. Comme de ἁρμονία on fait *harmonia*, *harmonie*. Les Orientaux aspirent plus fortement que les Grecs ; & ils aspirent des lettres que nous prononçons doucement. Les Hebreux prononcent leur *aleph* dans le fond du gosier d'une maniere si particuliere, que leurs Grammairiens prétendent qu'on n'en peut exprimer le son par aucune lettre des Langues Européennes. L'*aleph* tient le milieu entre *a* & *o*. Le *he* & le *chet* ne sont que des aspirations. L'aspiration de *he* est douce, c'est l'epsilon des Grecs, qui en traduisant les mots Hebreux, oublient cette lettre. Le *chet*, c'est l'*etha* du Grec. Le *gnaim* ou *aïim*, leur *omicron*. Cette derniere lettre a cela de particulier, que la voix est portée vers les narines où elle sonne. Nous n'avons point de gutturales que notre *h*, qui est la marque de l'aspiration.

Les lettres des levres sont en Hebreu, *beth*, *vau*, *mem*, *pe*; dans le Latin & dans le François, *b*, *p*, *m*, *v*, *f*, On entend ces lettres sur l'extrémité des levres; aussi voit-on qu'elles se confondent facilement, parcequ'elles se prononcent à peu près de la même maniere, & qu'elles sont entendues dans un même organe; ce qu'il est bon de remarquer pour appercevoir comment il se fait que certains peuples prononcent une lettre pour une autre, ce qui change tellement une Langue, qu'à peine peut-on connoître son origine. Les Allemans confondent ces lettres labiales; ils disent *panum* pour *bonum*, & *finum*, pour *vinum*. Les Gascons *binum* pour *vinum*. Les Latins ont de même confondu l'*v* avec *f*, & de *βίος* ils ont fait *vita*. Nous avons changé *v* en *b*, de *corvus*, nous en avons fait *corbeau*, & le *p* en *v*, d'*Aprilis*, *Avril*, de *cuppa*, *cuve*, de *nepos*, *neveu*. Chez les Hebreux le *beth* a tantôt le son de *b*, & tantôt celui de *v*. Voïons comme chacune de ces lettres labiales se forment.

B. La lettre *b* s'entend lorsque la voix sortant du milieu des levres, elle les oblige avec une médiocre force de se séparer.

P. La lettre *p* se prononce en étendant les levres, de sorte qu'elles ne sont pas si grosses: elles se compriment plus fortement que dans la prononciation du *b*; ainsi la voix fait plus d'effort pour les séparer.

M. Le son de la lettre *m* est sourd, *mugiens littera*. On ouvre d'abord la bouche en la prononçant, & on entend une voix qui prend la forme du son de cette lettre, lorsque les levres viennent à s'approcher sans se battre, & qu'elles ferment la bouche; ce qui fait qu'on entend un bruit obscur comme dans une caverne.

V. L'*v* consonne est le Vau des Hebreux. Les Grecs l'avoient dans le commencement, l'aïant reçue des Hebreux avec le reste de leur alphabet. C'étoit leur sixieme lettre comme elle l'est dans l'Hebreu. C'est pourquoi après qu'ils l'eurent retranchée; comme ils s'en étoient servis, comme de leurs autres lettres, pour notes numeriques, ils mirent en sa place ϛ, qui n'est point une lettre. Cette consonne *v* est proprement une aspiration; les Latins l'ont prise pour cela, faisant, par exemple, *vesper*, de ἕσπερος. Ce qui fait que *v* differe de *b*, c'est que les levres ne battent pas quand on le prononce. La voix sort du milieu des levres, au lieu que dans la prononciation du *b* les levres battent l'une contre l'autre.

F. Le son de *f* est encore une aspiration. Quand on commence à prononcer cette lettre, la bouche s'ouvre, ensuite elle se ferme un peu, la levre inférieure se colant par son extrêmité sur les dents. Le *p* avec l'aspiration tient lieu de cette lettre chez les Hebreux comme chez les Grecs. Les Latins ont mis quelquefois *f* au commencement des mots Grecs qui commençoient par une aspiration. Ils ont dit *frango* de ῥάγω. Les Espagnols mettent *h* pour *f*, d'où ils font *harina* de *farina*, leur *hablare* de *fabulare*, *Hija* de *filia*. On voit comment les Romains ont fait *forma* de μόρφα, *pasco* de βόσκω, *fremo* de βρέμω. Quintilien, ce grand Maître de Rhétorique, veut qu'on fasse faire ces réflexions aux jeunes gens. *Discat puer quid in litteris proprium, quid commune, quæ cum quibus cognatio : nec miretur cur ex scamno fiat scabellum.* ( Quintil. lib. 2. Institut. )

Les lettres du palais chez les Hebreux sont *gimel*, *iod*, *kaph*, *koph* ; en Latin & parmi nous g. i. c. k. d'où l'on apprend pourquoi ces lettres se mettent si facilement les unes pour les autres, comment de *serviens* on a fait *sergent*, de κλέος, *gloria*, *gubernator* de κυβερνήτης, & que de l'Hebreu *gamal* on a fait κάμηλος. Dans la prononciation de ces lettres, la langue en se repliant porte la voix contre le palais.

G. Quand on prononce un *g*, la pointe de la langue s'approche du palais ; les levres s'avancent & se replient un peu en dehors.

J. Quand on prononce *j* consonne, la voix s'entend au milieu de la langue & du palais. La bouche ne s'ouvre qu'un peu.

C. En prononçant *c* la langue se replie en dedans, & porte la voix contre le palais, où elle s'arrête, ce qui oblige de la pousser avec force. Les levres sont étendues, & ainsi elles ne s'ouvrent que médiocrement. Il nous seroit bien difficile de distinguer ces deux lettres en les prononçant, parce que nous n'y sommes pas faits. Le k ne differe guere du *c* que par une aspiration. Nous adoucissons en plusieurs rencontres le son du *c*, de sorte qu'il approche du son de l'*s*, comme en ce verbe, *commença* : alors on met dessous ce *c* une note *ç*, que les Espagnols appellent *cedille*.

Q. Le *q* est proprement une lettre double qui a la force du *c* & de l'*u* voïelle. Les Grecs n'ont point cette lettre. L'*x* Latin qui répond au ξ des Grecs, est aussi une lettre double, composée du *c* & de *s*.

Les lettres de la langue sont en Hebreu, *Daleth*, *Teth*, *Lamed*, *Nun*, *Tau*, D, TH, L,

N, T. Ceux qui ont la langue épaisse ou humide ont peine à prononcer ces lettres, qui se confondent facilement *propter cognationem*. De Θεὸς on a fait sans peine *Deus*.

D. Lorsqu'on appuie l'extrêmité de la langue sur la racine des dents de dessus, & qu'ensuite la voix l'en sépare pour couler entre elle & les dents : on entend sur l'extrêmité de la langue le son de la lettre *d*.

T. s'entend pareillement sur l'extrêmité de la langue qui alors touche les dents de dessus, mais plus près de leur tranchant. Les Hebreux & les Grecs ont deux *t* qui se distinguent par l'aspiration que nous marquons en Latin & en François avec la lettre *h*.

L. En commençant de prononcer *l*, on ouvre la bouche, ainsi cette lettre n'est pas muette entierement. La langue travaille peu, elle porte seulement la voix contre le palais, contre lequel elle s'appuie par son extrêmité. La machoire d'en-bas contribue à la prononciation de cette lettre, portant la voix en-haut. La Trachée-artere retient aussi la voix ; de sorte que cette lettre se prononce fort vîte, parceque le larinx se ferme tout-à-coup, & qu'on ne fait point d'effort pour pousser la voix.

N. La bouche s'ouvre aussi en prononçant *n*, c'est pourquoi elle n'est pas muette entierement. La langue se replie, & porte la voix dans cette partie du dedans de la bouche où est la communication des narines. Le son de cette lettre resonne en ce lieu, parceque la bouche se ferme sur la fin de la prononciation, ce qui fait qu'on appelle cette lettre *littera tinniens*.

Nous adoucissons le son de cette lettre dans ces mots, *gagner*, *agnès*, *ignorer*, comme nous le faisons de la lettre *l*, particulierement quand elle est double, comme dans ce mot *fille*, dont les deux lettres ne se prononcent pas comme dans *mollis*. C'est de là que de *sol* on fait *sou*, de *col*, *cou*, de *mala*, *maux*, de *mel*, *miel*, de *fel*, *fiel*. Ces deux *ll* ont en notre langue un son particulier qu'on auroit pu marquer avec un signe particulier pour en faire une lettre distinguée de *l*, quand cette lettre a sa prononciation ordinaire.

Les lettres des dents chez les Hebreux sont *zain*, *samech*, *thsade*, *resch*, *schin*. Nous n'avons, que s, z, r, qui se change facilement les unes dans les autres. Les Latins ont dit *Valesius* & *Valerius*, *honos* & *honor*. Il y a des lieux en France où l'on dit *courin* pour *cousin*. *Nausea* vient de ναυσία.

S. La lettre *s* se prononce lorsque les dents approchant les unes des autres, coupent la voix qui coule sur la langue, laquelle s'appuie dans son extrêmité contre les dents de dessus, & demeure droite ; c'est pourquoi la voix n'étant point arrêtée, au contraire étant contrainte de passer avec vitesse entre les dents, on entend un sifflement semblable à celui d'un vent qui passe avec violence par une fente. Il faut pousser la voix fortement pour faire sonner cette lettre ; c'est ce qui la faisoit éviter aux Grecs, qui aimoient mieux dire πλάττω que πλάσσω. Ils faisoient des pieces de vers où il n'y avoit pas une seule *s*, qu'on appelloit pour cela ἀσίγμους ᾠδὰς. Nous adoucissons cette lettre en ces mots *cause*, *desir*, *plaisir*. Nous la prononçons comme le thsade des Hebreux. Nous la doublons quand nous lui conservons le son qu'elle a, comme dans ces mots, *aussi*, *baisser*, *laisser*. Les Latins se sont servis de cette lettre pour marquer l'aspiration. Ainsi de ὗς ils ont fait *sus*, de ὕλη *silva*. Nous avons mis un *e* devant *s*, pour faciliter la prononciation, disant *establir* de *stabilire*, & *escrire*, de *scribere*. Dans plusieurs Provinces au-delà de la Loire, on ne prononce point cette lettre quand elle commence le mot, qu'on ne mette un *e* devant ; ou dit *estatue*, *espectacle*.

Le Samech & le Schin des Hebreux ne se distinguent que par la force de la prononciation.

Le Z des Latins & le nôtre, comme le zaim des Hebreux, & le zèta des Grecs, est une lettre double, qui vaut un *d* avec un *s*, comme le tsade vaut un *t* avec *s*. Nous donnons au z une prononciation douce dans ces mots, *onze*, *douze*, *treize*.

R. Cette lettre n'est pas entierement muette, parcequ'on commence par ouvrir la bouche On pousse ensuite fortement la voix, qui, étant arrêtée par les dents qui ferment le passage, est obligée de rouler dans le palais, à quoi contribue la langue qui se replie un peu dans son extrémité. Il faut pousser la voix fortement ; ce qui rend la prononciation de cette lettre assez rude & difficile. Ceux qui ne la peuvent pas prononcer, mettent *l* en sa place. Au-lieu de *roturier* ils disent *loturier*, d'où l'on a dit *κλίβανος* pour *κρίβανος*, & pour soutenir la voix, on a mis *b* devant cette lettre, comme *βρόδον* pour *ρόδον*, *bruscus* pour *ruscus*, on a fait *braire* de *rugire*, *chambre* de *camera*.

On comprend aisément que selon la disposition des organes il y a des lettres qu'on ne prononce qu'avec peine, ce qui oblige d'en substituer d'autres. C'est quelquefois par affectation, comme le fait cette Grasseyeuse de la Comédie de l'Après soupé des Auberges, qui change tous les G en D, tous les K en T, tous les J en Z, tous les Ch en S. Elle dit *Dalant* pour *Galant*, *Tour* pour *Cour*, *Zoli* pour *Joli*, *Soux* pour *Choux*. Cela vient auſſi de l'inclination naturelle ; ce qui change beaucoup une Langue, lorſqu'elle paſſe d'un peuple à l'autre. Auſſi tous ceux qui travaillent ſur les Etymologies, mettent à la tête de leurs ouvrages de longs traités des changemens des lettres ; & font remarquer comme des lettres d'un même organe, par exemple les dentales, ſe mettent facilement les unes pour les autres : que ſelon les différentes diſpoſitions, & les habitudes qu'on a priſes, on évite les lettres labiales, ou on les affecte ; on change les tenues en aſpirées, ou les aſpirées en tenues, pour adoucir la prononciation, pour l'égaler, pour la fortifier. Ainſi au lieu de *ſcribtum* de *ſcribo*, on a fait *ſcriptum* : pour *ſcribſi* on a dit *ſcripſi*. On en pourroit donner un million d'exemples. Ces deux lettres V & F aïant quelque liaiſon ; du Latin *captivus*, au lieu de *captiv*, nous avons fait *captif* ; de *brevis* on n'a pas fait *breu*, mais *bref* ; on conſerve V dans ces mots, *breve*, *captivité*

## CHAPITRE IV.

### *De l'arrangement des mots. Ce qu'il y faut obſerver ou éviter.*

C'Eſt un effet de la ſageſſe de Dieu qui avoit créé l'Homme pour être heureux, que tout ce qui eſt utile à ſa conſervation lui eſt agréable. Le plaiſir qui eſt attaché à toutes les actions qui peuvent lui conſerver la vie, fait qu'il s'y porte volontairement. Nous n'avons point de peine à manger, le goût que nous trouvons dans les viandes nous faiſant trouver agréable la néceſſité de le faire. Et ce qui autoriſe cette remarque, que

Dieu a joint l'utilité avec le plaisir, c'est que toutes les viandes qui servent d'alimens ont du goût : les autres choses, qui ne peuvent être changées en notre substance, sont insipides.

Cet assaisonnement de l'utilité avec le délectable, se rencontre dans l'usage de la parole : il y a une sympathie merveilleuse entre la voix de ceux qui parlent, & les oreilles de ceux qui entendent. Les mots qui se prononcent avec peine, choquent ceux qui les écoutent : les organes de l'ouie sont disposés de telle sorte, qu'ils sont blessés par un discours dont la prononciation blesse ceux de la voix. Le discours ne peut être agréable à celui qui écoute, s'il n'est facile à celui qui prononce, & il ne se peut prononcer facilement sans qu'il soit écouté avec plaisir.

On mange plus volontiers les viandes délicates qui conservent la santé, & qui sont agréables au goût. On prête aussi plus facilement les oreilles à un discours dont la douceur diminue le travail de l'attention. Il en est des sciences comme des viandes, dit saint Augustin, il faut tâcher de rendre agréable ce qui est utile. *Quoniam nonnullam inter se habent similitudinem vescentes atque discentes, propter fastidia plurimorum, etiam ipsa sine quibus vivi non potest, alimenta condienda sunt.* ( S. Aug. lib. 4. de doctrinâ Christianâ. ) Le plaisir attire après lui tous les Hommes, c'est lui qui est le principe de tous leurs mouvemens. La prudence demande qu'on se serve de ce penchant pour les conduire où l'on veut qu'ils aillent ; & qu'on gagne les oreilles, qui, en fait de sons, sont comme les portes de l'ame ; parcequ'il est difficile qu'un discours aille jusqu'à elle, & y fasse l'impression que l'on veut, lorsque les oreilles sont blessées.

Dans toutes les Langues polies ; c'est-à-dire, dans

telles des peuples qui ont écouté la raison, on y a toujours évité ce qui pouvoit choquer les oreilles; ce qui a causé ces grandes irrégularités qu'on voit dans leurs Grammaires; car si on n'avoit pour but que de se faire entendre, on le feroit d'une maniere uniforme, comme le font les Barbares. Ils ont peu de societé entre eux; ils vivent presque comme des bêtes farouches; ainsi faisant peu d'usage de la parole, ils ne pensent pas à polir leur langage, & ils ne s'apperçoivent pas de ce qu'il y a de rude. Les Hebreux, les Grecs & les Latins ne souffrent point d'expressions rudes. Ils les changent, quoiqu'elles soient conformes à l'analogie de la Langue; c'est-à-dire à la maniere commune. Les Hebreux doublent quelquefois une consonne, ils la changent, ou ils l'accompagnent de voïelles longues ou brèves. On découvre assez facilement que ce n'est que pour rendre la prononciation plus aisée. Pourquoi change-t-on dans le Grec les lettres douces en fortes, ou celles qui sont fortes en douces; & pourquoi tantôt ajoute-t-on, & que d'autres fois on retranche; que de deux voïelles on n'en fait qu'une, & qu'en d'autres lieux on les sépare? Cela ne se fait que pour la douceur de la prononciation. Les irrégularités n'ont point d'autres causes. Tous les noms se déclineroient de la même maniere, & tous les verbes auroient les mêmes inflexions, si la douceur de la prononciation n'obligeoit d'éviter les inflexions ordinaires, à cause du concours de quelques consonnes qui ne s'accommodent pas ensemble. Il faut remarquer que les Grecs, aussi-bien que les Orientaux, ont aimé les sons distincts & forts; ils ont, par exemple, préféré, selon Denys d'Halicarnasse, les lettres doubles aux lettres simples, ce qui feroit que la rudesse seroit plus sensible dans leurs Langues, s'ils n'avoient eu soin de l'éviter; car les faux tons d'une trompette sont plus remarquables que ceux d'une flûte douce. Dans la Langue Françoise les sons ne sont pas si forts ; c'est pourquoi, si elle n'est pas capable d'une si grande harmonie, elle n'est pas sujette à une si grande rudesse, qu'il seroit très difficile d'éviter, à cause qu'elle est assujettie à l'ordre naturel que nous ne pouvons pas renverser, non plus que celui que l'usage a une fois autorisé ; car quoique *blanc bonnet* & *bonnet blanc* soit une même chose, on ne dira jamais le premier qu'en riant.

Avant que d'entreprendre la recherche de ce qui peut rendre un discours harmonieux, tâchons premierement de découvrir ce qu'il faut éviter dans l'arrangement des mots : quelles fautes on y peut commettre, & qu'est-ce qui rend la prononciation difficile. Le premier pas qu'on doit faire pour arriver à la sagesse, est de s'éloigner du vice. *Sapientia prima stultitiâ caruisse.* (Horat. lib. 1. Epist. primâ.) Outre cela, dans ce qui regarde les sens, tout ce qui ne choque pas est agréable, comme dit S. Augustin : (*lib. 4. de doctrinâ Christianâ.*) *Id omne delectat quod non offendit.*

Entre les lettres, les unes se prononcent avec plus de facilité, les autres avec peine : celles dont la prononciation est facile, ont un son agréable : celles qui se prononcent avec difficulté, écorchent les oreilles. Les consonnes se prononcent avec plus de difficulté que les voïelles ; aussi leur son est moins doux & moins coulant. Il est bon de tempérer la rudesse des unes par la douceur des autres, plaçant des voïelles entre les consonnes, afin qu'elles ne se trouvent pas plusieurs ensemble. Quintilien dit agréablement qu'il en est des consonnes comme des pierres raboteuses, irrégulieres, qui trouvent leur place dans une muraille,

muraille, quand elles sont emploïées par un artisan.

La rudesse du concours des consonnes est sensible dans les Langues du Nord. Le Polonois, l'Allemand, l'Anglois sont insupportables à ceux qui n'ont point encore endurci leurs oreilles à la rudesse de ces Langues. La coûtume fait qu'on ne s'apperçoit pas de ce que les mots ont de rude; néanmoins on remarque, que selon les différens dégrés d'inclination que les peuples ont eue pour la délicatesse, ils ont composé leurs mots de lettres ou plus ou moins douces: ils ont eu moins d'égard à suivre la raison, qu'à flatter les oreilles: c'est pour cette douceur de la prononciation que les Latins ont dit *aufero* pour *abfero*, *colloco* pour *cumloco*, comme l'analogie les obligeoit de parler. On a obtenu de l'analogie qu'elle relâchât de ses droits en faveur de la douceur de la prononciation. *Impetratum est à consuetudine ut suavitatis causâ peccare liceret.*

Lorsque les consonnes sont aspirées, ou qu'elles se prononcent d'une maniere toute contraire, on doit particulierement en éviter le concours Il y a des consonnes qui se prononcent la bouche fermée, comme est le P. Il faut pour prononcer les autres ouvrir la bouche: le C est de ce nombre. Ces consonnes ne peuvent marcher de compagnie; elles ne s'accordent pas, & on ne peut les prononcer immédiatement les unes après les autres sans quelque difficulté, parcequ'on est obligé presque en même temps de disposer les organes de la prononciation d'une maniere différente.

Les consonnes se prononcent avec peine, les voïelles avec facilité; mais cette grande facilité qui est accompagnée d'une grande vîtesse, fait que l'on ne distingue pas assez nettement leur son, & que l'une de ces voielles ne s'entend pas; ainsi il se fait un vuide dans la prononciation, & une confusion qui est désagréable. En prononçant plusieurs voïelles de suite, il arrive presque la même chose que lorsque l'on marche sur du marbre poli; la trop grande facilité donne de la peine; on glisse, & il est difficile de se retenir. En prononçant ces deux mots, *hardi Ecuyer*, si l'on ne fait quelque effort pour s'arrêter un temps considerable sur la derniere lettre du premier mot, *ni intersistat, & laboret animus*, le son de I, fin du mot *hardi*, se confond avec la voïelle E, par où commence le mot suivant, *Ecuyer*; ce qui empêche que les oreilles ne soient satisfaites, ne pouvant distinguer assez clairement ces deux différens sons.

Pour empêcher ce concours, ou l'on retranche une des voïelles qui se trouvent ensemble, oubien l'on insere une consonne pour remplir le vuide qui se feroit sans cet artifice : c'est pour cette raison que nous disons en notre Langue, *qu'il fit* pour *que il fit* : *a-t-il fait* pour *a il fait*? *fera-t-il* pour *fera il*. Quand une des deux voïelles a un son assez fort pour se faire distinguer, cet artifice est inutile. Ce soin d'arranger les mots doit être sans inquiétude : on ne doit pas considérer comme des fautes considerables, les manquemens qui se font dans cette partie de l'Art de parler : *Non id ut crimen ingens expavescendum est, ac nescio an negligentia in hoc, an sollicitudo, sit pejor*. (Quintil. l. 9. c. 4.) Je ne sais ce que l'on doit éviter davantage, ou l'inquiétude, ou la négligence, dit Quintilien. La négligence a cet avantage, qu'elle fait juger qu'on s'applique plus aux choses qu'aux paroles : *Indicium est hominis de re magis quàm de verbis laborantis*. (id.) Mais enfin naturellement, selon qu'on a plus depolitesse, on évite ce qui est rude, ou on l'adoucit : on supprime quelque lettre, ou l'on en insere. Les personnes polies prononcent *nous marchons*, comme s'il y avoit *nou marchons*, *il parle*, comme s'il y avoit ; *parle*. Pour éviter le baillement on fait sonuer la consonne dans ces mots, *Nous allons* ; *vous etez*. On insere des lettres, comme au-lieu de *mon ami*, on prononce *mon nami* ; au-lieu de *ton ame*, on prononce *ton name*, selon la remarque d'un savant Académicien.

La prononciation change continuellement, soit parcequ'on la veut adoucir, soit par caprice ; car en toutes choses il y a des modes. Cependant on ne change pas d'abord la maniere d'écrire ; ainsi l'orthographe ne s'accorde plus avec la maniere usitée de prononcer ; ce qui trompe les Etrangers, & ceux qui ignorent les étymologies des noms. Nous écrivons toujours avec un PH, les noms qui viennent du Grec, & qui commencent par un φ. Ceux qui savent quelque chose ne l'ignorent pas, & prononcent Ph, comme F. Un Dame qui n'en savoit pas tant, lisant un Livre où l'ancienne orthographe étoit observée, & *phaisans* étoit écrit pour *faisans* : croïant donc que la lettre H étoit inutile dans ce mot *phaisans*, comme elle l'est souvent, & prenant phaisans & *païsans* pour un même nom, s'écria qu'Eliogabale étoit bien cruel de se faire faire des pâtés de langues de *paisans* ; ce qu'elle croïoit lire dans son Livre.

C'est une question s'il faut écrire comme on prononce ? Il y a un tempérament à prendre. Il faut que la nouvelle prononciation soit bien établie, & confirmée par un long usage, avant que de changer l'ancienne maniere. Mais après cela je ne vois pas par quelle raison on retiendroit l'ancienne orthographe. Si c'est pour conserver les marques de l'origine de certains mots, pourquoi n'écrit-on pas *estudier*, *establir*, pour marquer que ces verbes viennent du Latin *studere*, *stabilire*? On voit dans les anciennes Langues, dans le Grec, dans le Latin, qu'on n'a point gardé cette regle ; au contraire il semble que les Langues n'acquerent leur perfection que lorsqu'elles sont tellement changées, qu'il est difficile de connoître leur origine.

---

## CHAPITRE V.

*En parlant, la voix se repose de temps en temps. On peut commettre plusieurs fautes en plaçant mal le repos de la voix.*

LA nécessité de reprendre haleine oblige d'interrompre le cours de la prononciation ; & le desir de s'expliquer distinctement fait qu'on choisit pour le repos de la voix la fin de chaque sens, pour distinguer par ces intervalles les différentes choses dont on parle. Naturellement quand on a commencé une action, on ne se repose qu'après qu'elle est faite, au-moins on differe de se reposer jusqu'à ce qu'une partie soit achevée. Ainsi aïant commencé de dire une chose, de l'exprimer, on continue jusqu'à ce qu'on acheve cette expression. Il est donc naturel de ne prendre haleine, ou de ne se reposer considérablement, qu'à la fin d'un sens complet. L'on peut commettre deux fautes en distribuant mal ces intervalles. Si les expressions de chaque sens sont trop courtes, & par conséquent que la prononciation soit souvent interrompue, cette interruption diminuant la force de la voix, & la faisant tomber, l'esprit du Lecteur qu'on devoit tenir en haleine se relâche, l'ardeur qu'il a se réfroidit. Il n'y a rien qui fasse plus ralentir le feu d'une action, que de la discontinuer, & de la faire à trop de reprises. Le travail rend l'ame vigoureuse & attentive ; l'oisiveté la plonge dans le sommeil & dans l'assoupissement ; *Fit attentior ex difficultate*, dit saint Augustin.

Lorsque les sens ne sont point trop coupés, & qu'il faut que l'esprit du Lecteur attende quelque temps pour concevoir, ce retardement le tient en haleine : ce qui fait qu'étant plus attentif, il conçoit mieux le sens du discours. Nous avons dit dans le premier Livre, que les Latins pour ce sujet rejettoient à la fin de la sentence quelque mot, duquel dépend l'intelligence des premiers termes. Mais sans cette transposition & ce renversement de l'ordre naturel, il suffit, pour empêcher que la prononciation ne soit trop souvent interrompue, de choisir des expressions un peu étendues, qui contiennent un assez grand nombre de mots ; ou bien il faut que les choses qu'on exprime soient liées si étroitement, que les premiers mots excitent le desir d'entendre les derniers, & que la voix se repose après chaque sens, de telle sorte que l'on connoisse qu'elle doit aller plus loin.

Si une pensée est exprimée par un trop grand nombre de paroles, on tombe dans un autre excès. Comme on continue l'action qu'on a commencée, la voix ne se repose qu'à la fin du sens dont elle a commencé de prononcer l'expression. Si ce sens comprend donc trop de choses, la longue suite de paroles qu'il demande, & ausquelles il est enchaîné, échauffe les poûmons, & épuise les esprits ; ainsi la prononciation en est incommode, & à ceux qui parlent, & à ceux qui écoutent.

Une des plus grandes difficultés de l'éloquence, est de savoir tenir un milieu, & de s'éloigner de ces deux défauts. Ceux qui parlent sans Art, & qui n'ont qu'un foible génie, tombent ordinairement dans le premier défaut ; à peine peuvent-ils dire quatre mots qui soient liés : chaque sens finit aussi-tôt qu'il commence. L'on n'entend que des, *car enfin*, *après cela*, *ce dit-il*, & autres semblables expressions dont ils se servent pour coudre leurs paroles détachées. Il n'y a point de défaut dans le Langage, si méprisable & si insupportable que celui-là. Ceux qui veulent s'élever, passent dans une autre extrémité. Les premiers marchent comme des boiteux, ceux-ci ne vont que par bonds & par sauts ; de crainte de s'abaisser, ils montent toujours : ils n'emploient que de grands mots, *sesquipedalia verba*. Ils ne se servent que de longues phrases, capables de mettre hors d'haleine les plus forts.

Il est facile d'abreger ou d'alonger le corps d'une sentence : on peut lier deux ou plusieurs sens, & ainsi soutenir le discours par une suite de mots qui ne fasse qu'un seul sens, sans qu'il soit besoin pour cela d'avoir recours à des phrases creuses & vuides, & d'enfler son discours de paroles vaines. Au contraire, si une sentence contient trop de choses qui demande un trop grand nombre de paroles, il est facile de couper les sens de cette sentence, de les séparer, & de les signifier par des expressions détachées, qui soient par conséquent plus courtes que celle qui en exprimeroit tout le corps.

Nous prenons naturellement des dispositions conformes à l'action que nous allons faire. Nous allons vîte sur un mot quand nous en devons prononcer un second : c'est pour cela que les Hebreux changent les points, c'est-à-dire, les voïelles d'un mot, lorsqu'en le prononçant on le doit lier avec un mot qui suit, avec lequel il a un certain rapport. Ils changent, dis-je, les points qui sont longs dans des points brefs : ils l'abregent afin qu'il se prononce vîte. Ainsi au-lieu de dire *debarim Jehova, verba Dei*, ils disent, *dibre Jehova.* C'est la douceur de la prononciation qui fait dire grand'peine, grand'chere, Grand'Messe, contre la Grammaire qui voudroit qu'on dît, *grande-peine, grande chere, Grande Messe.* On ne fait point ce retranchement lorsque le mot suivant est composé de plusieurs syllabes, & qu'il est nécessaire que la voix s'appuie pour les prononcer. On dit, *grande clémence, grande miséricorde.*

On peut encore commettre une troisieme faute contre la juste distribution des repos de la voix. En commençant une sentence on éleve la voix insensiblement, ce que les Grecs appellent τάσις, & à la fin du sens ou la rabaisse, ils appellent ce rabaissement θέσις. Les oreilles jugent de la longueur d'une phrase par l'élevement de la voix : un grand élevement de voix leur fait attendre plusieurs paroles : si ces paroles attendues ne suivent pas, ce manquement qui les trompe leur fait de la peine, aussi-bien qu'à celui qui parle. Il est difficile de s'arrêter au milieu d'une course : lorsque la nuit on est arrivé au plus haut dégré d'un escalier sans s'en appercevoir, & que l'on croit pouvoir monter encore, le premier pas qu'on fait après on chancele, & on ressent la même peine que si le plancher sur lequel on est, se déroboit de dessous les pieds. Toutes les particules explétives, comme sont notre *pas*, notre *point*, & les autres, ont été trouvées, pour tenir la place des mots que l'oreille attendoit. Les Grecs ont un très grand nombre de ces particules, qui n'ont point d'autre usage que d'alonger le discours, & d'empêcher qu'il ne tombe trop tôt. Les oreilles sont également choquées d'un discours qui va trop loin ; tous les mots qu'elle n'attendoit pas sont importuns. Ciceron comprend tout ce que nous venons de dire, dans le passage que je vais rapporter entier ; car il le mérite. *Aures quid plenum quid inane sit judicant : & nos admonent complere verbis quæ proposuerimus, ut nihil desiderent, nihil amplius expectent. Cùm vox ad sententiam exprimendam attollitur, remissa donec concludatur arrecta sunt, quo perfecto completoque ambitu gaudent ; & curta sentiunt, nec amant redundantia. Idcircò ne mutila sint & quasi decurtata sententia, hoc est non ante tempus cadant cavendum, ne quasi promissis aures fraudentur, aut productioribus, aut immoderatiùs excurrentibus lædantur,*

Entre les défauts de l'arrangement des mots, on compte la similitude ; c'est-à-dire, une répétition trop fréquente d'une même lettre, d'une même terminaison, d'un même son, & d'une même cadence. La diversité plaît ; les meilleures choses ennuient lorsqu'elles sont trop communes. Ce défaut est d'autant plus considerable, qu'il se corrige facilement ; il ne faut que passer les yeux par dessus son ouvrage, changer les mots, les syllabes, les terminaisons qui reviennent trop souvent.

On marche avec peine par un chemin raboteux ; on ne peut manier un corps plein d'inégalités sans souffrir quelque douleur : une prononciation est aussi incommode & importune, lorsque sans aucune proportion, il faut tantôt élever la voix, tantôt la rabaisser, allant d'une extrêmité à l'autre. Les mots, les syllabes qui entrent dans la composition du discours, ont des sons différens : le son des uns est clair ; le son des autres est obscur ;

les uns remplissent la bouche, les autres se prononcent avec un ton foible. Tous ne demandent pas une même disposition des organes de la voix; cette différence fait l'inégalité de la prononciation. Pour soutenir le discours, & le rendre égal, il faut relever la cadence d'un mot trop foible par celui qui aura une forte prononciation, tempérer la trop grande force des uns par la douceur des autres, faire que la prononciation des mots qui précedent, dispose la voix pour prononcer les suivans, & que dans ceux-là la voix se rabaisse par dégrés.

Je pourrois donner quelques autres préceptes, mais ce que j'ai dit suffit pour faire faire réflexion à ceux qui veulent écrire avec soin, sur ce qu'il est nécessaire de considérer dans l'arrangement des mots. La principale utilité, & presque la seule qu'on retire des préceptes, c'est qu'ils nous font prendre garde à de certaines choses ausquelles on ne pense pas. Pour vous persuader encore davantage de l'utilité des considérations que nous venons de faire sur l'arrangement des mots, remarquez, je vous prie, encore une fois, que les *anomalies* ou irrégularités qui se sont glissées dans les Langues, y sont souffertes pour éviter les défauts que nous venons de censurer. Pourquoi dans l'Hébreu cette multitude de points qui tiennent lieu des voïelles? pourquoi cette différence de points longs, de points brefs, & de points très brefs, qui se changent selon les différentes inflexions des verbes, & la disposition des notes qui marquent les élevations, les rabaissemens, & les repos de la voix? pourquoi enfin un *Scheva*, qui est un point qui tantôt se prononce, & tantôt ne se prononce point? si ce n'est pour rendre égale la prononciation, la fortifier par des points longs quand il en est besoin, & diminuer sa force par la brieveté des points dont on ſe ſert, quand l'égalité de la prononciation le demande.

La délicateſſe des Grecs eſt connue de tout le monde. Conſidérez en paſſant comment, pour éviter les concours trop rudes de deux conſonnes aſpirées, ils changent la premiere dans une tenue qui lui répond, diſant par exemple, πέφυγκα pour φέφυγκα : comment, pour remplir ce vuide qui ſe rencontre entre deux voïelles, de deux mots ils n'en font qu'un ; par exemple, de κ̓ ἐγὼ faiſant κἀγὼ, comment ils inſerent une conſonne δέδωκεν αὐτῷ pour δέδωκε αὐτῷ : comment ils ne ſe ſervent point de cet artifice lorſque l'une de ces voïelles eſt longue, & qu'elle a un ſon aſſez fort pour ſe faire diſtinguer, comme dans τιμὴ αὐτοῦ. Vous ſavez que pour fortifier la prononciation, lorſque le mot ſuivant commence par une voïelle aſpirée, ils changent les tenues en aſpirées dans la fin du mot qui précede, comme dans cet exemple νύχθ᾽ ὅλην pour νύκτ᾽ ὅλην. Cet ὅλην aïant un eſprit rude, il demande une forte prononciation, qu'il ſeroit difficile de faire après avoir prononcé les tenues κ & τ dont le ſon eſt foible. Les Grammairiens remarquent que les Grecs diſent δέδοικα au prérerit du médion, pour δέδοιδα, afin d'éviter la triple répetition de la même conſonne δ.

Chacun peut faire les mêmes réflexions ſur la Langue Latine, & généralement ſur toutes les Langues qui lui ſont connues. Cette grande multitude de termes qu'a chaque Langue, différens par leurs terminaiſons & par le nombre de leurs ſyllabes ; & cette abondance d'expreſſions, dont les unes ſont courtes, les autres longues, n'ont été inventées que pour rendre le diſcours égal, & donner le moïen de choiſir dans cette varieté les paroles & les phraſes les plus commodes, rejettant celles qui ne pourroient pas s'allier avec les autres, *in compositione rixantes*, & mettant en leurs places celles qui sont plus accommodantes. Ce qui donne encore le moïen d'éviter la répétition trop fréquente des mêmes mots, & de diversifier le style, en quoi consiste en partie l'éloquence. Outre que c'est une marque de pauvreté d'emploïer toujours les mêmes expressions ; lorsque le discours est fort varié, on ne s'apperçoit presque pas qu'on entend parler ; il semble qu'on voit les choses mêmes, ce qui n'arrive pas si les mêmes expressions reviennent trop souvent.

*Voulez vous du Public mériter les amours,*
*Sans cesse en vos Ecrits variez vos discours.* ( Boileau Art Poét. ch. 1. )

Aussi les bons Ecrivains, aprés s'être servis d'un mot remarquable, ne l'emploient que lorsqu'ils croient que le Lecteur ne s'en souvient plus. Les Grecs & les Latins ont pour cela plus de facilité & plus d'avantage que nous. Il ne nous est point permis de faire de nouvelle phrase. Nous sommes tellement assujettis à l'usage, que pour parler François ce n'est pas assez de se servir des termes ordinaires, il faut prendre les tours qu'on prend ordinairement.

## CHAPITRE VI.

*Les mots sont des sons. Conditions nécessaires aux sons pour être agréables.*

### I.

*Un son violent est désagréable : un son modéré plaît.*

Nous venons de voir ce qu'il faut éviter dans l'arrangement des mots, pour ne pas choquer les oreilles ; voïons ce qu'il faut faire, afin que les sons qui composent les mots soient agréables. Tout sentiment, lorsqu'il est modéré, cause quelque plaisir ; les viandes qui remuent doucement les nerfs de la langue, font ressentir à l'ame le plaisir de la douceur ; celles qui la coupent & qui l'agitent avec violence, sont aigres, piquantes & ameres. L'ardeur du feu cause de la douleur ; la rigueur du froid est insupportable ; une chaleur modérée est utile à la santé ; la fraîcheur a ses agrémens. Dieu, pour rendre à l'esprit de l'Homme la prison du corps agréable, & la lui faire aimer, a voulu que tout ce qui arrive au corps, & qui n'en trouble point la bonne disposition, lui donnât du contentement. On prend plaisir à voir, à sentir, à toucher, à gouter ; il n'y a point de sens dont la privation ne soit fâcheuse. Le sentiment d'un son doit donc être agréable, & plaire aux oreilles, lorsque ce son les frappe avec modération. Les sons doux sont ceux qui frappent avec cette modération les organes de l'ouie ; ceux qui les blessent, sont rudes & désagréables.

## II.

*Un son doit être distinct, par conséquent assez fort pour être entendu.*

MAis aussi un son doit avoir assez de force pour se faire entendre ; les viandes qui sont insipides sont plus capables de faire perdre l'appétit, que de l'exciter. L'on est obligé de les assaisonner, & d'en relever le goût avec du sel & du vinaigre. Il en est des sensations comme des connoissances qui ne dépendent point du corps ; une connoissance imparfaite, ne fait que mortifier la curiosité ; elle fait seulement connoître qu'on ignore quelque chose. On ressent aussi une espece de chagrin quand on apperçoit obscurément un objet : la vûe d'une campagne que le Soleil éclaire, plaît. Tout ce qu'on apperçoit avec clarté, soit par les sens, soit par l'esprit, donne du plaisir. Voici deux conditions nécessaires aux sons, afin qu'ils puissent être agréables. La premiere, qu'ils ne soient pas si violens qu'ils blessent les oreilles : la seconde, qu'ils soient clairement & distinctement entendus. C'est pourquoi, comme nous l'avons remarqué, les Grecs estimoient plus les lettres doubles, que celles qui sont simples. Ils préféroient leur *bèta* à leur *epsilon*.

## III.

*L'égalité des sons contribue à les rendre distincts.*

CE n'est pas toujours le manque de force qui rend les sons confus, mais leur inégalité. Les sons inégaux, qui frappent les organes fortement & foiblement, avec vitesse & avec lenteur, sans aucune proportion, troublent l'ame, comme la diversité des affaires trouble un Homme qui ne peut s'appliquer à toutes en même-temps. La vûe d'une multitude de différens objets disposés sans ordre, est confuse. Voïez un cabinet enrichi de bijoux, orné de Tableaux, de Bronzes, d'Estampes, de Médailles : la vûe de toutes ces richesses n'est point agréable si elles ne sont disposées avec ordre. Pourquoi est-ce que les arbres plantés en échiquier plaisent davantage que lorsqu'ils se trouvent rangés sans Art, comme la nature les a fait naître ? Pourquoi une armée rangée en bataille, plaît-elle à la vûe en même-temps qu'elle épouvante ? On peut assigner plusieurs causes de ce plaisir : pour moi je crois que la principale est que l'égalité & l'ordre rendent une sensation plus distincte. Cette clarté avec laquelle l'ame apperçoit les choses entre lesquelles il y a de l'égalité & de l'ordre, lui donne une secrete satisfaction. Elle jouit pleinement de ce qu'elle desire. S'il n'y a quelque ordre entre les impressions des sons, elles se confondent. Dans une assemblée de plusieurs personnes qui parlent toutes à la fois, on ne peut discerner aucune parole. Dans un concert reglé & composé de plusieurs voix, & de différens instrumens, on entend sans confusion & sans peine le son de chaque instrument, & le chant de chaque Musicien ; & c'est cette distinction qui plaît aux oreilles, qui seroient choquées si ces voix & ces instrumens ne s'accordoient. Je ne m'en étonne pas, puisqu'en sonnant mal une cloche, si on lui fait faire un faux son, quelque solide & forte qu'elle soit, elle se casse aussi facilement que si elle n'étoit que de verre.

## IV.

*La diversité est aussi nécessaire que l'égalité, pour rendre les sons agréables.*

CIceron dit agréablement, que les oreilles sont difficiles à contenter. *Fastidiosissima sunt aures.* Souvent on leur déplaît en pensant leur plaire. L'égalité est nécessaire, & sans elle aucun sentiment n'est distinct : cependant elle devient insupportable lorsqu'elle continue trop long-temps. Les oreilles sont inconstantes, comme tous les autres sens. Les plus grands plaisirs sont suivis de près de quelque dégout : *Omnis voluptas habet finitimum fastidium.* Ceux qui savent l'Art de plaire, préviennent ces dégoûts, & font goûter successivement différens plaisirs, surmontant par la variété cette humeur difficile des Hommes qui s'ennuient de toutes choses. Ce n'est pas néanmoins le seul caprice qui rend la variété nécessaire : la nature aime le changement, & en voici la raison. Un son lasse les parties de l'organe de l'ouie qu'il frappe trop long-temps ; c'est pourquoi la diversité est nécessaire dans toutes les actions, parceque le travail étant partagé, chaque partie d'un organe en est moins fatiguée.

*Heureux qui dans ses Vers sait d'une voix légere*
*Passer du grave au doux, du plaisant au severe :*
*Son Livre, aimé du Ciel & chéri des Lecteurs,*
*Est souvent chez Barbin entouré d'Acheteurs.*
(Boileau Art Poët. ch. 1.)

L'harmonie suppose donc de la variété. Le même son, quoique doux & agréable, ennuieroit s'il duroit trop long-temps. Au-contraire les sons désagréables d'eux-mêmes, pourvû qu'ils frappent l'oreille avec ordre, deviennent agréables ; ce qui se remarque dans la chûte des goutes d'eau qui plaisent lorsqu'elles tombent differemment, & par intervalles reglés, comme Ciceron le dit élégamment : *Numerus in continuatione nullus est, distinctio & equalium intervallorum percussio numerum conficit, quem in cadentibus guttis, quòd intervallis distinguntur, notare possumus, in amni præcipitante non possumus.*

## V.

### *Il faut allier les conditions précédentes.*

IL semble que les deux dernieres conditions soient incompatibles, & que l'une détruise l'autre ; mais on les peut allier : il n'y a rien de plus diversifié qu'un parterre de fleurs. On y voit des œillets, des tulippes, des violettes, des roses. Les compartimens en sont fort différens : il y en a de circulaires, il y a des ovales, des quarrés, des triangles ; cependant si ce parterre a été tracé par un habile Homme, l'égalité s'y rencontre avec la varieté, étant partagé en des pieces proportionnées entre elles, & ornées de figures semblables.

Nous allons faire voir comment l'on peut allier l'égalité & la variété dans les sons : c'est cette alliance qui fait la beauté & l'agrément des concerts de musique : car, comme dit saint Augustin, les oreilles ne peuvent recevoir un contentement plus grand que celui qu'elles ressentent lorsqu'elles sont charmées par la diversité des sons, & que cependant elles ne sont pas privées du plaisir que donne l'égalité. *Quid enim auribus jucundiùs potest esse quàm cùm & varietate mulcentur, nec æqualitate fraudantur?* (S. Aug. lib. 4. de doctrinâ Christianâ.

## VI.

*Cette alliance de l'égalité & de la diversité doit être sensible : ce qu'il faut observer en cela.*

CEtte alliance de l'égalité avec la variété doit être sensible ; il faut que les oreilles apperçoivent ce tempéramment ; c'est pourquoi tous les sons dans lesquels elle se trouve, doivent être liés ensemble, & il est nécessaire que les oreilles les entendent sans aucune interruption notable. La symetrie d'un bâtiment ne peut être remarquée lorsque l'on n'en découvre qu'une petite partie : les habiles Architectes réunissent pour ce sujet leur ouvrage de maniere qu'il puisse être considéré d'une seule vûe. Afin que les oreilles apperçoivent l'ordre & la proportion de plusieurs sons, il faut qu'elles les comparent. Toute comparaison suppose que les termes de la comparaison soient présens, & joints les uns avec les autres ; il faut donc unir ces sons : ce qui les rend plus agréables que lorsqu'ils sont séparés ; parceque cette union les faisant sentir tous en mêmetemps, l'impression qu'ils font est plus forte, & par conséquent le plaisir qu'ils causent est plus grand. *Plus delectant omnia, quàm singula, si possint sentiri omnia*, dit saint Augustin. Seneque exprime élégamment ce que nous voulons marquer ici, qu'il faut unir l'égalité & la diversité des sons, & rendre cette union sensible, comme elle l'est dans un concert de plusieurs voix & de plusieurs instrumens. Chaque voix est tellement unie avec les autres, qu'elle est, pour ainsi dire, cachée dans toutes les autres qui paroissent toutes ensemble. *Non vides quàm multorum vocibus chorus constet ? Unus tamen ex omnibus sonus reddi-*

*tur. Aliqua illic acuta est, aliqua gravis, aliqua media. Accedunt viris fœmina, interponuntur tibia, singulorum tibi latent voces, omnium apparent.*

## CHAPITRE VII.

*Ce que les oreilles distinguent dans le son des paroles, & ce qu'elles y peuvent appercevoir avec plaisir.*

CEs conditions dont nous venons de parler dans le Chapitre précédent, sont nécessaires à tous les sons pour être agréables, soit à ceux de la voix, soit à ceux des instrumens : cependant je n'ai prétendu parler que des sons de la voix humaine. Encore je distingue deux sortes de voix, une que j'appelle contrainte, l'autre que je nomme simple & facile. La voix contrainte est celle dont on se sert en chantant, lorsque l'air qui fait le son, sort avec violence des poûmons. La voix simple est celle que l'on forme en parlant, qui se fait avec facilité, & qui ne lasse point les organes comme la premiere. Ce que je dirai dans la suite de ce Traité ne regarde que le son de la voix simple : il faut voir maintenant comment on peut faire que les sons ou les mots aient les conditions qui les doivent rendre agréables.

L'on peut facilement arranger son discours de telle maniere que la prononciation n'en soit ni violente ni trop foible ; qu'elle soit modérée & distincte, & que ce discours ait par conséquent les deux premieres conditions. On a vû ce que l'on doit faire ou éviter, afin que le discours n'écorche point les oreilles, & qu'il puisse être entendu. L'on a fait voir avec quel soin il faut éviter la rencontre des consonnes rudes ; comment il faut remplir les vuides qui se rencontrent entre les mots, où le cours de la prononciation seroit arrêté ; avec quelle prudence on doit modérer la rudesse de certaines syllabes ; en un mot, comment l'on peut égaler la prononciation, & soutenir le son des lettres foibles, en les faisant accompagner de lettres plus fortes.

Les quatre autres conditions se peuvent trouver en différentes manieres dans le discours : les oreilles apperçoivent dans la prononciation plusieurs choses, outre le son des lettres. Premierement elles jugent de la mesure du temps dans lequel on prononce chaque lettre, chaque syllabe, chaque mot, chaque expression. En second lieu, elles apperçoivent les élevemens & les rabaissemens de voix, par lesquels en parlant on distingue chaque mot, chaque expression. En troisieme lieu les oreilles remarquent le silence ou le repos de la voix à la fin des mots & du sens ; quand on lie deux mots, ou qu'on les sépare ; si on mange quelque voïelle ; & plusieurs autres choses qui sont comprises sous le nom d'accens, dont la connoissance est absolument nécessaire pour la prononciation. Ces accens peuvent être en très-grand nombre. L'on en compte plus de trente dans les Grammaires Hebraïques. Il y en a huit chez les Latins, selon Servius Honoratus, savoir *l'aigu* ainsi figuré (´) qui montre quand il faut hausser la voix : *le grave* (`) quand il faut la baisser : *le circonflexe*, composé de l'aigu & du grave (^ ou ᴗ) : *l'accent long* figuré ainsi (-) qui avertit que la voix doit s'arrêter sur la voïelle qui a cette marque : *le bref* (ᴗ) que le temps de la prononciation doit être court. *Hyphen*, ou conjonction, qu'il faut joindre deux mots ensemble, comme dans *male-sanus*, qu'on ne sépare pas dans la prononciation. *Diastole*, ou division, marque qu'il faut séparer les mots entre lesquels elle se trouve. *L'Apostrophe* montre qu'on a rejetté une voïelle. La Diastole & l'Apostrophe, ont une même marque (') mais dans l'Apostrophe elle se met au haut de la terre, *Ad caput litteræ*; dans la Diastole, au bas, *ad pedem*.

Il ne faut pas oublier ce que les Grecs appellent *esprit*, qui est une note qui se met au commencement d'une voïelle. Il y a deux sortes d'esprits, l'un doux, & l'autre âpre, qui ont chacun leur note qui marque s'il faut aspirer fortement ou doucement cette voïelle. Il ne faut pas juger de toutes les Langues par la nôtre, nous ne concevons pas qu'on puisse distinguer tant de différentes choses en prononçant, parceque nous sommes accoutumés à prononcer d'une maniere fort unie; ce qui fait que nous ne pouvons comprendre comment les Chinois prononcent un même mot monosyllabe avec cinq tons différens, & qu'on les distingue assez pour donner à ce même mot cinq différentes significations, dont nous avons des exemples dans notre Langue, dans ces mots, *pâte*, *pate*, *matin* & *mâtin*.

Or l'on peut faire que les oreilles apperçoivent toutes ces choses avec plaisir, y faisant trouver les conditions que j'ai proposées ci-dessus. Disposant, par exemple, les mots avec cet artifice, que les mesures du temps de la prononciation soient égales, que les pauses de la voix, ou les intervalles de la respiration se répondent, que la voix s'éleve & se rabaisse par des dégrés égaux. On y peut allier l'égalité avec la variété, faisant que plusieurs mesures liées ensemble soient égales, quoique les parties dont elles seront composées soient inégales, & que les oreilles apperçoivent ce tempérament avec plaiſir. Mais avant que de paſſer oûtre, à préſent que nous parlons de l'Art de plaire, & que nous ſommes tout occupés à chercher dans le diſcours ce qui peut divertir l'oreille, il eſt bon de faire quelque réflexion ſur cette maxime de l'Art de plaire, que les choſes les plus agréables ſont deſagréables en certaines rencontres. Le divertiſſement n'eſt pas toujours de ſaiſon : le travail & les jeux ne s'accommodent pas enſemble : perſonne ne marche en cadence pour aller à ſes affaires. Lorſqu'il s'agit de découvrir ſimplement ſa penſée, qu'il eſt utile de faire connoître aux autres ce que l'on a dans l'eſprit, un Homme de bon ſens ne s'amuſera pas à compaſſer ſes paroles, à meſurer ſes mots, & à placer avec juſteſſe les pauſes de la prononciation. Le plaiſir n'eſt plaiſir que lorſqu'on le ſouhaite ; s'il vient à contre-temps, il déplaît parcequ'il détourne & divertit de l'application ſérieuſe où l'on étoit.

Il faut donc diſtinguer le diſcours en deux eſpeces : il eſt naturel, ou artificiel. Le naturel eſt celui dont on doit ſe ſervir dans la converſation pour s'exprimer, pour inſtruire, & pour faire connoître les mouvemens de ſa volonté & les penſées de ſon eſprit. L'artificiel eſt celui que l'on emploie pour plaire, & dans lequel, s'éloignant de l'uſage ordinaire & naturel, on ſe ſert de tout l'artifice poſſible pour charmer ceux qui l'entendront prononcer. Dans le diſcours naturel, il ſuffit d'obſerver avec exactitude ce qui a été preſcrit dans les premiers Chapitres de ce Livre. Ce n'eſt pas qu'on n'y puiſſe appeller l'Art à ſon ſecours ; car les matieres ne ſont pas toujours ſi auſteres qu'elles ne permettent quelque petit divertiſſement.

Perſonne n'ignore la différence qui eſt entre la

Prose & les Vers ; elle est trop sensible. Le discours qui est lié par les regles étroites de la versification est entierement éloigné du discours libre, qui est celui que l'on emploie lorsque l'on parle naturellement & sans Art ; c'est pour cette raison que les discours en Vers sont appellés particulierement artificiels. Nous sommes obligés de commencer l'Art que nous traitons, par enseigner comment l'on peut donner à un discours libre & naturel, c'est-à-dire à la Prose, les conditions qui rendent les sons agréables, sans que ces conditions lui ôtent sa liberté ; après cela, allant par ordre, nous viendrons aux discours artificiels, tels que sont les Vers. Cet Art, dans la Prose, se réduit à deux choses, ou à rendre la Prose périodique, ou à la figurer. Voïons ce que c'est que période, ce que c'est que figure ; comment l'on peut rendre le discours périodique, comment on le peut figurer. Nous verrons ensuite comment on le peut mesurer pour faire des Vers.

Avant que de passer outre, remarquons 1°. Que ce n'est pas l'esprit, mais les oreilles qui jugent de cet arrangement. Or elles sont fastidieuses, & ce qui leur plaît une fois ne leur plaît pas toujours, comme on l'expérimente, ce qui nous paroissoit bien rangé dans un temps, dans un autre paroissant rude. 2°. La raison demande bien qu'on travaille à ranger un discours, afin qu'il ne soit ni rude ni obscur ; mais elle n'approuve ni les affectations, ni cette grande application à ordonner tous les mots, comme pour les faire marcher en cadence, & par leur disposition & arrangement, en faire des figures qui plaisent. C'est la marque d'un petit génie qui s'occupe de rien, comme le dit Quintilien dans son neuvieme Livre à la fin, où il donne d'excellens avis pour l'arrangement. *Totus verò hic locus non ideo tracta-*

*tur à nobis, ut oratio, quæ ferri debet ac fluere, dimetiendis pedibus, ac perpendendis syllabis consenescat. Nam id tum miseri, tum in minimis occupati est. Neque enim qui se totum in hac cura consumpserit, potioribus vacabit : si quidem relicto rerum pondere, ac nitore contempto, tesserulas, (ut ait Lucilius) struet, & vermiculatè inter se lexeis committet. Nonne ergo refrigeretur, sic calor, & impetus pereat, ut equorum cursum, qui dirigit, minuit ; & passus qui æquat, cursum frangit.* ( Quintil. l. 9. Institut. orat.

## CHAPITRE VIII.

### *Comment il faut distribuer les intervalles de la respiration, afin que les repos de la voix soient proportionnés. Composition des Périodes.*

NOus sommes obligés de prendre haleine de temps en temps. La nécessité qu'il y a de se faire entendre, fait que l'on s'arrête ordinairement à la fin de chaque expression pour respirer, afin que ces repos de la voix servent en même temps à rendre le discours plus clair, & à reprendre de nouvelles forces pour parler plus long-temps. La voix ne se repose pas également à la fin de tous les sens. Dans une sentence qui a beaucoup de sens, on se repose un peu à la fin de chaque sens ; mais ce repos n'empêche pas qu'on ne s'apperçoive fort bien qu'on a dessein d'aller plus loin.

La partie d'un sens parfait, qui fait partie d'un autre plus grand sens, est appellé par les Grecs Κόμμα par les Latins *incisum*. Quand on entend prononcer la partie d'un sens entier, l'oreille n'est point contente, parceque la prononciation demeure ſuſpendue juſques à ce que le ſens ſoit achevé. Par exemple lorſqu'on commence en Latin : *Cùm regium ſit bene facere, & audire malè*; ou en François : *Puiſque c'eſt une vertu roïale de faire le bien, lors même qu'on eſt mépriſé*; les oreilles ſont attentives & appliquées à entendre la ſuite. Les Grecs appellent un ſens parfait, mais qui fait partie d'un ſens plus achevé, κῶλον, les Latins, *membrum*, membre. Les oreilles ſont ſatisfaites après avoir entendu le membre d'une ſentence : néanmoins elles deſirent encore quelque choſe de plus parfait, comme on le ſent dans ces paroles Latines. *Si quantum in agro, locisque deſertis audacia poteſt; tantum in foro atque judiciis impudentia valeat*. (Cic. in Orat. pro Cæcinnâ.) Cela eſt auſſi dans la Traduction. *Si l'effronterie étoit auſſi avantageuſe à ceux qui parlent dans le Barreau devant les Juges, que l'eſt la hardieſſe aux voleurs dans les lieux écartés*. Vous pouvez juger par vos oreilles que ce ſens parfait contente, mais qu'il n'ôte pas le deſir de quelque choſe de plus accompli, & que l'on deſire d'entendre le corps de la ſentence après avoir entendu ce membre.

La voix ne peut ſe repoſer qu'en ſe rabaiſſant, ni recommencer ſa courſe qu'en s'élevant; c'eſt pourquoi dans chaque membre il y a deux parties, une élevation & un rabaiſſement de voix : τάσις & ἀνάδοσις. La voix ne ſe repoſe entierement qu'à la fin de la ſentence, & elle ne ſe rabaiſſe qu'en achevant de prononcer cette ſentence qu'elle avoit commencée. Lorſque les membres qui compoſent le corps d'une ſentence ſont égaux, & que la voix en les prononçant ſe repoſe par des intervalles égaux, s'éleve & ſe rabaiſſe avec proportion, l'expreſſion de cette ſentence ſe nomme *Période* : c'eſt un mot qui vient du Grec, & qui ſignifie *circuit*. Les périodes entourent & renferment tous

les

les ſens qui ſont les membres du corps de la ſentence qu'elles comprennent. L'artifice dont nous parlons ici conſiſte à rendre égales les expreſſions de chaque membre d'une ſentence ; à proportionner ces parties du diſcours, où l'on reprend haleine, où l'on finit un ſens pour en recommencer un autre. *Claudendi inchoandique ſententias ratio.*

Pour compoſer une Période, ou, ce qui eſt la même choſe, pour exprimer une ſentence qui eſt compoſée de deux ou de pluſieurs ſens particuliers, avec cet Art que les expreſſions de cette ſentence aient les conditions néceſſaires pour plaire aux oreilles, il faut premierement que ces expreſſions ne ſoient point trop longues, & que toute la période ſoit proportionnée à l'haleine de celui qui la doit prononcer, τῷ πνεύματι λέγοντος συμμετρουμένη. Il faut enviſager tout ce que contient la ſentence que l'on veut comprendre dans une période, choiſir des expreſſions ſerrées ou étendues, retrancher ou ajouter ; afin qu'elle ait ſa juſte longueur. Mais on doit prendre garde de ne point inſérer des paroles inutiles & ſans force, pour remplir le vuide de la période, & en achever la cadence, *inania complementa, & ramenta numerorum.*

2. Les expreſſions des ſens particuliers, qui ſont les membres du corps de la ſentence, doivent être rendues égales, afin que la voix ſe repoſe à la fin de ces membres par des intervalles égaux. Plus cette égalité eſt exacte, plus le plaiſir en eſt ſenſible, comme on le peut voir dans cet exemple. *Hac eſt enim non facta, ſed nata lex, quam non didicimus, accepimus, legimus ; verùm ex naturâ ipſâ arripuimus, hauſimus, expreſſimus : ad quam non docti, ſed facti ; non inſtituti, ſed imbuti ſumus.* ( Cic. Orat. pro Milone. )

3. Une période doit avoir tout au-moins deux

membres, & quatre pour le plus. Les periodes doivent avoir au moins deux membres, puiſque leur beauté vient de l'égalité de leurs membres. Or l'égalité ſuppoſe pour le moins deux termes. Les Maîtres de l'Art ne veulent pas qu'on faſſe entrer dans une période plus de quatre membres, parcequ'étant trop longue, la prononciation en ſeroit forcée ; par conſéquent elle déplairoit aux oreilles, puiſqu'un diſcours qui incommode celui qui parle ne peut être agréable à celui qui l'écoute.

4. Les membres d'une période doivent être liés ſi étroitement, que les oreilles apperçoivent l'égalité des intervalles de la prononciation. Pour cela les membres d'une période doivent être unis par l'unité d'une ſeule ſentence, du corps de laquelle ils ſont membres. Cette union eſt très ſenſible, car la voix ne ſe repoſe à la fin de chaque membre, que pour continuer plus loin ſa courſe : elle ne s'arrête entierement qu'à la fin de toute la ſentence. On peut dire que la voix roule en prononçant une période, qu'elle fait comme un cercle qui en renferme tous les ſens : ainſi les oreilles ſentent facilement la diſtinction, & l'union de ſes membres.

5. La voix s'éleve & ſe rabaiſſe dans chaque membre : les deux parties où ſe font les inflexions doivent être égales, afin que les dégrés d'élevation & de rabaiſſement ſe répondent. En prononçant une période entiere on éleve la voix juſqu'à la moitié de la ſentence, & elle ſe rabaiſſe dans l'autre moitié. Ces deux parties, qui ſont appellées τάσις & ἀπόθεσις, doivent ſe répondre par leur égalité.

6. Pour la variété, elle ſe trouve dans une période en deux manieres ; dans le ſens, & dans les mots. Premierement, les ſens de chaque membre

de la période doivent être différens entre eux. Dans les mots, la variété s'y rencontre d'elle-même, on ne peut exprimer les différentes pensées de son esprit, qu'on ne se serve de différens mots. Outre cela on peut composer une période de deux membres, tantôt de trois, tantôt de quatre. Les périodes égales ne doivent pas se suivre de fort près, il est bon que le discours coule avec plus de liberté. Une égalité trop exacte des intervalles de la respiration, pourroit devenir ennuïeuse.

Voici quelques passages de Ciceron, que j'ai pris pour exemples des périodes Latines, parceque la cadence de nos Françoises n'est pas si sensible. Exemple de périodes de deux membres. 1 *Quid tam est admirabile, quàm ex infinita multitudine hominum existere unum*, 2 *Qui id quod omnibus naturâ sit datum, vel solus, vel cum paucis facere possit.* La période suivante a trois membres.

*Nam cùm antea per ætatem, hujus auctoritatem loci contingere non auderem*, 2 *Statueremque nihil huc nisi perfectum industriâ, elaboratum ingenio afferri opportere ;* 3 *Meum tempus omne amicorum temporibus transmittendum putavi.* ( Cic. pro lege Maniliâ. n. 1. ) Celle-ci est de quatre membres. 1 *Si quantum in agro, locisque desertis audacia potest*, 2 *Tantum in foro ac in judiciis impudentia valeret ;* 3. *Non minus in causa cederet Aulus Cæcinna Sexti Æbutii impudentia*, 4 *Quantum in vi facienda cessit audacia.* ( Cic. in Or. pro Cæcinnâ. )

Quelquefois l'on termine la fin de chaque membre d'une période par des terminaisons presque semblables ; ce qui fait qu'il se trouve une égalité dans les chûtes de ces membres, & que l'harmonie de la période est plus sensible, comme vous pouvez remarquer dans les exemples que nous venons de rapporter. Toutes les périodes ne sont pas également étudiées,

Le soin que l'on a de placer à propos le repos de la voix dans les périodes, fait qu'elles se prononcent sans peine Nous avons remarqué que les choses les plus aisées à prononcer, sont aussi les plus agréables à l'oreille : *Id auribus nostris gratum est inventum, quod hominum lateribus non solùm tolerabile, sed etiam facile esse potest.* C'est cette raison qui oblige les Orateurs à parler périodiquement. Les périodes soutiennent le discours ; elles se prononcent avec une majesté qui donne du poids aux paroles. Mais il est bon de remarquer que cette majesté est hors de saison lorsque l'on suit le mouvement de sa passion, dont la précipitation ne souffre aucune maniere reglée d'arranger & de composer ses mots. Un discours également périodique ne peut se prononcer qu'avec froideur. Les périodes, comme j'ai dit, ne sont bonnes que lorsque l'on veut parler avec majesté, ou plaire aux oreilles. On ne peut pas courir, & en même-temps marcher en cadence.

C'est dans cette juste mesure des intervalles où le sens finit, qu'il paroît si un Homme sait écrire. C'est le fin de l'Art de savoir couper les sens à propos, & de donner une juste étendue à leur expression. C'est autre chose d'écrire, que de parler. Le ton de la voix, l'air du visage, les gestes font connoître ce qu'on veut faire entendre, & suppléent à tout, ôtent les équivoques, empêchent que le discours ne paroisse sans force & sans liaison, rude, embarrassé. Un discours écrit n'a pas les mêmes avantages. Il est obscur, il est ennuieux, il est insupportable, si la composition est sans Art, si les mots sont mal rangés, composés de voïelles qui se mangent, qui se confondent, & de consonnes qui ne peuvent s'allier, qui se choquent ; si on perd haleine, parce qu'il y a trop de paroles pour chaque sens, ou que les sens soient coupés, & finissent trop tôt, de sorte qu'il semble que ce discours ne sorte de la bouche que par secousses, comme une liqueur sort d'une bouteille ; il n'y a point de Lecteur qui n'en soit rebuté. Le style doit être égal, & doux. Pour cela il faut éviter ce qui arrête ou précipite trop la prononciation ; mais sur toutes choses il faut avoir égard à la juste mesure des intervalles, dans lesquels la voix se repose à la fin de chaque sens, étendant ou resserrant l'expression, afin que cela se fasse avec proportion ; que ces intervalles ne soient ni trop éloignés, ni trop proches ; que le discours se soutienne, & qu'il ne tombe pas. C'est en cela que consiste l'Art.

## CHAPITRE IX.

### *De l'arrangement figuré des mots. En quoi cela consiste.*

NOus avons dit fort au long dans le second Livre, que les figures du discours étoient les caracteres des agitations de l'ame ; que les paroles suivoient ces agitations ; & que lorsque l'on parloit naturellement, la passion qui nous faisoit parler, se peignoit elle-même dans nos paroles. Les figures dont nous allons parler sont bien différentes ; elles se tracent à loisir par un esprit tranquille. Les premieres se font par saillie ; elles sont violentes, elles sont fortes, propres à combattre & à vaincre un esprit qui s'oppose à la vérité : celles-ci sont sans force ; elles ne sont capables que de donner quelque divertissement. Je parle de celles qui sont étudiées ; car il se peut faire que les conditions de ces dernieres figures dont on orne le discours pour le divertissement, se trouvent par hazard dans celles qu'on emploie pour le combat.

Nous avons dit que la répétition d'un même mot, d'une même lettre, d'un même son, étoit désagréable : mais aussi nous avons remarqué que lorsque cette répétition se fait avec Art, elle ne choque point. En effet, les sons les plus désagréables plaisent lorsqu'on les entend par de certains intervalles mesurés. Le bruit des marteaux étourdit; cependant lorsque les forgerons frappent sur leurs enclumes avec proportion, ils font une espece de concert où les oreilles trouvent de l'agrément. La répétition d'une lettre, d'une même terminaison, d'un même mot, par des temps mesurés, & par des intervalles égaux, doit donc être agréable. Cette répétition se fait tantôt au commencement, tantôt à la fin, tantôt au milieu d'une sentence, comme vous l'allez voir dans les exemples que je donne de ces figures, tirées pour la plupart, de nos Poètes : il est difficile d'en trouver dans notre Prose. Ne faites attention dans ces Vers, qu'aux figures dont nous parlons.

Ces figures peuvent être infinies, puisque cette répétition qui les fait, se peut faire en une infinité de manieres toutes différentes. On peut répéter simplement le même nom, sans lui faire perdre sa signification, comme dans cet exemple; *Mon Dieu, mon Dieu, regardez moi*; ou en changeant la signification de ce mot.

*Un Pere est toujours Pere, & malgré son couroux;*
*Quand il nous veut frapper, l'amour retient ses coups.*

Le mot de Pere est pris la seconde fois pour les mouvemens de tendresse que ressentent les Peres pour leurs enfans. En voici un autre exemple tiré des Entretiens solitaires de Bréboeuf, comme plusieurs autres exemples.

*L'instinct regle bien mieux les plus vils animaux.*
*Ils usent mieux que nous & des biens & des maux ;*
*Aux noirs dereglemens ils ne sont point en butte,*
*Et sans autre secours que ce leger appui,*
*La brutte ne fait rien d'indigne de la brutte :*
*Et tout ce que fait l'Homme est indigne de lui.*

On répete la même expression au commencement de chaque membre du discours.

*Il n'est crimes abominables,*
*Il n'est brutales actions,*
*Il n'est infames passions*
*Dont les mortels ne soient coupables :*
*En ce siecle maudit à peine un seulement*
*A soin de vivre justement.*

On place le même mot à la fin & au commencement d'une sentence.

*Vengez-vous, dans le temps, de mes fautes passées ;*
*Mais dans l'éternité ne vous en vengez pas.*

On place le même mot à la fin d'un membre, & au commencement du suivant, ou au commencement d'un membre, & à la fin du suivant : comme vous voïez dans les Vers qui suivent.

*Se voïant l'ennemi de son Juge suprême,*
*L'esprit plein de son crime, ennemi de soi-même ;*
*A soi-même à toute heure il devient odieux,*
*Voïant souvent qu'en lui tout contre lui s'irrite,*
*En tous lieux il s'évite,*
*Et se trouve en tous lieux.*

## AUTRE EXEMPLE.

*Bien-tôt, vous disoit-il, je veux suivre vos traces,*
*Bien-tôt vous me verrez consentir à ces graces*
*Que votre bonté me départ;*
*Ce bien-tôt toutefois est arrivé bien tard.*

Cette répétition des mêmes mots se fait dans le milieu des membres d'une sentence.

*Le desir des honneurs, des biens & des délices,*
*Produit seul ses vertus, comme il produit ses vices:*
*Et l'aveugle interêt qui regne dans son cœur,*
*Va d'objet en objet, & d'erreur en erreur:*
*Le nombre de ses maux s'accroît par leur remede,*
*Au mal qui se guérit un autre mal succede.*
*Au gré de ce tyran dont l'empire est caché,*
*Un péché se détruit par un autre péché.*

On répete le même mot dans toutes les parties du discours; comme il paroît dans la description suivante de l'inconstance d'un Homme qui quitte l'unique & véritable bien, pour s'abandonner à la poursuite des faux biens qui ne peuvent le contenter.

*Il veut, il ne veut pas; il accorde, il refuse;*
*Il écoute la haine, il consulte l'amour:*
*Il assure, il retracte; il condamne, il excuse;*
*Et le même objet plaît & déplaît à son tour.*

On met dans le même membre les mêmes mots, au commencement; & puis changeant cet ordre, on les place à la fin.

*Ainsi l'Homme insensé, sans treve & sans relâche,*
*Va du remords au crime, & du crime au remords;*
*Il peche, il s'en repent; il s'emporte, il s'en fâche:*
*Mais ces vaines douleurs n'ont que de vains efforts.*

AUTRE EXEMPLE.

*Dieu punit en Pere qui veut guérir ses Enfans, qui les aime lors même qu'il les châtie, puisqu'il ne les châtie que parcequ'il les aime.*

AUTRE EXEMPLE.

*La main de Dieu n'est pas moins adorable lorsqu'elle tue, que lorsqu'elle ressuscite; puisqu'elle ne tue ses Elûs que pour les ressusciter: & que comme ce qui paroît vie dans les méchans, est une véritable mort; ainsi ce qui paroît mort dans les justes, est une véritable vie.*

Il y a une espece de répétition qui se fait en changeant un peu le mot que l'on répete.

*Les traverses qu'il endure,*
*Contre leur propre nature,*
*Lui sont un don précieux;*
*Et quoique vous puissiez faire,*
*Rien ne déplaît à ses yeux,*
*Que ce qui peut vous déplaire.*

## AUTRE EXEMPLE.

*Le temps, d'un insensible cours,*
*Nous porte à la fin de nos jours ;*
*C'est à notre sage conduite,*
*Sans murmurer de ce défaut,*
*De nous consoler de sa fuite*
*En le ménageant comme il faut.*

On peut faire en même-temps toutes sortes de répétitions, comme dans ce bel exemple pris de la traduction du Poëme de saint Prosper,

*Nul ne prévient la Grace, & lorsqu'on la desire,*
*C'est par le saint desir que son feu nous inspire :*
*Il faut pour la chercher qu'elle guide nos pas ;*
*Si l'on ne va par elle on ne la trouve pas :*
*Ainsi c'est le chemin qui mene au chemin même.*
*Nul sans un jour du Ciel ne voit ce jour suprême.*
*Qui tend à Dieu sans Dieu, fait un superbe effort ;*
*Et mort cherchant la vie, il trouvera la mort.*

Les Rhéteurs donnent à ces différentes figures, qui sont des especes de répétition, des noms particuliers qu'ils trouvent dans la Langue Grecque. Ils nomment *Anaphore*, la répetition d'un même mot qui recommence une Période ou un Vers. *Epistrophe*, c'est quand on finit par les mêmes paroles. *Symploque*, l'union de l'*Anaphore*, & de l'*Epistrophe*, Ils nomment *Epanalepse*, la répétition qui se fait au commencement d'une période précédente, & à la fin de celle qui suit. *L'Anadiplose*, c'est tout le contraire. Lorsque l'on répéte tout de suite le même mot, qu'on les

Joints c'est ce qu'on nomme *Conjonction* en Latin, & en Grec, *Epizeuxe*. Si on répete, & qu'on augmente, c'est une *Gradation*. Quand on retourne au même mot, c'est *Epanode* ou *retour*. Il y a des répétitions où ce n'est pas le même mot qui est répété, mais seulement le même son, ou la même terminaison, ou la même syllabe, ou la même lettre ; ce qui se peut faire en différentes manieres, ausquelles ces Rhéteurs donnent des noms. Il n'est pas nécessaire d'en charger sa mémoire. Vossius les explique, & il en donne des exemples dans ses Commentaires de Rhétorique.

Je n'ai pas dessein de comprendre toutes les especes possibles de ces Figures dont nous parlons ; j'ai cru qu'il suffiroit d'en donner quelques exemples. Ces expressions qui sont figurées en cette maniere, peuvent être estimables, à cause du sens qu'elles renferment ; mais il est évident que ces figures ne méritent par elles-mêmes qu'une médiocre estime. L'artifice, qu'on emploie pour les produire, est trop sensible, & pour parler franchement, trop grossier ; aussi notre Langue, qui est naturelle, ne les aime pas, & nos excellens Auteurs les évitent avec plus de soin, que quelques Ecrivains ne les recherchent. A peine les souffrent-ils, lorsqu'elles se présentent elles-mêmes, & qu'elles se placent sans qu'ils s'en apperçoivent. Les petits esprits aiment ces figures, parceque ce foible artifice est assez proportionné à leur force, & conforme à leur génie. *Puerilibus ingeniis hoc gratius, quò propius est.*

Il n'y a rien de si facile que de figurer un discours en cette maniere ; c'est pourquoi ceux, qui ne sont pas capables d'une véritable éloquence, s'attachent à ces figures. Ils les aiment, parcequ'ils les remarquent, & qu'ils les imitent facilement. Un esprit solide examine de quoi il s'agit, & après il s'y applique. Les choses ne sont belles que par rapport à leur fin ; c'est cette fin qu'il considere. Que sert un jeu de paroles à la clarté du discours ? Si la matiere est sérieuse, il est hors de saison ; on ne joue point quand on a en tête une affaire importante. Cependant je ne suis pas si critique, que je condamne toutes ces figures. Elles sont belles quand elles ne sont pas recherchées, qu'il ne paroît pas que l'Auteur, au-lieu de s'appliquer à la vérité, s'est amusé à badiner. Il y a des répétitions figurées qui sont naturelles & élégantes, comme celles-ci.

*Les Grands se plaisent dans les défauts dont il n'y a que les Grands qui soient capables.*

*L'amour propre est plus habile que le plus habile Homme du monde.*

*J'oublie que je suis malheureux, quand je songe que vous ne m'avez pas oublié.*

*Il s'est efforcé de connoître Dieu, qui par sa grandeur est inconnu aux Hommes, & de connoître l'Homme, qui par sa vanité est inconnu à lui même.*

Nous pouvons comparer toutes ces figures à celles d'un parterre. Comme celles-ci plaisent à la vûe par leur varieté, & par cet ordre avec lequel elles sont disposées ingénieusement ; les sons ou les mots, dont un discours est composé, étant figurés de la maniere que nous venons de le dire, ils sont agréables aux oreilles. On les peut aussi comparer à ces figures qu'on voit sur les ouvrages de la nature, où il semble qu'elle ait voulu se jouer en prenant plaisir à les diversifier. Un voïageur se délasse quelquefois en considérant une coquille ; une fleur : un lecteur mélancolique est aussi réveillé par cet arrangement figuré de mots. Ces figures renouvellent son attention, & ces petits jeux ne lui sont pas désagréables. J'ai remarqué quelques-unes de ces figures dans les Livres sacrés, particulierement dans le texte original d'Isaïe, qui est le plus éloquent de tous les Prophetes. Les Peres ne les rejetttent point, soit pour s'accommoder à leur siecle, qui y prenoit plaisir, soit parceque l'on retient mieux une sentence dont l'expression a quelque cadence.

---

## CHAPITRE X.

*De la mesure du temps qu'une syllabe se peut prononcer. De la structure des Vers.*

LA voix s'arrête nécessairement quelque temps sur chaque syllabe, pour la faire sonner & entendre. Nous cherchons maintenant les moïens de mesurer la quantité de ce temps de la prononciation, de le proportionner, & de lui donner les conditions que doivent avoir les choses que les oreilles apperçoivent dans la prononciation. La maniere de prononcer n'est pas la même chez tous les peuples. La prononciation des Langues vivantes de l'Europe est entierement différente de celle des Langues mortes qui nous sont connues, comme le Latin, le Grec, l'Hebreu. Dans les Langues vivantes on s'arrête également sur toutes les syllabes ; ainsi les temps de la prononciation de toutes les voïelles sont égaux, comme nous le ferons voir. Dans les Langues mortes les voïelles sont distinguées entre elles par la quantité du temps de leur prononciation. Les unes sont appellées longues, parcequ'elles ne se prononcent que dans une espace de temps considerable : les autres sont breves, & se prononcent fort vîte.

Nous ne devons pas nous imaginer que nous prononcions aujourd'hui le Grec & le Latin, comme faisoient les anciens Grecs & les Latins. Ils distinguoient, en parlant, la quantité de chaque voïelle. Nous ne marquons, en prononçant un mot Latin, que la quantité de la pénultieme voïelle de ce mot. Nous ne prononçons pas une finale breve, d'une autre maniere qu'une finale longue. Cependant saint Augustin dit, que celui qui lisant ce Vers de Virgile,

*Arma, virumque cano, Troja qui primus ab oris,*
( Æneid. l. 1. )

prononceroit *primis* pour *primus*, cette syllabe *is* étant longue, & *us* bref; il troubleroit toute l'harmonie de ce Vers. Qui de nous autres a des oreilles assez délicates par appercevoir cette différence : *Quis se sentit deformitate soni offensum* ; comme les oreilles des Romains, du temps de saint Augustin, étoient choquées de ce changement ? Quelle étoit donc cette délicatesse sous l'Empire d'Auguste ? Ciceron dit, que le plus petit peuple s'appercevoit des fautes qu'on faisoit dans la récitation d'un Vers. La véritable prononciation du Grec & du Latin est perdue depuis long-temps. Il y a plusieurs siecles qu'on n'a plus d'égard à la longueur & à la breveté des syllabes, mais aux accens qui se sont introduits dans la prononciation, différens de ceux que les plus habiles & anciens Grammairiens ont marqués en certains noms ; ce qui change entierement la cadence du Vers. Isaac Vossius le montre en quelque Vers d'Homere, dans lesquels il rétablit les accens qu'ils devroient avoir. Cette remarque est de la derniere importance pour ne pas juger de l'harmonie de l'ancienne poësie, par ce que nous y sentons aujourd'hui.

On nomme mesure, un certain nombre de syllabes que les oreilles distinguent & entendent séparément d'un autre nombre de syllabes. L'union de deux ou de plusieurs mesures fait un vers. Ce mot, qui vient du Latin *versus*, signifie proprement, rangée; & on donne ce nom aux vers, parceque dans l'écriture ils sont distingués de Prose qu'on n'écrit point par rangs, mais tout de suite, d'où elle est appellée *Prosa oratio*, *quasi prorsa oratio*. Marius Victorinus prétend que ce mot Latin, *versus*, vient *à versuris, id est à repetitâ scripturâ ea ex parte in quam desinit*. Les anciens Latins écrivoient par sillons: aïant commencé de la gauche à la droite, ils écrivoient le second vers commençant de la droite à la gauche, comme les Bœufs font en sillonnant la terre; c'est pourquoi, comme remarque le même Auteur, cette maniere d'écrire étoit nommée *Bustrophe*, *à boum versatione*. C'est ce que nous avons dit de la premiere maniere dont les Grecs écrivoient.

L'égalité des mesures du temps de la prononciation, ne peut être agréable, comme nous avons dit, si elle n'est sensible. Pour cela il faut que les oreilles distinguent ces mesures, & qu'en même-temps qu'elles sont entendues séparément, elles soient liées ensemble, de sorte que les oreilles puissent les comparer les unes avec les autres, & appercevoir leur égalité qui suppose tout au-moins deux termes, & quelque distinction entre ces termes. Car on ne dit de deux grandeurs, qu'elles sont égales, que lorsqu'elles sont toutes deux présentes à l'esprit. Outre cela, l'égalité des mesures doit être allié avec la varieté; comme nous l'avons fait voir avec étendue dans le Chapitre huitieme; d'où nous apprenons que l'artifice & la structure des Vers consistent dans l'observation de ces quatre choses.

1. Chaque mesure doit être entendue distinctement, & séparément de toute autre mesure.

2. Ces mesures doivent être égales.

3. Ces mesures ne doivent pas être les mêmes. Il faut qu'il y ait quelque différence entre elles, afin que la variété & l'égalité y soient alliées l'une avec l'autre.

4. Cette alliance de l'égalité avec la variété ne peut être sensible dans ces mesures, si elles ne sont liées les unes avec les autres. Il faut que les oreilles les entendent toutes ensemble, qu'elles les comparent, & que dans cette comparaison elles apperçoivent l'égalité qu'elles ont dans leur différence.

La prononciation des Langues étant différente, la structure des Vers ne peut être la même dans toutes les Langues. Toute cette différence néanmoins, se réduit à deux chefs; car la Poësie Latine & la Poësie Grecque, ne different de la Poësie Françoise, Italienne, & Espagnole, que parceque dans ces dernieres Langues on prononce toutes les syllabes également, & qu'elles n'ont point cette distinction de voïelles breves & de voïelles longues; c'est pourquoi je ne serai point obligé de parler en particulier de la structure des Vers de chaque Langue; il suffira pour mon dessein de découvrir les fondemens des regles de la Poësie Latine, & celles de la Poësie Françoise. Je ne prétens pas qu'on devienne Poëte en lisant ce que je vais dire. Mon dessein est de faire connoître les principes de l'Art: ce qui doit plaire à ceux qui sont spirituels, beaucoup plus que l'harmonie des la Poësie ; les plaisirs de l'esprit étant plus grands que ceux du corps, certainement ils sont préférables ; d'où saint Augustin conclut que ce seroit un déreglement d'aimer mieux un vers, que la connoissance de l'artifice avec lequel il est composé. Ce seroit une marque qu'on fait plus d'état des oreilles que de l'esprit. *Nonnulli perversè magis amant versum, quàm artem ipsam quâ conficitur versus, quia plus auribus quàm intelligentiæ se se dederunt.* Lorsque Cyrus faisoit voir à Lysander ses jardins, ses vergers, ses bocages, où tous les arbres étoient plantés avec ordre : Cela est admirable, dit ce Grec ; mais celui qui est l'Auteur de cette belle disposition, me paroît encore plus digne d'admiration.

## CHAPITRE XI.

### *Des mesures, ou pieds dont les Grecs & les Latins composent leurs Vers.*

CHaque mesure dans la Poësie Latine est entendue séparément & distinctement par une élévation de voix qui se fait au commencement, & par un rabaissement de voix qui se fait à la fin. Ces mêmes mesures sont appellées pieds ; parce-qu'il semble que les vers marchent en cadence par le moïen de leur mesure. Ainsi les pieds d'un Vers Latin, comme le remarque Marius Victorinus, se forment par une élevation & par un rabaissement de voix, ἄρσει & θέσει *id est, alternâ syllabarum sublatione & positione pedes nituntur & formantur.* Les Romains battoient la mesure en récitant leurs Vers. *Plaudendo recitabant. Pedis pulsus ponebatur, tollebaturque* ; d'où vient cette maniere de parler, *percutere pedes Versûs*, pour dire distinguer les pieds ou mesures d'un Vers.

Pour déterminer combien il peut y avoir de différentes mesures, ou de différens pieds dans la Poésie Latine, il faut faire attention aux regles suivantes, qui sont fondées sur cette nécessité qu'il y a de rendre les mesures nettes & distinctes.

## PREMIÈRE REGLE.

Il est constant qu'un pied doit être composé pour au-moins de deux syllabes, sur la premiere desquelles la voix s'éleve, & s'abaisse sur la seconde, afin de la faire remarquer.

## SECONDE REGLE.

Les deux syllabes d'un pied ne peuvent pas être toutes deux breves, parcequ'elles passeroient trop vîte, & que l'oreille n'auroit pas le temps de distinguer deux différens dégrés dans la voix qui les prononce; savoir, une élevation & un rabaissement.

## TROISIEME REGLE.

Deux breves dans la prononciation ont la valeur d'une longue; c'est-à-dire, le temps qu'on emploie pour prononcer deux voïelles breves, est égal à celui de la prononciation d'une longue.

## QUATRIEME REGLE.

Un pied ne peut être composé de plus de deux syllabes longues, ou équivalentes à deux longues: car celles qui se trouvent entre les extrêmes, sur lesquelles la voix s'éleve & se rabaisse, troublent l'harmonie, & empêchent l'égalité des mesures, comme nous le dirons. Je ne parle à présent que des pieds simples qui peuvent former une harmonie parfaite. On appelle *pieds composés*, ceux qui sont faits de deux pieds simples.

## CINQUIEME REGLE.

Un pied ne peut être composé de plus de trois syllabes : il ne peut l'être de quatre ; car ces syllabes seront ou toutes breves, ou quelques-unes seront longues. Si elles sont toutes breves, la prononciation en sera trop glissante, & par consequent vicieuse, une mesure de quatre breves ne pouvant être entendue distinctement. Si dans une mesure de quatre syllabes il y a une longue & trois breves, ces trois breves valent plus d'une longue : ainsi cette mesure pêche contre la quatrieme regle.

## SIXIEME REGLE.

Les oreilles rapportent toujours les mesures composées aux plus simples, parceque les choses simples s'entendent plus facilement & plus distinctement. Ainsi d'une mesure composée de quatre syllabes longues, les oreilles veulent qu'on en fasse deux.

Ces regles nous font connoître que tous les pieds simples sont ou de deux syllabes, ou de trois syllabes. Voïons de combien de sortes il peut y avoir de pieds de deux syllables, de combien de trois syllabes.

Dans un pied de deux syllabes, ou ces syllabes sont deux longues, & ce pied s'appelle *Spondée*.

Ou ces deux syllabes sont deux breves, & ce pied est nommée *Pyrique.*

Ou la premiere de ces deux syllabes est longue, & la seconde breve, ce qui fait le pied qu'on nomme *Trochée.*

Ou la premiere est une breve, & la derniere une longue; ce qui est appellé *Iambe.*

Dans un pied de trois syllabes, ou ces trois syllabes sont longues, & ce pied est nommé *Molosse.*

Ou ces trois syllabes sont breves, ce qui fait le pied qu'on nomme *Tribraque.*

Ou la premiere est longue, & les deux autres breves; ce qui est un *Dactyle.*

Ou la derniere est longue, & les deux premieres breves, ce qui est nommé *Anapeste.*

Ou la premiere est breve, & les deux dernieres longues: ce qui est nommé *Bachique.*

Ou les deux premieres sont longues, & la derniere est breve: ce qui est appellé *Antibachique.*

Ou les deux extrêmes étant longues, elles renferment une breve: on appelle ce pied *Amphimacre.*

Ou les deux extrêmes étant breves, elle renferment une longue; ce pied se nomme *Amphibraque.*

Or tous ces pieds ne peuvent pas entrer dans la composition des Vers, parcequ'ils n'ont pas les conditions qui doivent se trouver dans leurs mesures. Plusieurs sont exclus de la Poësie, par les regles précédentes. Le Pyrrique, par la seconde regle. Le Molosse, par la quatrieme. Le Bachique & l'Antibachique, par la même regle. L'Amphimacre & l'Amphibraque, par la sixieme. Outre cela nous ferons voir que l'égalité ne peut être gardée dans ces deux dernieres mesures: si bien qu'il n'y a que six pieds; savoir, le Spondée, le

Trochée, l'Iambe, le Tribraque, le Dactyle, & l'Anapeste. On en compte plusieurs autres; mais ils se rapportent naturellement à ces six sortes de pieds dont nous venons de parler.

## CHAPITRE. XII.

*En quoi consiste l'égalité des mesures des Vers Grecs & Latins; ou ce qui fait cette égalité.*

LOrsque deux syllabes se prononcent en temps égaux, on dit que la quantité ou le temps de ces deux syllabes est égal. Cette égalité se trouve entre deux syllabes & une troisieme, lorsque dans le temps qu'on en prononce une, on a le loisir de prononcer les deux autres. On dit que le temps d'une syllabe est ou le double, ou le triple du temps d'une seconde syllabe, si dans le temps qu'on prononce l'une, l'autre se peut prononcer, dans le même espace de temps, ou deux fois, ou trois fois. Ainsi le temps d'une longue est double du temps d'une breve. Lorsque les temps de la prononciation de deux syllabes peuvent être mesurés par une mesure précise; par exemple, que le temps de l'un est double de celui de l'autre, cette prononciation empêche la confusion, & fait que les oreilles apperçoivent distinctement la quantité de ces syllabes; ce qui doit plaire infailliblement, puisque l'égalité, comme nous avons vû, est agréable, parcequ'elle rend les sons distincts, & ôte la confusion. Il y a dans une mesure, ou pied, comme il a été dit, une élevation, & un rabaissement: *Pes habet elationem & positionem.* Afin donc que l'égalité y soit gardée, le temps de l'élévation doit être égal à celui du rabaiſſement. Dans un Spondée, les temps de l'abaiſſement & de l'élevation ſont parfaitement égaux, puiſque ce pied eſt composé de deux longues. La même choſe arrive dans le Dactyle & dans l'Anapeſte, le temps de deux breves étant égal à celui d'une longue. Dans le Trochée, & l'Iambe, cette égalité n'eſt pas ſi parfaite; mais auſſi la différence d'une longue & d'une breve n'eſt pas ſi ſenſible, que les oreilles en puiſſent être choquées. Outre cela il faut remarquer qu'un ſilence notable tient lieu tout au-moins d'une breve; ainſi un Trochée a la valeur d'un Spondée ou d'un Dactyle, ſi après ce pied la voix ſe répoſe & s'arrête, & pour lors le temps du rabaiſſement eſt égal à celui de l'élévation. C'eſt ce qu'il eſt important de conſidérer, pour répondre à une objection qu'on pourroit propoſer contre ce que nous avons dit, qu'une meſure demande néceſſairement deux ſyllabes; car il ſe trouve, dans les Odes, des meſures qui ne ſont que d'une ſeule longue; mais le repos de la voix, *diſtinctionis mora*, ou le ſilence qui ſuit cette longue, tenant lieu d'une breve, il fait avec cette longue, un Trochée, qui eſt une meſure de deux ſyllabes.

On peut encore ici reconnoître le fondement de ce que nous avons dit ci-deſſus, qu'un pied ne peut être composé de plus de deux ſyllabes longues; car ſi l'élévation ou le rabaiſſement comprend la ſyllabe moïenne, l'égalité ne ſera plus entre ces deux parties. Si cette ſyllabe n'eſt compriſe dans aucune des deux parties d'une meſure, elle demeure inutile pour l'harmonie, & par conſéquent elle ne ſert qu'à la troubler. C'eſt pour cette raiſon que les pieds qu'on appelle Amphimacre & Amphibraque, ne peuvent entrer dans la ſtructure d'aucun Vers; car dans ces pieds ou une breve ſe trouve entre deux longues, ou une longue entre deux breves ; ainsi cette moïenne syllabe ne pouvant se joindre avec une des extrémités sans troubler l'égalité, elle demeure inutile, & trouble l'harmonie. Ces pieds néanmoins peuvent entrer dans une structure harmonieuse, les temps de l'élevation & du rabaissement de ces pieds étant proportionels. Dans un pied de trois syllabes longues, que nous avons appellé Molosse, le temps du rabaissement qui se fait sur les deux dernieres longues, est double du temps de l'élevation qui se fait sur la premiere syllabe longue ; ainsi ces temps sont proportionnels, & par conséquent ils peuvent être agréables à l'oreille, comme nous avons vû. Aussi un discours qui est composé du mélange de ces pieds, est harmonieux ; mais ils sont exclus des Vers, parceque l'harmonie des Vers doit être fort sensible ; ce qui ne peut être si l'égalité des mesures n'est gardée exactement. Dans un Iambe & dans un Trochée, cette égalité ne s'y trouve pas ; mais, comme on l'a dit, la différence qui est entre une breve & une longue n'est pas si sensible, que les oreilles en puissent être choquées, parcequ'une breve se prononce vîte. L'inégalité au-contraire qui est entre les parties d'une mesure de trois longues, est très-sensible, & trois fois plus grande ; car deux longues valant quatre breves, une longue est à deux longues, comme deux breves sont à quatre breves, & une longue est à une breve, comme deux breves sont à une breve. Selon Marius Victorinus, une breve est un temps, c'est pourquoi, comme le remarque Servius Honoratus, un Spondée a quatre temps.

Une mesure est égale à une autre lorsque les temps de leur prononciation sont égaux : ainsi le Spondée, le Dactyle, & l'Anapeste sont des mesures égales. Le Trochée, l'Iambe, & le Tribraque soit aussi des mesures égales ; car deux breves de trois d'un Tribraque aiant la valeur d'une longue, ce pied est égal à un Trochée, ou à l'Iambe. L'égalité n'est pas entiere entre un Spondée & un Iambe ; mais la différence d'une breve & d'une longue n'est pas grande. On peut donc composer des Vers des six sortes de pieds dont nous avons parlé, puisqu'ils sont égaux, ou presque égaux. Il faut encore remarquer que les mêmes voielles, quoique toutes breves, peuvent n'être pas égales dans la prononciation, si elles se trouvent entre des consonnes qui retardent plus ou moins leur prononciation. Par exemple, les premieres voïelles de ces quatre noms Grecs, sont breves : ὄδος ῥόδος, τρόπος, στρόφος, mais il y a de la différence entre les temps de leur prononciation. C'est à quoi il faut faire attention, quand on veut rendre un Vers harmonieux.

## CHAPITRE XIII.

*De la varieté des mesures ; & de l'alliance de l'égalité avec cette varieté. Comment l'une & l'autre chose se trouve dans les Vers Grecs & Latins.*

LA varieté est si nécessaire pour prévenir le dégoût, que les Musiciens affectent même de temps en temps quelque dissonance dans leurs concerts. C'est à dire, qu'ils négligent d'unir leurs voix par un parfait accord, afin que la rudesse par laquelle ils piquent pour lors les oreilles, soit comme un sel qui les réveille. Quand les Poëtes se dispenseroient donc quelque fois des regles dont nous avons parlé, on ne devroit ni les reprendre, ni blâmer ces régles.

La

La varieté se trouve en plusieurs manieres dans les Vers Latins. Je ne parle point de celle qui consiste dans la différence du sens, & dans la diversité des mots. Premierement; il est constant que dans le Dactyle, l'Anapeste, le Trochée, l'Iambe, le Tribraque, l'élevation est fort différente du rabaissement : & quoique le temps de deux voïelles breves soit égal à celui d'une longue ; cependant les oreilles y entendent la différence, comme dans les temps d'un Spondée, d'un Dactyle, d'un Anapeste. *In Dactylo tollitur una longa, ponuntur duæ breves ; in Anapesto tolluntur duæ breves, ponitur una longa : in Spondeo tollitur & ponitur una longa.*

On ne compose pas ordinairement des Vers d'une seule sorte de pieds. Les Vers Héxametres sont composés de Spondées & de Dactyles, les Vers Pentametres, de Spondées, de Dactyles, & d'Anapestes. L'Iambe reçoit plusieurs pieds. Les Vers Lyriques sont encore plus diversifiés que les autres, parceque non seulement ils reçoivent différents pieds, mais encore que le nombre de ces pieds est inégal, tantôt plus grand, tantôt plus petit.

Un Vers composé tout entier de Spondées ou de Dactyles, ne plairoit pas ; il faut tempérer la vîtesse des Dactyles par la lenteur & par la gravité des Spondées. Les Vers Iambes peuvent être composés de purs Iambes, parceque ce Vers passant extrêmement vîte, quoiqu'il soit composé de six mesures, il semble qu'il n'en ait que trois. Ainsi la trop grande égalité de ces mesures dans un si petit nombre, ne peut être ennuïeuse, comme il est évident en celui-ci.

*Suis & ipsa Roma viribus ruit.* ( Horat. lib. Epod. Od. ibid. )

Les mesures de l'Héxametre sont grandes, & fort sensibles : ainsi si leur égalité ne se trouve accompagnée de la varieté, ce Vers est désagréable.

Les Vers Lyriques sont composés ordinairement de plusieurs sortes de pieds, parceque ces Vers étant faits pour être chantés en Musique, le chant n'en seroit pas agréable, si la différence des pieds ne donnoit le moien aux Musiciens de diversifier leur voix.

L'alliance de la varieté avec l'égalité est manifeste dans la Poësie Latine. Premierement, dans chaque pied ; car il est évident, par exemple, que dans un Dactyle, l'égalité & la varieté s'y trouvent ; l'égalité, puisque le temps de deux breves est équivalent à celui d'une longue : la varieté, puisque, comme nous avons dit, les oreilles apperçoivent bien de la différence entre une syllabe longue, & deux syllabes breves. En second lieu, cette alliance est sensible dans les Vers entiers ; car ils sont composés de pieds qui sont différens, & en même-temps égaux, puisque les temps de leur prononciation sont égaux.

Ce n'est pas assez, selon ce qui a été démontré ci-dessus, que les Vers soient composés de mesures égales, il faut rendre cette égalité sensible, & pour cela, lier ces mesures ensemble. Les Latins le font par la césure, qui est un retranchement de quelques syllabes du mot précédent pour en faire un pied, avec celles qui sont au commencement du mot suivant, comme dans cet exemple,

*Ille me | as, er | rare bo | ves, &c.*

Ce mot *césure*, vient du Latin *cædo*, qui signifie couper. La syllabe *as*, dans *meas*, est une césure, cette syllabe *as*, avec la syllabe *er*, du mot suivant *errare*, faisant un Spondée. C'est cette césure qui fait un corps des mesures, & qui les présente toutes ensemble aux oreilles; car la voix ne se repose point au milieu du mot *errare*, après avoir dit *er*, elle poursuit sans interruption la prononciation de la fin, *rare*. Or, la césure fait que les pieds finissent & commencent au milieu des mots; ainsi la voix qui ne se repose point dans ces lieux, & qui lie les syllabes de chaque mot, lie aussi les pieds, & les enchaîne les uns dans les autres. Cette observation se peut rendre sensible aux yeux, en coupant les deux Vers suivans par leurs césures.

*Ille me | as er | rare bo | ves ut | cernis & | ipsum*
*Ludere | qua vel | lem cala | mo per | misit a | -*
*gresti.* ( Virgil. Eclog. I. )

La voix distingue chacune des ces mesures, comme nous avons dit, par une élevation au commencement, & par un rabaissement à la fin. Or, elle les lie aussi par la césure; car quand la voix a prononcé la syllabe *me* dans *meas*, elle prononce de suite *as*, qui fait partie de la mesure suivante. Ainsi elle lie, & la premiere mesure & la suivante. Cette seconde mesure est liée avec la troisieme; car la voix ne se reposant point au milieu du mot *errare*, elle poursuit sans interruption, après avoir dit *er*, la prononciation de la fin *rare*; ainsi les oreilles les entendent unies & jointes ensemble. La troisieme mesure est liée de la même maniere avec la quatrieme. Les Vers sans césures ne paroissent pas Vers, parceque, comme nous avons dit, l'égalité des mesures qui fait la beauté des Vers, ne peut être sensible si elles ne sont liées, & si les oreilles n'apperçoivent leur liaiſon. On liroit le Vers ſuivant ſans prendre garde que c'eſt un Vers, parcequ'il n'a point de céſure.

*Urbem | fortem | cepit | nuper | fortior | hoſtis.*

Il ne me reſte plus qu'à parler du nombre des meſures qui doivent compoſer les Vers. Il eſt évident qu'un Vers en demande tout-au-moins deux. Nous venons de dire que c'eſt l'égalité de ces meſures qui plaît aux oreilles, lorſque leur étant préſentées, elles l'apperçoivent en les comparant les unes avec les autres. Or, comme nous avons remarqué, toute comparaiſon ſuppoſe tout-au-moins deux termes. Si le nombre de ces meſures étoit trop grand, il eſt évident que les oreilles qui les doivent conſiderer toutes enſemble, ſeroient accablées de ce grand nombre ; c'eſt pourquoi on ne compoſe jamais les Vers de plus de ſix grandes meſures, telles que ſont les Spondées & les Dactyles. Les Vers Iambes reçoivent juſqu'à huit pieds, parceque le pied, qui donne le nom à ce Vers, paſſe fort vîte, & huit de ces meſures n'en font que quatre grandes. Il y a cette différence entre les *Rythmes* des Anciens, & les Vers ; que les Rythmes étoient bien compoſés de pluſieurs pieds ; mais le nombre de ces pieds n'étoit point déterminé, comme eſt celui des *Metres* ou des Vers. Ce que nous avons dit ici de la Poéſie Latine, regarde la Poéſie Grecque qui a les mêmes regles.

## CHAPITRE XIV.

*Les premieres Poësies des Hébreux, & de toutes les autres Nations, n'ont été vraisemblablement que des Rimes, dans leur commencement.*

LA Poësie n'a pas été d'abord parfaite. La cadence qui se trouva par hazard dans quelqu'expression, plut, avant même qu'on sût ce que c'étoit que Vers, comme le dit Quintilien : *Ante enim carmen ortum est, quàm observatio carminis.* ( Instit. Orat. l. 9. c. 4. ) Ensuite on affecta de mesurer ses paroles, afin qu'elles eussent quelque cadence, ce qui se faisoit d'abord fort grossierement. Les Grecs s'y appliquerent avec soin ; & ce qui contribua à perfectionner les premiers commencemens de leur Poësie, ce fut que long-temps avant la guerre de Troye, leurs Poëtes joignirent la Poësie avec la Musique, comme nous l'avons remarqué. Ils récitoient leurs Vers au son des instrumens. Aussi ces deux Arts semblent être nés en même-temps ; d'où vient que les Poëtes sont encore appellés Chantres, Musiciens. Dans la suite la Musique s'est distinguée de la Poësie, & comme le dit Quintilien, la récitation des Vers tient un milieu entre le chant & la maniere de parler, ordinaire. Mais dans les commencemens, la Poësie étoit une Musique. Isaac Vossius, dans un Livre qu'il a fait exprès pour cela, démontre fort bien que cette musique n'avoit pas besoin de notes, les longues & les breves en tenoient lieu ; d'où vient que tous les Vers d'une Ode très longue se chantoient également bien, parceque les mêmes mesures y étoient observées. Nos Musiciens, en faisant aujourd'hui un air sur une Ode Latine, ne s'assujettissent ni à la longueur, ni à la breveté des syllabes; ainsi cet air qui convient aux premieres strophes, ne s'accorde pas toujours avec les autres.

Il est facile de concevoir comment la Poësie Grecque se perfectionna, c'est-à-dire, qu'elle devint plus charmante aux oreilles, les Musiciens s'en mêlant, & les Grecs leur donnant toute liberté sur le Langage, pourvû qu'ils le polissent, & le rendissent harmonieux. Les Poëtes Grecs, ou les Musiciens purent donc assujettir à des pieds les Vers, qui dans les commencemens n'étoient que des cadences grossieres, imparfaites, comme une Prose rimée. C'est ce que dit Quintilien : *Poema nemo dubitaverit imperito quodam initio fusum, & aurium mensurâ, & similiter decurrentium spatiorum observatione esse generatum : mox in eo repertos pedes.* ( Instit. Orat. l. 9. c. 4. ) Les intervalles de la respiration pouvoient avoir quelques mesures que les rimes rendoient sensibles. C'est un artifice aisé, naturel, & usité de tout temps. Encore aujourd'hui les Poësies des Perses, des Tartares, des Chinois, des Arabes, des Africains, de plusieurs peuples de l'Amérique, ne consistent que dans des rimes, dans des terminaisons, ou chutes semblables. La Langue Hébraique est la premiere de toutes les Langues : certainement elle est plus ancienne que la Grecque. Or, on voit que les Hébreux avoient des Poësies dans le temps qu'ils sortirent de l'Egypte. Marie, après cette sortie, récita un Cantique que Moïse rapporte. On trouve dans l'Ecriture plusieurs Cantiques. Les Pseaumes sont une véritable Poësie. Les Savans disputent sur la nature de cette Poësie. Ce qui doit être constant, c'est qu'on y observe une cadence, des intervalles égaux, ou des expressions égales., laquelle égalité eſt rendue ſenſible par la répétition des mêmes ſyllabes, ou des mêmes lettres. C'eſt ce que l'Auteur de la Bibliotheque univerſelle a obſervé. Il le fait voir dans pluſieurs paſſages qu'il propoſe, où il montre que c'eſt l'égalité des expreſſions, & les mêmes chûtes ou rimes qui en ſont toute la cadence. Il en donne tant d'exemples qu'on ne peut douter de ſes ſavantes obſervations. On n'avoit pas pris garde que les Copiſtes, en décrivant les anciens Cantiques & les Pſeaumes, n'avoient pas eu le ſoin de les décrire comme ils le devoient, en la maniere que ſe doivent écrire les Vers, finiſſant chaque ligne avec la rime. Auſſi une partie de l'induſtrie de cet Auteur conſiſte dans le rétabliſſement de la véritable écriture, finiſſant ou commençant chaque ligne, comme la rime le demande; en quoi il réuſſit ſi ordinairement, qu'on ne peut pas dire que ces rimes ſoient un effet du hazard, & que s'il y a quelque partie d'un Pſeaume où cela ne s'obſerve pas, on peut penſer que cela eſt arrivé par quelque tranſpoſition qu'un Copiſte négligeant aura faite. L'Auteur en convainc tout Homme docile, qui aime & écoute la vérité, de quelque bouche qu'elle ſorte.

Philon & Joſeph, & après eux ſaint Jérôme, ont avancé que dans la Poëſie Hébraïque, il y avoit des pieds comme dans la Poëſie Grecque; mais on ne ſait pas s'ils ont bien examiné la meſure de cette Poëſie. On ſoupçonne Philon & Joſeph d'avoir ſu peu l'Hebreu. Ce ſoupçon eſt bien fondé Saint Jérôme les a pu croire ſans autre raiſon que celle qu'il tire de leur autorité. Gomar a fait un Traité qu'il a intitulé: *Davidis Lyra*, exprès pour ſoutenir le même ſentiment; mais quand il vient au détail, il ne réuſſit pas. Louis Capel l'a réfuté. Quand on approfondit la chose, on trouve même que la Langue Hébraïque n'est pas capable des mesures ou pieds des Vers Grecs & Latins. Ce qu'il faut considerer ici.

La Langue Grecque dans son commencement fut fort imparfaite. Elle tire son origine de la Langue Phénicienne ou Hébraïque; car ces deux Langues étoient la même. Comme les Hébreux ou Phéniciens n'ont ni inflexion ni cas dans leurs noms, de même les Grecs n'avoient d'abord que des noms & des verbes monosyllabes sans temps. C'a été, comme nous l'avons dit, les Poëtes qui ont perfectionné cette Langue; & voici comment cela est arrivé. La mesure des Vers oblige à des transpositions qui causeroient de l'obscurité, si les noms n'avoient des cas différens & des terminaisons différentes, qui marquent leur rapport: sans de pareilles transpositions, il n'y a pas moïen de faire des Vers qui aient des pieds. Il a donc été nécessaire, pour éviter la confusion, que les Poëtes trouvassent des inflexions différentes des noms & des verbes, qui suppléassent à ce changement d'ordre, & déterminassent la place naturelle de chaque mot: Par exemple dans ce Vers de Lucain. (*lib.* 1.)

*Bella per Emathios plusquàm civilia campos:*

Le mot *civilia* n'est pas en sa place naturelle, mais l'inflexion fait connoître où il doit se rapporter. Or l'Hebreu ne souffre point de renversemens semblables. Cette Langue, comme je viens de le dire, n'a point différens cas, ni différentes terminaisons. Le substantif précede toujours l'adjectif lorsqu'on ne sous-entend rien entre deux; comme *ben chacam*, c'est-à-dire, *un fils sage*; & on ne peut point dire *chacam ben*; comme en François on ne peut dire que *mon Pere*, *ma Mere*. Dans l'Hébreu le substantif qui est en régime, doit toujours précéder; comme, *Dibre Scholmo*, *Les paroles de Salomon*, & jamais *Scholmo debarim*; au lieu qu'en Latin, *Salomonis verba*, & *verba Salomonis*, c'est la même chose. Enfin les assujettissemens de cette Langue à l'ordre naturel, les terminaisons presque semblables, ( car tous les noms pluriels masculins se terminent en *Im*, & les féminins en *Ot*, ) ont empêché les Hébreux de faire des Vers métriques, ou des Vers composés de pieds.

Les Hébreux, aussi-bien que presque tous les autres Peuples du monde, excepté les Latins & les Grecs, n'ont donc pû avoir qu'une Poësie simple, consistant dans l'égalité des expressions d'un égal nombre de voïelles, & dans la rime qui rend sensible cet égalité. Ce mot *rimes*, vient sans doute de *Rhithme*, ῥυθμὸς, *Rhythmus*, mot Grec qui signifie un arrangement harmonieux, ou cadence agréable. Ce mot Grec comprend tout ce que l'oreille apperçoit de mesuré, soit prose, soit Vers, comme Ciceron le définit. *Quidquid est enim quod sub aurium mensuram aliquam cadit, etiam si abest à versu, numerus vocatur, quæ græcè ῥυθμὸς dicitur.* La prose même est ainsi capable de *rythme*; car on peut disposer les mots dont elle est composée, de maniere qu'ils fassent une cadence lente ou accélérée, douce ou forte; selon que le sujet le demande. Dans les Vers ce sont toujours les mêmes mesures : dans la Prose il faut une grande variété. Le mot *Rythmus* signifie beaucoup : selon son idée générale, qui renferme toutes les significations qu'on lui peut donner, c'est une composition reglée qui se fait avec une certaine raison & proportion du son & du mouvement des paroles.

Dans toutes les Langues qui ne sont pas capables d'avoir des Vers qui aient des pieds, la Poësie consiste principalemeont en ce que nous appellons *rimes*. Quand la prononciation de la Langue Latine commença à se perdre, qu'on ne distingua plus la longueur & la breveté des voïelles, qu'on les prononça toutes presque également, on se contenta d'une Prose rimée, comme sont ces sortes de *Cantiques*, *Hymnes*, *Proses*, qui se chantent dans nos Eglises, dont l'artifice ne consiste que dans des expressions égales, qui se terminent de la même maniere. C'est ce que les bons Poëtes Latins évitoient avec autant de soin, que les mauvais Poëtes l'ont recherché, depuis la corruption de la Langue Latine. On sait combien ce Vers de Ciceron a été méprisé.

*O fortunatam natam me Consule Romam !*

Il ne se seroit jamais fait d'ennemis, si tout ce qu'il a dit eût été de ce style, comme Juvenal le dit agréablement en raillant ce mauvais Vers. (*Sat.* 10.)

*Antonî gladios potuit contemnere, si sic*
*Omnia dixisset.*

Isaac Vossius observe, que pour éviter ces rimes, Virgile a mieux aimé écrire,

*Cum canibus timidi venient ad pocula Damæ,*

que de mettre, comme il le pouvoit, *timidæ*. Il ajoute qu'on se trompe, si on s'imagine qu'il y avoit une rime dans ce Vers,

*Cornua velatarum obvertimus antennarum.*

Les deux dernieres lettres de *velatarum*, se

changeoient, & n'étoient point entendues lorsqu'un Romain prononçoit ce Vers. La Poësie Grecque & la Latine avoit d'autres charmes que la nôtre. Ils récitoient leurs Vers, comme nous l'avons vû, d'une maniere qui ne nous est gueres moins difficile de concevoir, que les cinq tons avec lesquels les Chinois prononcent différemment un même mot monosyllabe.

## CHAPITRE XV.

### *De la Poësie Françoise, & de celle de toutes les autres Nations qui ont des rimes.*

NOus l'avons dit, que l'artifice de la Poësie Grecque & Latine est si particulier à ces deux Langues, qu'aucune autre Langue n'a rien de semblable; & que pour toutes les autres Poësies anciennes & nouvelles, elles ne consistoient que dans l'égalité du nombre des syllabes, & dans les rimes. Avouons néanmoins ici, qu'il y a des endroits des Pseaumes & de quelques Cantiques, où il est difficile de trouver des rimes, & qui cependant different de la Prose. Les manieres contraintes & obscures de ces endroits, marquent qu'il faut que celui qui en est Auteur se soit assujetti à des mesures que nous ne distinguons pas. Il faut aussi remarquer qu'il n'est pas toujours nécessaire que la rime se trouve à fin du Vers, pour donner à des Vers de la cadence. On en voit des exemples dans les Langues Espagnole, Italienne & Angloise, dans lesquelles on fait de fort bons Vers sans rimes. Ceux qui possedent ces Langues peuvent examiner ce qui produit cette cadence, & fait que sans rimes, quelques-uns de leurs Vers ont de l'harmonie. Cela peut venir de ce que les terminaisons dans ces Langues étant plus fortes, elles font plus d'impression ; ainsi l'égalité dans les expressions, dans le nombre des syllabes, peut faire une harmonie sensible. Il n'en est pas de même dans notre Langue à cause de sa douceur. Elle ne frappe pas si fortement les oreilles. Cependant on parle d'une piece de Vers qui n'avoient point de rimes, faits par de Messiriac : c'étoit une traduction des Epîtres d'Ovide, qui n'a point été imprimée. Nous ne parlerons ici que des Vers avec des rimes : & comme il faut attacher à des exemples ce que nous allons dire, nous les tirerons de la Poësie Françoise.

Ce qui fait la différence essentielle de notre Poësie d'avec la Latine & la Grecque, c'est notre prononciation différente de celle dont on prononçoit autrefois le Grec & le Latin. Nous prononçons d'une maniere unie, & presque également toutes les voïelles. Il est vrai que nous élevons la voix sur certaines ; ce qui a fait croire à Henri Etienne, que nos voïelles étoient longues ou breves comme les voïelles Latines. Il donne pour exemple ces mots, *grace*, *race*, *matin* opposé au *soir*, & *mâtin*, le nom d'un chien ; *pâte* qu'on mange, & la *pâte*, d'un chien : il dit que *părŏlĕ*, sont trois breves, *maîtrisĕ*, une longue entre deux breves ; *mĭsĕrĭcōrdĕ*, trois breves avec un trochée. C'est pourquoi il prétend qu'on peut faire des Vers François semblables aux Vers Latins ; & pour exemple, il traduit en François ce distique Latin

*Phosphore, redde diem ; cur gaudia nostra moraris ?*
*Cesare venturo, Phosphore redde diem.* ( Martial. lib. 4. Epigr. )

en celui-ci.

*Aube, rebaille le jour : pourquoi notre aise retiens-tu ?*
*Cesar doit revenir : aube rebaille le jour.*

Henri Estienne trouvoit ces deux Vers François fort beaux. Peu de gens seroient de son goût.

Quand les voïelles en François pourroient faire différentes mesures, & que ce ne seroit pas seulement par l'accent qu'une même voïelle peut différer d'elle même, mais encore parcequ'elle peut être prononcée différemment, en peu de temps, ou dans un temps plus long, personne ne pourroit disconvenir que pour la plupart, elles se prononcent également. Nous les faisons presque toutes breves ; ainsi il n'y a pas assez de voïelles longues pour faire différentes mesures. On ne peut pas faire de Vers Latins de voïelles toutes breves. Nous sommes donc obligés de donner de l'harmonie à nos paroles d'une autre maniere que les Grecs & les Latins. L'Art que nous suivons, c'est celui de toutes les Nations du monde depuis plusieurs siécles, comme nous l'avons dit : il ne consiste que dans un certain nombre de syllabes, & dans les rimes.

Nous n'élevons la voix qu'au commencement du sens, & nous ne la rabaissons qu'à la fin. C'est pourquoi si une mesure dans notre Poësie commençoit au milieu d'un mot ; & finissoit au milieu d'un autre mot, la voix ne pourroit distinguer, par aucune inflexion, cette mesure, comme elle le fait en Latin. Afin donc de mettre de la distinction entre les mesures, & que les oreilles apperçoivent cette distinction par une élevation de voix au commencement, & un rabaissement à la fin, chaque mesure doit contenir un sens parfait; ce qui fait qu'une mesure doit être grande, & que chacun de nos Vers n'est composé que de deux mesures, qui le partagent en deux parties égales, dont la premiere est appellée *Hémistiche*. Les mesures de nos Vers se mesurent d'une maniere fort naturelle, puisque naturellement & sans Art, on éleve la voix en commençant l'expression d'un sens parfait, & qu'on la rabaisse sur la fin de cette expression. L'égalité de ces mesures dépend d'un nombre égal de voïelles. Toutes les voielles de notre Langue se prononçant en temps égaux, il est évident que si deux expressions ont un égal nombre de voïelles, les temps de leur prononciation sont égaux.

L'égalité de deux mesures, dont chaque Vers est composé, ne peut donner qu'un plaisir médiocre : aussi on lie tout au-moins deux Vers ensemble, qui font quatre mesures. Cette liaison se fait par l'union d'un même sens. Pour rendre encore cette liaison plus sensible, on fait que les Vers qui renferment un même sens riment ensemble; c'est à-dire, qu'ils se terminent de la même maniere. Il n'y a rien que les oreilles apperçoivent plus sensiblement que le son des mots; ainsi la rime qui n'est que la répétition d'un même son, est très propre pour faire distinguer sensiblement les mesures des Vers. Cette maniere est très simple; aussi elle ennüie bien-tôt, si l'on n'a soin d'occuper l'esprit dss Lecteurs, par la richesse & par la varieté des pensées, afin qu'ils ne s'apperçoivent point de sa simplicité.

Il y a plus d'harmonie dans les Vers Grecs, & dans les Vers Latins il y a plus d'Art; aussi ils plaisent davantage, & se soutiennent mieux. Nos Vers François ne peuvent plaire que par le sens qu'ils renferment; & comme le plaisir de la rime est foible, il ne faut pas qu'il paroisse qu'on l'ait étudiée ; mais que c'est pour ainsi dire par hazard qu'elle se trouve à la fin des Vers..

Voilà en peu de mots les fondemens de notre Poësie. Pour rendre plus sensible ce que j'en ai dit, j'en ferai l'application aux deux Vers suivans.

*Je chante cette guerre* | *en cruauté féconde,*
*Où Pharsale jugea* | *de l'Empire du monde.*
( Breboeuf, traduct. de Lucain. )

L'oreille n'apperçoit que deux mesures dans chacun de ces Vers, & elle les distingue, parceque la voix s'éleve au commencement, & se rabaisse à la fin de chacune de ces mesures, qui contiennent des sens parfaits. Les quatre mesures de ces deux Vers sont liées ensemble par l'union d'un même sens dont elles sont les membres, & par la rime. Outre l'égalité du temps, nous pouvons remarquer que l'égalité du repos de la voix, qui se repose en prononçant nos Vers par des intervalles égaux, contribue fort à leur beauté. Je ne parle point des différens ouvrages en Vers, des Vers Alexandrins, des Sonnets, des Stances, &c. Ces Vers ne sont différens entre eux, que par le nombre de leurs syllabes. Les uns sont composés de plus grandes ou de plus courtes mesures ; dans les uns, les rimes sont entremêlées. Comme chez les Latins on compose des ouvrages de différentes sortes de Vers ; en François on lie de petits Vers avec de grands Vers. L'artifice qu'on emploie dans ces ouvrages, n'a aucune difficulté qui mérite que nous nous arrêtions à l'expliquer.

Ce n'est pas assez pour donner à un Vers la juste mesure, d'avoir égard à la quantité du temps de chaque voïelle, ou au nombre des mêmes voïelles : leur concours & celui des consonnes avec lesquelles elles se trouvent, augmente ou diminue leurs mesures. Entre les mots qui ont même quantité ou qui contiennent un égal nombre de voïelles, les uns sont rudes, les autres sont doux ; les autres coulans, les autres languissans : c'est pourquoi pour rendre égales les mesures d'un Vers, on doit avoir presque autant égard aux consonnes qu'aux voïelles, comme nous l'avons dit de la Poésie Latine. Il faut sur-tout prendre garde aux accens, ou si l'on veut, à la mesure des voielles, & observer si elles sont breves ou longues. *Male*, une espéce de coffre, ne peut pas rimer avec *mâle*, en Latin *masculus*, comme l'enseignent ceux qui traitent expressément de la Poésie Françoise.

## CHAPITRE XVI.

*Il y a une sympathie merveilleuse entre notre ame & la cadence du discours, quand cette cadence convient à ce qu'il exprime.*

NOus avons vû qu'un discours est agréable lorsque les temps de la prononciation des syllabes qui le composent, peuvent être mesurés par des mesures exactes : que le temps, par exemple, d'une syllabe est exactement, ou le double, ou le triple de celui d'une autre syllabe. Les mesures exactes sont celles qui s'expriment par des nombres. Dans la Géometrie, toutes les raisons exactes sont nommées raisons de *nombre à nombre* ; c'est pourquoi les Maîtres de l'Art de parler ont appellé nombres, *numeros*, tout ce que les oreilles apperçoivent de proportionné dans la prononciation du diſcours, ſoit la proportion des meſures du temps, ſoit une juſte diſtribution des intervalles de la reſpiration. C'eſt ce que dit Ciceron. *Numeroſum eſt id in omnibus ſonis atque vocibus quod habet quaſdam impreſſiones, & quod metiri poſſumus intervallis æqualibus.* En Latin *Numeroſa oratio*, c'eſt ce que nous nommons en François diſcours harmonieux.

Que l'harmonie plaiſe, c'eſt une choſe qui ne demande point de preuves. Tous les Auteurs conviennent, & entr'autres ſaint Auguſtin, qu'il y a une merveilleuſe alliance de notre eſprit avec les nombres; que les différens mouvemens de l'ame répondent à certains tons de la voix, avec quoi elle a je ne ſais quelle eſpece d'habitude. *Mira animi noſtri cum numeris cognatio. Omnes affectus ſpiritûs noſtri pro ſui diverſitate habent proprios modos in voce, quorum neſcio quâ occultâ familiaritate connectantur.* Ce qui a fait dire à Longin, cet excellent Critique, que les nombres ſont des inſtrumens merveilleuſement propres à remuer & faire agir les paſſions. θαυμάσιον πάθους ὄργανον.

Pour en pénétrer la cauſe, il faut ſavoir que les mouvemens de l'ame ſuivent ceux des eſprits animaux. Selon que ces eſprits ſont plus lents ou plus vîtes, plus tranquilles ou plus violens, l'ame ſe ſent émue de différentes paſſions. La plus petite force eſt capable d'arrêter ou d'exciter ces eſprits animaux : ils réſiſtent peu, & leur légéreté fait que le plus petit mouvement étranger les détermine : le mouvement, par exemple, d'un ſon peut les ébranler. Notre corps eſt tellement diſpoſé, qu'un ſon rude & violent les fait couler dans les muſcles qui le diſpoſent à la fuite, de la même maniere que le fait la vûe d'un objet affreux, comme nous l'expérimentons tous les jours; au-contraire un ſon doux & modéré a la force d'attirer. En parlant rudement à un animal, il s'enfuit : on l'apprivoiſe en lui parlant doucement; d'où l'on apprend que la diverſité des ſons produit des mouvemens différens dans les eſprits animaux.

Chaque mouvement qui ſe fait dans les organes des ſens, & qui eſt communiqué aux eſprits animaux, aïant donc été lié par l'Auteur de la nature à un certain mouvement de l'ame, les ſons peuvent exciter les paſſions; & l'on peut dire que chacune répond à un certain ſon, qui eſt celui qui excite dans les eſprits animaux le mouvement avec lequel elle eſt liée. C'eſt cette liaiſon qui eſt la cauſe de la ſympathie que nous avons avec les nombres, & qui fait que naturellement, ſelon le ton de celui qui parle, nous reſſentons différens mouvemens. Un ton languiſſant nous inſpire de la triſteſſe, un ton élevé nous donne du courage : entre les airs, les uns ſont gais, & les autres mélancoliques, ſelon la paſſion qu'ils excitent.

Pour découvrir tous les ſecrets de cette ſympathie, & expliquer comment entre les nombres les uns cauſent plutôt la triſteſſe que la joie, il faudroit examiner quel eſt le mouvement des eſprits animaux en chaque paſſion. On conçoit facilement que ſi l'impreſſion d'un tel ſon dans les organes de l'ouie eſt ſuivi d'un mouvement dans les eſprits des animaux, ſemblable à celui qu'ils ont dans la colere, ſi, par exemple, ce ſon les agite violemment & avec inégalité, il pourra exciter la colere, & l'entretenir : au-contraire qu'il ſera languiſſant & mélancolique, ſi l'émotion qu'il cauſe dans les eſprits animaux eſt foible & languiſſante, telle qu'eſt celle qui accompagne la mélancolie. Ce que je dis ne doit pas ſurprendre, après ce ce que nous rapportent tant d'Auteurs célebres des effets de la musique. Ils disent qu'il y a eu des Musiciens qui savoient jouer sur leurs flûtes des airs propres à guérir toutes les maladies, qui pouvoient appaiser les douleurs, & rendre la santé aux malades.

Peut-être qu'on en dit trop ; mais nous ne pouvons pas douter de ce que nous expérimentons tous les jours, que lorsque nous entendons quelqu'un chanter, rire ou pleurer, & que nous le voïons sauter, danser, nous sommes invités à faire la même chose. La nature nous a liés ensemble. Dans un Luth, lorsqu'on pince une corde, celle qui est à l'unisson se remue sans qu'on y touche, quoiqu'elle soit éloignée, & qu'entr'elles il y ait plusieurs autres cordes qui demeurent immobiles. La nature, dis-je, nous a liés ensemble ; ainsi nous ressentons les mouvemens que nous appercevons dans les autres : aussi il est indubitable que la seule cadence peut exciter les passions. C'est de-là que Platon, dans ses Livres de la République, tire cette conséquence, que selon qu'on change la musique, les mœurs des Citoïens changent. Cela paroît paradoxe ; mais il n'y a rien de plus véritable. Les chants efféminés amollissent. Il y en a de mâles, de graves, de religieux, que les Musiciens observent selon les mouvemens qu'ils veulent inspirer. L'expérience & l'autorité ne permettent pas d'en douter. *In certaminibus sacris non eadem ratione concitant animos ac remittunt, nec eosdem modos adhibent cùm bellicum est canendum, & cùm posito genu supplicandum ; nec idem signorum concentus est procedente ad prælium exercitu, idem receptui carmen.* Ces paroles sont de Quintilien.

On ne peut donc douter que les sons ne soient significatifs, & qu'ils ne puissent renouveller les idées de plusieurs choses. Ainsi comme le son de la trompette fait naturellement penſer à la guerre ; Thucydide, par la cadence élevée qu'il donne à ſes paroles en parlant des combats, fait, comme Ciceron dit de lui, qu'il ſemble qu'on ſoit préſent à une bataille, & qu'on y entende la trompette : *De bellicis ſcribens concitatiori numero, videtur bellicum canere.* Quand on entend le bruit de la mer, on l'imagine facilement, quoique les yeux ne la découvrent point. Quand on entend parler un Homme qui eſt connu d'ailleurs, on ſe le repréſente à l'eſprit avant qu'il ſoit préſent aux yeux. Les idées des choſes ſont liées entr'elles, & s'excitent les unes les autres. Ainſi il eſt hors de doute que certains ſons, certains nombres, & certaines cadences peuvent contribuer à réveiller les images des choſes avec leſquelles ils ont quelque rapport & liaiſon.

Nous expérimentons qu'en parlant, nous prenons un ton conforme à nos diſpoſitions intérieures. Ce n'eſt pas ſeulement ſur le viſage que paroiſſent les mouvemens dont nous ſommes agités. La ſeule maniere dont nous parlons les fait connoître : nous prenons un autre ton en raillant, que lorſque nous parlons ſérieuſement. Notre voix n'eſt point la même quand nous louons, que quand nous blâmons. En un mot, nous changeons de voix ſelon nos différens mouvemens ; auſſi on fait mieux connoître ce que l'on penſe quand on parle, que lorſque l'on écrit.

Cependant il eſt certain qu'on peut donner une cadence à ſes paroles, qui tienne lieu d'une voix vivante. Virgile réuſſit admirablement en cela ; il donne à ſes Vers une cadence, qui peut elle ſeule exciter les idées des choſes qu'il veut ſignifier. En liſant ces paroles : *Et altos conſcendit furibunda rogos*, ( Æneid. lib. 4. ſub finem. ) qui eſt-ce qui ne conçoit pas par cette cadence précipitée & élevée, la précipitation avec laquelle Didon, dont il est parlé en ce lieu, monte en furie sur le bûcher qu'elle avoit préparé pour s'y brûler ? Quand je lis cette description du sommeil :

*Tempus erat quo prima quies mortalibus ægris*
*Incipit, & dono divûm gratissima serpit*; ( Ænéid. l. 2. v. 268 & seq. )

la douceur de ce Vers qui glisse, me donne l'idée du sommeil qui semble se glisser, & couler dans nos membres sans que nous nous en appercevions. Ce nombre languissant de cette Harangue du fourbe Sinon :

*Heu ? quæ nunc tellus, inquit, quæ me æquora possunt*
*Accipere ; aut quid jam misero mihi denique restat !* ( ibid. v. 69. & seq. )

Ce nombre, dis-je, n'étoit-il pas capable d'exciter la compassion dans le cœur des Troyens ? La seule cadence du Vers suivant exprime le ton languissant avec lequel on parle d'un accident fâcheux.

*Partem opere in tantó, sineret dolor, Icare, haberes.* ( Ænéid. l. 6. v. 31.

Ce Vers suivant marque la gravité & tranquillité du Roi dont parle le Poète,

*Olli sedato respondit corde Latinus.* ( Ænéid. l. 12. vers. 18. )

Souvent la maniere de dire les choses, la posture, les habits, sont plus éloquens que les paroles. Un habit négligé, un visage triste fléchira plutôt que les prieres & les raisons. Aussi la cadence des paroles fait souvent plus que les paroles mêmes, comme nous l'avons vû dans le premier Livre de cet Ouvrage. Un ton ferme imprime la crainte, un ton languissant porte à la compassion. Un discours perd la moitié de sa force, lorsqu'il n'est plus soutenu de l'action & de la voix : c'est un instrument qui reçoit sa force de celui qui le manie. Les paroles sur le papier sont comme un corps mort qui est étendu par terre. Dans la bouche de celui qui les profere, elles vivent, elles sont efficaces : sur le papier elles sont sans vie, incapables de produire les mêmes effets. Une cadence conforme aux choses, conserve en quelque maniere la vie au discours, en conservant le ton avec lequel il doit être prononcé.

## CHAPITRE XVII.

*Moïens de donner à un discours une cadence, qui réponde aux choses qu'il signifie.*

PLaton, comme nous l'avons dit, prétend que les noms n'ont point été trouvés par hazard. Sa preuve, c'est que les premieres racines, d'où sont dérivés les autres mots, ont été composées de lettres, dont le son exprimoit en quelque maniere la chose signifiée. Cela n'est vrai que dans un petit nombre de racines. Mais il est constant que la beauté d'un discours consistant dans le rapport qu'il a avec la chose qu'il signifie; si sa cadence convient, il est plus significatif, & par conséquent plus agréable. Or on peut donner à ses paroles une cadence conforme au sens. On n'a qu'à consulter les oreilles, & apprendre d'elles quel est le son de toutes les lettres, des voïelles, des consonnes, des syllabes, & à quelle chose ce son peut convenir. Il y a des Auteurs qui se sont appliqués à remarquer ces usages. Ils observent, par exemple, que la consonne F, exprime le vent : *Cùm flamma furentibus austris* ; que la consonne S, réveille l'idée d'une chose qui coule, d'un courant ou d'eau ou de sang, *& plenos sanguine rivos* : comme aussi les tempêtes,

*Luctantes ventos, tempestatesque sonoras.*
( Æneid. l. 1, v. 57.

La lettre L, convient aux choſes douces;

*Mollia luteola pingit vaccinia caltha,*
*——— eſt mollis flamma medullas.*
(Virgil. Egl. 2, v. 50.)

Virgile ſe ſert heureuſement de pluſieurs M, pour un bruit ſourd & confus. (Ænéid. l. 4. v. 66.)

*Magno cum murmure montis*
*Circum clauſtra fremunt.* (Ænéid. lib. 1. v. 59. & ſeq.)

Le fondement de tout cela, eſt ce que nous avons dit, qu'un ſon excite naturellement l'idée de la choſe qui peut produire un ſon ſemblable. Ainſi comme chaque lettre a un ſon qui lui eſt particulier, il eſt certain qu'il y a des lettres qui ſont plus propres à marquer de certaines choſes, comme le ſon de la lettre M, & de l'O, pour exprimer un ſon obſcur. Platon dit que ces mots, σκληρότης, τραχὺς, qui ſe prononcent difficilement, marquent bien par cette rudeſſe ce qu'ils ſignifient. Au-contraire, la prononciation douce & facile de ce mot γλυκὺ, contribue à faire connoître la douceur dont il eſt le nom. Il eſt certain qu'en parlant d'une choſe douce, on eſt porté à en parler avec un ſon doux. Les mots qui ſont donc compoſés de lettres d'une prononciation douce & facile, tiennent lieu ſur le papier de ce ton avec lequel on auroit parlé. Il eſt naturel de prendre les ſignes qui ſont les plus convenables. Il n'y a pas de termes plus propres que ceux avec leſquels nous marquons le cri des animaux, parcequ'ils expriment ce cri : ainſi c'eſt la nature qui a fait trouver ταύρων μυκήματα, χρεμετισμοὺς ἵππων, καὶ φριμαγμοὺς τράγων, *le mugiſſement*

*gissement* des Taureaux, *le hennissement* des Chevaux; comme nous disons aussi *aboyer*, *bêler*. Βρόμος, πάταγος, συρίσμος sont des noms naturels, comme nos noms François, *bourdonnement*, *sifflement*. Nous avons vû la nature du ton de chaque lettre, il est facile de juger à quoi elle peut être propre : & par conséquent un Orateur peut connoître entre plusieurs mots qu'il a pour s'exprimer, ceux dont le son est plus propre pour son dessein.

Entre les voïelles, les unes ont un son clair & élevé; les autres ont un son obscur & foible. On peut faire entrer dans la composition de son discours, celles qui sont propres à une cadence foible ou forte, élevée ou basse, selon le dessein que l'on aura pris.

Il faut avoir particulierement égard aux mesures du temps. Entre les mesures, les Dactyles coulent avec vitesse : le Spondée va gravement; l'Iambe marche vîte : le Trochée semble courir : aussi il prend son nom d'un verbe Grec qui signifie *courir*. L'Anapeste, tout au contraire du Dactyle, coule avec vitesse dans son commencement, & sur la fin il semble que quelque chose le repousse & l'arrête, d'où il a pris son nom, qui signifie *répercussion*. Les effets de ces mesures sont tout différens. Virgile se sert de Dactyles pour exprimer la vitesse d'une action. (*Ænéid. lib.* 12. *v.* 333. *& seq.*)

*Illi æquore aperto*
*Ante notos, Zephirumque volant : gemit ultima pulsa*
*Thraca pedum.*

*Ferte citi ferrum, date tela, scandite muros,*
(Ænéid. l. 9. v. 37.

Au contraire il évite les Dactyles, & choisit les

Spondées, lorsque la gravité convient mieux à l'expression.

——— *Magnum Jovis incrementum.* ( Virgil. Egl. 4 v. 49.

*Tanta molis erat Romanam condere gentem.*
( Ænéid. lib. 1. v. 37. )

*Illi inter sese magnâ vi brachia tollunt, &c.*
( Ænéid. lib. 8 v. 452. )

Ciceron rapporte que Pythagore calma la fougue de jeunes gens qui vouloient entrer par force dans une honnête maison, & qu'il leur fit quitter leur mauvais dessein, aïant seulement ordonné à leur Chanteuse, de faire entrer des Spondées dans son chant. *Pythagoras concitatos ad vim pudicæ domus inferendam juvenes jussâ mutare in Spondeum modos tibicinâ, compescuit.* Le Spondée & le Dactyle sont les deux grandes mesures. C'est pourquoi les Vers Héxametres sont les plus majestueux. Le Spondée qui se trouve à la fin, fait qu'on les prononce avec un ton ferme, parcequ'il soutient la voix. L'Anapeste qui est à la fin du Pentametre, fait tomber la voix; c'est pourquoi on emploie le Pentametre pour exprimer les plaintes dans lesquelles la voix tombe à tout moment, & son cours est interrompu. On joint le Pentametre avec l'Héxametre, afin que la force de l'un soutienne la foiblesse de l'autre. L'Iambe est si vîte, que la cadence du Vers qui en est composé, n'est pas souvent sensible. Elle passe avec tant de vitesse, qu'on a peine à distinguer ce Vers de la Prose; c'est pourquoi on emploie ce pied dans les piéces de Théatre, dont le style doit être fort naturel, & peu différent de la Prose.

Il est facile de rendre la cadence du discours douce ou rude. Pour la rendre douce, il faut éviter le concours des voïelles, qui cause des vuides dans le discours, & empêche qu'il ne soit uni & égal. Ce concours de voïelles, & celui de plusieurs consonnes, particulierement de celles qui sont aspirées, ou qui ne s'accordent point, rendent le discours raboteux. Un discours rude convient aux choses rudes & désagréables, (*Quintilien.*) *Rebus atrocibus conveniunt verba auditu aspera.* Pour décrire de grandes choses, il faut emploïer de grands mots, dont le son soit éclatant, & qui remplissent la bouche. La cadence du discours bas, doit être négligée & languissante; pour ce sujet il est à propos que tous les termes dont on se sert, aient un son foible.

Plus les Périodes sont longues, plus l'action de la voix est forte. Lorsqu'il est important de parler avec douceur, les expressions doivent être courtes & coupées. Si l'action est véhémente, s'il est besoin de donner du poids à ses paroles, comme ceux qui se veulent faire craindre font un grand bruit, il faut se servir de longues périodes, qu'on ne peut prononcer sans prendre un ton plus ferme qu'à l'ordinaire.

Je n'en dis pas davantage: ce seroit abuser du temps, que de vouloir donner des regles plus particulieres pour chaque nombre. Cela ne s'acquert que par une longue habitude, & par une forte application qui fait qu'on s'anime en composant, & que naturellement on choisit des termes rudes ou doux, qui conviennent à ce que l'on veut exprimer. Je ne conseillerois pas à un Auteur de s'opiniâtrer à trouver une cadence significative, avec les mêmes gênes que l'on cherche une rime. Il est difficile d'y réussir: souvent c'est tenter l'impossible.

La plupart des Poëtes semblent avoir ignoré cet-

accord des nombres avec les choses. Ils ne cherchent dans leurs Vers qu'une douceur qui devient fade dans la suite. Chez eux, les affligés & les joyeux, les maîtres & les valets parlent d'un même ton. Un païsan parlera avec autant de délicatesse qu'un courtisan. Cependant ces Poëtes ont des adorateurs qui croient fort favoriser Virgile, quand en parlant des Vers rudes & négligés, avec lesquels il décrit les choses basses, ils disent qu'il s'est négligé dans ceux-là, pour faire paroître la douceur des autres. Ils n'estiment pas cette cadence admirable de ces Vers, où il décrit le foible coup que le vieillard Priam porta à Neoptolemus, parcequ'elle est foible & languissante, comme elle le doit être.

*Sic fatus senior, telumque imbelle sine ictu Conjecit.* ( Ænéid. l. 2. v. 544. )

J'ai honte d'emploïer l'autorité des Maîtres de l'Art, pour les convaincre d'une vérité qui n'a pas besoin de preuves. Ciceron & Quintilien donnent de grandes louanges à ceux qui accordent les nombres avec le sens. Les Historiens, les Poëtes, & les Orateurs ont recherché avec soin cette beauté. Ulpien, dans les Commentaires qu'il a faits sur les harangues de Démosthene, remarque que toutes les fois que ce Prince des Orateurs Grecs parloit des progrès de Philippe, il arrrêtoit le cours de la prononciation de son discours, y faisant entrer à cette fin plusieurs particules, pour faire voir combien Philippe marchoit lentement dans ses conquêtes. *Quoties tardos Philippi progressus voluit ostendere, tardam multis interjectis particulis orationem faciebat.*

Pour Virgile, on peut dire que c'est en cela qu'il est inimitable, & qu'aucun Poëte n'approche de lui. Il ne feroit pas befoin d'en apporter des exemples, parceque chacun a ce Poète entre les mains : néanmoins pour vous faire remarquer l'excellence de fes Vers, je rapporterai quelques-uns des plus beaux endroits qui fe préfentent à ma mémoire. Lorfqu'il fait parler Neptune, dans le premier Livre de l'Enéide, il donne à fes paroles une cadence élevée, majeftueufe, & qui convient à la majefté de celui qu'il fait parler.

*Tantane vos generis tenuit fiducia veftri ?*
*Jam cœlum, terramque, meo fine numine, Venti,*
*Mifcere, & tantas audetis tollere moles.* ( Ænéid. lib. I. v. 136. & feq.

Remarquez la pompe des Vers fuivants, avec lefquels il flatte l'Empereur.

*Nafcetur pulchrâ Trojanus origine Cæfar,*
*Imperium Oceano, famam qui terminet aftris.*
( Ænéid. l. I. v. 290. & feq. )

Perfonne ne lit les Vers avec lefquels il décrit Polypheme, cet horrible & difforme Géant, fans reffentir quelque mouvement d'horreur & de crainte.

*Monftrum horrendum, informe, ingens, cui lumen ademptum :* Ænéid. l. 3. v. 658. )

comme auffi les fuivans :

*Tela inter media, atque horrentes marte Latinos.*
( Ænéid. l. 10. v. 237. )

La cadence de ce Vers, *Procumbit humi bos*, qui

tombe tout d'un coup, imite la pésanteur de cet animal. Celle de celui-ci :

*Quadrupedante putrem sonitu quatit ungula campum ;* Ænéid. l. 8. v. 596)

Imite l'allure ou l'ardeur d'un cheval fougueux.

Peut-on mieux exprimer la tristesse que par cette cadence interrompue. ( *Ænéid. l.* 10. *v.* 18.

*O pater, ô hominum, divûmque æterna potestas !*
*O lux Dardaniæ, spes ô fidissima Teucrum !* Ænéid. liv. 2. v. 281.

Les Vers suivans sont pleins de la douleur d'une personne affligée, qui regrette la perte de son ami :

*Te amice, nequivi*
*Conspicere, &c.* ( Ænéid. lib. 6. vers. 507. )

*Implerunt rupes, flerunt Rhodopeia arces.* ( Georg. l. 4. v. 461. )

Denys d'Halicarnasse montre qu'Homere lie ordinairement des nombres propres à sa matiere. Il cite quantité de Vers de ce Poëte, sur lesquels il fait ses réflexions avec une élégance dont vous pouvez juger par cet échantillon. Il rapporte ces Vers, dans lesquels Homere fait raconter à Ulysse les travaux que souffre Sisyphe dans les Enfers.

Καὶ μὴν Σίσυφον εἰσεῖδον, κρατέρ' ἄλγε' ἔχοντα,
Λᾶαν βαστάζοντα πελώριον ἀμφοτέρῃσιν.
Ἤτοι ὁ μὲν σκηριπτόμενος χερσίν τε ποσίν τε,
Λᾶαν ἄνω ὤθεσκε ποτὶ λόφον. *Odyss. l.* 11.

Denys d'Halicarnasse fait cette réflexion judicieuse & élégante :

*Ἐνταῦθα ἡ σύνθεσις ἐστιν ἡ δηλοῦσα τὸ γινόμενον ἑκάστον, τὸ βάρος τοῦ πέτρου, τὴν ἐπίπονον ἐκ τῆς γῆς κίνησιν, τὸν διερειδόμενον τοῖς κώλοις τὸν ἀναβαίνοντα πρὸς τὸν ὄχθον, τὸν μόγις ἀναθουμένην πέτραν.*

Homere, continue cet habile Rhéteur, se sert dans ses Vers de voïelles qui s'entre-choquent, *συγκρουομένων*, & qui arrêtent le cours de la prononciation. Pour exprimer la longueur du temps que Sisyphe emploie dans ce pénible travail, il se sert de syllabes qui ont des arrêts *στηριγμοὺς καὶ ἐγκλίσματα* ; pour signifier la résistance de cette priere à cause de sa propre pésanteur, & de la rencontre des autres prieres ; *τὴν ἀντίλυπίαν καὶ τὸ βαρὺ καὶ τὸ μόγις*. Et afin qu'on ne croie pas que ce soit par hazard que les nombres répondent aux choses dans ces Vers, il montre comment la cadence des Vers suivans est toute différente, dans lesquels il décrit la chûte de la pierre de Sisyphe, & comment elle roule du haut du rocher où il l'avoit portée avec peine. Cette cadence est extrémement vîte ; il semble, dit-il, que les mots *συνολισθαίνουσι* coulent & roulent avec la même précipitation que cette pierre. Cet Auteur fait les mêmes remarques sur plusieurs passages de Démosthene, & montre que non-seulement la Poësie, mais encore la Prose est capable d'une cadence qui contribue à donner de justes idées des choses.

Isaac Vossius, dans son excellent discours de la force des nombres, fait cette remarque : qu'Homere pour exprimer le bruit que font les flots de la mer en se venant briser contre le rivage, (*Liv.* 17. *de l'Iliade.*) se sert de ce mot qui a trois *o* de suite, *βοόωσιν*. Il pouvoit dire, *βοάουσι* ; ce que Platon a tant admiré, dit Vossius, qu'il brûla tous les Vers qu'il avoit composés, n'aïant pû leur donner cette cadence qui exprime les choses, & par conséquent se voïant beaucoup au-dessous d'Homere.

On ne doit pas s'imaginer qu'il soit nécessaire, en traitant toutes sortes de matieres, de s'étudier à rendre le son de ses paroles expressif : cette exactitude n'est point nécessaire par-tout, mais seulement dans quelque partie d'un ouvrage qui est la plus en vûe, & dans laquelle on veut toucher plus vivement ses Auditeurs. Outre cela, cette cadence doit être naturelle. Il n'est pas permis de renverser l'ordre naturel, de transporter les mots, de retrancher quelque expression utile, ou d'en inserer d'inutiles, pour faire une juste cadence. Quelque prix qu'ait un discours dont le nombre peut exprimer les choses autant que les paroles, on doit bien se donner de garde de préferer cette beauté à une plus solide, qui est celle de la justesse du raisonnement, & de la grandeur des pensées. Notre esprit ne peut pas toujours être attentif à deux différentes choses à la fois ; c'est pourquoi il arrive souvent que lorsqu'il s'applique à contenter les sens, il déplaît à la raison. La plus noble partie du discours est le sens des paroles, c'en est l'ame, qui mérite nos premiers soins.

# LA RHETORIQUE OU L'ART DE PARLER.

## LIVRE QUATRIEME.

### CHAPITRE PREMIER.

*Sujet de ce quatrieme Livre. Des différens ſtyles. Ce que c'eſt que ſtyle.*

NOus avons remarqué que tous les mots ne donnent pas la même idée des choſes qu'ils ſignifient, & que pour faire connoître la forme de nos penſées, il falloit choiſir ceux qui repréſentent en même temps leurs traits véritables, & leurs couleurs naturelles ; c'eſt-à dire, qui réveillent dans l'eſprit des autres, les mêmes idées & les mêmes ſentimens que nous en avons. Nous ferons connoître, dans ce quatrieme Livre, que ſelon la différence de la matiere, il faut emploïer une maniere d'écrire particuliere, & que comme chaque choſe demande des paroles qui lui conviennent, auſſi un ſujet entier requert un ſtyle qui lui soit propre. Les regles que nous avons données de l'élocution, ci-dessus, ne regardent, pour ainsi dire, que les membres du discours. Ce que nous allons enseigner en regarde tout le corps.

Style, dans sa premiere signification, se prend pour une espece de poinçon, dont les Anciens se servoient pour écrire sur l'écorce, & sur des tablettes couvertes de cire. Pour dire quel est l'auteur d'une telle écriture, nous disons que cette écriture est de la main d'un tel : les Anciens disoient, c'est du style d'un tel. Dans la suite du temps, ce mot de style ne s'est plus appliqué qu'à la maniere de s'exprimer : quand on dit qu'un tel discours est du style de Ciceron, on entend que Ciceron a coutume de s'exprimer de cette maniere.

C'est une chose admirable que chaque Homme en toutes choses, a des manieres qui lui sont particulieres, dans son port, dans ses gestes, dans son marcher. C'est un effet de sa liberté, de ce qu'il fait ce qu'il veut, & qu'il n'est pas déterminé comme les animaux, qui agissent également, parceque c'est une même nature qui les fait agir. On voit donc que chaque Auteur doit avoir dans ses paroles ou dans ses écrits, un caractere qui lui est propre & qui les distingue. Il y en a qui ont des manieres plus particulieres & plus extraordinaires ; mais enfin chacun a les siennes.

Le sujet de ce quatrieme Livre, comme je l'ai dit, est le choix d'un style qui convienne à la matiere que l'on traite : Quel doit être le style d'un Orateur, d'un Historien, d'un Poëte qui veut plaire, & de celui qui instruit. Mais avant que de déterminer avec quel style il faut traiter chaque chose, j'ai cru qu'il ne seroit pas inutile de rechercher les causes de cette différence qui se remarque dans les manieres dont s'expriment les Auteurs. Quoiqu'ils parlent la même Langue, qu'ils écrivent ſur les mêmes matieres, & qu'ils tâchent de prendre le même ſtyle, chacun a une maniere qui le caracteriſe. Les uns ſont diffus, & quelque retenue qu'ils affectent, on pourroit retrancher la moitié de leurs paroles, ſans faire tort au ſens de leurs diſcours. Les autres ſont ſecs, pauvres, ſtériles ; & quelque effort qu'ils faſſent pour revêtir les choſes, ils les laiſſent demi-nues. Il y en a dont le ſtyle eſt fort ; les autres ſont languiſſans : les uns ſont rudes, les autres ſont doux. Enfin, comme les viſages ſont différens, les manieres d'écrire le ſont auſſi ; c'eſt de cette différence dont nous allons rechercher la cauſe.

## CHAPITRE II.

*Les qualités du ſtyle de chaque Auteur dépendent de celles de ſon imagination, de ſa mémoire & de ſon eſprit.*

LOrſque les objets extérieurs frappent nos ſens, le mouvement que ces objets y excitent, ſe communique, par le moïen des nerfs, juſques au centre du cerveau, dont la ſubſtance molle reçoit par cette impreſſion de certaines traces. L'étroite liaiſon qui eſt entre l'ame & le corps, fait que les idées des choſes corporelles ſont liées avec ces traces ; de ſorte que lorſque les traces d'un objet, par exemple celles du Soleil, ſont imprimées dans le cerveau, l'idée du Soleil ſe préſente à l'ame ; & toutes les fois que l'idée du Soleil ſe préſente à l'ame, ces traces que cauſe la préſence de cet Aſtre, ſe r'ouvrent. Nous pouvons appeller ces traces les images des objets. La puiſsance qu'a l'ame de former sur le cerveau les images des choses qu'on a une fois apperçues, s'appelle imagination ; & ce mot signifie en même-temps & cette puissance de l'ame, & ces images qu'elle forme.

Les qualités d'une bonne imagination sont fort nécessaires pour bien parler : car enfin le discours n'est rien qu'une copie du tableau que l'esprit se forme des choses dont il doit parler. Si ce tableau est confus, le discours ne peut être que confus. Si l'original n'est pas ressemblant, la copie ne le peut être. La forme, la netteté, le bon ordre de nos idées dépend de la netteté & de la distinction des traces que font les impressions des objets sur le cerveau. S'il est propre pour recevoir ces traces, on se forme sans peine les images des choses ausquelles on pense ; ainsi on en parle aisément, comme les aïant devant les yeux. C'est ce qui s'appelle avoir une imagination vive. Ceux en qui elle se trouve, peuvent faire des peintures vives & naturelles de ce qu'ils imaginent. Elle est nécessaire à ceux qui traitent des choses sensibles, comme à un Poëte, dont une des qualités est d'être ce que les Grecs appellent εὐφαντασιωτοι, Hommes d'imagination. On ne peut douter que la qualité du style n'en dépende. Tous les Hommes n'imaginent pas de la même maniere ; la substance du cerveau n'a pas les mêmes qualités dans toutes les têtes : c'est pourquoi l'on ne doit point s'étonner, si les manieres de parler de chaque Auteur lui sont particulieres.

Les mots que nous lisons, ou que nous entendons, laissent aussi bien leurs traces dans le cerveau, que les autres objets. Ainsi, comme ordinairement on pense aux mots & aux choses en même-temps, les traces des mots & des choses, qui ont été ouvertes de compagnie plusieurs fois, se lient ; de sorte que les choses se représentent à l'esprit avec leurs noms. Lorsque cela arrive, on dit que la mémoire est heureuse ; & son bonheur ne consiste que dans cette facilité avec laquelle les traces des mots & celles des choses avec qui elles sont liées, s'ouvrent en même temps, c'est-à-dire, que le nom de la chose suit la pensée que l'on en a. Lorsque la mémoire n'est pas fidelle à représenter les termes propres des choses qu'on lui avoit confiées, l'on ne peut pas parler juste L'on est obligé de se taire, ou de se servir des premiers mots qui se rencontrent, quoiqu'ils ne soient pas faits pour exprimer ce que l'on est pressé de dire. Les expressions heureuses, & justes, sont l'effet d'une bonne mémoire.

Enfin il est constant que les qualités de l'esprit sont cause de cette différence que l'on remarque entre tous les Auteurs. Le discours est l'image de l'esprit : on peint son humeur & ses inclinations dans ses paroles sans que l'on y pense. Les esprits étant donc si différens, quelle merveille que le style de chaque Auteur ait un caractere qui le distingue de tous les autres, quoique tous prennent leurs termes & leurs expressions dans l'usage commun d'une même Langue ?

## CHAPITRE III.

### *Qualités de la substance du cerveau, & des esprits animaux, nécessaires pour faire une bonne imagination.*

DAns l'imagination, il y a deux choses ; la premiere est matérielle, la seconde est spirituelle. La matérielle, ce sont ces traces causées par l'impression que font les objets sur les sens ; la spirituelle est la perception ou connoissance que l'ame a de ces traces, & la puissance qu'elle a de les renouveller ou ouvrir quand elles ont été faites une fois. Il n'est question ici que de la partie matérielle. Je ne puis expliquer exactement ces traces, sans m'engager dans des discussions philosophiques dont mon sujet m'éloigne : je dirai seulement que ces traces sont faites par les esprits animaux, qui sont la partie du sang la plus pure qui monte, en forme de vapeur, du cœur au cerveau. Ces esprits sont indéterminés dans leur cours : lorsqu'un nerf est tiré , ils suivent son mouvement, & c'est par leur cours qu'ils tracent différentes figures sur le cerveau, selon que les nerfs sont différemment tirés. De quelque maniere que cela se fasse ; il est constant que la netteté de l'imagination dépend du tempérament, de la substance du cerveau, & de la qualité des esprits animaux.

Les figures que l'on décrit sur la surface de l'eau, n'y laissent aucun vestige ; les traces qu'elles y font étant aussi tôt remplies. Celles aussi que l'on grave sur le marbre sont ordinairement imparfaites , à cause de la résistance que trouve le cizeau sur la dureté de cette matiere. Cela nous fait connoître que la substance du cerveau doit avoir de certaines qualités, sans lesquelles elle ne peut recevoir les images exactes des choses que l'ame imagine. Si le cerveau est trop humide, & que les petits filets qui le composent soient trop foibles, ils ne peuvent conserver les plis que les esprits animaux leur donnent ; c'est pourquoi les images qui y sont tracées sont confuses, & semblables à celles que l'on tâche de former sur la fange. S'il est trop sec, & que les filets soient trop durs, il est impossible que tous les traits des objets y ſoient imprimés : ce qui fait que toutes choſes paroiſſent maigres à ceux qui ont ce tempérament. Je ne parle point des autres qualités du cerveau, de ſa chaleur, de ſa froideur : quand il eſt chaud, les eſprits animaux le remuent plus facilement : ſa froideur rallentit le feu de leur cours, elle fait que l'imagination eſt péſante, & qu'on ne peut rien imaginer qu'avec peine.

Les eſprits animaux doivent avoir ces trois qualités ; ils doivent être abondans, chauds, & égaux dans leur mouvement. Une tête épuiſée eſt vuide d'images ; l'abondance des eſprits rend l'imagination féconde ; les veſtiges qu'ils tracent par leur cours étant larges, pendant que la ſource qui les produit n'eſt point épuiſée, on ſe repréſente facilement toutes choſes, & ſous une infinité de faces, qui fournìſſent une ample matiere de parler. Ceux qui n'ont point cette fécondité que l'abondance des eſprits animaux entretient, ſont ordinairement ſecs. Comme les choſes ne s'expriment que foiblement ſur le ſiege de leur imagination, elles leur paroiſſent maigres, petites, décharnées. Ainſi leur diſcours qui n'exprime que ce qui ſe paſſe dans leur intérieur, eſt ſec, maigre & déchaîné. Les premiers ſont grands cauſeurs, ils ne parlent que par hyperboles, toutes les choſes leur paroiſſent grandes. Le diſcours des derniers eſt ſimple & bas ; l'imagination des premiers groſſit les choſes, celle des derniers les retrecit.

Lorſque la chaleur ſe trouve avec l'abondance, que les eſprits animaux ſont chauds, prompts, & en grande quantité ; la langue n'eſt point aſſez prompte pour exprimer tout ce qui eſt repréſenté dans l'imagination : car outre que la premiere qualité fait que les images des choſes ſont tracées dans toute leur étendue ; la ſeconde qualité, qui eſt la chaleur, rendant les eſprits animaux vifs & legers, l'imagination eſt pleine dans un inſtant de différentes images. Ceux qui poſſedent ces deux qualités, ſans méditation trouvent ſur le champ plus de choſes ſur un ſujet qu'on leur propoſe, que les autres après y avoir médité. Un eſprit froid ne peut remuer ſon imagination qu'avec des machines. L'expérience fait connoître que le défaut de chaleur eſt un grand obſtacle à l'éloquence. Dans une violente paſſion, lorſque les eſprits animaux ſont extraordinairement remués, les plus ſecs parlent avec facilité, les plus ſtériles ne manquent point de paroles ; & cette diverſité d'images dans leſquelles le ſiege de l'imagination ſe métamorphoſe, pour ainſi dire, cauſe une agréable variété de figures & de mouvemens.

Afin que l'imagination ſoit nette & ſans confuſion, le mouvement des eſprits animaux doit être égal. Lorſque leur cours eſt déreglé, qu'ils ſont tantôt lents dans leur mouvement, tantôt vîtes, les images qu'ils tracent ſont ſans proportion ; comme il arrive à ceux qui ſont malades, & dont la maladie conſiſte dans un mouvement dereglé de toute la maſſe du ſang. Ceux qui ſont gais, & d'un tempérament ſanguin, s'expriment avec facilité & avec grace. Dans ce tempérament les eſprits animaux ont un mouvement prompt & égal ; ainſi leur imagination étant nette, leur diſcours qui eſt une copie des images qui y ſont tracées, eſt néceſſairement net & diſtinct.

## CHAPITRE IV.

### *Ce qui fait la mémoire heureuse.*

LA bonté de la mémoire dépend de la nature & de l'exercice. Puisqu'elle ne consiste que dans la facilité avec laquelle les traces des objets, que l'on a apperçus, se renouvellent : elle ne peut par conséquent être heureuse, si la substance du cerveau n'est propre à recevoir les traces des choses & à les conserver, & si ces traces, qui ne peuvent pas toujours être ouvertes, ne se r'ouvrent facilement. L'exercice donne de la mémoire ; chaque chose se plie facilement du côté qu'on la plie souvent ; aussi les filets du cerveau s'endurcissent, pour ainsi dire, & l'on se rend incapable d'apprendre par mémoire, si l'on ne prévient cet endurcissement en les pliant souvent, c'est-à-dire, en répétant souvent ce que l'on a appris, & tâchant tous les jours d'apprendre quelque chose de nouveau. Il faut remplir sa mémoire de termes propres, & faire que la liaison des images des choses & de leurs noms soit si étroite, que les images & les expressions se présentent de compagnie. Un excellent Homme a dit que la mémoire étoit comme une Imprimerie. Un Imprimeur qui n'a que des caracteres Gothiques, n'imprime rien qu'en caractere Gothique, quelque bel ouvrage qu'il mette sous la presse. On peut dire de même, que ceux qui n'ont la mémoire pleine que de mauvais mots, n'aïant dans l'esprit que des moules Gothiques, leurs pensées, en se revêtant d'expressions, prennent toujours un air Gothique.

C'est pour cela que les personnes de qualité parlent bien. Ils vivent & conversent avec des personnes d'esprit, qui s'appliquent à ne dire aucun mot qui ne soit du bel usage. Comment donc en diroient-ils de méchans qu'ils n'ont jamais sus ? & s'ils les ont entendus, c'est si rarement, qu'ils les ont oubliés. La même chose arrive à ceux qui ne lisent que de bons Livres, à qui par conséquent la mémoire ne présente que des termes purs. Les Enfans parlent la Langue de leur Pere & de leur païs, qu'ils apprennent entendant parler. En lisant les Auteurs on apprend leur Langue ; mais si on s'attache également à plusieurs qui aient vécu en différens siecles ; comme chaque siecle a, pour ainsi dire, sa Langue, on se forme un style bigarré qui n'est d'aucun siecle. C'est ce qu'on reproche à Erasme, qui aïant beaucoup lû, & conservé dans sa mémoire les expressions qu'il avoit lûes, s'en est fait un style mêlé, qui n'est pas toujours pur. Heureux néanmoins celui qui peut aussi bien écrire qu'il le fait. Ce que j'ai voulu dire ici, c'est qu'il ne suffit pas de conserver en sa mémoire les phrases ou manieres de parler délicates qu'on a lues ou entendues de tous côtés. Nous l'avons déja dit, qu'un style de phrases ne vaut rien ; qu'il faut imiter les abeilles, qui des différens sucs qu'elles cueillent sur les fleurs, en composent leur miel, liqueur simple ; de même que la nature forme le chile de différens alimens qu'elle digere. Sans cela, ces différentes lectures qu'on fait seront non seulement inutiles, mais même nuisibles, comme le dit Seneque. *Apes debemus imitari, & quæcumque ex diversis congessimus separare .... deinde, adhibitâ ingenii nostri curâ & facultate, in unum saporem varia illa libamenta confundere : ut etiam si apparuerit unde sumptum sit, aliud tamen esse quàm unde sumptum est appareat. Quod in corpore nostro videmus sine ulla opera nostra facere naturam. Alimenta quæ accepimus, quamdiu in sua qualitate perdurant, & solida innatant stomacho, onera sunt : at cùm ex eo quod erant mutata sunt, tunc demùm in vires & in sanguinem transeunt. Idem his, quibus aluntur ingenia, præstemus : ut quæcumque hausimus, non patiamur integra esse, ne aliena sint.*

## CHAPITRE V.

### *Qualités de l'esprit nécessaires pour l'éloquence.*

CE que nous venons de dire ne regarde que les organes corporels ; les qualités de l'esprit sont plus considerables & plus importantes. C'est la raison qui doit regler les avantages de la nature, qui sont plutôt des défauts que des avantages à ceux qui ne savent pas s'en servir. Celui qui a l'imagination féconde, mais qui ne sait pas faire le choix de ses richesses, se perd & s'égare dans de longs discours. Parmi la multitude des choses qu'il dit, il y en a quantité de mauvaises : & les bonnes sont étouffées par le grand nombre de celles qui ne valent rien. S'il a de la chaleur avec cette fécondité, & s'il suit le mouvement de sa chaleur, il tombe dans une infinité d'autres défauts ; son discours est un tissu perpétuel de figures : il ne parle jamais sans passion : mais presque toujours sans raison. Etant prompt & chaud, les plus petites choses l'excitent, & lui font prendre feu. Sans avoir égard à la bienséance, sans considerer si la chose le mérite, il entre en fureur, il se laisse emporter à la fougue de son imagination, dont ses paroles peignent le déreglement & l'extravagance.

Pour acquérir la Perfection souveraine de l'éloquence, il faut que l'esprit soit doué de ces trois qualités : la premiere est une capacité, ou une étendue d'esprit qui fait qu'on découvre, sur le sujet qui est proposé, tout ce qui se peut dire avec abondance. Un esprit borné est incapable de donner à une matiere l'étendue qui lui est nécessaire.

La seconde qualité consiste dans une certaine délicatesse, une certaine vivacité qui entre d'abord dans les choses, qui les approfondit, & en pénetre tous les recoins. Ceux qui ont l'esprit pesant & grossier ne pénetrent pas dans les replis d'une affaire, ils n'en voient que le gros ; ainsi ils ne peuvent qu'effleurer la surface des choses.

La troisieme qualité est la justesse, c'est elle qui regle toutes les autres qualités, soit de l'esprit, soit de l'imagination. Un esprit juste choisit ; il ne s'arrête pas à tout ce que son imagination lui présente ; il fait le discernement de tout ce qui se doit dire, & de ce qui se doit taire. Il n'étend pas les choses selon la grandeur de leurs images ; il amplifie ou abrege son discours, selon que la chose ou le bon sens le demandent. Il ne se fie pas à ses premieres idées, il juge si les choses sont aussi grandes qu'elles lui paroissent, & choisit des expressions qui leur conviennent, selon la lumiere de la raison, & non pas selon le rapport de son imagination, qui souvent est semblable à ces verres qui font paroître les objets plus grands qu'ils ne le sont. Il l'arrête lorsqu'elle est trop legere : il l'excite, il l'échauffe lorsqu'elle est trop froide : en un mot, il use bien des avantages que la nature lui a donnés, il les perfectionne ; & si elle ne lui a pas été favorable, il combat ses défauts, & tâche de les corriger.

Les bonnes qualités de l'esprit ne se rencontrent pas toujours avec celle d'une bonne imagination, & celle d'une mémoire heureuse ; ce qui met une différence très grande entre parler & écrire. Souvent ceux qui écrivent bien lorsqu'on leur donne du temps pour penser, parlent mal si on les oblige de parler sans préparation. Pour écrire, il n'est pas besoin d'une imagination si féconde, si chaude & si prompte. Quand on a un génie qui n'est pas entierement stérile, en méditant sérieusement, on trouve ce que l'on doit & ce que l'on peut dire sur un sujet proposé. Ceux qui parlent avec facilité, sans préparation, reçoivent cet avantage d'une imagination abondante & pleine de feu, qui s'éteint dans la froideur avec laquelle on compose une piece dans son cabinet.

Les qualités de l'esprit sont préférables à celles du corps : l'éloquence de ceux qui ont ces dernieres qualités, est comme un grand feu de poudre à canon, qui passe en un moment. Cette éloquence fait du bruit d'abord, elle éclate ; mais aussi-tôt on n'en parle plus ; au-contraire, un ouvrage composé avec jugement, conserve sa beauté, & plus il est lu, plus il est admiré. Tacite, parlant d'un certain Hatérius, dit qu'il fut célebre pendant se vie, mais que ses écrits n'eurent pas le même succès que sa personne, parceque, dit-il, aïant plus de feu d'imagination que de justesse d'esprit, son talent étoit de parler sur le champ, & non pas d'écrire. Un ouvrage solide & travaillé, dit Tacite, vit dans l'estime des Hommes après la mort de son Auteur : la douceur & l'éclat de l'éloquence d'Hatérius s'éteignit avec lui : *Quintus Haterius .... eloquentiæ quoad vixit celebrata, monimenta ingenii ejus haud perinde retinentur. Scilicet impetu magis quàm curâ vige-*

*bat: utque meditatio aliorum & labor in posterum valescit, sic Haterii canorum illud & profluens cum ipso simul extinctum est.*

» Il y a des esprits d'un ordre supérieur, qui » ont une élevation naturelle, nourris au grand, » pleins, & enflés d'une certaine fierté noble & gé» néreuse, comme parle le traducteur de Longin. » L'élevation d'esprit, dit-il, est une image de » la grandeur d'ame; & c'est pourquoi nous ad» mirons quelquefois la seule pensée d'un Homme, » encore qu'il ne parle point, à cause de cette » grandeur de courage que nous voïons. Par » exemple, le silence d'Ajax aux Enfers, dans » l'Odyssée: car ce silence a je ne sais quoi de plus » grand que tout ce qu'on auroit pu dire.

» La premiere qualité qu'il faut donc supposer » en un véritable Orateur, c'est qu'il n'ait point » l'esprit rampant. En effet, il n'est pas possible » qu'un Homme, qui n'a toute sa vie que des sen» timens & des inclinations basses & serviles, » puisse jamais rien produire qui soit merveil» leux, ni digne de la postérité. Il n'y a vrai» semblablement que ceux qui ont de hautes & de » solides pensées qui puissent faire des discours » élevés : & c'est particulierement aux Grands » Hommes qu'il échappe de dire des choses ex» traordinaires. Voyez, par exemple, ce que ré» pondit Alexandre, quand Darius lui fit offrir la » moitié de l'Asie avec sa Fille en mariage. *Pour » moi*, lui disoit Parmenion, *si j'étois Alexandre, » j'accepterois ces offres. Et moi aussi*, répliqua ce » Prince, *si j'étois Parmenion.* N'est-il pas vrai » qu'il falloit être Alexandre pour faire cette ré» ponse.

» Et c'est en cette partie qu'a principalement » excellé Homere, dont les pensées sont toutes » sublimes, comme on le peut voir dans la des-

» cription de la Déesse Discorde, qui a, dit-il,
» *La tête dans les Cieux, & les pieds sur la terre.*
» Car on peut dire que cette grandeur, qu'il lui
» donne, est moins la mesure de la Discorde, que
» de la capacité & de l'élevation de l'esprit d'Homere. (*Longin, traité du Sublime. ch. 7.*)

## CHAPITRE VI.

*La diversité des inclinations & du tempéramment diversifie le style. Chaque personne, chaque climat a son style qui lui est particulier.*

LE discours est le caractere de l'ame ; notre humeur se peint dans nos paroles, & chacun, sans y penser, suit le style auquel ses dispositions naturelles le portent. Elles sont toutes différentes dans chaque Homme : c'est pourquoi il y a autant de différens styles qu'il y a de personnes qui parlent ou qui écrivent. De là vient encore que chaque climat a une maniere de parler qui lui est particuliere. Car, comme ordinairement ceux qui sont d'un même païs, ont beaucoup de rapport dans leur tempérament ; ils ont aussi des manieres de parler assez semblables. & conformes à ce tempérament qui leur est commun. Les Espagnols, par exemple, qui sont tous graves, choisiront bien plutôt des mots dont la cadence sera majestueuse, & des expressions nobles, que des mots doux & languissans, & des expressions délicates, comme feroient les Italiens.

Les Orientaux, qui ont l'imagination chaude & pleine d'images, ne parlent que par métaphores, & par allégories ; parceque lorsqu'ils se proposent de traiter quelque sujet, aussi-tôt leur imagination leur présente mille images qui ont du rapport à ce sujet, dont ils peuvent tirer plusieurs métaphores. Ainsi si ce sujet est peu sensible, comme ces images sont fort vives, qu'elles frappent fortement leur esprit, & le tournent, pour ainsi dire, vers elles, ils sont bien plutôt portés à se servir du nom de ces images avec lesquelles ce sujet a rapport, que du nom propre. Ils quittent donc les expressions naturelles, pour emploïer celles qui sont figurées ; c'est ce qui rend leur style obscur à ceux qui n'ont pas une imagination aussi prompte qu'eux : car pour pénétrer dans le véritable sens de leur paroles, il ne faut presque jamais considerer ce qu'elles signifient naturellement, mais ce qu'elles peuvent signifier, prises dans un sens métaphorique, qu'il n'est pas facile d'appercevoir, parceque les métaphores dont ils se servent, sont tirées d'objets qui ne nous frappent pas aussi vivement qu'ils en sont frappés ; ainsi nous ne pouvons pas découvrir d'abord la liaison qu'ils ont avec la chose qui est le sujet du discours.

Cela se remarque dans les Poésies que nous avons des Orientaux : l'Ecriture sainte nous en fournit même des exemples dans les Cantiques de Salomon. Nous sommes surpris d'abord, que ce Prince, en décrivant les beautés de son Epouse, compare son visage à la Tour du mont Liban, qui faisoit face à la Ville de Damas, & ses dents à une troupe de brebis nouvellement tondues, qui sortent du bain : mais avec un peu d'application on pénetre dans sa pensée, & l'on apperçoit qu'en même-temps qu'il pense aux beautés de son Epouse, il est frappé des images de ce qu'il avoit vû de plus beau. La Tour du Liban se présente à son imagination, qui faisoit une face extraordinairement belle à la Ville Damas ; il est frappé de la blancheur des brebis qui ſortent du bain, & commencent à ſe revêtir d'une nouvelle toiſon. Les Septentrionaux n'ont pas tant de feu : leur imagination ne reçoit pas une ſi grande variété d'images. Quand ils penſent à un ſujet, ils en ſont occupés ; ainſi s'ils ſe ſervent de métaphores, ils ne les prennent que de choſes qui ont une liaiſon fort étroite avec ce qui fait le principal ſujet de leur diſcours. C'eſt pourquoi leur ſtyle eſt ſimple, naturel, & s'entend facilement. Ils ſe donnent tout le temps qui eſt néceſſaire pour expliquer les choſes qu'ils propoſent ; ce que les Orientaux ne peuvent faire, étant emportés par la vivacité de leur imagination, qui les oblige de quitter ce qu'ils avoient commencé de dire, pour paſſer tout d'un coup à d'autres choſes.

Les anciens Rhéteurs diſtinguent en trois claſſes les différens ſtyles que les différentes inclinations des peuples leur font aimer. Le premier eſt l'Aſiatique, élevé, pompeux, magnifique. Les peuples de l'Aſie ont toujours été ambitieux ; leur diſcours exprime leur humeur : ils aiment le luxe ; leurs paroles ſont accompagnées de pluſieurs vains ornemens, qu'une humeur ſévere ne peut ſouffrir. Le ſecond ſtyle eſt l'Attique : Les Athéniens étoient plus reglés dans leurs manieres de vivre ; auſſi ſont-ils plus exacts, & pour ainſi dire, plus modeſtes dans leurs diſcours. Le troiſieme eſt le ſtyle Rhodien : Les Rhodiens tenoient de l'humeur ambitieuſe & paſſionnée pour le luxe des Aſiatiques, & de la modeſtie des athéniens : leur ſtyle caractériſe leur humeur ; il garde un milieu entre la liberté du ſtyle Aſiatique, & la retenue du ſtyle Attique.

## CHAPITRE VII.

### *Chaque siecle a son style.*

LA diversité des styles vient encore des préjugés avec lesquels on parle. Quand on conçoit dans le monde de l'estime pour quelque maniere d'écrire, & qu'il s'en fait une mode, chacun tâche de la suivre, & de s'y conformer; mais comme on se lasse des modes, & que ceux qui les ont inventées en cherchent de nouvelles, après que celles là sont devenues communes, pour se distinguer de la foule il se fait un changement perpétuel dans le Langage comme dans les habits; ce qui fait que chaque âge & chaque siecle ont leurs manieres de parler qui leur sont particulieres. Les bons Critiques reconnoissent le temps auquel un Auteur a écrit, en observant sa maniere d'écrire, & son goût: c'est-à-dire, l'estime qu'il a pour de certains tours, pour de certaines expressions qu'il affecte d'emploier.

Séneque a remarqué qu'en chaque siecle il y a toujours quelque Auteur de réputation, qui est le modele de tous ceux qui écrivent, lequel peut ainsi introduire de certaines manieres, qui, bien qu'elles soient mauvaises, quand elles ont été une fois applaudies, sont ensuite en usage, & tout le monde les affecte. C'est ainsi qu'on voit de certains défauts autorisés pendant des siecles entiers. *Hac vitia unus aliquis inducit, sub quo tunc eloquentia est: caeteri imitantur, & alter alteri tradunt.* Il en donne un exemple dans Saluste. On aima, dit-il, de son temps les expressions concises, & une breveté obscure. *Sic Salustio vigente amputatæ sententiæ, & verba ante expectatum cadentia fuere pro cultu.* Et comme on affecte d'imiter les grands Hommes, ce qu'un Auteur de réputation a dit une fois, on le dit à chaque page. Séneque reprend de ce défaut Aruntius: *Quæ apud Salustium rara fuerunt, apud hunc crebra sunt & penè continua, nec sine causa. Ille enim in hæc incidebat, at hic illa quærebat.*

Le style de chaque siecle fait aussi connoître quelles en ont été les inclinations & les mœurs. Ordinairement dans les siecles où les peuples ont été sérieux & reglés, le style est sec, austere, & sans ornement. Le luxe s'est introduit, pendant le déreglement des Républiques, aussi bien dans le Langage que dans les habits, dans les tables, & dans les bâtimens. Séneque avoit fait cette observation: *Genus dicendi imitatur publicos mores. Si disciplina civitatis laboravit, & se in delicias dedit, argumentum est luxuriæ publicæ orationis lascivia: si modo non in uno aut in altero sint, sed approbata est & recepta. Non potest alius esse ingenio, alius animo color; si ille sanus est, si compositus, gravis, temperans, ingenium quoque siccum ac sobrium est.* C'est ce qui est arrivé à la Langue Latine. Dans les fragmens qui nous restent des premiers Auteurs de cette Langue, nous voïons que les Romains se contentoient seulement de se faire entendre, & qu'ils ne cherchoient aucune douceur dans leurs paroles. Elles étoient grossieres, rudes, & ne se pouvoient prononcer ni être entendues qu'avec peine. En ce temps les Romains ne savoient ce que c'étoit que cuisiniers, & ragoûts; leurs maisons étoient de briques, sans peinture, sans architecture; en un mot, tout ce qui s'appelle agrément étoit mal reçu chez eux; ils n'aimoient que l'utile. Lorsqu'ils commencerent à se servir de leurs richesses, après ces grandes victoires qui les rendirent maîtres de presque tout le monde, en même-temps qu'ils modererent cette premiere sévérité, & qu'ils ne furent plus si ennemis des plaisirs, on voit que leur Langue se polit, & s'adoucit par dégrés : ce qui continua depuis le siecle des Scipions jusques à celui de l'Empereur Auguste. Elle retint néanmoins encore ce premier air qui étoit simple & naturel, aïant seulement retranché ce qu'elle avoit de dur & de grossier. Ce changement lui fut ainsi avantageux, & la mit dans sa perfection. C'est pourquoi on a toujours regardé comme des modeles achevés, les Auteurs Latins qui écrivirent en temps là.

Mais enfin, quand les Romains n'eurent plus d'ennemis considérables, & qu'ils ne penserent plus qu'à se divertir, leur Langue fut pleine d'affectations, de tours étudiés, qui ne sont point naturels. Ils ne rechercherent plus dans leur style que ce qui peut flatter les oreilles ; des cadences agréables, des jeux de mots, des allusions : en un mot, comme ils ne rechercherent plus dans les viandes une nourriture solide, mais des plaisirs qui sont nuisibles à la santé ; aussi dans le discours, ils quitterent cet air naturel & cette clarté, qui sont si nécessaires pour se faire entendre. Ils n'aimerent plus dans leurs paroles que de vains ornemens qui en couvrent le sens, & empêchent qu'il ne paroisse.

Le même Philosophe, que je viens de citer, recherche la cause de ce renversement : c'est, dit-il, la vanité & le luxe, qui ne se contentent point de ce qui est commun & ordinaire. Quand on a de la vanité, l'on n'aime que la nouveauté. *Commendatio ex novitate, ex soliti ordinis commutatione captatur.* L'ambition porte à se faire distinguer ; & le luxe, ou l'amour de la volupté fait qu'on n'est point content de ce qui est ordinaire. Cette corruption s'étend sur le style aussi-bien que sur les mœurs : après quoi on ne peut rien trouver de beau dans le discours, qui ne soit éloigné des manieres ordinaires. *Cùm assuevit animus fastidire quæ ex more sunt, & illi pro sordidis solita sunt, etiam in oratione, quod novum quærit.* Aussi ceux qui ont le goût bon, se donnent bien de garde d'imiter les auteurs Latins qui ont écrit en ce temps-là ; & ils regardent toutes les choses que ces auteurs estiment, comme des défauts qui trompent par quelqu'agrément, *dulcia vitia.* Quand la décadence se mit dans l'Empire Romain, quelque temps même auparavant, lorsque toutes les Nations du monde se mêlerent avec eux, il se fit un Langage mêlé, & tout plein des impuretés des autres Langues. Ceux qui écrivirent pour lors, & que l'on appelle les Auteurs de la basse Latinité, ne passent que pour la honte & l'infamie de la Langue Latine, *dehonestamenta latinitatis.*

## CHAPITRE VIII.

### *La matiere que l'on traite doit déterminer dans le choix du style.*

C'Est la matiere qui doit déterminer dans le choix du style. Ces expressions nobles, qui rendent le style magnifique, ces grands mots, qui remplissent la bouche, donnent aux choses un air de grandeur, & font connoître le jugement avantageux qu'en fait celui qui parle d'elles. Si donc ces choses ne méritent point cette estime, si elles ne sont grandes que dans l'imagination de l'Auteur ; cette magnificence fait remarquer son peu de jugement, en ce qu'il estime des choses qui ne sont dignes que de mépris. Les figures, & les tours éloignés de l'ordre naturel du discours, découvrent aussi les mouvemens du cœur ; or, afin que ces figures soient justes, la passion dont elles sont le caractere doit être raisonnable. Il n'y a rien qui approche plus de la folie, que de se laisser aller à des emportemens, sans aucun sujet, de se mettre en colere pour une chose qu'on doit traiter avec froideur. Chaque mouvement a ses figures. Les figures enrichissent le style, mais elles ne peuvent mériter de louanges si le mouvement qui les cause n'est louable, comme nous l'avons dit ci-dessus.

Je dis donc encore que c'est la matiere qui regle le style. Lorsque les choses sont grandes, & que l'on ne peut les envisager sans ressentir quelque grand mouvement, le style qui les décrit doit être nécessairement animé, plein de mouvemens, enrichi de figures de toutes sortes de métaphores. Si le sujet qu'on traite n'a rien d'extraordinaire, si on le peut considérer sans être touché de passion, le style doit être simple. L'Art de parler n'aïant point de matiere limitée, & s'étendant à toutes les choses qui peuvent être l'objet de nos pensées ; il y a une infinité de styles differens, les especes de choses que l'on peut traiter étant infinies. Néanmoins les Maîtres de l'Art ont réduit toutes les manieres particulieres d'écrire, sous trois genres. La matiere de tout discours est, ou extrêmement noble, ou extrêmement basse, ou elle tient un milieu entre ces deux extrémités, savoir, la noblesse & la bassesse. Il y a trois genres de styles qui répondent à ces trois genres de matieres ; savoir, le sublime, le simple, & le médiocre. L'on appelle quelquefois ces styles, caracteres, parcequ'ils marquent la qualité de la matiere qui est le sujet du discours. Quand on entreprend un ouvrage, on se propose toujours une idée générale. Le dessein, par exemple, d'un Orateur qui fait le Panégyrique d'un Prince, est de relever l'éclat des actions de son Héros, & de porter sa gloire à un si haut point, qu'on le regarde comme le premier de tous les Hommes. Un Avocat qui plaidera la cause d'un pauvre, se contentera de persuader à ses Auditeurs que celui dont il a pris la défense, est un bon Homme, fort innocent, qui s'acquitte de tous les devoirs d'un bon citoïen. Ce que je dirai de ces trois caracteres regarde la prudence avec laquelle on doit conduire un ouvrage, sans perdre de vûe cette idée générale qu'on s'est proposé d'en donner ; car quoique toutes les choses qui entrent dans la composition d'un discours ne soient pas d'une même espece, il faut pourtant faire ensorte qu'elles aient un rapport avec le tout dont elles font partie. On ne doit rien dire qui ne convienne au principal sujet, & qui n'en porte le caractere. On reprit avec raison les Alabadens comme d'une grande indécence, de ce que les Statues qu'ils avoient placées dans le lieu de leurs exercices, représentoient des Avocats qui plaidoient des causes ; & que celles de leur Auditoire étoient des personnes qui s'exerçoient à la course, & qui jouoient au palet & à la paume. C'est pour éviter un semblable défaut, que nous recherchons dans les Chapitres suivans ce qui convient à chaque caractere.

## CHAPITRE IX.

### *Regle pour le style sublime.*

APelles, pour faire le portrait de son ami Antigonus, qui avoit perdu l'œil gauche à l'armée, le peignit de profil, faisant seulement paroître la partie du visage de ce Prince, qui étoit sans difformité. Il faut imiter cet artifice. Quelque noble que soit le sujet dont on veut donner une haute idée, on ne peut réussir qu'en le faisant voir par la plus belle de ses faces. Les plus belles choses ont des imperfections; cependant la moindre tache qu'on découvre dans ce qu'on estimoit auparavant, est capable de faire perdre toute l'estime qu'on en avoit conçue. Après avoir dit mille belles choses; si on ajoute quelque chose de bas, il se trouvera des esprits assez malins pour ne faire attention qu'à cette bassesse, & oublier tout le reste. On ne doit rien dire qui démente ce que l'on a dit, & qui détruise la premiere idée qu'on a donnée. Longin reprend Hésiode de ce que dans le Poème qu'il a intitulé *Le Bouclier*, après avoir dit ce qu'il pouvoit pour faire une peinture terrible de la Déesse des Ténebres, il gâte ce qu'il avoit dit en ajoutant ces mots:

*Une puante humeur lui couloit des narines.* (Long. Traité du Sublime. ch. 7.)

Cette circonstance ne rend pas cette Déesse terrible, qui étoit le dessein d'Hésiode, mais odieuse & dégoûtante.

Il faut donc cacher les défauts, ou pour mieux

parler, puiſque la vérité doit toujours paroître, il faut s'attacher à tourner les choſes dont on veut donner une grande idée, de maniere qu'elles paroiſſent par leur bel endroit. Zeuxis, pour repréſenter Hélene auſſi belle que les Poëtes Grecs la font dans leurs Vers, étudia les traits naturels des plus belles perſonnes de la Ville où il faiſoit cet ouvrage, & donna à ſon Hélene toutes les graces que la nature avoit partagées entre un grand nombre de Femmes bien faites. Lorſqu'on eſt donc maître de ſon ſujet, qu'on peut ajouter ou retrancher: qu'un Poëte, par exemple, entreprend de faire une deſcription d'une tempête, il doit conſidérer tout ce qui arrive dans les tempêtes, les circonſtances, les ſuites, pour rapporter ce qui eſt de plus extraordinaire & de plus ſurprenant, comme le fait l'Auteur des Vers ſuivans:

*Comme l'on voit les flôts, ſoulevés par l'orage,*
*Fondre ſur un vaiſſeau qui s'oppoſe à leur rage,*
*Le vent avec fureur dans les voiles frémit,*
*La mer blanchit d'écume, & l'air au loin gémit:*
*Le Matelot troublé, que ſon art abandonne,*
*Croit voir dans chaque flot la mort qui l'environne.*
(Homere cité par Long. Traité du Sublime ch. 8.)

Les expreſſions du ſtyle ſublime doivent être nobles, & capables de donner cette haute idée qu'on enviſage comme ſa fin. Quoique la matiere ne ſoit pas également noble dans toutes ſes parties: néanmoins il faut garder une certaine uniformité de ſtyle. Dans un Palais il y a des appartemens auſſi bien pour les derniers Officiers, que pour ceux qui approchent de la perſonne du Prince. Il y a des ſales & des écuries. Les écuries ne doivent pas être bâties avec autant de magnificence que les ſales, cependant il y a quelque proportion entre tous les compartimens de cet édifice ; & chaque partie, pour basse qu'elle soit, fait assez voir de quel tout elle est partie. Ainsi dans le style sublime, quoique les expressions doivent répondre à la matiere : il faut néanmoins parler des choses qui ne sont que médiocres, avec un air qui les releve de leur bassesse, parcequ'aïant dessein de donner une haute idée de son sujet, il est nécessaire que tout porte, pour ainsi dire, ses livrées, & lui fasse honneur, & que l'ouvrage entier fasse connoître dans toutes ses parties la qualité de ce sujet.

Les Ecrivains ambitieux, pour avoir sujet de n'emploïer que ce style sublime, mêlent, avec tout ce qu'ils traitent, des choses grandes & prodigieuses, sans prendre garde si l'invention de ces prodiges est fondée sur la raison. Les Grecs appellent ce vice *τερατολογία*. Florus, qui a fait un petit abregé de l'Histoire Romaine, me fournit un exemple assez remarquable de cette *Teratologie*. Il n'étoit question que de dire, comme fait Sextus Rufus, *Que l'Empire Romain s'étoit étendu jusques à l'Ocean, par la conquête que Décimus Brutus avoit faite de toute l'Espagne* ; ce qu'il exprime ainsi en Latin. *Hispanias per Decimum Brutum obtinuimus, & usque ad Gades & Oceanum pervenimus.* Florus, prenant un vol plus élevé, dit : *Decimus Brutus aliquanto latius Gallacos, atque omnes Gallaciæ populos, formidatumque militibus flumen oblivionis, peragratoque victor Oceani littore, non priùs signa convertit quàm cadentem in maria solem, obrutumque aquis ignem, non sine quodam sacrilegii metu & horrore deprehendit.* Il grossit ainsi sa narration de prodiges : il s'imagine que les Romains aïant porté leurs conquêtes jusques aux extrêmités des Espagnes, frémirent de peur, appercevant l'O-

Ocean, & qu'ils se crurent coupables d'avoir regardé avec des yeux téméraires le Soleil dans son couchant, lorsqu'il semble éteindre ses feux dans les eaux de l'Ocean.

Ce défaut est aussi appellé Enflure, parceque cette maniere de dire les choses avec un air sublime qui ne leur convient point, est semblable à ce faux embonpoint des malades qui paroissent gras lorsque la fluxion les rend bouffis. Le caractere sublime est difficile : tout le monde ne peut pas s'élever au-dessus du commun, & continuer longtemps le même vol. Il est facile de s'élever par la grandeur des expressions ; mais, si ces expressions ne sont pas soutenues par la grandeur du sujet, & remplies de choses solides, on les compare justement à ces grandes échasses qui font remarquer la petite taille de ceux qui s'en servent, en même-temps qu'elles les élevent. On peut bien, par la machine d'une phrase, faire monter une bagatelle fort haut ; mais elle tombe bien-tot dans son néant, & cette élévation ne fait que l'exposer aux yeux de ceux qui ne l'auroient jamais apperçue, si elle étoit demeurée dans son obscurité. Cette affectation de donner un air de grandeur à toutes les choses que l'on propose, & de les revêtir de paroles magnifiques, fait naître ce soupçon aux personnes judicieuses, qu'un Auteur a voulu cacher la bassesse de ses pensées sous cette vaine montre de grandeur. Aussi, comme dit Quintilien, plus un esprit est rampant & borné, plus il affecte de paroître élevé & fécond. Les petites gens affectent de paroître grands en s'élevant sur la pointe de leurs pieds. Ceux qui sont foibles, font le plus de rodomontades. Cette enflure du style, ces affectations de mots qui font du bruit, sont plutôt des témoignages de foiblesse que de force. *Quo quisque ingenio minùs valet, hoc se magis attollere & dilatare conatur, & statura breves in digitos eriguntur, & plura infirmi minantur; nam & tumidos, & corruptos, & tinnulos, & quocumque alio cacozeliæ genere peccantes, certum habeo non virium, sed infirmitatis vitio laborare.*

Longin (*Traité du Subl. chap.* 2.) donne pour exemple de l'enflure l'expression de Gorgias, qui a appellé Xercès, *le Jupiter des Perses*; & les Vautours, *des sepulcres animés.* Il compare les Auteurs enflés, à ces oiseaux qui s'élevent si haut qu'on les perd de vûe. Il dit qu'ils n'ont que du vent & de l'écorce, qu'ils ressemblent à un Homme qui ouvre une grande bouche pour souffler dans une petite flûte. Cet habile Rhéteur fait cette réflexion importante, qu'en matiere d'éloquence, il n'y a rien de plus difficile à éviter que l'enflure. Car comme en toutes choses, naturellement nous cherchons le grand, & que nous craignons sur-tout d'être accusés de sécheresse, ou de peu de force, il arrive, je ne sais comment, que la plupart tombent dans ce vice : fondés sur cette maxime commune :

*Dans un noble projet, on tombe noblement.*

Un style enflé est ordinairement *froid* ; car lorsqu'on veut dire une grande chose, & que cependant on ne dit qu'une puerilité, au-lieu d'échauffer, on refroidit. Qui n'auroit pas été glacé par cet Orateur, qui pour louer Alexandre le Grand, disoit de lui, qu'il avoit conquis toute l'Asie en moins de temps qu'Isocrate n'en avoit employé à composer son Panegyrique ? (*Traité du Subl. c.* 3.). Les grandes expressions, les mots magnifiques de plusieurs syllabes, une cadence sonore, élevée, conviennent aux grandes choses. Le style sublime demande des réflexions sérieuses, des sentences; c'est-à-dire, des manieres de s'exprimer ingénieuses, courtes, vives, qui, par un tour non commun, excitent l'attention. Mais pour cela il faut que le sujet soit digne de ces réflexions Les figures conviennent au style sublime; parceque le sujet en étant grand, on ne peut l'envisager froidement, & n'être point touché & émû de ce qu'il y a en lui d'extraordinaire. Ainsi le discours, qui exprime ces mouvemens, est nécessairement figuré: mais ces figures marquent l'égarement, & pour ainsi dire, l'ivresse de celui qui entre dans de grandes passions sans raison. C'est assez parlé des défauts où tombent ceux qui emploient le style sublime mal à propos; donnons au-moins un exemple d'un discours qui en ait les bonnes qualités sans ces défauts.

Demosthene (*Orat. pro Coronâ.*) apostrophe ainsi son Adversaire. *Vous demandez par quelle raison je crois devoir être honoré d'une Couronne? La raison est, ô Eschine, que vous & vos semblables, vous laissant tous gagner par l'ennemi, je suis demeuré fidele à la Patrie, sans que rien ait pu m'ébranler. A l'égard des murs de la Ville, que j'ai fait rebâtir à mes frais, quoique vous vous attachiez à décrier ce service; qui peut nier qu'il ne soit très considerable? mais je n'ai garde de le comparer à ce que j'ai fait d'ailleurs pour la République: J'ai rétabli la bonne intelligence entre les Citoiens; j'ai réconcilié entre eux tous les peuples de la Grece; je les ai réunis avec nous, je les ai tous mis dans la disposition de sacrifier leurs biens & leurs vies pour sauver notre République; les voila, ô Eschine, les murs, les remparts, les retranchemens dont j'ai muni nos frontieres.*

Il ne faut pas confondre le style sublime & magnifique, avec ce qu'on appelle grand ou sublime dans le discours; qui est une espece de traits qui frappent, & qui quelquefois sont compris en un mot : tel est celui-ci de l'Ecriture en parlant d'Alexandre : *terra siluit in conspectu ejus* ; tel est cet autre de Racine.

*O sagesse ! ta parole*
*Fit éclore l'Univers ;*
*Posa sur un double Pole*
*La Terre au milieu des airs.*
*Tu dis, & les Cieux parurent,*
*Et tous les Astres coururent*
*Dans leur ordre se placer.*
*Avant les siecles tu regnes ;*
*Et qui suis-je, que tu daignes*
*Jusqu'à moi te rabaisser ?*

Tout est simple dans l'expression, excepté le mot, *éclore*, qui est métaphorique : mais quelle sublimité dans les pensées ? Voici encore un endroit du même Poète, qui est fort sublime ; dans son Athalie il fait ainsi parler le Grand-Prêtre Joiada.

*Le Dieu, qui met un frein à la fureur des flots,*
*Sait aussi des méchans arrêter les complots ;*
*Soumis avec respect à sa volonté sainte,*
*Je crains Dieu, cher Abner, & n'ai point d'autre crainte.*

Tout est grand & sublime dans cet endroit, la pensée, l'expression, la crainte de Dieu supérieure à toute autre crainte, &c.

De ce genre est aussi le fameux serment de Demosthêne, dans sa Harangue pour la Couronne.

*Non, Messieurs, non*, dit-il aux Atheniens, *vous n'avez point failli, j'en jure par les mânes de tous ces grands Hommes qui combattirent à la bataille de Marathon, de Plathée, de Salamine.* A l'égard du style sublime & magnifique, il a plus d'étendue ;

semblable aux grands fleuves, il coule avec majesté. De ce caractere sont les Ecrits de Platon, du grand Bossuet ; son discours sur l'Histoire Universelle, sans parler de ses autres Ouvrages, est d'un style, noble, grand, majestueux, digne en un mot de la matiere qu'il traite.

## CHAPITRE X.

### *Du style, ou caractere, simple.*

IL faut que les mots conviennent aux choses : ce qui est grand demande des mots qui donnent de grandes idées : *τὰ μὲν μεγάλα μεγάλως, τὰ δὲ μικρὰ μικρῶς*. C'est ce qui est difficile, non pour le choix de la matiere, mais pour l'élocution. Il faut avoir une connoissance parfaite de la Langue dans laquelle on écrit, pour écrire simplement, & se soutenir sans tomber. Il y a des termes & des tours qu'on n'emploie que dans les grandes occasions. Ce qui fait le style sublime, ce sont les métaphores, les figures, où l'on a une grande liberté. Mais quand il s'agit de dire quelque chose simplement, c'est-à-dire, d'en parler comme l'on parle ordinairement, on est assujetti à l'usage ordinaire, qu'il faut par conséquent posseder en perfection pour réussir dans le style simple. C'est pourquoi on estime plus, pour la pureté de la Langue, les lettres que Ciceron écrivoit à ses amis, que ses Harangues. Il en est de même de ce que Virgile a écrit dans ce style, comme sont ses Bucoliques.

Le caractere simple a donc ses difficultés. Le choix des choses n'y est pas difficile, comme nous l'avons dit, puisqu'elles doivent être communes &

ordinaires ; mais c'eſt ce qui le rend difficile : car la grandeur des choſes éblouit, & cache les défauts d'un Ecrivain. Quand on parle de choſes rares & extraordinaires, on peut emploïer des métaphores, parceque l'uſage ne donne point d'expreſſions aſſez fortes. Le diſcours peut être enrichi de figures, parcequ'on n'enviſage guere ce qui eſt grand, d'une maniere tranquille, & ſans reſſentir des mouvemens d'admiration, d'amour ou de haine, de crainte ou d'eſpérance. Au-contraire, ſi l'on n'a pour objet que des choſes communes, on eſt obligé de n'emploïer que les termes propres & ordinaires : il n'eſt pas permis de figurer ſon diſcours ; il faut parler ſimplement, ce qui n'eſt pas ſans difficulté. Car enfin, ceux qui écrivent ne peuvent ignorer que la liberté de recourir aux figures eſt ſouvent commode pour s'exempter de la peine de rechercher des mots propres qui ne ſe trouvent pas toujours. L'expérience fait connoître qu'il eſt plus facile de faire des figures, que de parler naturellement.

J'ai toujours obſervé que c'eſt le caractere des petits génies, que l'affectation dans le diſcours : un eſprit élevé, ſolide, n'établit pas ſa réputation ſur des phraſes, ſur des expreſſions qui n'ont que le tour de rare. Pourquoi ne pas dire les choſes d'une maniere naturelle ? Pourquoi dire obſcurément que, *nous nous devenons plus chers à meſure que nous ſommes plus près de nous perdre* ; pour dire que quand on eſt vieux, & ſur le point de mourir, on ménage davantage la vie ? Cette penſée eſt-elle ſi rare, ſi myſtérieuſe, qu'il la fallût ainſi envelopper ? Il en eſt de même de cette expreſſion : *A parler ſainement, nous nous ſommes les premiers fâcheux, dans un commerce trop long & trop ſérieux avec nous-mêmes.* Ne parleroit-on pas plus raiſonnablement en diſant ſimplement ce qu'on veut ici marquer : qu'on s'ennuie quand on est seul, si cette solitude dure long-temps ? Le fameux Rhéteur que je cite souvent, Longin, remarque qu'un discours tout simple, exprime quelquefois mieux la chose, que toute la pompe & tout l'ornement : qu'on le voit dans les affaires de la vie, une chose énoncée d'une façon ordinaire se faisant plus aisément croire ; car les expressions simples marquent un Homme qui dit bonnement les choses, & qui n'y entend point de finesse. Je suppose que ces expressions renferment un sens qui n'a rien de grossier ni de trivial. Cet avis est de la derniere importance pour les conversations & pour les compositions ; on doit par-tout éviter ce qui s'appelle phrase, & faire consister l'esprit à dire des choses raisonnables, & à les dire d'une maniere naturelle, en se servant de termes propres que l'usage a établis, sans en affecter d'autres.

C'est donc dans ce que nous appellons le style simple, qu'un honnête Homme doit s'exercer particulierement. Or, il y a bien de la différence entre la simplicité, & la bassesse qui n'est jamais bonne, & qu'il faut éviter avec d'autant plus de soin, qu'il est très difficile de s'en garantir, à cause que rien n'approche plus de la simplicité que la bassesse. La matiere du style simple, n'a aucune élevation ; mais ce n'est pas à dire que le discours qui l'exprime doive être vil & méprisable. Elle ne demande pas les pompes & les ornemens de l'Eloquence, ni d'être revêtue d'habits magnifiques : mais aussi elle rejette les façons de parler basses ; elle veut que les habits qu'on lui donne soient propres & honnêtes ; & ce qu'il faut bien remarquer, c'est que dans ce style on peut être sublime, penser & parler sublimement. Car, par le sublime, on ne doit pas entendre *ce que les Orateurs appellent le style subli-*

*me : mais cet extraordinaire*, dit Longin, (Trait. du Sub. ch. 1. & ailleurs.) *& ce merveilleux qui frappe dans le discours, & qui fait qu'un ouvrage enleve, ravit, transporte. Le style sublime veut toujours de grands mots, mais le sublime se peut trouver dans une seule pensée, dans une seule figure, dans un seul tour de paroles. Une chose peut être dans le style sublime & n'être pourtant pas sublime ; c'est-à-dire, n'avoir rien d'extraordinaire, de surprenant.* Le sublime demande donc quelque chose de nouveau & dans le tour, & dans la pensée. On donne ce quatrain comme un chef-d'œuvre en naïveté. L'expression en est simple, mais la pensée du Poëte surprend, & donne en un mot plus d'idée que ne feroit un long discours.

*Colas est mort de maladie ;*
*Tu veux que j'en pleure le sort ;*
*Hé bien, que veux-tu que j'en die ?*
*Colas vivoit, Colas est mort.*

## CHAPITRE XI.

### *Du style médiocre.*

JE ne dirai rien du caractere médiocre, parcequ'il suffit de savoir qu'il consiste dans une médiocrité qui doit participer de la grandeur du caractere sublime, & de la simplicité du caractere simple. Virgile nous a donné l'exemple de ces trois caracteres. Son Enéide est dans le caractere sublime : il n'y parle que de combats, de sieges, de guerres, de Princes, de Héros. Tout y est magnifique ; les sentimens & les paroles : la grandeur des expressions répond à la grandeur du sujet. On ne lit rien, dans ce Poème, qui soit ordinaire. Ce Poète ne se sert point des termes que l'usage de la lie du peuple ait, pour ainsi dire, profanés. S'il est obligé de nommer les choses communes, il le fera par quelque tour particulier, par quelque Trope ; par exemple, pour *panis*, du pain, il mettra *Ceres*, qui étoit parmi les Païens de la Déesse des bleds.

Le caractere des Eglogues est simple. Ce sont des Bergers qui parlent, qui s'entretiennent de leurs amours, de leurs troupeaux, de leurs campagnes, d'une maniere simple, & qui convient à des Bergers.

Les Géorgiques sont d'un caractere médiocre. La matiere qu'il traite n'approche pas de celle de l'Enéide. Virgile ne parle point dans cet ouvrage, de ces grandes guerres, de ces sanglans combats, & de l'établissement de l'Empire Romain, qui sont le sujet de son Enéide ; mais aussi les Géorgiques ne sont pas ravalés jusques à la condition des Bergers. Car dans ces Livres il pénetre dans les causes les plus cachées de la nature ; il découvre les mysteres de la Religion des Romains ; il y mêle de la Philosophie, de la Théologie, de l'Histoire : ce qui l'oblige à tenir un milieu entre la majesté de son Enéide, & la simplicité de ses Bucoliques.

Si le style simple demande tant de soin & d'exercice, celui-ci n'en demande pas moins. Le style grand & sublime n'est que pour les choses fort extraordinaires, & par conséquent qui sont hors de l'usage commun. La plupart des choses qui sont le sujet de nos entreprises & de nos discours, sont médiocres. La question est donc de les envisager telles qu'elles sont, d'en iuger raisonnablement. Il y a des esprits de travers, qui prennent les choses tout autrement qu'elles ne sont. Tantôt les collines leur paroissent des montagnes. Ils se récrient sur tout ; & tantôt ils regardent avec froideur les choses qui sont les plus dignes d'admiration. Il y a aussi des esprits grossiers qui ne découvrent rien, non pas même ce qui leur saute aux yeux. Un honnête Homme, c'est-à-dire, un Homme qui a du jugement, qui est délicat, voit ce que sont les choses, il ne lui échappe rien ; & ensuite il s'en forme des idées véritables. S'il en parle, il le fait naturellement, exprimant les idées qu'il en a avec les termes qui sont faits pour ces idées ; de sorte qu'on voit dans son style un esprit raisonnable & naturel, qui n'outre rien, qui juge des choses comme il faut, qui ne les fait point plus grandes ni plus petites qu'elles sont, & qui en parle dans les termes dont on se sert lorsqu'on n'y cherche point de façon, qu'on n'affecte rien, qu'on suit la raison, la bienséance, l'usage des honnêtes gens. C'est là le caractere d'un esprit poli, qu'on prend dans la conversation de ceux qui ont l'esprit naturel, bien fait, & que par conséquent on ne se peut empêcher d'aimer & d'honorer ; ce qui leur fait donner le nom d'honnêtes gens, à cause de l'honneur dont ils se rendent dignes. Il y a peu d'Auteurs qui aient ce caractere ; c'est pourquoi, en lisant les Livres, on y prend le plus souvent un caractere opposé, qui est celui de *Pedant*. En lisant beaucoup Homere, on prend un style naturel. Les Lettres de Ciceron, sur-tout celles qu'il a écrites à Atticus, les Satyres & les Epîtres d'Horace, Virgile, Saluste, Cesar donnent cette politesse. On voit dans ces ouvrages des modeles parfaits du style dont nous parlons. Peu en jugent bien ; car on n'aime que ce qui a un air de grandeur. On pardonne à un Auteur cent endroits bas, si on en trouve un qui brille. Seneque redresse un de ses amis qui avoit de mauvais goût, qui n'aimoit que ce qui est élevé, & prenoit pour bassesse l'égalité & la douceur, qui sont les qualités du style médiocre. Les paroles de Seneque renferment un grand sens : *Humilia tibi videri dicis omnia, & parùm erecta .... Non sunt humilia illa, sed placida. Sunt enim tenore quieto compositóque formata, nec depressa, sed plana. Deest illis oratorius vigor, stimulique quos quaeris, & subiti ictus sententiarum : sed totum corpus videris, quamvis sit incomptum, honestum est.*

## CHAPITRE XII.

### *Style propre à certaines matieres. Qualités communes à tous ces styles*

NOus allons parler des styles particuliers qui sont affectés à certaines matieres, comme sont les styles des Poëtes, des Orateurs, des Historiens, &c. Mais il est à propos de faire auparavant quelques observations sur les qualités qui sont communes à tous ces styles. Car de plusieurs Ecrivains qui s'exercent dans un même style, les uns sont plus doux, les autres sont plus forts : les uns sont fleuris, les autres sont austeres. Voïons en quoi consistent ces qualités, & comment on les peut donner à un style lorsqu'elles conviennent à la nature du sujet.

La premiere de ces qualités est la douceur. On dit qu'un style est doux, lorsque les choses y sont dites avec tant de clarté que l'esprit ne fait aucun effort pour les concevoir, comme nous disons que le penchant d'une montagne est doux, lorsque l'on y monte sans peine. Pour donner cette douceur à un ſtyle ; il ne faut rien laiſſer à deviner au Lecteur. On doit débrouiller tout ce qui pourroit l'embarraſſer ; prévenir ſes doutes. En un mot, il faut dire les choſes dans l'étendue qui eſt néceſſaire, afin qu'elles ſoient apperçues ; ce qui eſt petit ſe dérobant à la vûe. J'ai dit, dans le Livre précédent, de quelle maniere on adouciſſoit la cadence & la prononciation du diſcours. La douceur du nombre contribue merveilleuſement à celle du ſtyle, elle peut avoir pluſieurs dégrés. On dit d'un Auteur qui écrit avec une douceur extraordinaire, que ſon ſtyle eſt tendre & délicat. Je ne veux pas oublier ici, qu'il n'y a rien qui contribue davantage à la douceur du ſtyle, que le ſoin d'inſérer où il faut, toutes les particules néceſſaires, pour faire appercevoir la ſuite & la liaiſon de toutes les parties du diſcours. On donne pour modele d'un ſtyle doux, Herodote dans la Langue Grecque, & dans la Latine, Tite-Live.

La ſeconde qualité eſt la force. Cette qualité eſt entierement oppoſée à la précédente : elle frappe fortement l'eſprit, elle l'applique, & le rend extrémement attentif. Pour rendre un ſtyle fort, il faut ſe ſervir d'expreſſions courtes, qui ſignifient beaucoup, & qui réveillent pluſieurs idées. Les Auteurs Grecs & Latins, comme Theucidide & Tacite, ſont pleins d'expreſſions fortes. Elles ſont rares dans le François, ces expreſſions. Notre Langue aime que le diſcours ſoit naturel, libre, & un peu diffus ; c'eſt pourquoi on ne doit pas s'étonner que les traductions Françoiſes des Auteurs Grecs & Latins, ſoient plus abondantes en paroles que les originaux, puiſqu'on ne peut pas ſe ſervir d'expreſſions ſi courtes & ſi ſerrées, ſelon le génie de notre Langue, qui veut qu'on développe toutes les idées que le mot

Grec ou Latin renferme. Saint Paul, par exemple, dit d'une maniere noble, qu'il eſt près de mourir, ſe ſervant de cette expreſſion : ἐγὼ γὰρ ἤδη σπένδομαι que la verſion Latine rend par ces mots ; *Ego enim jam delibor*. Pour traduire en François ce paſſage, il faut néceſſairement le faire de cette maniere : *Car pour moi, je ſuis comme une victime qui a déja reçu l'aſperſion pour être ſacrifiée.* Toutes ces paroles ne font que développer les idées que donne le mot Grec σπένδομαι, lorſqu'on conſidere ſa force avec toute l'attention néceſſaire.

Je le penſois ainſi lorſque j'ai fait imprimer ce Livre les premieres fois. Je crois, à préſent, qu'il faut traduire : *Car pour moi, je ſuis comme une victime, dont le ſacrifice va être bien-tôt achevé : déja on fait l'effuſion de mon ſang.* Saint Paul fait alluſion aux Sacrifices Judaïques. Il n'eſt point vrai qu'on fît aucune aſperſion ſur la tête de la victime, comme cela ſe pratiquoit chez les Gentils. Après la mactation, on verſoit le ſang de la victime au pied de l'Autel ; & c'eſt de cette action que le verbe σπένδομαι donne l'idée. Enſuite on coupoit la victime, on la partageoit, & c'eſt ce que ſaint Paul appelle *tempus reſolutionis meæ :* Le temps de la ſéparation de ſon ame d'avec ſon corps.

La troiſieme qualité rend un ſtyle agréable & fleuri. Cette qualité dépend en partie de la premiere, & elle en veut être précédée, l'eſprit ne ſe divertiſſant pas lorſqu'il s'applique trop fortement. Les Tropes & les Figures ſont les fleurs du ſtyle. Les Tropes font concevoir ſenſiblement les penſées les plus abſtraites. Ils font une peinture agréable de ce que l'on vouloit ſignifier. Les figures réveillent l'attention, elles échauffent, elles animent les Lecteurs, ce qui lui eſt agréable : le mouvement étant le principe de la vie & du plaiſir ; la froideur au-contraire, mortifiant toutes choſes. Quinte-Curſe eſt fleuri.

La derniere qualité est austere, elle retranche du style tout ce qui n'est pas absolument nécessaire, elle n'accorde rien au plaisir, elle ne souffre aucun ornement ; & comme un Juge de l'ancien Aréopage, elle ne permet pas que le discours soit animé ; elle en bannit tous les mouvemens capables d'attendrir les cœurs. Lorsque l'austerité va trop loin, elle dégénere en sécheresse.

L'on doit faire en sorte que le style ait des qualités qui soient propres au sujet que l'on traite. Vitruve, cet excellent & judicieux Architecte, qui vivoit sous Auguste, remarque que dans la structure des Temples, on suivoit l'ordre qui exprimoit le caractere de la Divinité à qui le Temple étoit dédié. Le Dorique qui est le plus solide & le plus simple, étoit emploïé dans les Temples de Minerve, de Mars & d'Hercule ; les délicatesses & les ornemens des autres ordres ne convenant pas à la Déesse de la sagesse, au Dieu des combats, ni à l'exterminateur des Monstres. Les Temples de Venus, de Flore, de Proserpine, & des Nymphes, étoient bâtis selon l'ordre Corinthien, qui est tendre, délicat, chargé de festons, de feuillages, & paré de tous les ornemens de l'Architecture. L'ordre Ionique étoit consacré à Diane à Junon, & aux autres Dieux ; les regles de cet ordre donnent le caractere de leur humeur. Il tient un milieu entre la solidité de l'ordre Dorique, & la gentillesse du Corinthien. Il en est de même du discours, les fleurs & les gentillesses de l'éloquence ne sont pas propres pour un sujet grave & plein de majesté. L'austérité du style est importune, lorsque la matiere permet de rire : la force des expressions est inutile, quand les esprits se gagnent par la douceur, & qu'il n'est pas besoin de les combattre, ni de les forcer.

CHAPITRE

## CHAPITRE XIII.

### *Quel doit être le ſtyle des Orateurs.*

IL ſemble que ceux qui ont traité juſqu'à préſent de l'Art de parler, n'aient écrit que pour les Orateurs. Ils ne donnent des préceptes que pour leur ſtyle ; & ceux qui étudient cet art regardent l'abondance & la richeſſe des expreſſions, que nous admirons dans le diſcours des grands Orateurs, comme le principal & l'unique fruit de leur étude. Il eſt vrai que l'éloquence paroît avec éclat dans ce ſtyle ; ce qui m'oblige de lui donner la premiere place.

Les Orateurs parlent ordinairement pour éclaircir des vérités obſcures ou conteſtées ; ce qui demande un ſtyle diffus, puiſque dans cette occaſion il eſt néceſſaire de diſſiper tous les nuages & toutes les obſcurités qui les cachent. Ceux, qui entendent parler un Orateur, ne prennent pas autant d'intérêt que lui dans la cauſe qu'il défend ; ils ne ſont donc pas toujours attentifs, ou n'aïant pas l'eſprit aſſez vif, ils ne conçoivent qu'avec peine ce qu'on leur dit. L'Orateur eſt donc obligé de redire les mêmes choſes en pluſieurs manieres, afin que ſi les premieres paroles n'ont pas porté coup, les ſecondes faſſent l'effet qu'il ſouhaite.

Mais cette abondance ne conſiſte pas dans une multitude d'épithetes, de mots, & d'expreſſions entierement ſynonymes. Pour perſuader une vérité, pour la faire comprendre par les plus groſſiers, & la faire appercevoir aux eſprits les plus diſtraits, il faut la repréſenter ſous pluſieurs faces différentes, avec cet ordre que les dernieres expressions soient plus fortes que les premieres, & ajoutent quelque chose aux discours ; de sorte que sans être ennuïeux, on rende sensible & palpable ce que l'on vouloit faire connoître. Un habile Homme s'accommode à la capacité des Auditeurs ; il s'arrête aux choses qui sont obscures, & il ne les quitte point jusqu'à ce qu'elles soient entrées dans leur esprit, & qu'elles s'y soient établies.

Les vérités qui se démontrent dans les plaidoyers & dans les harangues, ne sont pas de la nature des vérités Mathématiques. Ces dernieres ne dépendent que d'un très petit nombre de principes certains & infaillibles. Les premieres dépendent d'une multitude de circonstances, qui, séparées, n'ont pas de force, & qui ne peuvent convaincre que lorsqu'elles sont ramassées & unies ensemble. On ne peut les ramasser sans Art, & c'est où paroît l'adresse des Orateurs. Ils ménagent les moindres circonstances, & souvent ils font le fondement de leur preuve, d'une particularité qu'un autre auroit rebutée, & n'auroit daigné emploïer. Pourquoi Ciceron grossit-il ses Oraisons, de circonstances qui semblent inutiles & basses ? A quoi bon rapporter ( *Cic. pro Milone, in narratione.* ) que Milon changea de souliers, qu'il prit ses habits de campagne, qu'il partit tard, attendant sa femme, laquelle fut long-temps à se préparer, selon la coutume des Femmes ? C'est que cette peinture simple & naïve qu'il fait, sans oublier les moindres traits de l'action qu'il veut mettre devant les yeux des Juges, persuade efficacement qu'on ne peut rien appercevoir dans la conduite de Milon, qui le fasse soupçonner d'avoir prémédité d'assassiner Clodius, comme prétendoient ses ennemis.

Les grands Orateurs n'emploient que des expressions riches, capables de faire valoir leurs maiſons. Ils tâchent d'éblouir les yeux & l'eſprit ; & pour ce ſujet, ils ne combattent qu'avec des armes brillantes. L'uſage ne leur fourniſſant pas toujours des mots propres pour exprimer le jugement qu'ils font des choſes, & pour les faire paroître auſſi grandes qu'elles ſont, ils ont recours aux Tropes, qui leur ſervent encore à donner telle couleur qu'ils deſirent à une action, à la faire paroître petite ou grande, louable ou mépriſable, juſte ou injuſte, ſelon que les termes métaphoriques dont ils ſe ſervent, la relevent ou l'abaiſſent. Mais l'abus qu'ils font de cet Art les rend ſouvent ridicules. On n'a pas droit de déguiſer une action, de l'habiller comme l'on veut, de donner le nom de crime à une faute excuſable, & d'en parler comme d'une faute légere, ſi elle eſt criminelle. Les mots de crimes & de fautes donnent des idées différentes. Si l'on n'applique ces termes avec juſteſſe, on doit paſſer, ou pour n'avoir pas de jugement, ou pour avoir peu de bonne foi. Les perſonnes ſages qui écoutent, s'attachent aux choſes, & avant que de ſe laiſſer perſuader par les mots, elles examinent s'ils conviennent. J'admire ces Déclamateurs, qui croient avoir triomphé de leur ennemi, quand ils ſe ſont raillés de ſes raiſons, l'avoir terraſſé quand ils l'ont chargé d'injures, & qu'ils ont épuiſé toutes les figures de leur Art pour le repréſenter tel qu'ils veulent qu'il paroiſſe.

Mais auſſi un Orateur ne doit pas être froid & indifférent. On ne peut défendre fortement une vérité, ſi l'on ne s'intéreſſe dans ſa défenſe. Un diſcours eſt languiſſant quand il ne part pas d'un cœur ardent pour la vérité, dont il a pris le parti. Nous avons montré, dans le ſecond Livre, que comme la nature fait prendre aux membres du corps des poſtures propres à attaquer & à ſe défendre dans un combat ſingulier, elle fait auſſi que l'on figure ſon diſcours, & qu'on lui donne des tours propres à ſoutenir une vérité conteſtée, à l'établir, & à refuter ce qu'on lui oppoſe. Auſſi nous voïons qu'il n'y a rien de plus figuré que le diſcours d'un grand Orateur qui entre dans tous les ſentimens de celui dont il plaide la cauſe, & ſe revêt de toutes ſes affections.

C'eſt la qualité des choſes dont il parle, qui doit regler ſon ſtyle : lorſque les choſes le méritent, il doit s'échauffer ; on attend de lui de la véhémence. Par exemple, quand il déclame contre le vice, contre les crimes énormes, il ne le doit pas faire foiblement, comme le dit Seneque écrivant à un de ſes amis. *Deſideres, inquies, contra vitia aliquid aſperè dici, contra pericula animosè, contra fortunam ſuperbè, contra ambitionem contumeliosè. Volo luxuriam objurgari, libidinem traduci, impotentiam frangi : ſit aliquid oratoriè acre, tragicè grande, comicè exile.* Ces paroles Latines diſent beaucoup : elles peuvent tenir lieu de pluſieurs préceptes.

La clarté eſt particulierement néceſſaire à un Orateur ; mais il doit prendre garde qu'en voulant trop dire il ne répete les mêmes choſes, & qu'ainſi il ne fatigue. On n'aime pas à entendre rebattre ce que l'on ſait déja. Ce qui eſt trop ſerré, & n'eſt pas expliqué, n'eſt pas entendu. D'un autre côté, ce qui s'entend aiſément eſt mépriſé. La difficulté eſt donc de trouver le juſte milieu. Auſſi il ſe peut faire que deux Orateurs, après s'être entendus, tous deux eurent raiſon de ſe dire l'un de l'autre, après qu'ils eurent parlé ; Le premier du ſecond : *Les eaux claires ne ſont jamais profondes* : Le ſecond du premier ; *Les eaux profondes ne ſont jamais claires* ; ſe reprochant réciproquement leurs défauts, celui-là à l'autre d'être ſuperficiel, & l'autre à celui-ci d'être obſeur. Eſt-il néceſſaire que j'avertiſſe que c'eſt une extravagance, ou un orgueil mal entendu, que d'affecter l'obſcurité pour faire mine qu'on dit de grandes choſes ? La réputation eſt facile à acquérir à ce prix-là ; mais il faut parler devant des ſortes de gens, qui effectivement n'admirent que ce qui eſt énigmatique & ce qu'ils n'entendent point. Auſſi, comme il ne s'en rencontre que trop ; je ne m'étonne pas s'il s'eſt trouvé un mauvais Maître qui donnoit pour préceptes à ſes écoliers, de jetter de l'obſcurité ſur leurs écrits, ſans doute pour paroître merveilleux. Son mot ordinaire étoit, *σκότισον* ; c'eſt-à-dire, obſcurciſſez ce que vous dites. Quintilien parle de ce mauvais Rhéteur, à qui les choſes paroiſſoient d'autant meilleures, qu'il avoit peine à les entendre. Cela doit être bien excellent ; car je ne l'entends pas moi-même. *Tantò melior, ne ego quidem intellexi.*

Pour le nombre ou cadence propre à l'Orateur, ſon diſcours doit être périodique de temps en temps ; les périodes ſe prononçant avec plus de majeſté, elles donnent du poids aux choſes.

## CHAPITRE XIV.

### *Quel doit être le ſtyle des Hiſtoriens.*

APrès les harangues, il n'y a point de ſujet où l'éloquence ſe faſſe davantage admirer, que dans l'Hiſtoire ; car c'eſt le métier de l'Orateur d'écrire l'Hiſtoire, comme dit Ciceron : *Hiſtoria opus eſt maximè Oratorium.* C'eſt par ſa bouche que les actions des grands Hommes doivent être publiées ; c'eſt ſon ſtyle qui en conſerve la mémoire à la poſtérité. Les principales qualités du ſtyle Hiſtorique ſont la clarté & la brieveté. Un Hiſtorien éloquent fait une vive peinture de l'action qu'il rapporte ; il n'en oublie aucune circonſtance notable. Celui qui eſt ſec ou aride, ne repréſente que la carcaſſe des choſes, il ne les dit qu'à demi : ainſi ſon Hiſtoire eſt maigre & décharnée. Quand on rapporte un combat qui a été ſuivi d'une victoire ſignalée, ce n'eſt pas être Hiſtorien que de dire ſimplement que l'on a combattu. Il faut rapporter les cauſes de la guerre, dire comment elle s'eſt allumée, faire connoître l'intérêt des Princes, leurs forces. Il faut faire une deſcription du lieu du combat, particulierement ſi ce lieu a été cauſe de quelque accident conſidérable, & découvrir tous les ſtratagêmes dont on s'eſt ſervi. Mais il faut, ſur toutes choſes, que l'Hiſtoire ſoit comme un miroir fidele, qui rend les objets tels qu'ils ſe préſentent à lui, ſans augmentation ni diminution de leur grandeur naturelle.

En effet, l'Hiſtoire qui me dit ſimplement telle Ville fut priſe & pillée, me rapporte la choſe toute entiere, puiſque dans ce peu de mots, ſont renfermées les parties principales du fait. Néanmoins je n'en ſuis point frappé. *Ce n'eſt qu'un Courier*, dit Quintilien, *qui dans la rapidité de ſa courſe, me jette comme en paſſant cette nouvelle.* Mais ſi cet Hiſtorien développe les parties principales, s'il entre dans le détail des circonſtances notables qui accompagnent le fait ; *Alors*, continue Quintilien, *je vois les Temples & les maiſons en proie aux flammes, j'entends le bruit des toits qui s'écroulent, & le mélange confus de mille cris divers : Je vois les uns avec un viſage égaré prenant la fuite, ſans ſavoir où ils vont ; les autres entre les bras de leurs proches ſe diſant un éternel adieu : J'entends les gémiſſemens des Femmes, les cris des enfans, les plaintes des vieillards qui reprochent au deſtin, de les avoir trop long-temps conservés : ici se présentent à mes yeux des soldats avides, qui courent au pillage, sans épargner même les autels des Dieux : là ce sont de malheureux Captifs, qui, chargés de chaînes, marchent tristement devant le vainqueur : plus loin est une mere désolée, qui s'efforce vainement d'arracher son fils des mains de ceux qui l'enlevent.* Voila ce qui attache & interesse le Lecteur. Mais il y a du choix à faire, car tout détail inutile, & qui ne présente que des circonstances petites & frivoles, le fatigue & lui déplaît.

*Fuïez de ces Auteurs l'abondance stérile,*
*Et ne vous chargez pas d'un détail inutile.* (Boileau Art Poét. ch. 1.)

La brieveté contribue à la clarté : je ne parle point de celle qui consiste dans les choses, & dans un choix de ce qu'il faut dire & de ce qu'il faut négliger. Le style d'un Historien doit être coupé, dégagé de longues phrases, & de ces périodes qui tiennent l'esprit en suspens. Il faut que son cours soit égal, & qu'il ne soit point interrompu par ces figures extraordinaires, par ces grands mouvemens qui sont défendus à un Historien, dont le devoir est d'écrire sans passion. Ce n'est pas qu'un Historien, qui est bon Orateur, ne puisse faire usage de son éloquence. L'occasion s'en présente assez souvent. Comme il est obligé de rapporter ce qui a été dit, aussi bien que ce qui a été fait, il y a des harangues à faire dans l'Histoire, où les figures sont nécessaires pour peindre la passion de ceux qu'on fait parler.

## CHAPITRE XV.

### *Quel doit être le ſtyle Dogmatique.*

LE zèle que l'on a pour la défenſe d'une vérité conteſtée, cauſe dans l'ame des mouvemens qui font qu'elle ſe tourne de tous côtés, qu'elle cherche par-tout des armes, & qu'elle emploie toutes les forces de l'éloquence pour triompher de ſes adverſaires. Dans les matieres dogmatiques, où pour Auditeurs on n'a que des perſonnes dociles, qui reçoivent ce qu'on leur dit comme ils recevroient des Oracles, ces ſujets de zele & de chaleur ne ſe préſentent point. Dans un traité de Géométrie, quel ſujet auroit-on de s'échauffer ? Les vérités qu'on y démontre ſont évidentes. Elles n'empruntent point leur clarté des lumieres de l'éloquence : il ne faut que les propoſer. Ce n'eſt pas comme dans les procès, où la vérité eſt fâcheuſe aux uns, & avantageuſe aux autres, & où étant reconnue, elle enrichit l'un, & appauvrit l'autre. Qui eſt celui qui prend interêt à conteſter ou à défendre une propoſition de Géométrie ? Les Géometres démontrent que les trois angles d'un triangle ſont égaux à deux angles droits. Que cela ſoit vrai ou faux, cela ne fait ni bien ni mal à perſonne, l'on ne s'y oppoſe point. C'eſt pourquoi le ſtyle d'un Géometre doit être ſimple, ſec, & dépouillé de tous les mouvemens que la paſſion inſpire à l'Orateur. Outre que plus une vérité eſt claire, & conçue avec évidence, plus on eſt déterminé à l'exprimer d'une même façon, & en peu de paroles.

En traitant la Physique & la Morale, on peut prendre une maniere d'écrire moins séche que ce style des Géometres Un Homme qui s'applique à résoudre un problême de Géometrie, à trouver une Equation d'Algebre, ne peut souffrir ces paroles qui ne sont placées dans le discours que pour l'ornement, qui amusent & le détournent de son application. Mais la Physique & la Morale ne sont pas des matieres si épineuses, qu'elles rendent de mauvaise humeur les Lecteurs. Il n'est donc pas nécessaire que le style de ces sciences soit si sévere.

Les vérités qui se démontrent dans les sciences profanes, sont stériles, & peu importantes. Les passions ne sont justes & raisonnables que lorsqu'elles portent l'ame & la poussent à chercher un bien solide, & à fuir un mal véritable ; c'est donc une chose assez ridicule de se passionner pour soutenir ces vérités qui ne font ni bien ni mal, d'en parler avec des emportemens, des transports & des figures que le bon sens veut qu'on réserve à d'autres occasions. Je ne puis souffrir ceux qui se passionnent pour défendre la réputation d'Aristote, qui disent des injures à ceux qui n'estiment pas assez Ciceron, qui font des exclamations & des figures contre ceux qui se trompent en parlant des habits des Grecs & des Latins. Mais aussi, je ne puis dissimuler que c'est avec peine que je lis les ouvrages de ces Théologiens qui parlent, avec autant de froideur & de sécheresse, des pricipales vérités de notre Religion, que si elles n'étoient importantes à personne. C'est une espece d'irreligion, que d'envisager les choses de Dieu sans des mouvemens d'amour, de respect & de vénération, qui se montrent au dehors. On ne peut assister aux saints Mysteres, que dans une posture respectueuse. Ceux qui ſe mêlent de parler de Théologie, qui veulent instruire, doivent imiter le Maître des Maîtres, JESUS-CHRIST : il éclairoit l'eſprit, & touchoit la volonté ; il embraſoit le cœur de ſes Diſciples en même-temps qu'il les enſeignoit, & c'étoit à ce feu Divin, qu'il allumoit dans leurs cœurs, que ſes Diſciples le reconnoiſſoient.. *Nonne cor noſtrum ardens erat in nobis dum loqueretur in via !* Avec quelle froideur les plus dévots liſent-ils les écrits de la plus grande partie des Scholaſtiques ? On n'y trouve rien qui réponde à la majeſté des choſes qu'ils traitent. Leurs expreſſions ſont rampantes, leur ſtyle languiſſant & ſans mouvement. L'Ecriture Sainte eſt majeſtueuſe : les écrits des Peres portent les traits de l'amour dont ils brûloient pour les ſaintes vérités qu'ils enſeignent. Lorſque le cœur eſt plein de feu, les paroles qui en ſortent ſont ardentes.

## CHAPITRE XVI.

### *Quel doit être le ſtyle des Poëtes.*

ON donne toute liberté aux Poëtes, ils ne s'aſſujettiſſent point aux loix de l'uſage commun ; & ils ſe font un nouveau langage.

*Pictoribus atque Poetis*
*Quidlibet audendi ſemper fuit aqua poteſtas.*
(Horat. Art. Poeticâ.)

Il eſt facile de juſtifier cette liberté. Les Poëtes veulent plaire, & ſurprendre par des choſes extraordinaires & merveilleuſes : ils ne peuvent arriver à ce but qu'ils ſe propoſent, s'ils ne ſoutiennent la grandeur des choſes par la grandeur des paroles. Tout ce qu'ils diſent étant extraordinaire, les expreſſions, qui doivent égaler la dignité de la matiere, doivent être extraordinaires, & éloignées des expreſſions communes. Les Hyperboles & les métaphores ſont abſolument néceſſaires dans la Poéſie, l'uſage ne fourniſſant pas des termes aſſez forts. Le tour du diſcours Poétique doit être auſſi figuré pour la même raiſon ; car la dignité de la matiere rempliſſant l'ame du Poète de tranſports d'eſtime & d'admiration, le cours de ſes paroles ne peut être égal ; il eſt néceſſairement interrompu par les flots de ces grands mouvemens dont ſon eſprit eſt agité. Auſſi lorſque le ſujet de ſes Vers n'a rien qui puiſſe cauſer ces fougues & ces tranſports, comme dans les Comédies, dans les Eglogues, & dans quelques autres eſpeces de Vers dont la matiere eſt baſſe, ſon ſtyle doit être ſimple & ſans figures. C'eſt la qualité des choſes qui ſont grandes & rares, qui excuſe & autoriſe la maniere de parler des Poètes : car ſi ces choſes ſont communes, il ne leur eſt pas plus permis, qu'à un Hiſtorien, de s'éloigner de l'uſage commun.

On n'aime pas ordinairement les vérités abſtraites, qui ne s'apperçoivent que par les yeux de l'eſprit. Nous ſommes tellement accoutumés à ne concevoir que ce que les ſens nous préſentent, que nous ſommes incapables de comprendre un raiſonnement s'il n'eſt établi ſur quelque expérience ſenſible : de-là vient que les expreſſions abſtraites ſont des Enigmes à la plupart des gens ; & que celles-là plaiſent, qui forment dans l'imagination une peinture ſenſible de ce qu'on leur veut faire concevoir. C'eſt pourquoi les Poètes, dont le but principal eſt de plaire, n'emploient que ces dernieres expreſſions : & c'eſt pour cette même raiſon que les Métaphores, qui rendent les choſes ſenſibles, ſont ſi fréquentes dans leur ſtyle

Lorſqu'un Poëte eſt une fois échauffé, il ne conſidere plus les choſes dans leur état naturel. Il en fait des perſonnes, il leur donne des corps & des ames.

*Ce n'eſt plus la vapeur qui produit le tonnere :*
*C'eſt Jupiter armé pour effrayer la terre.*
*Un orage terrible aux yeux des matelots,*
*C'eſt Neptune en couroux qui gourmande les flots.*
( Boileau Art. Poét. ch. 1. )

Cela touche d'une autre maniere que les expreſſions communes. Quand un Poëte vient à parler de la guerre, & qu'il dit que Bellonne, Déeſſe de la guerre, porte la terreur & l'épouvante dans toute une armée; que le Dieu Mars anime l'ardeur des ſoldats ; ces manieres de dire les choſes font bien une autre impreſſion ſur les ſens, que celles-ci dont on ſe ſert dans l'uſage ordinaire. *Toute l'armee fut épouvantée : Les ſoldats étoient animés au combat.* Chaque vertu, chaque paſſion, eſt une divinité dans la Poëſie. Minerve eſt la prudence. La crainte, la colere, l'envie, ſont des furies. Ces noms *de crainte de colere, d'envie*, quand on ne conſidere que les idées que l'uſage y a jointes, ne font pas grande impreſſion. Mais on ne peut ſe repréſenter la Déeſſe de la colere, avec ſes yeux pleins de fureur, ſes mains teintes de ſang, ces flâmes qui ſortent de ſa bouche, ces ſerpens ſifflans autour de ſa tête, cette torche allumée qu'elle tient à la main, ſans frémir.

Dans les Poëſies ſaintes, c'eſt-à-dire, dans celles mêmes qui ſe chantoient devant le Sanctuaire, les Prophètes ſe ſervoient de manieres à peu-près ſemblables, pour ſe rendre intelligibles à la populace David fait concevoir comme Dieu l'avoit ſecouru & protégé contre ſes ennemis, d'un ſtyle qui eſt auſſi vif & auſſi hardi que celui des Poëtes profanes dont nous venons de parler. Il représente Dieu qui deſcend du Ciel, & vient combattre pour ſa défenſe.

*En cette extrémité derniere*
*J'invoquai le Seigneur, j'eus recours à mon Dieu ;*
*Et voilà que de ſon haut lieu*
*Il entendit ma voix, il ouït ma priere.*

*Pour moi ſes forces il aſſemble :*
*Ces hauts monts, dont l'orgueil s'éleve juſqu'aux Cieux,*
*Agitent leurs fronts glorieux :*
*Et juſqu'au fondement toute la terre tremble.*

*De courroux ſon viſage fume,*
*De ſes yeux irrités ſort un feu dévorant,*
*Qui court comme un affreux torrent,*
*Et tout ce qu'il rencontre auſſi-tôt il l'allume.*

*Les Cieux pour le laiſſer deſcendre*
*Abaiſſent par reſpect leurs grands cercles voutés ;*
*Et ſous ſes pas de tous côtés*
*Les nuages épais commencent de s'étendre.*

*Les Cherubins, qui de ſa gloire*
*Sont avec tant d'ardeur les Miniſtres ſavans,*
*Tirent ſur les aîles des vens,*
*Son char, où ſa puiſſance attache la victoire.*

*Il cache ſa Majeſté ſainte*
*Sous un noir pavillon fait de ſombres brouillards :*
*Qui, comme de fermes remparts,*
*Font autour de ſon trône une effroyable enceinte.*

La Proſe endort, la Poëſie réveille. Les narrations que font les Poëtes sont interrompues par des exclamations, par des apostrophes, par des digressions, & par mille autres figures qui entretiennent l'attention. Ils ne regardent jamais les choses, que par les endroits capables de charmer : ils n'en apperçoivent que la grandeur & la rareté : ils ne considerent rien de tout ce qui pourroit réfroidir la chaleur de leur admiration ; ce qui fait qu'ils sortent, pour ainsi dire, d'eux-mêmes, & que, se laissant aller au feu de leur imagination, ils deviennent semblables à une Sibile, qui étant pleine d'un esprit extraordinaire, ne parloit plus le Langage ordinaire des Hommes.

*Sed pectus anhelum,*
*Et rabie fera corda tument, majorque videri,*
*Nec mortale sonans, afflata est numine quando*
*Jam propiore Dei.* ( Virgil. Ænéid. lib. 6.

La cadence des Vers leur donne une force particuliere ; d'où vient que les mêmes choses, insipides en prose, sont piquantes en Vers. *Eadem negligentiùs audiuntur, minùsque percutiunt, quamdiu solutâ oratione dicuntur : ubi accessere numeri, & egregium sensum astrinxere certi pedes, eadem illa sententia velut lacerto excussa torquetur.* Mais pesez bien ce que dit ici Seneque, qu'il faut que les Vers renferment quelque beau sentiment ; car il en est de la Poésie comme de toutes les autres choses que le seul plaisir fait rechercher. Ce n'est pas assez qu'elles soient bonnes, il faut qu'elles soient agréables. Aussi on ne peut lire un Poëte qui n'est que médiocre.

## CHAPITRE XVII.

### *Des ornemens ; premierement de ceux qu'on peut nommer naturels.*

IL ſemble que nous n'avons travaillé juſqu'à préſent qu'à rendre ſolides les ouvrages qu'on a entrepris, ſans penſer à leur embelliſſement. On ſe trompe ; car la beauté, ainſi que l'a dit un Ancien, n'eſt autre choſe que la fleur de la ſanté. Les fleurs ſont un effet & une marque du bon état de la plante qui les a produites. Les ornemens du diſcours naiſſent pareillement de ſa ſanté, c'eſt-à-dire, de la juſteſſe avec laquelle il a été composé. Ainſi il ne faut point d'autres regles pour parler avec ornement, que celles que nous avons données pour parler juſte.

La même choſe reçoit différens noms, ſelon les différentes faces par leſquelles on la regarde. Quand on conſidere la beauté en elle-même, c'eſt la fleur de la ſanté ; mais quand on la conſidere par rapport à ceux qui jugent de cette beauté, on peut dire que la véritable beauté eſt ce qui plaît aux honnêtes gens, qui ſont ceux qui jugent raiſonnablement des choſes. Il n'eſt pas difficile de déterminer ce qui plaît, & en quoi conſiſte ce que l'on appelle, *un je ne ſais quoi*, que l'on ſent dans la lecture des bons Auteurs ; car ſi on réflechit un peu ſur ce ſentiment, on trouvera que le plaiſir que l'on ſent dans un diſcours bien fait, n'eſt cauſé que par cette reſſemblance qui ſe trouve entre l'image que les paroles forment dans l'eſprit, & les choſes dont elles ſont la peinture. De ſorte que c'eſt la vérité qui plaît ;

car la vérité d'un discours n'est autre chose que la conformité des paroles qui le composent avec les choses. Ainsi lorsque cette conformité est extraordinairement parfaite, le discours est extraordinairement parfait.

L'harmonie contribue à la beauté. Le discours est un instrument qui est fait pour signifier ce que l'on pense : cet instrument plaît quand il produit l'effet que l'on en attend, & qu'il le fait d'une maniere facile. Nous avons fait voir ailleurs qu'un discours, qui se prononce facilement, donne du plaisir. D'où l'on peut conclure qu'il n'y a rien de véritablement beau dans un discours, que la justesse & la solidité des pensées, jointes à tout ce qui est utile, soit pour la clarté des expressions, soit pour la facilité de la prononciation. Il est constant que dans les ouvrages de la nature, tout ce qui est beau est accompagné d'une grande utilité. Dans un verger, la disposition des arbres qui sont plantés à la ligne, & en échiquier, est agréable & utile ; car elle fait que la terre communique également son suc à tous ces arbres. *Arbores in ordinem certaque intervalla redacta placent, quincunce nihil speciosius est, sed id quoque prodest ut succum terræ æqualiter trahant.* (Quintil.) Dans un bâtiment, les colomnes, qui en font le principal ornement, y sont si nécessaires, & leur beauté est si étroitement liée avec la solidité de tout l'édifice, qu'on ne peut les renverser sans le ruiner entierement.

Cependant nous sommes obligés de reconnoître qu'outre cette beauté naturelle, il y a de certains ornemens que nous pouvons appeller artificiels, en les comparant à ceux dont les personnes bien faites, accompagnent les graces naturelles de leur visage. Il faut avouer que dans les ouvrages des Ecrivains les plus judicieux, on trouve de certaines choses qu'on pourroit retrancher ſans faire tort au ſens de leurs diſcours, ſans en troubler la clarté, ſans en diminuer la force. Elles n'y ſont placées que pour l'embelliſſement, & elles n'ont point d'autre utilité que celle d'arrêter l'eſprit du Lecteur par le plaiſir qu'il reçoit de ſa lecture, & de faire qu'il s'applique plus volontiers. Souvent, après avoir dit tout ce qui eſt néceſſaire, on ajoute quelque choſe d'agréable. On ne ſe contente pas de bien arranger ſes mots & ſes expreſſions, on fait plus, on leur donne une cadence agréable aux oreilles. La nature ſe joue quelquefois dans ſes ouvrages, toutes les plantes ne portent pas des fruits, quelques-unes n'ont que des fleurs.

---

## CHAPITRE XVIII.

### *Des ornemens artificiels.*

LEs ornemens artificiels conſiſtent dans les Tropes, dans les figures, dans un arrangement harmonieux des paroles qui compoſent le diſcours, dans des penſées ſpirituelles conçues en des termes rares, dans des alluſions, & des applications ingénieuſes de paſſages de quelque Auteur fameux. Allons juſqu'à la ſource du plaiſir que donnent ces ornemens. L'Homme étant fait pour la grandeur, tout ce qui en porte les marques, donne du plaiſir. Ainſi la fécondité, la richeſſe des expreſſions, les grandes périodes, les grands mots, les figures hardies, les penſées relevées, ſont agréables. De cette inclination que nous avons pour la grandeur vient cet amour que nous avons pour tout ce qui eſt rare & extraordinaire. La capacité de notre cœur eſt infinie, il n'y a que Dieu qui la puisse remplir. Toutes les choses communes, & que nous avons mesurées, pour ainsi dire, avec cette capacité, nous doivent donc paroître petites, & nous dégouter. Ce qui n'arrive pas si-tôt quand les choses sont extraordinaires, parceque nous n'en avons point encore trouvé les bornes; ainsi elles nous plaisent. Il semble que tout ce qui se présente à nous d'extraordinaire, est ce qui va nous satisfaire. C'est pour cette raison que les Métaphores & les Figures, qui sont des manieres de parler extraordinaires, & généralement toutes les expressions qui ne sont pas communes, nous sont agréables.

Nous avons aussi naturellement de l'estime & de l'amour pour ce qui est fait avec esprit, & pour ce qui marque quelque rare perfection. Ainsi quand un Auteur dit sur un sujet quelque chose qui ne vient pas dans la pensée de tout le monde, quand il se sert adroitement d'un passage de quelque Auteur, qu'il l'applique bien, qu'il fait quelque allusion spirituelle, qu'il s'exprime heureusement, il plaît, parceque ce sont là des marques de son esprit, qui brille dans son ouvrage.

De là vient encore que les imitations ingénieuses sont souvent aussi agréables que la vérité même. Ne prend-on pas autant de plaisir à entendre un Homme qui imite fort bien la voix d'un rossignol, que le rossignol même? Quand un Orateur se sert de quelque expression qui n'est pas naturelle, & qui néanmoins fait concevoir les choses, cette imitation est agréable; l'adresse avec laquelle il s'est servi de cette expression, qui n'étoit pas faite pour cet usage, plaît. C'est pour cela que les allusions sont agréables; mais ce n'est pas la seule beauté de l'esprit de l'Auteur qui charme dans ces occasions ; un Lecteur spirituel s'estime, parcequ'il remarque qu'il a lui-même de l'esprit, puisqu'il a pu appercevoir la pensée de l'Auteur au travers du voile de l'allusion dont il l'avoit couverte.

Les emblêmes doivent être mises dans le rang de ces expressions ingénieuses, qui font concevoir d'une maniere courte & rare ce que veut dire celui qui les propose. Il plaît, parcequ'il se sert adroitement de quelque peinture sensible pour faire concevoir une pensée spirituelle. Comme dans cette emblême qu'un Sujet prit pour symbole de sa fidelité à son Prince, à qui il demeura attaché après que ce Prince fut tombé dans une disgrace fâcheuse. Le corps de cette emblême étoit un Lierre qui embrassoit le tronc d'un chêne, & qui demeuroit enlassé après que le chêne avoit été renversé par terre, avec ces mots : *Heretque cadenti.* Les Hommes ne conçoivent qu'avec une application pénible les choses spirituelles ; les expressions sensibles, qui leur épargnent cette peine, leur sont agréables : c'est pourquoi les emblêmes, qui sont des peintures sensibles, plaisent. Pour cette même raison, comme nous l'avons dit souvent, les Métaphores qui sont prises des choses sensibles, sont mieux reçues, & quelquefois sont plus claires que les expressions ordinaires.

Enfin un discours figuré, & qui porte les caracteres d'un esprit animé, doit causer un plaisir secret : car, comme nous avons vû, la nature a mis les passions dans le cœur de l'Homme, comme des armes dont il peut se servir pour repousser le mal, & pour acquérir ce qui lui est avantageux. Ainsi le mouvement de ces passions, qui sont si utiles pour sa conservation, est toujours accompagné de quelque plaisir secret. Une trop grande tranquillité de l'ame cause de l'ennui. On aime à ressentir quelques petites émotions, quand on ne craint point d'ailleurs aucune fâcheuse suite. Selon ce qu'on a dit, les figures impriment dans l'esprit des Lecteurs les passions dont elles sont les caracteres. Un discours figuré doit donc être beaucoup plus agréable qu'un discours uni. On ne lit jamais les Vers suivans, sans ressentir des mouvemens de tendresse & de douleur. Virgile fait dans ces Vers la peinture de Nisus, lorsque Volcens s'avançant l'épée à la main contre Euriale qu'il croïoit auteur de la mort de Tagus, Nisus, pour mettre à couvert de ce danger Euriale son ami, déclare que c'est lui qui a tué Tagus, & se présente pour recevoir le coup dont Volcens alloit frapper Euriale.

*Me me, adsum qui feci, in me convertite ferrum,*
*O Rutuli : mea fraus omnis, nihil iste nec ausus,*
*Nec potuit : cœlum hoc & conscia sydera testor.*
*Tantùm infelicem nimiùm dilexit amicum.*
( Ænéid. lib. 9. )

## CHAPITRE XIX.

### *Des faux ornemens.*

L'On trouve peu de personnes qui examinent avec jugement les choses qui se présentent. On se laisse surprendre par les apparences. Ainsi, parceque les grandes choses sont rares & extraordinaires, les Hommes se forment une telle idée de la grandeur, que tout ce qui a un air extraordinaire leur paroît grand. Ils n'estiment ensuite que ce qui n'est pas commun ; ils méprisent les manieres de parler naturelles. Ils aiment les grands mots, les phrases enflées, *Sesquipedalia verba & ampullas*. Pour les éblouir, il faut seulement revêtir d'un habit étranger & magnifique ce qu'on leur propose. Ils ne rechercheront pas si sous cet habit extraordinaire il y a quelque chose de caché, qui soit effectivement grand. Ce qui fait remarquer encore plus sensiblement leur sottise, c'est qu'ils admirent ce qu'ils n'entendent pas, *mirantur quæ non intelligunt* ; parceque l'obscurité a quelque apparence de grandeur, & que les choses sublimes & relevées, sont ordinairement obscures & difficiles.

Les Hommes aiant donc une si fausse idée de la grandeur, il ne faut pas s'étonner si les ornemens dont ils chargent leurs ouvrages, sont faux, & en si grand nombre ; car enfin, comme nous avons dit ailleurs, ils ne veulent rien dire que de grand. Leur ambition les porte plus loin qu'ils ne peuvent aller ; ainsi ils tombent, & crevent en voulant s'enfler. La fécondité est une marque de grandeur ; l'ardeur qu'ils ont de paroître féconds, fait qu'ils étouffent leurs pensées par une trop grande abondance de paroles. Quand quelque chose leur plaît, ils s'y arrêtent, ils la répetent ; *Nesciunt quod bene cessit relinquere.*

*S'il rencontre un Palais, il m'en dépeint la face,*
*Il me promene ensuite de Terrasse en Terrasse.*
( Boileau Art. Poét. ch. 1. )

Ils sont comme ces jeunes chiens qui ne peuvent quitter leur proie, & qui s'en jouent long temps. Il faut donner à chaque chose son étendue naturelle. Une statue, dont les parties ne sont pas proportionnées, qui a de grandes jambes & de petits bras, un petit corps & une grosse tête, est monstrueuse. Le plus grand secret de l'éloquence est de tenir les esprits attentifs, & d'empêcher qu'ils ne perdent de vue le but où il faut les conduire. Quand on s'arrête trop long-temps à de certaines parties, le Lecteur est si occupé, qu'il ne se souvient plus du sujet principal. La fécondité n'est donc pas toujours bonne. Les réplétions, aussi-bien, que le jeûne, causent des maladies.

Entre les Savans, on estime ceux qui ont plus de lecture : la difficulté des sciences en releve le prix ; on a de l'estime pour ceux qui savent l'Arabe & le Persan. On n'examine pas si par le moïen de ces Langues on acquert quelque rare connoissance qui ne se puisse trouver dans nos Auteurs. Il suffit que ceux, qui ont chargé leur mémoire de ces Langues, sachent ce qu'il est difficile de savoir, & ce qui n'est su que d'un très petit nombre de personnes. L'ambition qu'on a de paroître savant, & de faire remarquer son érudition, fait donc qu'en parlant, ou en écrivant, on allegue continuellement les Auteurs, quoique leur autorité ne soit nécessaire que pour faire savoir qu'on les a lus, & qu'on est savant, comme saint Augustin le reproche à Julien. *Quis hæc audiat, & non ipso nominum sectarumque conglobatarum strepitu terreatur, si est ineruditus qualis est hominum multitudo, & existimet te aliquem magnum qui hæc scire potueris ?* On entasse du Grec sur du Latin, de l'Hebreu sur l'Arabe. Une sottise, lorsqu'elle est dite en Grec, est souvent bien reçue : un mot Italien dans un discours, quelque application qu'on en fasse, fait passer son Auteur pour galant & poli. Si cette coutume n'étoit point ordinaire, nous serions aussi étonnés de cette maniere bizarre de parler, que d'enrendre un phrénétique. Ce défaut gâte un ſtyle, & empêche qu'il ne ſoit net & coulant. Si c'eſt pour donner du poids à ſes paroles qu'on allégue les Auteurs, on ne le doit faire que dans la néceſſité d'appuïer ce que l'on avance, de l'autorité d'un Auteur de réputation. Qu'eſt-il beſoin d'alléguer Euclide pour prouver que le tout eſt égal à ſes parties : de citer les Philoſophes pour perſuader le monde qu'il fait froid en hiver. Je ne blâme pas toutes les citations ; au-contraire, je les approuve lorſque les paroles ſont belles, & qu'il eſt à propos de réveiller l'eſprit du Lecteur par quelque diverſité ; le ſeul excès en eſt blâmable.

Les ſentences trop fréquentes troublent auſſi l'uniformité du ſtyle. Par ſentences, on entend ces penſées relevées qu'on exprime d'une maniere conciſe, ce qui leur fait donner le nom de pointes. Je ne parle point de ces ſentences puériles & fauſſes, qui ne contiennent rien d'extraordinaire & de particulier, qu'un tour forcé, & qui n'eſt point naturel. Les plus belles, ſi elles ſont placées trop près-à-près, s'étouffent, & rendent le ſtyle raboteux : & comme elles ſont détachées du reſte du diſcours, on peut dire d'un ſtyle qui eſt chargé de ces pointes, qu'il eſt hériſſé d'épines. Ces penſées détachées ſont comme des pieces couſues & rapportées, qui étant d'une couleur différente du reſte de l'étoffe, font une bizarrerie ridicule ; ce qu'il faut éviter avec grand ſoin : *Curandum eſt ne ſententiæ emineant extra corpus orationis expreſſa, ſed intexto veſtibus colore niteant.* On aime à parſemer ſes ouvrages de ſentences, parcequ'on croit qu'on paſſera pour un Homme d'eſprit. *Facie ingenii blandiuntur.*

En effet, comme on l'expérimente en ouvrant

Seneque, on eſt charmé de cette maniere ingénieuſe de dire beaucoup de choſes en ſi peu de paroles, & d'un tour rare & nouveau ; comme quand, pour exprimer l'entiere ruine de la Ville de Lyon, qui avoit été réduite en cendre, il dit : *Lugdunum quod oſtendebatur in Gallia, quaeritur.* On cherche à préſent dans les Gaules, où étoit autrefois la Ville de Lyon : pour marquer en peu de paroles la rapidité de ſon incendie, il dit : *In hac, una nox fuit inter urbem maximam & nullam.* On rencontre dans cet Auteur à chaque page des choſes admirablement bien dites, d'un grand ſens, exprimées en peu de mots : *Quid eſt Eques Romanus, aut libertinus, aut ſervus ? Nomina ex ambitione aut ex injuria nata.* Mais, afin que ces expreſſions plaiſent, il faut les lire détachées de l'ouvrage ; car il en eſt d'elles comme de toutes les choſes où l'on ne cherche que le plaiſir, on s'en dégoute bien tôt. Auſſi ces penſées & ces expreſſions ingénieuſes, qui d'ailleurs ornent un ſtyle, le gâtent, ſi elles ne ſont ſi bien enchaſſées qu'elles y ſoient comme naturelles & ne paroiſſent point étrangeres, que ce ſoit la nature même qui les préſente, qui les faſſe naître. Tout ce qui eſt recherché, ou ſemble l'être, qui eſt tiré de loin, n'a point une certaine naïveté qui ſe fait aimer & eſtimer. Faites attention aux paroles Latines ſuivantes du Maître des Rhéteurs, Quintilien : *Nihil videatur fictum, nihil ſollicitum ; omnia potius à cauſa quàm ab Oratore profecta videantur.* Ces paroles ſont du même Rhéteur : *Optima minimè accerſita, & ſimplicibus, atque ab ipſa veritate profectis, ſimilia.* Ces paroles contiennent un grand ſens : ce ſont des regles qu'il faut avoir toujours préſentes pour ſe défendre de la corruption qui s'introduit dans l'éloquence, qu'on gâte par des affectations dans la trop grande paſſion de s'exprimer avec eſprit.

En parlant des ornemens, il ne faut pas oublier les portraits dont on embellit un discours, comme on fait une salle & une gallerie, en y plaçant les images des Princes, des Rois, des Grands hommes ; car comme les images se peuvent détacher du lieu où elles ont été mises, aussi ce qu'on entend par portraits dans le discours, ce sont des descriptions sur lesquelles on s'arrête, & qu'on auroit pu passer. Voici le portrait de ces flatteurs qui assiégent les Princes, & corrompent leur vertu.

*Par de lâches adresses*
*Des Princes malheureux nourrissent les foiblesses,*
*Les poussent au penchant où leur cœur est enclin,*
*Et leur osent du vice applanir le chemin :*
*Détestables flatteurs, présent le plus funeste*
*Que puisse faire aux Rois la colere céleste.*

---

## CHAPITRE XX.

### *Regles qu'on doit suivre dans la distribution des ornemens artificiels.*

ON ne peut pas condamner absolument les ornemens artificiels, qui ne sont inserés dans les ouvrages que pour divertir & délasser les Lecteurs, comme nous l'avons dit ci-dessus. Ils ont leur prix, mais c'est le bon usage qu'on en fait qui le leur donne. Les regles suivantes ne seront pas inutiles pour bien user de toutes ces richesses du Langage, & pour les ménager avec prudence. La premiere regle que l'on doit suivre dans la distribution des ornemens artificiels, c'est de les appliquer en temps & lieu. Les jeux font importuns, quand on eft accablé d'affaires. Quand une matiere eft difficile, & que la difficulté rend le Lecteur chagrin, il faut éviter tous les jeux de paroles, qui ne feroient qu'augmenter fon travail, le détourner de fon application férieufe. Si on ne cherche que l'utilité, l'agréable déplaît. Il y a des matieres qui ne fouffrent aucun ornement, telles que font celles qu'on appelle dogmatiques.

*Ornari res ipfa negat, contenta doceri.*

Lorfque la matiere du difcours eft fimple, tout doit être fimple. Les habits chargés de pierreries, & extraordinairement ornés, ne fe portent qu'à certaines Fêtes, dans les cérémonies extraordinaires. Il faut proportionner les paroles aux chofes, & avoir toujours égard à la bienféance. C'eft pourquoi, comme le remarque faint Auguftin, lorfqu'on traite quelque matiere férieufe, comme font celles qui regardent la Religion, il ne faut pas donner à fes paroles une cadence qui leur faffe perdre beaucoup de ce poids & de cette gravité qui les doit rendre vénérables. *Cavendum ne divinis gravibufque fententiis dum additur numerus, pondus detrahatur.* (S. Aug. de doctrinâ Chrift.)

Les ornemens doivent être raifonnables, c'eft-à-dire, qu'il ne faut rien dire qui choque le fens commun. Vous trouverez de petits efprits qui ne fe mettent pas en peine de dire une impertinence, & d'avancer une chofe fauffe, pourvû que ce qu'ils difent ait l'air d'une fentence; de parler fans jugement, pourvû qu'ils faffent entrer une métaphore & une figure dans leurs difcours. Ils ne font pas réflexion fi ce qu'ils difent eft pour ou contre eux. S'ils peuvent faire une antithefe, une répétition, une cadence qui faffe lès sens, n'importe qu'ils blessent la raison, ils sont satisfaits de leur esprit. On doit être convaincu qu'il n'y a rien de beau, qui ne soit raisonnable.

*Rien n'est beau que le vrai, le vrai seul est aimable.*
(Boileau.)

Et si on estime quelquefois ces faux ornemens, c'est qu'on se laisse éblouir par leur faux brillant, & étourdir par un certain bruit qui ne signifie rien ; & pour le dire franchement, c'est qu'on a l'esprit petit. Une ame élevée aime & cherche dans le discours la vérité, & non pas des paroles. *Bonorum ingeniorum insignis est indoles, in verbis verum amare, non verba.* Je ne puis estimer un discours dont le son flatte les oreilles, lorsque les choses choquent le bon sens, disoit saint Augustin. *Nullomodo mihi sonat disertè, quod dicitur ineptè.*

Les ornemens sont raisonnables lorsque la vérité n'est point choquée, c'est-à-dire, que toutes les expressions dont on se sert, ne donnent que des idées véritables. Ceux qui veulent éblouir ne parlent jamais naturellement ; leurs paroles font paroître si extraordinaire tout ce qu'ils disent, qu'il n'y a point de vrai-semblance. Pour rendre ce défaut sensible, je rapporterai ici un passage de Vitruve, qui est admirable pour cela. Ce judicieux Architecte se plaint de ce que dans la peinture, l'on ne prenoit plus pour modele les choses comme elles sont dans la vérité. On met, dit-il, pour colomnes, des roseaux : on peint des chandeliers qui portent de petits châteaux, desquels, comme si c'étoient des racines, il s'éleve quantité de branches délicates, où l'on voit des figures assises, & sortir de leurs fleurs des demi-figutres, les unes avec un visage d'Hommes, les autres avec des têtes d'animaux, qui sont des choses qui ne sont point, & qui ne peuvent être, comme elles n'ont jamais été. Les nouvelles fantaisies prévalent de telle sorte, qu'il ne se trouve presque personne qui soit capable de découvrir ce qu'il y a de bon dans les Arts, & qui en puisse juger. Car quelle apparence y a-t-il que des roseaux soûtiennent un toît; qu'un chandelier porte des châteaux, que de foibles branches portent des figures qui y sont comme à cheval, & que d'une fleur il puisse naître des moitiés de figures? Pour moi (dit Vitruve) je crois qu'on ne doit point estimer la peinture si elle ne représente la vérité. Ce n'est pas assez que les choses soient bien peintes, il faut aussi que le dessein soit raisonnable, & qu'il n'y ait rien qui choque le bon sens. Il faut appliquer à l'éloquence ce que Vitruve dit ici de la peinture. Quand on parle, il faut prendre la vérité pour modele, & il ne faut pas, pour donner plus d'éclat aux choses, les représenter autres qu'elles ne sont.

C'est donc à quoi il faut travailler, que les choses paroissent ce qu'elles sont; simples, si elles sont simples. Philostrate, louant un tableau où étoient représentés les chevaux d'Amphiaraüs, dit que le peintre les avoit représentés baignés de leur sueur, & couverts d'une poussiere qui les rendoit moins agréables, mais plus ressemblans à ce qu'ils étoient; *Deformiores, sed veriores.* Il y a des personnes à qui tout est égal, qui habillent tout le monde magnifiquement: c'est-à-dire, qui parlent sur un même ton des grandes & des petites choses, & prodiguent par-tout les ornemens de l'élocution. D'où vient cela? C'est qu'il est aisé d'emploïer de riches couleurs, & qu'il est difficile de tirer les traits propres d'un objet qu'on veut peindre. C'est ce qu'Apelles disoit à un jeune peintre : n'aïant pu faire Hélene aussi belle qu'elle étoit, vous l'avez fait riche.

Je dis donc encore, qu'il ne faut rien estimer ni dire, que ce qui est véritable : il le faut faire d'une maniere noble, rare, nouvelle, qui attire l'attention ; mais que la vérité s'y trouve. C'est en quoi pêchent les Vers suivans de Racan sur Marie de Medicis.

*Paissez, cheres brebis, jouissez de la joie*
*Que le Ciel vous envoie.*
*A la fin sa clémence a pitié de nos pleurs.*
*Allez dans la campagne, allez dans la prairie ;*
*N'épargnez point les fleurs ;*
*Il en revient assez sous les pas de Marie.*

Cela n'est fondé sur aucune vérité. C'est une flatterie ridicule Je sais qu'on dit que c'est une allusion à ce que quelques anciens Poëtes ont dit. Cette allusion ne me paroît pas fort ingénieuse, ni fort à propos ; car ce n'est pas louer une Reine que de lui attribuer ce qu'elle sait ne pouvoir lui convenir. On dit que dans l'Epigramme suivante sur l'incendie du Palais, le faux y domine, & que le vrai n'y a nulle part : cela ne me paroit pas.

*Certes l'on vit un triste jeu,*
*Quand à Paris Dame Justice*
*Se mit le Palais tout en feu*
*Pour avoir trop mangé d'épices.*

Cette allusion fait appercevoir un reproche réel qu'on fait aux Juges de prendre trop d'Epices.

Avant que de penser en aucune maniere au

ornemens, il faut travailler à rendre utile ce qu'on doit dire, choisissant des expressions qui puissent imprimer dans l'ame les pensées & les mouvemens qu'on en veut donner. Après, si la bienséance le permet, on peut travailler à rendre agréable ce qu'on a dit utilement. Un sage Architecte songe premierement à jetter de bons fondemens : Il éleve des murailles capables de soutenir le faîte de la maison qu'il bâtit. S'il veut que son ouvrage soit agréable à la vûe, il y ajoute des ornemens. Mais remarquez que tous ces ornemens qui pourroient être retranchés, c'est-à-dire, qui ne sont pas absolument utiles, ne sont placés qu'après qu'il a travaillé à la solidité de l'édifice. Les colomnes de marbre qui ne se mettent que pour l'ornement, ne se placent que lorsque le corps de l'ouvrage est achevé.

Nous pouvons prouver la même chose par une comparaison du corps humain, dans lequel il semble que la nature établit les os pour le soutenir & le fortifier, avant que de le couvrir d'une belle peau qui le rend agréable. C'est ce que dit Seneque : *In corpore nostro ossa, nervique & articuli, firmamenta totius & vitalia, minimè speciosa visu, priùs ordinantur; deinde hæc, ex quibus omnis in faciem aspectumque decor est : post hæc omnia, qui maximè oculos rapit color, ultimus perfecto jam corpore affunditur.*

Enfin la raison demande qu'on garde quelque modération dans les ornemens. Ils ne doivent pas être trop fréquents. Les grandes douceurs sont fades. Il n'y a rien de plus beau que les yeux ; mais si dans un visage il y en avoit plus de deux, au-lieu de plaire, il feroit peur. La profusion des ornemens empêche qu'un discours ne soit net : & ce que je vous prie de remarquer comme un des plus importans avis que j'aie donné dans ce traité, c'eſt que l'excès des ornemens fait que l'eſprit des Auditeurs qui en eſt entierement occupé, ne s'applique point aux choſes. Cela arrive aſſez ſouvent dans les Panégyriques, où les Orateurs prodiguent leur éloquence, & jettent à pleines mains toutes les fleurs de l'Art. L'Auditeur ſe retire plein d'admiration pour celui qui a parlé, & à peine penſe-t-il à celui dont on a fait l'éloge. On doit toujours dans chaque choſe en rechercher la fin. Quand on veut arriver où l'on s'eſt propoſé d'aller, on choiſit un beau chemin, mais qui y conduiſe. Lorſque les feuilles couvrent les fruits, & les empêchent de meurir, on les ôte, ſans avoir égard qu'on dépouille l'arbre de ſes ornemens.

Il y a des eſprits ſi petits, qu'ils n'eſtiment que les bagatelles : ils ne font point d'attention à ce qui eſt ſolide, ſi on ne retire de devant leurs yeux ce qui les amuſe, comme on ôte aux enfans les joüets qui les arrêtent trop. C'eſt ce que fit Protogene, qui, aïant apperçu qu'une perdrix qu'il avoit peinte dans un de ſes Tableaux pour ornement, attiroit les yeux du peuple, & l'empêchoit de conſiderer ce qui le méritoit plus, réſolut de l'effacer. Elle étoit ſi bien peinte, cette perdrix, que les véritables perdrix s'approchoient d'elle comme d'une de leurs compagnes. Mais il voulut ôter au peuple cet amuſement, pour tourner ailleurs ſes yeux. Il gagna les Officiers du temple où étoit placé ſon Tableau, & y étant entré ſecretement, il l'effaça.

C'eſt pour cette même raiſon que le Saint-Eſprit, qui conduiſoit la plume des Ecrivains ſacrés, n'a pas permis qu'ils emploïaſſent cette éloquence pompeuſe des Orateurs profanes, qui arrête les yeux, & fait que l'on ne conſidere que les ſuperbes paroles dont les choſes ſont revêtues. Les ſaintes Ecritures ne nous ont pas été données pour entretenir notre vanité, mais pour remplir les vuides de notre ame. Ceux qui ne recherchent dans les Livres qu'un divertissement stérile, les méprisent; ceux qui aiment les choses, trouvent de quoi se remplir dans ces Livres divins. Un seul Pseaume de David vaut mieux que toutes les Odes de Pindare, d'Anacreon, & d'Horace: Demosthene & Ciceron ne méritent pas d'être comparés à Isaie. Tous les Livres de Platon & d'Aristote n'égalent pas un seul Chapitre de saint Paul. Car enfin, les paroles ne sont que des sons: on ne doit pas préférer le plaisir que peut donner l'harmonie de ces sons, à celui de la connoissance solide de la vérité. Pour moi, je n'estime l'Art de parler, que parceque qu'il contribue encore à la faire connoître, qu'il la tire, pour ainsi dire, du fond de l'esprit où elle étoit cachée; qu'il la développe, qu'il l'expose aux yeux. C'est ce qui m'a porté à travailler avec soin à cet Art, qui pour cette raison m'a paru utile & nécessaire.

# LA RHETORIQUE OU L'ART DE PARLER.

## LIVRE CINQUIEME.

### CHAPITRE PREMIER.

*C'est un Art que de savoir parler de maniere qu'on persuade. En quoi consiste cet Art. Projet de ce Livre*

L'Idée de la Rhétorique comprend l'Art de persuader, aussi-bien que celui de parler. L'on n'étudie la Rhétorique que pour parler de maniere qu'on fasse ce qu'on desire en parlant ; & ce qu'on desire, c'est de persuader. Ainsi il est évident que la Rhétorique, qui est l'Art de parler, doit enseigner les moïens de persuader. Ces moïens ne consistent pas seulement en des paroles. Il y a des manieres de gagner les cœurs, & de les remuer. C'est particulierement de ces manieres que je dois traiter dans ce dernier Livre, où je renfermerai les choses qui se trouvent dans les Rhétoriques ordinaires, & dont je n'ai point encore parlé.

Ce n'est pas seulement en prêchant & en plaidant qu'on veut persuader ; on a cette intention dans toutes les occasions où l'on parle. Car nous desirons qu'on croie que les choses sont comme nous le disons, ou au-moins, si nous rapportons les jugemens des autres, nous voulons qu'on soit persuadé que le rapport que nous faisons est fidele. C'est pour cela que la Rhétorique est très utile ; & si effectivement elle pouvoit donner des moïens sûrs pour persuader, il n'y auroit aucun autre Art qui fût d'un plus grand usage dans la vie. Mais je fais voir qu'il faut plus de connoissance, que la Rhétorique n'en donne, pour persuader les Hommes en toutes rencontres. Les Maîtres de Rhétorique ne se sont appliqués qu'à donner quelques préceptes pour persuader des Juges en plaidant dans un Barreau. Ils ne se sont attachés qu'à suivre ce que les anciens Payens ont écrit, qui n'aïant point d'autres Orateurs que des Avocats, leur Rhétorique n'étoit occupée qu'à leur donner des préceptes. Quoique je ne juge pas ce qu'ils disent là-dessus fort utile aux Avocats mêmes, je le rapporte sommairement, mais de telle sorte que si on compare cette Rhétorique avec les autres, on trouvera que ce que j'en dis, est plus que suffisant, & que je m'applique plus qu'aucun autre à donner les véritables moïens de persuader. Ce qu'on trouve en ces Rhétoriques ne sert presque point pour cette fin. Voici les préceptes que les Rhéteurs donnent pour y parvenir.

Il faut trouver les moïens de faire tomber dans son sentiment ceux qui en ont un contraire ; mettre en ordre ce que l'on en a trouvé, & emploïer les paroles propres pour s'exprimer. Il faut enfin apprendre par mémoire ce que l'on a écrit, pour le prononcer ensuite. Ainsi l'Art de persuader a, dit-on, cinq parties. La premiere est l'invention des moïens propres pour persuader : la seconde, la disposition de ces moïens : la troisieme, l'élocution : la quatrieme, la mémoire : la cinquieme, la prononciation.

Si on conteste une vérité, de bonne foi ; si ce n'est point l'intérêt, ni la mauvaise humeur, ni la passion qui aveuglent, & qui empêchent qu'on ne se rende, il n'est besoin que de bonnes preuves, qui levent toutes les difficultés, & qui dissipent par leur clarté les obscurités qui cachoient la vérité. Mais lorsqu'on a affaire à des gens qui ne l'aiment pas, qu'il s'agit de leur persuader une chose qui choque leur inclination, & dont leurs passions les éloignent, la raison seule ne suffit pas : l'adresse est nécessaire. Dans cette occasion il faut faire deux choses. Premierement, il faut étudier leur humeur & leur inclination pour les gagner. En second lieu, puisque chacun juge selon sa passion, qu'un ami a toujours raison, & qu'un ennemi est toujours coupable, il faut leur inspirer des mouvemens qui les fassent tourner de notre côté. Ainsi les Maîtres de l'Art reconnoissent trois moïens de persuader, les argumens ou les preuves, les mœurs, & les passions. Il faut trouver des preuves, il faut parler conformément à l'inclination de ceux que l'on veut gagner, il faut exciter des passions dans leur cœur, qui les fassent pancher du côté où l'on veut les conduire. C'est ce que nous allons voir en détail. Nous parlerons premierement de l'invention des preuves.

## CHAPITRE II.

### *Première partie de l'Art de persuader, qui est l'invention.*

LA clarté est le caractere de la vérité. Lorsque son évidence est dans le dernier dégré, les plus opiniâtres sont obligés de quitter les armes, & de s'y soumettre. Personne osera-t-il nier que le tout ne soit pas plus grand que sa partie : que les parties prises ensemble n'égalent leur tout. Quelquefois on détourne la vûe pour ne pas appercevoir des vérités claires qui blessent : mais enfin, lorsque leur éclat, malgré toutes nos fuites, vient à frapper nos yeux, il faut se rendre, & la langue ne peut démentir l'esprit. Pour persuader ceux qui nous contestent quelque proposition, parcequ'elle leur semble douteuse & obscure, il faut se servir d'une ou de plusieurs propositions, qui ne souffrent aucune difficulté, & leur faire voir que cette proposition contestée est la même que celles qui sont incontestables. Les Juges de Rome doutoient si Milon avoit commis un crime en tuant Clodius. Ils ne doutoient point qu'il ne fût permis de repousser la force par la force. Ciceron voulant donc prouver l'innocence de l'accusé, il leur étale ces deux propositions : *Qu'on peut tuer celui qui nous veut ôter la vie : Que Clodius vouloit ôter la vie à Milon.* L'une est claire, l'autre est obscure ; l'une contestée, l'autre reçue : étant bien éclaircie, la conséquence étoit claire & certaine, que Milon, en tuant Clodius, n'avoit fait que repousser la force par la force, ce qui étoit excusable.

C'eſt à la premiere partie de la Philoſophie, qu'on appelle *Logique*, à donner les regles du raiſonnement. C'eſt pourquoi, vous pouvez reconnoître dès l'entrée de ce diſcours, que pour traiter l'Art de perſuader dans toute ſon étendue, il faudroit embraſſer pluſieurs autres arts, ce qui ne pourroit ſe faire ſans confuſion. La matiere de l'Art de perſuader n'eſt point limitée. Cet Art ſe fait paroître dans les Chaires de nos Egliſes, dans le Barreau, dans toutes les négociations, dans les converſations. En un mot, le but que nous avons dans tout le commerce de la vie, eſt de perſuader ceux avec qui nous traitons, & de les faire tomber dans nos ſentimens. Pour être donc parfait Orateur, & parler utilement ſur toutes les matieres qui ſe préſentent, comme les Rhéteurs prétendent que leurs diſciples le peuvent faire, il faudroit poſſeder toutes les connoiſſances, & n'ignorer rien. Car enfin, un Homme n'eſt capable de raiſonner, que lorſqu'il connoît à fond le ſujet ſur lequel il parle, & qu'il a l'eſprit plein de vérités conſtantes, de maximes indubitables, dont il peut tirer des conſéquences propres à décider la queſtion qui eſt agitée. Par exemple, un Théologien raiſonne bien, & perſuade, lorſqu'il tire des ſaintes Ecritures, des Peres, des Conciles, & de la Tradition, des témoignages propres pour faire voir que ſon ſentiment a toujours été celui de l'Egliſe.

## CHAPITRE III.

### *Des lieux communs d'où l'on peut tirer des preuves générales.*

ON ne se remplit l'esprit de vérités certaines sur les matieres qu'on est obligé de traiter, que par de sérieuses méditations, & par de longues études, dont peu de gens sont capables. La science est un fruit environné d'épines, qui éloigne de lui presque tous les Hommes. Ainsi s'il n'étoit permis de parler que de ce que l'on sait, la plûpart de ceux même qui font métier de haranguer, seroient obligés de se taire. Pour remédier à une nécessité qui seroit si fâcheuse à plusieurs Déclamateurs, on a trouvé des moïens courts & faciles de discourir sur des sujets entierement inconnus. On distribue ses moïens en certaines classes qu'on appelle lieux communs, parcequ'ils sont exposés au public, & que chacun y peut prendre librement des preuves, pour prouver avec abondance tout ce qui lui sera contesté, quoiqu'il ignore d'ailleurs la matiere sur laquelle il dispute. Les Logiciens parlent de ces lieux communs dans la partie de la Logique qu'ils appellent la *Topique*. J'expliquerai en peu de paroles l'artifice de ces lieux. Ensuite nous verrons quel jugement on en doit faire.

Les lieux communs ne contiennent proprement que des avis généraux, qui font ressouvenir ceux qui les consultent, de toutes les faces par lesquelles on peut considerer un sujet : ce qui peut être utile, parcequ'envisageant une matiere de tous côtés, on trouve sans doute avec plus de faciliré tout ce qu'on en peut dire. On peut regarder une chose par cent endroits différens : cependant il a plu aux Auteurs de la Topique de n'établir que seize lieux communs.

Le premier de ces lieux est le *Genre* ; c'est à-dire, qu'il faut considerer dans un sujet ce qu'il a de commun avec tous les autres sujets semblables. Si on parle de faire la guerre contre les Turcs, on pourra considérer la guerre en général, & tirer des preuves de cette généralité.

Le second lieu est appellé *Différence*, il faut examiner ce qu'une question a de particulier.

Le troisieme est *la Définition* ; c'est-à-dire, qu'il faut considérer toute la nature du sujet. Le discours qui exprime la nature d'une chose, est la définition de cette chose.

Le quatrieme lieu est le *Dénombrement des parties*, que le sujet que l'on traite contient.

Le cinquieme, *l'Etymologie* du nom du sujet.

Le sixieme, *les Conjugués*, qui sont les noms qui ont liaison avec le nom du sujet, comme ce nom, *amour*, a liaison avec tous ces autres noms, *aimer*, *aimant*, *amitié*, *aimable*, *aimé*, &c.

On peut considérer que les choses dont il est question, ont quelque *ressemblance*, ou *dissemblance*. Ces deux considérations sont le septieme & le huitieme lieu.

On peut faire quelque comparaison, & dans cette comparaison remarquer toutes les choses ausquelles le sujet dont on parle est opposé : *Cette comparaison & cette opposition*, sont le neuvieme & le dixieme lieu.

L'onzieme lieu est *la Répugnance* ; c'est-à-dire, qu'en examinant une chose, il faut prendre garde à celles qui lui répugnent, pour découvrir les preuves que cette vûe peut fournir.

Il est très important de considérer toutes les

*circonstances* de la matiere proposée. Or, ces circonstances ont ou précédé, ou accompagné, ou suivi la chose dont il est question : ainsi ces circonstances sont distribuées en trois lieux, qui sont le douzieme, le treizieme, & le quatorzieme lieu. Toutes les circonstances qui peuvent accompagner une action, sont comprises dans ce Vers Latin.

*Quis, quid, ubi, quibus auxiliis, cur, quomodo, quando.*

C'est-à-dire, qu'il faut examiner quel est l'auteur de l'action ; quelle est cette action : où elle s'est faite ; par quels moïens, pourquoi, comment, quand.

Le quinzieme lieu est *l'Effet* ; le seizieme, *La Cause* ; c'est-à-dire, qu'il faut avoir égard aux effets dont la chose que vous traitez peut être la cause, & aux choses dont elle-même est l'effet.

Ces lieux communs fournissent sans doute une ample matiere de discourir. Ces considérations différentes font que l'on apperçoit plusieurs preuves : & cette méthode pourroit rendre féconds les esprits les plus stériles. Je n'examine pas à présent si cette fécondité est louable ou utile. Selon cette méthode, si on parle contre un parricide, on s'étend sur le parricide en général, & on rapporte ce qui est commun à l'accusé, & à tous les autres parricides : & après on descend aux circonstances du parricide : on en représente la noirceur, d'une maniere étendue, par des définitions, par des descriptions, par des dénombremens. Quelquefois l'Etymologie du nom de la chose sur laquelle on parle, & les autres noms qui ont liaison avec celui-là, donnent sujet de parler, &

font trouver de bonnes preuves. On peut discourir long-temps de l'obligation que les Chrétiens ont de bien vivre, en les faisant ressouvenir du nom qu'ils portent.

Les grands discours sont grossis par les similitudes, les dissimilitudes, les comparaisons, qui servent à éclaircir une difficulté, & à mettre une vérité obscure dans un grand jour. En un mot, quand on veut circonstancier une action, rapporter ce qui l'a précédée, & ce qui s'en est ensuivi, les circonstances qui l'ont accompagnée, ce qui l'a causée, ce qu'elle a produit ; on lasseroit plutôt ses Auditeurs, qu'on ne manqueroit de matiere.

---

## CHAPITRE IV.

### *Des lieux propres à certains sujets d'où on peut tirer des preuves.*

CEs lieux, dont nous venons de parler, sont appellés communs, parcequ'ils fournissent des preuves pour toutes les causes : il y a d'autres lieux qui sont propres à certains sujets. Avant que de parler de ceux-ci, il faut considérer qu'il y a deux sortes de questions : la premiere s'appelle *These ;* la seconde *Hypothese*. These, est une question qui n'est déterminée par aucune circonstance, soit du lieu, soit du temps, soit de la personne ; par exemple, si on doit faire la guerre. Hypothese, est une question finie & circonstanciée, comme est celle-ci, s'il faut faire la guerre avec le Turc en Hongrie, cette année, &c. Or, toutes ces questions se peuvent rapporter à trois genres. Car l'on délibere si on doit faire une action, ou l'on examine quel jugement on doit faire de cette action, ou on loue, ou on blâme cette action. Le premier genre s'appelle *Déliberatif* : le second genre *Judiciaire* : le troisieme genre *Démonstratif*. Chacun de ces genres a ses lieux propres ; c'est-à-dire, que pour chacun de ces genres, on donne de certains avis : comme pour le Déliberatif, selon qu'on voudra conseiller d'entreprendre une action ou de la quitter, il faut faire voir qu'elle est utile, ou inutile ; nécessaire, ou qu'elle ne l'est pas ; qu'elle est possible ou impossible ; que l'événement en sera avantageux, ou fâcheux : que l'entreprise est juste ou injuste.

Une question dans le genre judiciaire peut-être considerée en l'un de ces trois états. Ou l'on ne connoît pas l'auteur de l'action qui fait le sujet du discours : & pour lors, parceque l'on tâche de découvrir cet auteur par des conjectures, cet état est appellé, état de *conjectures*. Si l'auteur est connu, on examine quelle est la nature de l'action : par exemple, un voleur a pris dans un Temple les coffres qu'un particulier y avoit mis en dépôt, on examine si cette action doit être appellée ou sacrilege, ou un simple vol : on cherche la définition de ce crime : ainsi cet état s'appelle, l'état *de la définition*. Le troisieme état est appellé, l'état *de la qualité*, parcequ'on examine la qualité de l'action, si elle est juste, ou injuste.

Pour le premier état, il faut considérer si celui qu'on soupçonne a voulu faire une telle action, s'il l'a pu, & si on en a quelque marque. On considere quelle est sa volonté, en considerant s'il avoit quelque intérêt à commettre cette action ; sa puissance, par la consideration de sa force, de ses moïens. On reconnoît s'il est effectivement auteur de l'action proposée, par les circonstances de cette action, comme, s'il a été trouvé seul dans le lieu où elle s'est faite; si avant ou après cette action il a fait ou dit quelque chose qui le puisse faire soupçonner raisonnablement. Pour le second état, il faut simplement considerer la nature de cette action. Tout ce qu'on en peut dire, dépend de la connoissance particuliere que l'on en a. Pour le troisieme état, on consulte la raison, les Loix, la Coutume, les préjugés, les conventions, l'équité.

Dans le genre Démonstratif; pour louer ou pour blâmer, il faut rapporter le bien ou le mal. Il y a trois sortes de biens dans l'Homme; les uns regardent le corps, les autres l'esprit, les autres dépendent de la fortune. Les biens du corps sont, une patrie glorieuse, une naissance noble, une bonne éducation, la santé, la force, la beauté. Les biens de l'esprit sont, les vertus, la sagesse, la prudence, la science, les autres vertus & bonnes qualités. Les biens de la fortune sont, les richesses, les dignités, les charges, &c. Remarquez que dans ce dénombrement, je rapporte les sentimens des autres.

Tous les lieux propres & communs à chacun des trois genres dont nous avons parlé, sont appellés intérieurs ou intrinseques, pour les distinguer de ceux qu'on nomme extérieurs ou extrinseques, qui sont quatre; savoir, les Loix, les témoignages, les transactions, les réponses de ceux que l'on met à la torture. L'Orateur n'a pas besoin de chercher ces preuves; celui qui donne une cause à plaider, met entre les mains de son Avocats ses pieces, ses contrats, ses transactions; produit les dépositions des témoins, & les réponses de ceux qui ont été appliqués à la torture.

## CHAPITRE V.

### *Réflexion ſur cette Méthode des lieux.*

VOilà en peu de paroles quel eſt l'Art de trouver des argumens ſur toutes ſortes de matieres, que les Rhéteurs ont coutume d'enſeigner, & qui fait la plus grande partie de leur Rhétorique. C'eſt à vous à juger de l'utilité de cette méthode. Le reſpect que j'ai pour les Auteurs qui l'ont louée, m'a obligé d'en faire un abrégé, & de vous en faire connoître le fond. On ne peut douter que les avis qu'elle donne, n'aient quelque utilité : ils font prendre garde à pluſieurs choſes dont on peut tirer des argumens, ils montrent comment l'on peut tourner un ſujet de tous côtés, & l'enviſager par toutes ſes faces. Ainſi ceux qui entendent bien la Topique, peuvent trouver beaucoup de matiere pour groſſir leurs diſcours : il n'y a rien de ſtérile pour eux ; ils peuvent parler ſur tout ce qui ſe préſente, autant de temps qu'ils le voudront.

Ceux qui mépriſent la Topique, ne conteſtent point ſa fécondité. Ils demeurent d'accord qu'elle fournit une infinité de choſes ; mais ils ſoutiennent que cette fécondité eſt mauvaiſe, que ces choſes ſont triviales, & que par conſéquent la Topique ne fournit que ce qu'il ne faudroit pas dire. Si un Orateur, diſent-ils, connoît à fond le ſujet qu'il traite, s'il eſt plein de maximes inconteſtables, par leſquelles il peut réſoudre toutes les difficultés qui s'élevent ſur ce ſujet ; ſi c'eſt une queſtion de Théologie, & qu'il ſoit Théologien, par la connoiſſance qu'il a des Peres, des Conciles, des saintes Ecritures, il appercevra d'abord si le dogme qu'on a proposé est Hérétique ou Catholique. Il ne sera pas nécessaire qu'il consulte la Topique, qu'il aille de porte en porte frapper à chacun des lieux communs, où il ne pourroit trouver les connoissances nécessaires pour décider la question présente. Si un Orateur ignore le fond de la matiere qu'il traite, il ne peut atteindre que la surface des choses, il ne touchera point le nœud de l'affaire; de sorte qu'après avoir parlé long-temps, son adversaire aura sujet de lui dire ce que disoit saint Augustin à celui contre qui il écrivoit: Laissez ces lieux communs qui ne disent rien, dites quelque chose, opposez des raisons à mes raisons, & venant au point de la difficulté, établissez votre cause, & tâchez de renverser les fondemens sur lesquels je m'appuie. *Separatis locorum communium nugis, res cum re, ratio cum ratione, causa cum causâ confligat.*

Si on veut dire en faveur des lieux communs, qu'à la vérité ils n'enseignent pas tout ce qu'il faut dire, mais qu'ils aident à trouver une infinité de raisons qui se fortifient les unes les autres; ceux qui prétendent qu'ils sont inutiles, répondent, & je serois bien de leur avis, que pour persuader il n'est besoin que d'une seule preuve qui soit forte & solide, & que l'éloquence consiste à étendre cette preuve, & à la mettre en son jour, afin qu'elle soit apperçue. Car enfin, il le faut avouer, les preuves qui sont communes aux accusés, & à ceux qui accusent, dont on se peut servir pour détruire & pour établir, sont foibles. Or, celles qui se tirent des lieux communs sont de cette nature.

Cet Art est donc dangereux pour les personnes qui ont peu de savoir; parcequ'elles se contentent de ces preuves qui se trouvent facilement, &

qu'elles ne prennent pas la peine d'en chercher d'autres qui soient plus solides. Un Homme d'esprit, en parlant de cette méthode, que Raimond Lulle a traitée d'une maniere particuliere, dit que c'est un Art qui apprend à discourir sans jugement des choses qu'on ne sait point; ce qui est un défaut indigne d'un Homme raisonnable. J'aimerois mieux, dit Ciceron, être sage, & ne pouvoir parler, que d'être parleur & être impertinent. *Mallem indisertam sapientiam, quàm stultitiam loquacem.* Ajoutez, que dans toutes sortes de discours, il faut absolument retrancher tout ce qui ne peut servir à la résolution de la difficulté. Après un tel retranchement, je crois qu'il resteroit peu des choses que la Topique auroit fournies.

## CHAPITRE VI.

### *Il n'y a que la vérité, ou l'apparence de la vérité qui persuade.*

CE ne sont point les seules paroles, ni l'abondance des choses, qui persuadent; c'est pourquoi, tout ce qui se tire des lieux communs ne peut être utile qu'aux jeunes gens, qui n'étant pas capables de trouver des raisons solides, connues seulement de ceux qui ont étudié à fond les matieres, ont besoin de ce secours pour pouvoir faire leurs déclamations de College. C'est pour cela que les Maîtres, qui se serviront de cet ouvrage, pourront traiter cette méthode des lieux avec plus d'étendue, donnant, sur chacun, des exemples qui se trouvent dans plusieurs Livres de Rhétorique. Il y en a de beaux; car quoique les grands Orateurs ne s'amusent pas à consulter les lieux communs, cependant on peut rapporter tout ce qu'ils disent à quelqu'un de ces lieux communs. Ciceron a eu en vûe le douzieme, le treizieme & le quatorzieme lieu, lorsque pour faire voir que Roscius n'avoit pas été capable de commettre les crimes effroïables dont on l'accusoit, il dit, *Quæ in re prætereo illud, quod mihi maximo argumento ad hujus innocentiam poterat esse, in rusticis moribus, in victu arido, in hac horrida incultaque vita, illiusmodi maleficia gigni non solere. Ut non omnem frugem, neque arborem in omni agro reperire possis : sic non omne facinus in omni vita nascitur. In urbe luxuries creatur : ex luxuria existat avaritia necesse est : ex avaritia erumpat audacia : inde omnia scelera, ac maleficia gignuntur. Vita autem rustica quam & agrestem vocas, parcimonia, diligentia, justitia magistra est.* Ciceron dans ce lieu presse l'accusateur de Roscius, & fait voir par toutes les circonstances possibles, qu'il n'a point tué son propre Pere, comme on l'en accusoit.

On trouve assez de ces exemples dans les Rhétoriques ordinaires. Je crois devoir m'appliquer à des choses plus utiles. Ce que je vais dire dans ce Chapitre, apppartient à la Logique ; mais je ne puis me dispenser de le rapporter, parceque cela est nécessaire pour découvrir les fondemens de l'Art que j'entreprens d'expliquer.

L'Homme est fait pour connoître : nous ne pourrions vivre, ni arriver à notre fin, qui est la félicité, si nous étions sans connoissance. Il est pareillement nécessaire que nous puissions connoître les choses comme elles sont, & que nous ne nous trompions pas. La capacité que nous avons de savoir, nous seroit désavantageuse si nous n'avions aucun moïen de distinguer la vérité d' vec la fausseté. On peut bien concevoir que l'Homme use mal de ses facultés ; mais on ne peut penser que la nature dont Dieu est l'Auteur, soit d'elle-même mauvaise : toutes les inclinations vraiement naturelles sont donc bonnes, & nous ne pouvons manquer en les suivant. Voilà un principe dont il faut voir les conséquences, par rapport à ce que nous cherchons.

L'expérience fait connoître qu'il y a des connoissances claires, ausquelles nous nous sentons comme forcés de consentir. Je ne puis douter que je n'existe, que je n'aie un corps, qu'un & deux ne soient pas trois. Ainsi toutes les fois que je sentirai que ma nature m'oblige de consentir à ce qui m'est proposé avec une pareille clarté ; c'est-à-dire, que je me trouve également engagé de consentir, je puis croire que je ne me trompe pas. Car si je me trompois, ce seroit la nature qui me tromperoit, puisque ce seroit elle qui m'engageroit dans l'erreur. Nous n'avons aucun lieu de nous défier de la bonté de celui qui nous a faits ; ainsi nous devons être certains que les choses sont comme nous les connoissons, lorsque notre connoissance est si évidente que nous ne pouvons suspendre notre consentement. La clarté est donc le caractere de la vérité, c'est-à-dire, que toute connoissance évidente est conforme à la chose qui est connue, & par conséquent, qu'elle est vraie : la vérité est un rapport de conformité ; c'est ainsi qu'elle persuade. Comme nous sommes tellement faits que la volonté suit le bien, & que c'est par le plaisir que nous sentons, que nous desirons le bien, l'esprit suit de même la vérité ; & il est attiré par la clarté, comme la volonté l'est par le plaisir : c'est lui qui nous fait agir ; & ce qui nous persuade, c'est la vérité.

Mais outre que l'Homme étant libre, il peut dé-

tourner

tourner son esprit de la consideration d'une vérité, & par conséquent empêcher que la clarté ne le persuade, il peut, sans bien écouter la nature, donner son consentement, comme il peut aimer une chose avant que d'avoir reconnu certainement qu'elle est capable de lui procurer un véritable plaisir. L'apparence du bien trompe & engage : la seule apparence de la vérité éblouit pareillement. On ne veut pas se donner la peine d'écouter la nature, de sonder ses inclinations véritables. Dabord on consent, sans examiner si elle nous y oblige, ce qu'il faudroit faire pour éviter l'erreur ; comme, pour juger sans erreur si le sucre est doux, on le met sur la langue, on le goûte, on fait attention à ce qu'on sent, ou à ce que la nature nous fait sentir. Le peuple, qui ne raisonne point, est sujet à se tromper. Ce n'est presque jamais la vérité qui le persuade, ce n'est que la vrai-semblance qui le détermine, de la même maniere qu'il ne cherche que les biens apparens, & qu'il les préfere aux biens réels & solides.

Il n'est pas inutile à un Orateur, qui doit s'accommoder à la foiblesse de ses Auditeurs, de considerer en quoi consiste cette vrai-semblance qui persuade le peuple, puisque pour le persuader ce n'est pas assez de lui proposer la vérité. Il n'arrive que trop souvent qu'il n'est pas capable de l'appercevoir. Il n'a que les yeux du corps ouverts, & il seroit nécessaire qu'il ouvrît ceux de l'esprit. Arrêtons-nous un peu ici.

Nous expérimentons que nous sommes tristes ou joïeux, selon que notre conscience nous rend témoignage que nous nous sommes trompés, ou que nous sommes exempts d'erreur. Un Homme, qui sent que sa cause ne vaut rien, est abattu. S'il se sent coupable, il est triste. Au-contraire il parle avec confiance quand il a pris le bon parti. Il est gai, il ose attaquer ses ennemis, & il les insulte. Voilà ce qui arrive ordinairement quand on suit la nature, & qu'on ne combat pas ses sentimens. C'est pourquoi, pour persuader le peuple qu'on dit vrai, il suffit de parler avec plus de hardiesse que son adversaire; il n'y a qu'à crier plus fort, & lui dire plus d'injures qu'il n'en dit, se plaindre de lui plus aigrement, proposer tout ce que l'on avance comme des oracles, se railler de ses raisons, comme si elles étoient ridicules, pleurer s'il en est besoin, comme si on avoit une véritable douleur que la vérité qu'on défend fût attaquée & obscurcie. Ce sont là les apparences de la vérité. Le peuple ne voit gueres que ces apparences, & ce sont elles qui le persuadent.

Les Déclamateurs n'étudient gueres que cette vrai-semblance; & c'est là leur différence d'avec un véritable Orateur qui aime la vérité. Comme le peuple n'examine point, qu'il juge par la couleur sous laquelle paroissent les choses, le Déclamateur ne pense qu'à donner cette couleur qui trompe. Le véritable Orateur instruit, il aide son Auditeur à découvrir la vérité. Il ne néglige pas de se servir de tout ce qui peut toucher le peuple; & c'est pour cela qu'il allegue quelquefois des raisons foibles en elles-mêmes, mais qui sont fortes par rapport à ceux à qui il parle, parcequ'elles s'accommodent avec leurs préjugés. Néanmoins sa principale application est de prouver solidement la vérité, de la bien mettre en son jour: nous allons voir comment cela se peut faire.

## CHAPITRE VII.

### *Comment on peut trouver la vérité, la faire connoître, & découvrir l'erreur.*

L'Eloquence seroit pernicieuse si elle n'avoit pour fin que de tromper le peuple. Elle ne réussiroit pas même si elle ne savoit que tromper; car enfin, on ne se laisse gueres tromper deux fois de suite. Un Sophiste n'est estimé que peu de temps : aussi-tôt que l'Art dont il s'est servi est connu, on le méprise. Puisqu'il s'agit donc de persuader, & non pas de tromper, qu'il n'y a que la vérité qui persuade pour toujours, il faut voir comment on la peut trouver, & la faire connoître.

On peut dire en un mot tout ce qui est nécessaire pour cela. Nous avons proposé le principe sur lequel nous pouvons être assurés que nous ne nous trompons pas. Savoir, lorsque la clarté d'une proposition nous paroît si évidente, qu'il n'est pas en notre pouvoir de suspendre notre consentement, que nous nous sentons comme forcés d'acquiescer. Nous avons dit qu'alors c'est la nature qui nous fait agir. Tout ce qu'elle fait est bien fait : elle a Dieu pour Auteur, qui ne peut tromper ni être trompé. Nous ne devons point craindre l'erreur pendant que nous ne suivrons que les inclinations qu'il nous donne; mais il faut bien distinguer la voix de la nature, d'avec ce que nous disent nos passions & nos préventions. Nous allons quelquefois trop vîte; nous donnons d'abord notre consentement avant que d'avoir bien consulté la nature. Nous ne nous tromperons pas en la suivant; mais il ne faut la pas prévenir, il faut marcher après elle.

Encore une fois, voilà ce qu'il faut faire pour ne se pas tromper. Comme les Orateurs ont plus souvent à combattre l'erreur qu'à établir la vérité, ils doivent examiner en détail tout ce que leurs adversaires ont avancé comme indubitable, pour reconnoître si effectivement la vérité en est si claire, qu'on ne puisse s'empêcher d'y consentir, & que ce soit parler contre ce que l'on sent, que de la contredire. Si on découvre au-contraire qu'ils se sont trompés, il faut rendre sensible leur erreur. Je suppose qu'ils ne trompent que parcequ'ils sont trompés. Voïons ce que doit faire un Orateur ; mais auparavant faisons cette remarque, que personne ne peut être convaincu entierement que de ce qui est vrai, ou de ce qu'il croit véritable ; & que ceux qui se trompent, croient voir la vérité aussi-bien que ceux qui ne se trompent pas ; ils sont près de soutenir avec une égale fermeté leurs sentimens. Or, qu'est-ce que voit celui qui se trompe, croïant voir la vérité qu'il ne voit pas ? Car enfin, il voit quelque chose, sans cela il se rendroit. Je répons en premier lieu, qu'on ne voit rien clairement que ce qui est vrai. Que voit donc celui qui se trompe ? C'est une conséquence qui suit clairement d'un principe qu'il n'a point examiné, & qui est faux. Il n'envisage que cette conséquence qui est vraie, supposé le principe qu'il ne considere point. Un Exemple éclaircira cette importante remarque. Allant par la Ville, j'ai vû un Homme habillé comme Metius, & de sa taille. D'abord sans aucune autre réflexion, j'ai conclu que c'étoit Metius : j'ai ainsi supposé que je l'ai vû : venant ensuite à parler de lui, on dit qu'il est à la campagne ; moi je soutiens qu'il est à la Ville. Je ne considere que cette conséquence qui est claire. Je l'ai vû en Ville, donc il y est ; & c'est ce qui me rend opiniâtre ;

car je cederois si j'examinois bien le principe dont je tire cette conséquence, faisant réflexion que deux personnes peuvent être habillées de même maniere, & avoir beaucoup de rapport pour la taille, & qu'effectivement je n'ai vû autre chose qu'un Homme fait comme Metius que je n'ai point vû au visage. Cet exemple dit beaucoup. Avec un peu d'attention il sera facile de reconnoître l'erreur de ceux qui ne contestent, que parcequ'ils n'apperçoivent pas ce qui les trompe. C'est toujours, comme nous l'avons dit, l'apparence de la vérité qui séduit. Ainsi l'application d'un Orateur doit être d'examiner ce qui a pu tromper ceux qu'il veut désabuser; c'est-à-dire, de quels principes ils tirent leurs conséquences : s'ils ont supposé ces principes pour vrais, sans en être convaincus, ou s'ils ont tiré de fausses conséquences. Il n'y a rien qui persuade mieux ceux dont on combat les sentimens, que de démêler ainsi les choses où ils ont raison, d'avec celles où ils se trompent, de leur accorder ce qui est vrai, & de leur faire voir ce qui est faux & ce qui les a séduits.

Tout ceci demande peut-être plus de détail; mais cela appartient à la Logique, dont l'étude est absolument nécessaire à un Orateur. Nous avons dit qu'il faut connoître à fond les matieres dont il s'agit. Pour connoître une vérité inconnue, ou pour la faire connoître, il faut la déduire de ses principes. Comme dans la nature tout se fait par des loix simples, & en petit nombre, aussi dans les sciences tout se peut déduire d'un petit nombre de vérités. C'est à ceux qui traitent les sciences particulieres, d'indiquer ces premieres vérités, qui sont des sources fécondes d'où coulent toutes les autres. On se trompe, si on croit qu'en lisant une Rhétorique bien faite, on apprendra à discourir raisonnablement sur toute sorte de matiere.

## CHAPITRE VIII.

*L'attention est nécessaire pour reconnoître la vérité. Comment on peut rendre attentif un Auditeur.*

PArlant en général de ce qu'il faut faire pour persuader, je ne veux pas oublier une chose qui est plus considerable qu'on ne pense, puisque sans elle, les plus solides raisonnemens sont inutiles. Il n'y a que ceux qui font souvent réflexion sur notre corruption, qui apperçoivent que la cause de l'ignorance des Hommes, & du peu d'effet des plus beaux & des plus forts discours, ne vient que du défaut d'attention. Il arrive à l'esprit ce qui arrive au corps. Un corps malade & languissant ne peut agir. Une ame qui est malade, est sans action ; si elle travaille à connoître la vérité, aussi-tôt elle est fatiguée. Les corps qui font impression sur elle, l'en détournent ; elle ne la peut donc envisager sans combattre contre son corps ; & dans l'état de langueur où le péché l'a réduite, elle n'en est presque plus capable. On aura peine à le croire ; cependant il n'y a rien de plus vrai, que de mille personnes qui écoutent un Prédicateur un peu spirituel, il n'y en a peut-être pas dix qui soient attentifs. Le son de ses paroles frappe bien les oreilles ; mais la vérité que ses paroles expriment est peu apperçue : elle n'est à leur égard que comme une image qui passe promptement devant leurs yeux. Nous l'expérimentons : il y a des vérités que nous avons entendues mille fois sans en être touchés ; & lorsque Dieu tourne vers elles notre esprit, nous nous trouvons frappés, & nous les voïons d'une maniere si particuliere, que nous croïons ne les avoir jamais vûes. Ce n'est que l'attention qui distingue les habiles gens d'avec les ignorans. Tout Homme qui est capable d'attention, est en même-temps capable de toutes les plus hautes sciences, rien n'est difficile pour lui.

C'est à quoi un Orateur doit prendre garde: autrement il parle à des rochers. Toutes les figures de Rhétorique ne s'emploient que pour cela. Les Apostrophes, les Interrogations, ne se font que pour réveiller les Auditeurs, & les tourner vers ce que l'on veut qu'ils considerent. Interroger, c'est comme tirer un Homme par le manteau, pour lui faire appercevoir ce qu'il ne voit pas. Les Descriptions, les Hypotyposes, les Dénombremens, représentent sous différentes faces la vérité qu'on veut persuader, afin que si elle n'est pas vûe sous une face, on la voie sous une autre. Les Métaphores, les Allégories, en font de peintures sensibles, qui frappent les sens. Cela a été dit avec étendue dans le second Livre; mais la chose est si importante, qu'on n'en peut assez parler: c'est de ce côté-là que l'Orateur doit tourner son adresse.

Comme l'ame est faite pour la vérité, qu'elle a un desir ardent de savoir, aussi-tôt qu'elle apperçoit quelque chose qu'elle n'a point vûe, & qui la frappe d'une maniere extraordinaire, elle a de la curiosité, elle la veut connoître. Ainsi, pour rendre l'ame attentive, c'est-à-dire, pour lui donner de la curiosité, il n'est question que de trouver des tours ingénieux, qui donnent un air extraordinaire à ce qu'on veut faire considerer. Ce qui ne manquera pas d'arriver; car il suffit d'être vêtu en étranger, pour se faire regarder de tout le monde. Vitruve rapporte qu'un fameux Architecte n'aïant pu obtenir audience d'Alexandre le Grand, pour lui proposer le dessein d'un grand ouvrage; comme on le rebutoit, & qu'on le laissoit parmi la foule du peuple, à qui on ne donnoit pas la liberté d'approcher du Prince, il s'avisa de paroître nud à la porte du Palais, couvert de feuilles. Alexandre, l'aïant apperçu dans cet habillement extraordinaire, eut la curiosité de lui demander ce qu'il étoit, & pourquoi il paroissoit dans cet état. Cela lui donna occasion de proposer son dessein, ce qu'il n'avoit pu faire auparavant. Lorsqu'on lit les Orateurs, il faut remarquer l'adresse dont ils se servent pour se faire écouter. Les préceptès servent peu, si l'on n'observe l'usage qu'en ont fait les grands Maîtres.

Il ne sera pas néanmoins inutile de faire ces deux réflexions, ausquelles se peut réduire l'Art, s'il y en a un, de rendre attentifs ceux à qui on parle. Considerons, 1°. Que les Hommes desirant de savoir, & ce desir aïant pour fin un objet infini, il faut que la chose, dont on promet de parler, soit grande, ou paroisse grande; car si on connoissoit qu'elle est petite, on la négligeroit. 2°. De ce que l'objet de notrè curiosité naturelle est une chose infinie, je conclus encore que le grand secret pour entretenir le feu de la curiosité, c'est de ne point faire connoître entierement ce qu'on propose, qu'après qu'on ne demande plus d'attention, n'aïant plus rien à dire. Jusqu'à ce moment il faut nourrir la curiosité sans la remplir, l'enflammant toujours, afin qu'elle soit plus ardente. Car enfin, tout ce qu'on peut enseigner n'est point ce que la nature fait desirer. Ainsi on se dégoûte de ce qu'on a appris, & le temps du plaisir ne dure que pendant ces momens où l'on espere connoître quelque chose de nouveau & de conséquence.

C'est ce que les Poëtes savent si bien pratiquer. Voïez dans l'Enéide comme Virgile propose d'abord une histoire fameuse d'un Homme de considération, qui, par l'ordre des destins, étoit venu en Italie y jetter les fondemens de l'Empire Romain. Il ne commence pas cette histoire par la naissance de son Heros. Il le représente au milieu de la mer, battu de la tempête qu'une Déesse avoit excitée ; les Dieux prennent parti, les uns sont pour lui, les autres contre. Sa flotte est dissipée. Il fait naufrage, dont à peine il se sauve, jetté sur un bord étranger. Cela donne la curiosité de savoir quel étoit cet Enée, & comment un fugitif comme lui, si malheureux, pourroit enfin arriver dans l'Italie, & y établir un puissant Empire. A mesure qu'on lit l'Enéide, on apprend ce qu'on desire de savoir ; mais il y a toujours quelque circonstance qui éloigne le dénouement des difficultés qu'on voudroit voir éclaircies. La curiosité est de plus en plus satisfaite ; mais jusqu'à la fin, il reste quelque chose qu'on ignore, ce qui fait qu'on lit avec ardeur ce Poëme, depuis les premiers vers jusques aux derniers.

Je puis dire que c'est en cela que consiste un des grands secrets de l'éloquence ; car pour persuader, il faut se faire écouter. Or, quand un Orateur trouve le moïen de donner de la curiosité pour ce qu'il va dire, qu'il l'entretient, & que ce n'est que lorsqu'il cesse de parler qu'elle est parfaitement contente, on peut dire qu'il a réussi. Autrement son Auditeur s'ennuie. C'est ce qu'il doit le plus apprêhender. La plus méchante qualité d'un Orateur, c'est d'être ennuïeux. S'il ne plaît pas, s'il dégoûte, de quelle utilité sont ses discours ? Pourquoi s'empresse-t-il de parler ?

Naturellement on estime ce qui est bien fait, & qui répond à la fin qu'on s'y est proposée. On y prend plaisir, & après avoir lû l'Enéide, quand on le relit, & qu'on n'ignore plus l'histoire d'Enée ; cependant on y prend encore plaisir, parceque si ce ne sont pas les nouvelles connoissances qu'on acquert qui divertissent, le Poète qui sait conduire son ouvrage, plaît par son esprit. Ce n'est pas seulement dans le Poème Epique & dans les pieces de Théâtre, mais dans les plus petites pieces que cette conduite réussit. Quand un Auteur commence de maniere qu'il fait entendre quelque chose de rare, de nouveau, sans faire connoître ce que c'est, on sent sa curiosité émue. Il l'enveloppe, il la cache en même-temps qu'il la laisse entrevoir par quelque bel endroit ; ce qui augmente le desir de la voir entiere. La difficulté où il jette le Lecteur, le rend plus attentif : *Animus fit attentior ex difficultate.* Ainsi il s'applique davantage ; & c'est ce qui lui fait trouver bon ce qu'il lit, comme c'est l'appetit qui nous fait trouver bon ce que nous mangeons. Ne pouvant produire ici une piece d'une longueur considerable pour prouver ce que j'avance, en voici une petite qui servira d'exemple.

*Elevé dans la vertu,*
*Et malheureux avec elle,*
*Je disois, A quoi sers-tu*
*Pauvre & miserable vertu !*
*Ta droiture & tout ton zele,*
*Tout compté tout rabattu,*
*Ne valent pas un fêtu :*
*Mais voïant que l'on couronne*
*Aujourd'hui le grand Pompone,*
*Aussi-tôt je me suis tû :*
*A quelque chose elle est bonne.*

## CHAPITRE IX.

*Ce qui fait la différence de l'Orateur d'avec le Philosophe.*

NOus pouvons ici décider une question qui servira à l'éclaircissement de l'Art de persuader. On demande ce qui fait la différence de l'Orateur d'avec le Philosophe, d'où vient que le Philosophe peut convaincre, & qu'il ne persuade presque jamais ; au lieu qu'un excellent Orateur ne manque point de faire l'un & l'autre ? On peut comprendre, par ce que nous venons de dire, qu'il n'y a que la vérité qui puisse convaincre & persuader ; mais comme elle ne le peut faire qu'étant connue, ce n'est pas assez de la proposer, si on ne trouve les manieres de la faire appercevoir, & si en même-temps l'on n'ôte les préventions qui lui sont un obstacle.

Le Philosophe se contente de donner les principes sur lesquels il s'appuie. Il les explique en peu de paroles, supposant que son Disciple est attentif ; qu'il a de la curiosité pour l'écouter, de l'empressement pour être instruit ; qu'il ne veut que voir la vérité pour la suivre : ainsi il ne cherche aucun tour rare pour le tenir attentif. Il ne s'avise point d'exciter en son ame aucun mouvement pour le porter vers la vérité, & pour l'éloigner des objets qui l'en détournent. Effectivement il ne seroit pas nécessaire de le faire, si tous les Hommes étoient dans cette disposition au regard de la vérité, où ce Philosophe suppose qu'est son Disciple : mais il n'en est pas ainsi ; les Hommes ont peu de curiosité ; le desir que Dieu nous a donné pour la vérité est languissant, il ne se réveille que lorsqu'il se présente des objets extraordinaires. Nous avons tous l'esprit fort distrait, peu perçant : ainsi à moins qu'on ne s'accommode à notre foiblesse, comme fait l'Orateur pour nous faire voir la vérité par tant d'endroits qu'enfin nous l'appercevions, nous ne la concevrons jamais.

Pourquoi donc les Philosophes convainquent-ils, c'est à-dire, qu'ils obligent d'avouer qu'on ne peut tenir contre ce qu'ils veulent prouver, & que cependant on n'entre point dans leurs sentimens? c'est qu'on sent la force de leur raisonnement sans sortir de l'état ou l'on se trouvoit avant que de les avoir entendus parler. L'Orateur ne souffre point d'indifférence dans son Auditeur; il le remue en tant de manieres, qu'enfin il trouve par où il le pourra renverser, & pousser du côté où il veut qu'il tombe. Personne ne peut résister à la force de la vérité. Les Hommes l'aiment naturellement; il est impossible qu'ils ne se laissent gagner quand ils la connoissent avec tant d'évidence, qu'ils n'en peuvent douter, ni s'imaginer qu'elle soit autre qu'elle leur paroît. Ainsi l'Orateur, qui a le talent de mettre la vérité dans un beau jour, doit charmer, puisqu'il n'y a rien de plus charmant qu'elle, & qu'elle doit triompher de la résistance qu'on lui faisoit, puisqu'effectivement pour être victorieuse, elle n'a qu'à se faire connoître.

Pour mieux faire comprendre cette vérité, il faut remarquer qu'il y a deux facultés dans notre ame : l'une est l'entendement, & l'autre la volonté. La premiere cherche le vrai; la seconde veut le bien : mais l'une & l'autre fort souvent ont de la peine à se déterminer dans le parti qu'elles doivent prendre. L'entendement hésite en bien des rencontres, parceque la vérité est obscure; & il faut la lui démontrer, pour la lui faire connoître, de maniere qu'il ne puiſſe la déſavouer. C'eſt là proprement ce qu'on appelle *convaincre*, & ce qu'entreprennent de faire les Arts & les ſciences, ſur des vérités de pure ſpéculation, ou du moins dont la pratique n'intéreſſe nos paſſions en aucune ſorte, ni ne gêne nos inclinations.

La volonté eſt auſſi indéterminée quelquefois : elle ne ſait quel parti prendre ; & ſon doute ne vient pas toujours de ce que nous ignorons la vérité qu'il nous faut ſuivre ; mais il vient plutôt de ce que connoiſſant cette vérité, nous ſentons néanmoins en nous-mêmes quelque paſſion qui nous arrête, & même qui nous porte ailleurs, comme une eſpéce de poids dont l'activité eſt difficile à retenir. Que ne peuvent point en effet, contre la vérité, ou bien contre la juſtice, les conſiderations qu'on a pour certaines perſonnes, les vûes de prudence, de timidité, d'ambition, de parenté, d'amitié ? Quand nous ſommes ſenſibles à de pareils motifs, c'eſt alors que toutes ſortes de raiſons, capables de nous éclairer, ne ſont pas ſuffiſantes pour nous porter au bien, parcequ'il y a des raiſons qui n'agiſſent que ſur l'eſprit ; au-lieu qu'il en faut qui, éclairant l'eſprit, aient en même-temps la force de déterminer la volonté. Il faut comme des contre-poids, pour corriger la violence du penchant qui nous entraîne, afin de nous faire embraſſer ce qu'on nous propoſe.

Pour peu qu'on réflechiſſe ſur les mouvemens de ſon propre cœur, il eſt impoſſible de ſe refuſer à la vérité de ces obſervations. Ce n'eſt pas ſeulement le Chrétien qui éprouve en lui-même des combats & des contrariétés, ou qui a lieu de dire comme ſaint Paul, *Sentio in membris meis legem repugnantem legi mentis meæ ; non quod volo bonum hoc ago ; ſed quod nolo malum illud facio, infelix ego homo, &c.* Tout Homme éprouve ſouvent la même chose, & voit son portrait dans celui qu'Ovide fait de Medée & de ses agitations, lorsque la raison la conduit d'un côté, & que la passion la pousse de l'autre. Elle voit le bon parti, elle le juge tel, & l'approuve; & néanmois elle suit le pire.

*Aliudque cupido,*
*Mens aliud suadet: video meliora proboque,*
*Deteriora sequor.*

Dans ces occasions, la volonté étant ainsi déterminée à des objets pernicieux, ou étant comme suspendue entre le bien & le mal, il est nécessaire de la remuer; & non-seulement il conviem de lui faire connoître tout le danger du parti qu'elle a pris, ou qu'elle est sur le point de prendre, il faut le lui rendre sensible, & lui faire goûter le bien dont elle se prive. Voila la nature & la fin de l'éloquence, & son véritable emploi: voilà ce qui distingue l'Orateur du Philosophe. Nous allons parler des differens moïens dont se sert l'Orateur pour produire cet effet, & qui lui sont propres.

## CHAPITRE X.

### *Des manieres de s'insinuer dans l'esprit de ceux à qui on parle.*

SI les Hommes cherchoient la vérité sincerement, il ne seroit besoin, pour la leur faire recevoir, que de la leur proposer simplement & sans art. Mais, parcequ'elle ne s'accommode pas avec leurs intérêts, ils s'aveuglent volontairement pour ne la pas voir; car ils s'aiment trop pour se laisser persuader que ce qui leur est désagréable, soit vrai. Avant que de recevoir une vérité, ils veulent être assurés qu'elle ne sera point incommode. C'est donc en vain qu'on se sert de fortes raisons quand on parle à des personnes qui ne veulent pas les entendre, qui persécutent la vérité, & la regardant comme leur ennemie, ne veulent pas envisager son éclat, de crainte de reconnoître leur injustice. On est donc contraint de traiter la plupart des Hommes qu'on veut délivrer de leurs fausses opinions, comme on fait les phrénétiques, à qui on cache avec artifice les remedes qu'on emploie pour les guérir. Il faut proposer les vérités dont il est nécessaire qu'ils soient persuadés, avec cette adresse, qu'elles soient maîtresses de leur cœur avant qu'ils les aient apperçues; & comme s'ils étoient encore enfans, il faut obtenir d'eux par de petites caresses, qu'ils veuillent bien avaler la médecine qui est utile à leur santé.

Les Orateurs qui sont animés d'un véritable zèle étudient toutes les manieres possibles de gagner les Hommes, pour les gagner à la vérité. Une Mere pare ses Enfans avec soin, & l'amour qu'elle a pour eux la porte à faire que toutes les autres personnes les aiment avec la tendresse qu'elle ressent. Si nous aimons la vérité, nous devons donc travailler à la faire aimer. Les Saints Peres de l'Eglise ont toujours tâché d'éviter tout ce qui la pouvoit rendre odieuse. Lorsque JESUS-CHRIST commença à prêcher son Evangile aux Juifs, qui étoient jaloux de la gloire de la Loi de Moïse, pour ne les pas choquer, comme remarque S. Jean Chrysostome, il témoigna qu'il ne prétendoit pas renverser cette Loi; mais au-contraire qu'il étoit venu pour l'accomplir. Sans cela ils eussent bouché leurs oreilles pour ne le pas entendre, comme firent ceux que par une juste jugement il ne daigna pas gagner.

Nous avons dit que les anciens Maîtres font consister l'Art de persuader dans la science de faire ces trois choses, instruire, gagner, & émouvoir : *Docere*, *flectere*, *& movere*. J'ai rapporté les moïens qu'ils ont découverts pour trouver les choses qui peuvent instruire & éclaircir la matiere sur laquelle on parle. Je ferai ici quelques réflexions sur les moïens de s'insinuer dans les cœurs de ceux que l'on veut gagner. Dans les Rhétoriques ordinaires on ne fait point ces réflexions : ainsi, quoique je n'aie pas eu dessein de traiter l'Art de persuader dans toute son étendue, j'en dirai plus que ceux qui promettent de ne rien oublier. Il est vrai que la science de gagner les cœurs est bien au-dessus de la portée d'un jeune Ecolier, pour lequel on fait des Rhétoriques. Elle s'acquert par de sublimes spéculations ; par des réflexions sur la nature de notre esprit, sur les inclinations, sur les mouvemens de notre volonté. C'est le fruit d'une longue expérience qu'on a faite, sur la maniere dont les Hommes agissent & se gouvernent. En un mot, cette science ne se peut enseigner méthodiquement que dans la Morale.

---

## CHAPITRE XI.

### *Qualités requises dans la personne de celui qui veut gagner ceux à qui il parle.*

IL est important que les Auditeurs aient de l'estime pour celui qu'ils écoutent, & qu'il passe dans leur esprit pour une personne sage. Un Orateur doit donner des témoignages d'amitié à ceux qu'il veut persuader, & faire paroître que c'est un zèle sincere de leur intérêt qui le fait parler. La modestie lui est nécessaire, la fierté & l'orgueil étant d'invincibles obstacles à la persuasion. Ainsi il faut qu'on remarque ces quatre qualités dans la personne d'un Orateur ; de la probité, de la prudence, de la bien-veillance, & de la modestie, comme nous l'allons montrer plus au long.

Il est constant que l'estime que l'on a de la probité & de la prudence d'un Orateur, fait souvent une partie de son éloquence, à laquelle on se rend avant même que de savoir ce qu'il doit dire. C'est sans doute l'effet d'une grande préoccupation ; mais elle n'est pas mauvaise, & on ne doit pas la confondre avec un certain entêtement qui fait qu'on demeure attaché à de fausses opinions sans aucune raison. Outre que les paroles, qui sortent d'un cœur plein d'ardeur pour la vérité, embrasent le cœur de ceux qui écoutent ; il est fort raisonnable d'ajouter foi à ce que dit un Homme de bien, & qu'on sait n'être point un trompeur. C'est pourquoi il est plus avantageux à un Orateur que sa vertu éclate, que sa doctrine, comme dit un Payen. ( *Quintil.* ) *In Oratore non tam dicendi facultas quàm honesta vivendi ratio eluceat.* Le Christianisme oblige ceux qui font profession de persuader les autres, de travailler à s'acquérir de l'autorité dans l'esprit des peuples ; & le même Evangile qui commande à tout le monde de fuir l'éclat, les oblige de faire éclater leurs bonnes œuvres, avec cette intention que ceux qu'ils instruisent, soient autant portés par leurs exemples à embrasser la vertu, que par leurs paroles. *Sic luceat lux vestra coram hominibus, ut videant opera vestra bona.* ( S. Matth. )

Cette néceſſité a porté quelquefois les plus modeſtes à ſe donner des louanges, & à défendre leur réputation en même-temps que la patience & la douceur les portoient à aimer les injures dont on les chargeoit. La bonne vie eſt la marque que JESUS-CHRIST nous a donnée pour diſtinguer les Prédicateurs de la vérité, d'avec ceux que l'eſprit d'erreur envoie pour tomper les Hommes.

On eſt bien aiſe de ſe décharger de la peine d'examiner un raiſonnement, & pour cela de s'en fier à l'examen de ceux que l'on eſtime, & de ſoumettre ſon jugement aux lumieres de ceux en qui on voit briller une grande ſageſſe. *Auctoritati credere magnum compendium, & nullus labor.* ( S. Aug. ) L'autorité d'un Homme de bien, ſage, éclairé, eſt à ceux qui ſe défient de leurs lumieres, ce qu'eſt un appui à un Malade. Perſonne ne veut être trompé, peu ſe peuvent défendre de l'erreur ; c'eſt pourquoi l'on eſt ravi de trouver une perſonne ſous l'autorité de laquelle on ſe tienne à couvert. Dans toutes les diſputes, on voit que deux ou trois têtes, à qui leur ſuffiſance a acquis de l'eſtime, partagent tout le monde, & que chacun ſe range du parti de celui qu'il croit le plus habile. L'Orateur ſans autorité n'attirera jamais dans ſes ſentimens qu'un très petit nombre de perſonnes, parceque peu ſont capables d'appercevoir la ſubtilité de ſes raiſonnemens. S'il veut avoir la multitude de ſon côté, il faut qu'il faſſe voir qu'il a pour lui ceux à l'autorité de qui elle a coutume de ſe rendre, & dont elle ſuit les ſentimens aveuglément.

Il n'y a rien qui ſoit plus capable de gagner les Hommes, que les marques d'amitié qu'on leur donne. L'amitié donne toutes ſortes de droits ſur la perſonne aimée. On peut dire toutes choſes à ceux qui ſont convaincus qu'on les aime : *Ama, & dic quod vis.* Il faudroit que l'amour qu'on a pour la vérité fût bien déſintéreſſé pour vouloir la recevoir lorſqu'elle vient de la bouche d'un ennemi. Les Epîtres de ſaint Paul ſont pleines de marques d'affection & de tendreſſe, qu'il faiſoit paroître à ceux à qui il écrivoit, & jamais il ne les reprend de leurs défauts, qu'après les avoir convaincus que c'étoit le zèle, qu'il avoit pour leur ſalut, qui l'obligeoit de les en avertir.

La quatrieme qualité, que je crois néceſſaire à un Orateur, eſt la modeſtie. Souvent la réſiſtance, que quelques-uns font à la vérité, n'eſt cauſée que par la fierté avec laquelle on veut extorquer de leur bouche un aveu de leur ignorance. Pourquoi chicanne-t on dans les converſations ? Pourquoi eſt-ce qu'on diſpute ſans vouloir demeurer d'accord des vérités les plus inconteſtables ? C'eſt que les uns veulent triompher, & que les autres s'opiniâtrent à ne pas céder, & à diſputer une victoire, dont la perte leur paroît honteuſe. Ceux, qui ſont ſages, laiſſent refroidir la chaleur de la diſpute, & laiſſent paſſer le temps de l'opiniâtreté. Ils cachent tellement leur triomphe, que les vaincus ne s'apperçoivent pas de leur défaite, & qu'ils ne ſe conſiderent pas tant comme vaincus, que victorieux de l'erreur où ils étoient engagés. *Non de adverſario victoriam, ſed contra mendacium quaremus veritatem*, diſoit ſaint Jérôme, écrivant contre les Pélagiens.

Un ſage Orateur ne doit jamais parler de ſoi avantageuſement. Il n'y a rien qui ſoit plus capable d'éloigner de lui l'eſprit de ſes Auditeurs, & de leur inſpirer des ſentimens d'averſion & de haine, que cette vanité que font paroître ceux qui ſe vantent. La gloire eſt un bien où chacun prétend avoit droit. On ne peut souffrir qu'un particulier se l'approprie ; car, comme Quintilien l'a fort bien remarqué, nous avons tous une certaine ambition qui ne peut rien souffrir au-dessus de soi. De-là vient que nous prenons plaisir à relever ceux qui s'abaissent eux-mêmes, parce-qu'il semble que nous le faisons comme étant plus grands qu'eux. *Habet enim mens nostra sublime quiddam, & impatiens superioris ; ideoque subjectos & submittentes se lubenter allevamus, quia hoc facere tanquam majores videmur.* Cette modestie ne doit rien avoir de bas : la fermeté & la générosité sont inséparables du zèle que notre Orateur a pour la défense de la vérité ; & comme elle est invincible, il doit être intrépide. Un Homme qui ne craint rien davantage que de blesser la vérité, se rend redoutable : il ne sied pas mal quelquefois de relever les avantages de son parti, qui est celui de la vérité. Le discours doit convenir à la qualité de celui qui parle. Un Roi, un Evêque doivent parler avec majesté ; & ce qui est la marque d'une autorité légitime dans leur personne, seroit dans la bouche d'une personne privée, une marque de fierté & d'arrogance.

---

## CHAPITRE XII.

### *Ce qu'il faut observer dans les choses dont on parle, pour s'insinuer dans l'esprit des Auditeurs.*

APrès avoir parlé de la personne de l'Orateur, voïons ce qui regarde les choses que l'on traite. Si les Auditeurs n'y prennent aucune part, & qu'elles ne blessent point leur intérêt, l'artifice n'eſt pas néceſſaire. Lorſqu'il n'eſt queſtion que de théorêmes de Géometrie, de Mathématique, il n'eſt pas beſoin de diſpoſer les eſprits à les recevoir ; ne pouvant cauſer aucun dommage, il ne faut pas craindre que quelqu'un les rejette. Mais lorſqu'on propoſe des choſes contraires aux inclinations de ceux à qui on parle, l'adreſſe eſt néceſſaire. L'on ne peut s'inſinuer dans leur eſprit, que par des chemins écartés & ſecrets ; c'eſt pourquoi il faut faire en ſorte qu'ils n'apperçoivent la vérité dont on veut les perſuader, qu'après qu'elle ſera maîtreſſe de leur cœur ; autrement ils lui fermeront la porte de leur eſprit, comme à une ennemie.

Les Hommes n'agiſſant que par intérêt, lors même qu'il ſemble qu'ils y renoncent, il faut néceſſairement leur faire voir que ce qu'on leur perſuade, ne leur ſera point déſavantageux. On doit combattre leurs inclinations par leurs inclinations, & s'en ſervir pour les attirer dans les ſentimens qu'on leur veut faire prendre, comme les Matelots ſe ſervent du vent contraire, pour arriver dans le port d'où il les éloignoit ; cela ſe comprendra mieux par des exemples. Afin d'inſpirer de l'averſion pour le fard à une Femme qui n'a de l'amour que pour elle-même, & que rien ne touche que ſa beauté, il faut, ſelon le conſeil de ſaint Jean Chryſoſtome, ſe ſervir de la paſſion qu'elle a pour ſa beauté, pour la moderer, en lui montrant que les poudres & le fard gâtent le teint, On détache de la débauche un Homme qui ne refuſe rien à ſes plaiſirs, en lui propoſant des plaiſirs plus doux, ou le perſuadant fortement que ces débauches ſeront ſuivies de quelque grande douleur. Il faut toujours dédommager l'amour propre, c'eſt-à-dire, déſintéreſſer ceux que l'on veut faire renoncer à quelqu'intérêt. Car enfin, à moins que la grace divine ne change le cœur, les passions peuvent changer d'objet, mais elles demeurent toujours les mêmes. Or ce changement d'objet n'est pas difficile. Un Orgueilleux fera tout ce qu'on voudra, pourvu qu'il évite l'humiliation, & que son orgueil soit content. Ainsi il n'y a rien qu'on ne puisse persuader, quand on sait se servir des inclinations des Hommes.

Lorsqu'on veut obtenir de ceux à qui on parle une chose qu'ils ont dessein de ne point accorder, quoiqu'on la puisse exiger d'eux avec droit, il faut se contenter de la recevoir comme une grace. On ne doit leur faire cette demande qui les choque, qu'après qu'on aura clairement prouvé que ce qui leur restera, servira plus à leur gloire, & sera plus avantageux que ce qu'ils accorderont. Saint Jean Chrysostome loue la prudence de Flavien, Patriarche d'Antioche, qui fit révoquer à l'Empereur Theodose l'Arrêt sanglant qu'il avoit donné contre les Habitans de cette Ville, qui avoient renversé les statues de l'Imperatrice. Ce Patriarche étant venu à Constantinople pour fléchir la colere de Théodose, il exagéra la faute de ceux d'Antioche ; il confessa qu'une semblable faute méritoit les châtimens les plus rigoureux : Mais ajoutant qu'il auroit plus de gloire à pardonner une si grande faute, & qu'un Prince Chrétien ne pouvoit vanger une injure avec tant de sévérité, il gagna l'esprit de Théodose qu'il auroit irrité, s'il eût entrepris de diminuer le crime du peuple d'Antioche, outre qu'il eût semblé approuver leur sédition, & en eût paru complice.

Il est avantageux à un Orateur, que ses Auditeurs soient persuadés qu'il entre dans leur sentiment ; ce qui n'est pas impossible, quoiqu'il travaille à en faire changer à ses Auditeurs. Dans une opinion, quelle qu'elle soit, tout n'est pas faux, ni déraisonnable. On peut, sans blesser la vérité, s'attacher d'abord à ce qui est vrai, dans l'opinion que l'on veut combattre, & la louer en ce qu'elle a de véritable, & qui mérite des louanges. Un peuple, par exemple, s'est révolté contre son légitime Souverain, & a enlevé la puissance d'entre ses mains pour la partager à ceux qu'il a choisis pour le gouverner. On pourra donc commencer son discours par louer l'amour de la liberté. Ensuite faisant voir à ce peuple, que la liberté est plus grande sous un Monarque que dans une République, où cent Tyrans usurpent l'autorité souveraine ; on le gagne, & on se sert de la passion qui l'a porté à la révolte, pour le ramener à l'obéissance.

C'est avec cette même prudence que l'on détache les Hommes de ceux pour qui ils ont un amour aveugle, contre lesquels, par conséquent, il faut bien se donner de garde de déclamer d'abord ; au contraire, il est bon de commencer par leur donner quelques louanges. Par exemple : Il est vrai, ô Romains, que personne n'a jamais été plus libéral que Spurius Mélius ; il vous a fait des profusions de toutes ses richesses. Mais prenez garde que c'est un Ambitieux ; que toutes ses libéralités sont des appas pour vous surprendre, & que tous ces présens qu'il vous fait, sont le prix avec lequel il prétend acheter votre liberté, & se rendre votre Maître.

L'humilité est la plus rare de toutes les vertus ; elle est l'appanage des ames innocentes, & elle ne se rencontre que fort rarement dans ceux qui sont criminels ; c'est pourquoi ces derniers ne peuvent souffrir qu'on leur reproche leurs fautes. Il est difficile par conséquent de gagner ceux que l'on veut corriger ; néanmoins lorsque les coupables sont effectivement persuadés que leur faute leur est pernicieuse, que c'est l'amour de leur intérêt qui fait parler celui qui les reprend, qu'ils reconnoissent qu'aïant plus de prudence, il prévoit les malheurs qui les regardent, & qu'ils n'apperçoivent pas, ils supportent avec patience ce reproche pénible, comme les Malades souffrent qu'on leur coupe un membre pourri.

Ce qui fait souvent que les avertissemens sont désagréables, c'est qu'on les fait avec empire & avec insulte. Quand on veut corriger les coupables, on doit quelquefois se contenter de leur montrer ce qu'il falloit faire, sans leur reprocher ce qu'ils ont fait. Il y a de certaines choses qui ne sont mauvaises, que par le défaut d'une circonstance ; on peut louer cette chose, mais faire voir qu'elle n'a pas été faite dans le temps ni dans le lieu nécessaires.

Afin qu'un coupable n'ait point de honte d'avouer sa faute, & de s'en repentir, il est bon de la faire paroître petite, en la comparant avec une plus grande : & afin qu'il ne la soutienne point, il faut trouver des moiens de l'en décharger. Il y a de certaines gens qui ne veulent jamais condamner ce qu'ils ont fait. On doit séparer l'erreur, de ces personnes, & ne prouver qu'ils en sont coupables, qu'après qu'ils l'auront condamnée. C'est ce que fit le Prophète Nathan, lorsqu'aïant voulu reprendre le Roi David de l'adultere qu'il avoit commis, il lui fit des plaintes d'un Homme qu'il disoit coupable d'une action qui étoit moins criminelle que celle de David. Après que ce Roi eut condamné cet Homme, pour lors Nathan lui dit : C'est de votre Majesté même dont je parle, vous êtes plus coupable que celui que vous venez vous-même de condamner.

Quelquefois

Quelquefois on est si attaché aux résolutions qu'on a prises sur une affaire, qu'on ne veut plus écouter de nouvelles propositions. L'artifice est donc nécessaire; celui dont se servit Agrippa est admirable. Il vouloit rappeller le peuple Romain qui avoit quitté la Ville, se plaignant de la dureté des Magistrats qui, sans rien faire, vivoient de son travail. Il leur proposa la parabole de la guerre qui s'éleva entre les parties du corps humain qui, ne voulant plus rien donner à l'estomach qui étoit, disoient-elles, un paresseux, reconnurent ensuite par l'expérience, que l'estomach leur rendoit bien ce qu'elles lui donnoient. Cette seule parabole que le peuple écouta avec plaisir, ne voïant point où elle alloit, suffit, après qu'il en vit l'application, pour lui faire quitter sa premiere résolution. Il n'y a point de meilleure maniere pour instruire les peuples, que les paraboles. Elles instruisent en un mot de plusieurs choses qu'on ne pourroit expliquer autrement que par des discours ennuïeux, & difficiles à comprendre.

---

## CHAPITRE XIII.

### *Les qualités nécessaires à un Orateur pour gagner ceux à qui il parle, ne doivent pas être feintes.*

JE ne doute point qu'on ne puisse faire un très mauvais usage de cet Art que nous enseignons; ce qui n'empêche pas que les regles que nous avons données ne soient très justes. On peut feindre que l'on a de l'amour pour ceux à qui l'on parle, afin de cacher le mauvais dessein que la haine aura fait concevoir contre eux. On peut prendre le masque d'honnête Homme, pour surprendre ceux qui ont de la vénération pour tout ce qui a les apparences de la vertu. Mais il ne s'ensuit pas qu'on ne doive point témoigner d'amour à ses Auditeurs, & s'acquérir quelque estime dans leur esprit, lorsque cet amour est sincere, comme il le doit être, & que l'on n'a point d'autre fin que l'intérêt de la vérité.

Les Rhéteurs Païens ont donné ces mêmes préceptes que nous donnons ; & les Sophistes s'en sont servis : il est vrai ; mais c'est ce qui nous oblige de les suivre avec plus de soin. Les Impies auront-ils plus de zèle pour le mensonge, que les Chrétiens pour la vérité ? Ce seroit une chose honteuse aux Amis de la vérité, de rejetter les moïens naturels qu'ils ont pour la faire recevoir, pendant que les Partisans du mensonge emploient tant d'artifices pour tromper. Ces moïens sont bons & justes d'eux-mêmes ; & tout Homme qui a de la charité & de la prudence les emploie, quoiqu'il n'y fasse pas de réflexion.

Il faut aimer les Hommes. On ne doit ressentir pour leur personne que de la tendresse, quand même ils seroient criminels. Il n'y a que leurs crimes qui méritent de la haine. *Diligite homines, interficite errores.* Ceux qui ont de la piété, n'ont pas besoin de feindre : leur charité se peint elle-même dans leurs discours : elle supporte avec patience les fautes des autres : elle les corrige avec douceur ; elle ne les considere que du côté qu'elles paroissent plus légeres. Elle cherche tous les moïens pour ne point choquer, ni contrister les personnes qu'elle est obligée d'avertir *. Elle répand un miel sur ses paroles, pour adoucir l'amer-

* *Monitio acerbitate, objurgatio contumelia careat.* Ciceron de Amicit.

time de la correction. En un mot, elle fait pour les gagner à Dieu, tout ce que fait faire l'amour de son intérêt, pour se concilier ceux de qui on attend une grande faveur. Un Orateur Chrétien n'a pas moins de complaisance pour ceux qu'il veut persuader, sans aucun autre intérêt que celui de la vérité, que les gens du monde en ont pour ceux de qui ils attendent quelque récompense.

Ce n'est pas une lâche complaisance que je conseille : les Hommes aiment qu'on ne leur dise que ce qui les flatte & leur plaît. *Loquere nobis placentia.* Pendant qu'un Orateur Chrétien espere de gagner ses Auditeurs par la douceur, il s'en doit servir ; mais s'ils sont endurcis, & qu'ils ne veuillent point quitter les armes qu'ils ont prises contre la vérité, ce seroit pour lors flatterie, & non pas charité, que de s'amuser à vouloir leur plaire. Si les prieres n'ont point de force, il faut avoir recours aux menaces.

C'est la conduite que les Peres de l'Eglise ont toujours tenue. Ils ont commencé par la douceur ; mais ils ont fini par la sévérité, lorsque la douceur a été inutile. Saint Augustin dit qu'il n'avoit pas voulu nommer Pélage, dans les premiers Livres qu'il composa contre cet Hérétique, afin de lui épargner la honte de se voir reconnu pour Auteur d'une Hérésie. Mais quand ce Pere vit que cet Hérésiarque ne profitoit point de cette retenue, & qu'elle pouvoit contribuer à lui donner de la fierté, il crut que la même charité qui l'avoit fait parler d'abord avec douceur, l'obligeoit à se servir de remedes plus violens, & proportionnés à la maladie de cet Hérésiarque, ou pour le guérir, ou pour avertir les peuples du danger qu'il y avoit de communiquer avec lui.

## CHAPITRE XIV.

*Manieres d'exciter dans l'esprit de ceux à qui l'on parle, les passions qui les peuvent porter où on les veut conduire.*

LE troisieme moïen que l'Orateur doit emploïer pour persuader ses Auditeurs, c'est d'exciter dans leur esprit les passions qui les feront pancher du côté où il les veut porter, & d'éteindre le feu de celles qui pourroient éloigner de lüi ces mêmes Auditeurs. Mais on me dira qu'il n'est point permis d'user de moïens aussi injustes que sont les passions : Que c'est s'y prendre mal pour regler & pour éclairer l'esprit de ses Auditeurs, que d'y exciter le trouble & les fumées des passions. Répondons à cette objection que nous avons prévenue, la chose mérite qu'on la considere.

Les passions sont bonnes en elles-mêmes : leur seul déréglement est criminel. Ce sont des mouvemens dans l'ame, qui la portent au bien, & qui l'éloignent du mal, qui la poussent à acquerir l'un, & qui l'excitent, lorsqu'elle est trop paresseuse, à fuir l'autre. Jusques-là il n'y a point de mal dans les passions ; mais lorsque les Hommes, suivant les fausses idées qu'ils ont du bien & du mal, n'aiment que la terre, alors ces passions qui les font agir, qui étoient bonnes par leur nature, deviennent criminelles par les mauvaises qualités de l'objet vers lequel on les tourne. Qui en peut douter, lorsque dans l'idée de ce nom de passion, on comprend les mouvemens de l'ame avec tous ses déréglemens ; que par la colere on entend ces rages, ces emportemens, ces fureurs qui troublent la raiſon. Mais ſi on la prend pour un mouvement, pour une affection de l'ame qui nous anime à vaincre les empêchemens qui nous retardent la poſſeſſion de quelque bien, & pour une force qui nous fait combattre & ſurmonter tous les obſtacles qui s'y oppoſent ; je ne crois pas qu'on puiſſe dire raiſonnablement qu'il n'eſt pas permis de ſe ſervir de la colere pour animer les Hommes à chercher le bien qu'on leur propoſe.

Dans les paſſions les plus déréglées, dans celles qui n'ont pour objet que de faux biens, il y a toujours quelque choſe de bon. N'eſt-ce pas une bonne choſe que d'aimer ce qui eſt bien fait, grand, noble ? On peut donc ſe ſervir de ce mouvement qui nous porte de ce côté-là, & ſans ſcrupule l'exciter dans leur cœur, puiſque je ſuppoſe qu'on n'entreprend de faire aimer que ce qui eſt beau d'une véritable beauté.

Il n'y a point d'autre moïen de conduire les Hommes, que celui dont nous parlons. Vous ne détournerez jamais un Avare de l'inclination qu'il a pour l'or & l'argent, que par l'eſpérance de quelques autres richeſſes plus grandes ; un Voluptueux, de ſes ſales plaiſirs, que par la crainte de quelque grande douleur, ou par l'eſpérance d'un plus grand plaiſir. Pendant que nous ſommes ſans paſſion, nous ſommes ſans action, & rien ne nous fait ſortir de l'indifférence, que le branle de quelque affection. On peut dire, que les paſſions ſont le reſſort de l'ame. Quand une fois l'Orateur s'eſt pu ſaiſir de ce reſſort, & qu'il le ſait manier, rien ne lui eſt difficile, il n'y a rien qu'il ne puiſſe perſuader.

Tant d'illuſtres Martyrs n'ont triomphé, que par un ſecours du Ciel ; tant de ſaintes Vierges n'ont ſoutenu dans leur corps foible une vie auſtere, que parcequ'elles étoient aidées de la Grace : mais il est aussi constant que les plus méchans sont capables de faire tout ce que les Martyrs & les Vierges ont fait, s'ils ne pouvoient satisfaire la passion qui les domine, qu'en supportant de semblables peines. Catilina a été un très méchant Homme ; cependant on remarque dans sa vie des exemples d'une austérité & d'une patience extraordinaires. Je sais que ces vertus apparentes n'étoient que les servantes de son ambition, comme parle un grand Docteur. Aussi je ne fais cette réflexion que pour prouver que l'on peut faire entreprendre toutes choses à un Homme, lorsqu'on a pu lui inspirer les passions propres pour cela, & que par conséquent le défenseur de la vérité ne doit pas négliger un moïen si efficace.

Saint Augustin dit fort bien au pécheur : Faites par la crainte des peines, ce que vous ne pouvez faire encore par un pur amour de la justice. *Fac timore pœnæ, quod nondum potes amore justitiæ.* Je ne ferois point de difficulté, pour inspirer à une Femme du monde de l'horreur pour le fard, de lui faire connoître qu'il n'y a rien qui gâte plus le visage. Je tâcherois par cette crainte de la détourner d'une action qu'elle ne peut encore haïr par un amour pour Dieu. Cette crainte n'est pas sans péché ; mais enfin les Peres ont approuvé ce saint artifice par l'usage qu'ils en ont fait. Les grandes plaies ne se guérissent que par des blessures : pour faire crever un apostume, il faut faire des incisions. Cette conduite se peut justifier sans peine ; mais ce n'est point ici le lieu de le faire.

## CHAPITRE XV.

### *Ce qu'il faut faire pour exciter les passions.*

LE moïen général pour remuer le cœur des Hommes, est de leur faire sentir vivement l'objet de la passion dont on desire qu'ils soient émus. L'amour est une affection qui est excitée dans l'ame par la vûe du bien présent. Pour allumer donc cette affection dans un cœur capable d'aimer, il faut lui présenter un objet qui ait des qualités aimables. La crainte a pour objet des maux qui arriveront certainement, ou qui peuvent arriver. Pour donner de la crainte à une ame timide, il faut lui faire connoître les maux qui la menacent. On a quelque raison de ne pas séparer l'Art de persuader de l'Art de parler : car l'un ne sert pas de grand chose sans l'autre. Pour émouvoir une ame, il ne suffit pas de lui représenter d'une maniere seche l'objet de la passion dont on veut l'animer : il faut déploïer toutes les richesses de l'Eloquence, pour lui en faire une peinture sensible & étendue, qui la frappe vivement, & qui ne soit pas semblable à ces vaines images qui ne font que passer devant les yeux. Il ne suffit pas, dis-je, pour donner de l'amour, de dire simplement que la chose qu'on propose est aimable ; il faut approcher des sens ses bonnes qualités, les faire sentir, en faire des descriptions, les représenter par toutes leurs faces, afin que si elles ne gagnent pas, étant vûes d'un certain côté, elles le fassent quand elles sont regardées de l'autre. On doit s'animer soi-même : il faut, si je l'ose dire, que notre cœur soit embrasé, qu'il soit comme une fournaiſe ardente, d'où nos paroles ſortent pleines de ce feu que nous voulons allumer dans le cœur des autres.

Pour bien traiter cette matiere, je ſerois obligé de parler au long de la nature des paſſions, de les expliquer toutes en particulier, de dire quels ſont leurs objets, quelles choſes les excitent & les calment : mais il faudroit pour cela comprendre dans cet Art la Phyſique & la Morale, ce qui ne ſe peut faire ſans confuſion ; néanmoins je ne puis m'exempter de parler plus exactement ici de quelques-unes de ces paſſions : ſavoir, de l'admiration, de l'eſtime, du mépris, & du ris, qui ſont de très grand uſage dans l'Art de perſuader.

L'admiration eſt un mouvement dans l'ame, qui la tourne vers un objet qui ſe préſente à elle extraordinairement, & qui l'applique à conſiderer ſi cet objet eſt bon ou mauvais, afin qu'elle le ſuive, ou qu'elle l'évite. Il eſt important à un Orateur d'exciter cette paſſion dans l'eſprit de ſes Auditeurs. La vérité perſuade, mais il faut pour cela qu'elle ſoit connue. Or, afin qu'elle ſoit connue, il faut que celui à qui on la déclare, s'applique à la connoître. Tous les jours nous voïons que de certains raiſonnemens n'ont point été goûtés, qui ſont approuvés dans la ſuite, lorſqu'on prend la peine de les examiner. Il y a de certaines opinions, qui après avoir été négligées pendant pluſieurs ſiecles, ſe reveillent, & font du bruit, parcequ'on les étudie, & que par l'étude on en reconnoît la vérité ou la fauſſeté. Ainſi ce n'eſt donc pas aſſez de trouver de bonnes raiſons, de les expoſer avec clarté, il faut les dire avec un certain tour extraordinaire, qui ſurprenne, qui donne de l'admiration, & qui attire les yeux de tout le monde.

Saint Jean Chryſoſtome remarque que ſaint Matthieu commence l'Hiſtoire du Fils de Dieu par dire qu'il étoit Fils de David & d'Abraham, au lieu de dire Fils d'Abraham & de David, pour obliger les Juifs, à lire ſon Hiſtoire avec plus d'attention; car les Juifs attendoient le Meſſie de la Famille de David; ainſi rien n'étoit plus capable de les rendre attentifs, que de leur parler d'un Fils de David. Tous les Livres qui ſont lus, tous les Orateurs qui ſont écoutés, ont tous quelque choſe d'extraordinaire, ſoit pour la matiere qu'ils traitent, ſoit pour la maniere de la traiter, ſoit pour quelques circonſtances de temps & de lieu.

L'admiration eſt ſuivie d'eſtime ou de mépris. Lorſqu'on remarque du bien dans l'objet qu'on a enviſagé avec application, on l'eſtime, on le recherche, on l'aime, & on n'eſtime que ce qui eſt grand, & bien fait. Lorſqu'on fait eſtime des choſes mauvaiſes, c'eſt en ſe trompant dans ſon jugement, ou en conſiderant ces choſes ſous une face qui n'eſt pas mauvaiſe; & on change ſon eſtime en mépris, auſſi-tôt qu'on reconnoît qu'on a été trompé.

Le mépris a pour objet la baſſeſſe & l'erreur; c'eſt-à-dire, que cette paſſion eſt excitée lorſque l'ame n'apperçoit dans l'objet qu'elle conſidere, que de la baſſeſſe & de l'erreur. On ſe laiſſe aller volontiers à cette paſſion. Elle eſt agréable: elle flatte cette ambition naturelle que tous les Hommes ont pour la ſupériorité & l'élevation. On ne mépriſe véritablement que ce qu'on regarde au-deſſous de ſoi. Ce regard donne du plaiſir, au lieu que ce n'eſt qu'avec chagrin qu'on leve les yeux pour conſiderer ce qui eſt au deſſus de nous, parceque nous nous appercevons de ce que nous ne ſommes pas. Les autres paſſions épuiſent, &

intéressent la santé ; mais celle-là lui est utile, & on peut dire qu'elle est plutôt un repos qu'un mouvement de l'ame, qui se délasse dans cette passion, au lieu que dans les autres elle fait des efforts.

Tout mépris n'est pas agréable : car si le mal qui en est l'objet, est redoutable, pour lors on ressent de la crainte, qui est une véritable douleur ; mais si ce mal ne nous touche pas de fort près, & qu'on n'y prenne pas grand intérêt, le mépris qu'on en fait donne du plaisir, & est suivi du ris, qui accompagne ordinairement les excès de joie imprévûs & extraordinaires. Il n'y a rien de plus utile pour détourner les Hommes de quelque erreur, que de leur en donner du mépris, en la faisant paroître ridicule. Car il n'y a rien qu'on appréhende davantage que d'être méprisé, & exposé à la risée de tout le monde. Aussi une raillerie faite à propos, fait quelquefois plus d'effet, que le plus fort raisonnement.

*Ridiculum acri*
*Fortiùs & meliùs magnas plerumque secat res*

Dans Plaute, un jeune Homme au désespoir, demande cinq sols à son Valet. *Qu'en voulez-vous faire?* lui dit le Valet. *J'en veux acheter une corde pour me pendre. Et mes cinq sols, qui me les rendra?* Qui ne voit que ce trait plaisant vaut mieux que toutes sortes de raisons & de motifs, pour arrêter ce désespéré.

Quand on emploie de fortes raisons, la peine que trouve l'Auditeur à concevoir la suite d'un raisonnement sérieux, le rebute. L'orsqu'on lui propose quelque chose de grand, cette grandeur l'éblouit, & lui est un sujet d'humiliation ; mais lorsqu'il n'est question que de rire & se divertir, cet Auditeur s'applique volontiers, cette application lui tenant lieu de divertissement. Outre cela, le mépris qu'il fait de la chose qui lui paroît ridicule & qu'il regarde de haut en bas, flatte sa vanité. C'est pourquoi on excite & on entretient plus facilement le mépris, que toutes les autres passions, parceque les Hommes aiment mieux mépriser qu'estimer, se divertir que travailler. Ajoutez qu'il y a beaucoup de choses qu'il faut ainsi mépriser, & rendre ridicules, de peur de leur donner du poids en les combattant sérieusement. *Multa sunt sic digna revinci, ne gravitate adorentur.*

## CHAPITRE XVI.

### *Comment on peut donner du mépris des choses qui sont dignes de risée.*

PUisqu'il est permis de se servir du mouvement des passions pour faire agir les Hommes, l'on ne peut blâmer l'Art, que nous enseignons, de rendre ridicules les choses dont on veut détourner ceux que l'on instruit. Mais il faut avouer que si les railleries ne sont faites avec prudence, elles ont un effet tout contraire à celui que l'on en attendoit. Les Poëtes prétendent dans leurs Comédies combattre le vice en le rendant ridicule: leurs prétentions sont bien vaines; l'expérience ne faisant que trop connoître que la lecture de ces sortes d'ouvrages n'a jamais produit aucune véritable conversion. La cause en est bien évidente. On ne rit que d'une chose basse, que l'on regarde comme un petit mal. L'on ne rit pas du mauvais traitement que souffrent les Innocens. Si les Libertins se raillent d'un adultere, & de crimes semblables, qui sont un sujet de larmes aux gens de bien, c'est qu'ils ne considerent ces crimes que comme des bagatelles.

Or les Poëtes dans les Comédies ne travaillent point à inspirer l'aversion qu'on doit avoir du vice, ils tâchent seulement de le rendre ridicule; ainsi ils accoutument leurs Lecteurs à regarder les débauches comme des fautes de peu de conséquence. La crainte d'être raillé ne peut dompter l'amour des plaisirs : aussi voïons-nous que les Débauchés sont les premiers à se railler de leurs désordres. Il y a des vices qui ne se surmontent que par le silence & l'oubli, & dont la bienséance ne permet jamais de parler. Les descriptions d'un adultere n'ont jamais rendu chastes ceux qui les ont entendues : cependant ces sortes de crimes sont la matiere ordinaire des Comédies.

L'Orateur doit garder la bienséance dans les railleries, & ne s'arrêter jamais aux choses que l'honnêteté oblige de passer sous silence. Puisqu'il est sage & Homme de bien, il n'est pas nécessaire de l'avertir qu'il doit éviter ces railleries bouffonnes & ridicules qui se font à contre-temps, & qu'il n'y a que le mal qui mérite d'être raillé. Si ce mal est pernicieux & considerable, il ne doit pas se contenter de le rendre ridicule, il faut qu'il en donne de l'horreur. Néanmoins on peut quelquefois commencer par les railleries, en combattant des erreurs de grande conséquence, lorsque c'est une nécessité de rendre ses Auditeurs attentifs par le plaisir : ce qui est l'effet & l'utilité des railleries, & ce qui m'oblige de donner quelques regles touchant la maniere de tourner en ridicule les choses qui le méritent.

Puisque le ris est un mouvement qui est excité dans l'ame, lorsqu'après avoir été frappée de la vûe d'un Objet extraordinaire elle apperçoit qu'il est extrémement petit, pour rendre une chose ridicule, il faut trouver une maniere rare & extraordinaire de représenter sa bassesse. Ceux qui ont voulu enseigner le moïen de railler les autres, se sont fait railler eux-mêmes, comme en avertit Cicéron. Néanmoins on peut remarquer que tous les tours & toutes les manieres extraordinaires sont propres pour faire une raillerie, c'est-à-dire, pour faire appercevoir la bassesse de l'objet que l'on veut faire mépriser. C'est pourquoi l'Ironie est de grand usage dans ces occasions, parceque disant le contraire de ce que l'on pense, & avec des termes extraordinaires, qui ne conviennent pas à la chose dont on parle, cette disposition fait que l'on remarque ce qu'elle est effectivement. Quand on donne à un Fripon la qualité d'honnête Homme, cette expression fait ressouvenir de ce qu'il n'est pas. L'on ne peut faire connoître plus sensiblement la lâcheté d'un Homme sans cœur, qu'en lui mettant entre les mains des armes dont il n'a pas la hardiesse de se servir. Ainsi quand le Prophète Elie disoit aux Prophètes de Samarie, qui invitoient avec de grands cris leur Idole à faire descendre le feu du Ciel, pour réduire en cendre le sacrifice qu'ils lui offroient: *Criez encore plus haut; car peut-être que ce Dieu ne vous entend pas, à cause qu'il parle à d'autres personnes, ou qu'il est dans une hôtellerie, ou en chemin, ou qu'il dort, & ne peut être éveillé que par un grand bruit.* Ce tour, qui étoit extraordinaire, faisoit faire attention à l'impuissance & à la bassesse de cette Idole.

Les allusions sont propres pour les railleries, parceque la difficulté qu'il y a de les entendre, fait qu'on s'applique à en pénétrer le sens, & cette application est cause qu'on le découvre avec beaucoup plus de clarté. Lorsqu'aussi après avoir loué la chose qu'on veut faire mépriser, & l'avoir relevée par des expressions magnifiques, qui font attendre quelque chose de grand, on vient tout d'un coup à marquer sa bassesse, cette surprise fait qu'on s'applique ; ainsi l'on rend très sensible ce que l'on dit, comme dans cette Epitaphe de la façon de Scaron.

*Cy gît qui fut de belle taille,*
*Qui savoit danser & chanter,*
*Faisoit des vers, vaille que vaille;*
*Et les savoit bien réciter.*
*Sa race avoit quelque antiquaille,*
*Et pouvoit des Heros compter;*
*Même il auroit donné bataille,*
*S'il en avoit voulu tâter.*
*Il parloit fort bien de la terre,*
*Du droit Civil, du Droit Canon,*
*Et connoissoit assez les choses*
*Par leurs effets & par leurs causes:*
*Etoit-il honnête Homme? Oh non!*

Quand on expose toute nue la bassesse d'une chose, en lui ôtant toutes les qualités dignes d'estime, dont elle paroît revêtue, on la rend ridicule infailliblement. Lucien ne dit des Dieux & des Sages de la Grece, que ce que les adorateurs des uns & les admirateurs des autres en publient; cependant dans ces écrits ils paroissent ridicules, parcequ'il détache la bassesse des Divinités de la Gentilité & des Sages de la Grece, de ces qualités imaginaires que les Anciens admiroient dans leurs Dieux & dans leurs Sages; ainsi on ne peut lire ses ouvrages sans concevoir du mépris pour la Religion & pour la vaine sagesse des Grecs. Outre cela, la nature des Dialogues, qui est la maniere d'écrire de Lucien eſt très propre pour découvrir la baſſeſſe de ceux qu'on veut jouer ; car les faiſant parler conformément à leurs propres inclinations, & aux principes qu'ils ſuivent, on fait qu'ils publient eux-mêmes ce qu'ils ont de ridicule & de bas ; de ſorte qu'il n'eſt pas poſſible d'en douter.

## CHAPITRE XVII.

### *Seconde partie de l'Art de perſuader, qui eſt la Diſpoſition. De la premiere partie de la diſpoſition, qui eſt l'Exorde.*

POur perſuader, il faut diſpoſer les Auditeurs à écouter favorablement les choſes dont on doit les entretenir. En ſecond lieu, il faut leur donner quelque connoiſſance de l'affaire que l'on traite, afin qu'ils ſachent de quoi il s'agit. On ne doit pas ſe contenter d'établir ſes propres preuves, il faut renverſer celles des adverſaires ; & lorſqu'un diſcours eſt grand, & qu'il y a ſujet de craindre qu'une partie des choſes qu'on a dites avec étendue, ne ſe ſoit échappée de la mémoire des Auditeurs, il eſt bon ſur la fin de dire en peu de mots ce qu'on a dit plus au long. Ainſi un diſcours doit avoir cinq parties, l'Entrée ou l'Exorde, la Narration ou la Propoſition de la choſe ſur laquelle on doit parler, les Preuves ou la confirmation des vérités que l'on défend, la Réfutation de ce que les ennemis de ces vérités alléguent contre, & l'Epilogue ou la récapitulation de tout ce qui a été dit dans le corps du diſcours. Je parlerai de ces cinq parties ſéparément.

L'Orateur doit ſe propoſer trois choſes dans

l'Exorde ou l'entrée de son discours, qui sont la faveur, l'attention & la docilité des Auditeurs. Il gagne ceux à qui il parle, & acquert leur faveur, en leur donnant d'abord des marques sensibles qu'il ne parle que par un zèle sincere de la vérité, & par un amour du bien public. Il les rend attentifs, en prenant pour Exorde ce qu'il y a de plus noble, de plus éclatant dans le sujet qu'il traite, & qui par conséquent peut exciter le desir d'entendre la suite du discours.

Un Auditeur est docile lorsqu'il aime, & qu'il est attentif. L'amour lui ouvre l'esprit, & le dégageant de toutes les préoccupations avec lesquelles on écoute un ennemi, elle le dispose à recevoir la vérité. L'attention lui fait percer dans les choses les plus obscures. Il n'y a rien de caché qui ne se découvre à une personne qui s'applique, & qui s'attache aux choses qu'elle veut connoître.

J'ai dit qu'il étoit bon de surprendre d'abord ses Auditeurs, en plaçant quelque chose de noble à l'entrée de son discours ; mais il faut aussi prendre garde de ne pas promettre plus qu'on ne peut tenir, & qu'après s'être élevé dans les nues, on ne soit contraint de ramper par terre. Un Orateur, qui commence d'un ton trop élevé, excite dans l'esprit de ses Auditeurs une certaine jalousie, qui fait qu'ils se préparent à le critiquer, & qu'ils conçoivent le dessein de ne le pas épargner, en cas qu'il ne soutienne pas ce ton. La modestie sied fort bien en commençant, & gagne un Auditoire. Outre cela c'est aller contre la raison que de commencer d'abord par des mouvemens extraordinaires, avant que d'avoir fait paroître qu'on en ait sujet. Un Auditeur sage ne peut concevoir que du mépris d'un Homme qui lui paroît s'emporter sans raison. Aussi les Maîtres donnent cette regle, qu'il faut commencer ſimplement. Ils traitent de ridicules ceux qui commencent d'une maniere trop élevée, qui promettent beaucoup, & donnent peu; de qui on peut dire:

*Quid dignum tanto feret hic promiſſor hiatu?*
*Parturiunt montes; naſcetur ridiculus mus.*

Ce n'eſt pas que le commencement d'un diſcours doive être ſans art, puiſque tout dépend de ce commencement. Si un Orateur ne tourne vers lui l'eſprit de ſes Auditeurs, c'eſt en vain qu'il parle; & il ne le peut faire qu'en leur donnant de la curioſité. Il eſt donc obligé de faire paroître extraordinaire ce qu'il va dire. On n'eſt point touché de ce qui eſt commun. Mais la principale choſe que doit faire un Orateur, c'eſt de prévenir d'abord ſes Auditeurs de quelque maxime claire, évidente, qui le frappe, d'où il puiſſe conclure dans la ſuite ce qu'il veut prouver. S'il les trouve prévenus de quelque ſentiment contraire à ceux qu'il leur veut inſpirer, c'eſt pour lors qu'il doit emploïer l'adreſſe; car s'il ne peut leur ôter ces ſentimens, il faut au moins qu'il les détourne, afin qu'ils ne lui ſoient point oppoſés. Les Exordes doivent être propres, & c'eſt le ſujet même qui les doit fournir. Tous ces Préambules, qui peuvent être communs à toutes ſortes de matieres, ſont inutiles & ennuïeux.

Tout ce que l'on peut dire de raiſonnable touchant la maniere de commencer un diſcours, c'eſt que lorſqu'on a un ſujet à traiter, il faut examiner les diſpoſitions de ceux à qui l'on va parler, & voir ce qui leur peut être agréable, ce qui leur déplaît, ce qui les engage. Il n'y a point de ſujet qui n'ait pluſieurs faces, & qu'on ne puiſſe tourner en différentes manieres. Quand on a du jugement, on voit comment il faut prendre un Exorde par rapport à la fin qu'on doit envisager, c'est-à-dire, pour ouvrir le cœur aussi-bien que les oreilles de ceux qu'on a pour Auditeurs. C'est par conséquent du sujet même, *ex visceribus causæ*, qu'il faut tirer un Exorde ; ce qu'on ne peut faire qu'après qu'on a médité ce sujet, & qu'on a trouvé l'endroit par lequel il faut le faire paroître. C'est pourquoi l'Exorde devroit être la derniere chose dans le projet, quoique la premiere dans le discours ; car il faut qu'on y voie en quelque maniere tout le sujet. C'est une disposition, une entrée dans tout ce qui se dira. *Principium aut rei totius quæ agitur significationem habeat, aut aditum ad causam.* Les exemples sont plus utiles que les préceptes ; mais quand il est question de faire remarquer l'adresse dont un Orateur s'est servi, il ne faut pas se contenter de proposer le commencement de son discours, il faut rapporter l'état de toute l'affaire sur laquelle il a parlé, afin de faire remarquer avec quel art il traite son sujet, comme il le fait d'abord paroître par la plus belle de toutes ses faces, pour rendre ses Auditeurs attentifs, & les prévenir de sentimens favorables.

## CHAPITRE XVIII.

### *De la seconde partie de la Disposition, qui est la Proposition.*

QUelquefois on commence son discours par en proposer le sujet, sans se servir d'Exorde : ce qu'il faut faire de telle maniere que la justice de la cause qu'on défend paroisse dans cette

Proposition, qui, ne consistant que dans une déclaration de ce qu'on a à dire, n'a point de regle pour sa longueur. Quand il ne s'agit que d'une simple question, il suffit de la proposer, ce qui demande peu de paroles. Si c'est d'une action, on en doit faire une peinture qui l'expose aux yeux des Auditeurs, afin qu'ils en jugent aussi exactement que s'ils avoient été présens lorsqu'elle s'est faite.

Il y a des personnes qui ne font point de scrupule, pour faire paroître une action telle qu'ils souhaitent, de la revêtir de circonstances favorables à leurs desseins ; mais contraires à la vérité. Ils croient le pouvoir faire, parceque, disent-ils, c'est pour faire valoir la cause que nous sommes obligés de défendre. Il n'est pas nécessaire que je combatte cette fausse persuasion. Il n'est jamais permis de mentir, ni d'emploïer la parole que pour exprimer la vérité de nos sentimens.

On doit donc dire les choses simplement comme elles sont, & prendre garde de ne rien insérer qui puisse porter les Juges à rendre un jugement injuste. Mais aussi une affaire a plusieurs faces dont les unes sont plus agréables, les autres ont quelque chose de choquant, & qui peut rebuter les Auditeurs. Il est de la prudence de l'Orateur de ne pas proposer une affaire par une face choquante, qui donne une opinion désavantageuse de ce qui doit suivre.

L'Orateur doit faire choix des circonstances de l'action qu'il propose. Il ne doit pas s'arrêter à toutes également. Il y en a qu'il faut passer sous silence, ou ne dire qu'en passant ; & s'il est obligé de rapporter quelque circonstance odieuse, qui puisse faire paroître criminelle l'action qu'il défend, il ne doit pas passer outre sans avoir remédié au mal que ce récit pourroit faire, ni laissſer l'Auditeur dans la mauvaiſe opinion qu'il aura pu concevoir. Il faut apporter quelque raiſon, ou quelqu'autre circonſtance, qui change la face de la premiere, & lui en faſſe prendre une moins odieuſe. Vous êtes obligé de dire que c'eſt celui que vous défendez qui a tué; mais comme vous ne parlez que pour un Homme innocent, en même-temps vous devez rapporter les juſtes cauſes de l'action; faire voir que celui qui en a été l'auteur, ne l'a faite que par malheur, par hazard, ſans deſſein; prévenir l'eſprit des Juges, en faiſant précéder toutes les raiſons, toutes les occaſions, toutes les circonſtances qui peuvent juſtifier cette action; & faire voir qu'elle n'a que l'apparence de crime, & qu'en effet elle eſt juſte. Non-ſeulement cet artifice n'eſt pas défendu, mais ce ſeroit une faute de ne pas s'en ſervir. L'on doit craindre de rendre la vérité odieuſe par ſon imprudence: c'en ſeroit une bien grande que de dire les choſes d'une maniere dure, & de donner occaſion à ceux qui écoutent, de faire un jugement téméraire. Les Hommes jugent d'abord & ſuivent leurs premiers jugemens, ainſi il eſt important de les prévenir.

La Propoſition conſiſte quelquefois dans le récit d'un ou de pluſieurs faits. Ce qui fait qu'on nomme Narration ce que nous appellons Propoſition. Les Rhéteurs demandent trois choſes dans une Narration; qu'elle ſoit courte, qu'elle ſoit claire, qu'elle ſoit probable. Elle eſt courte, lorſqu'on dit tout ce qu'il faut, & que l'on ne dit que ce qu'il faut; car on ne doit pas juger de la briéveté d'une Narration par le nombre des paroles, mais par l'exactitude à ne rien dire que ce qui eſt néceſſaire. La clarté eſt une ſuite de cette exactitude, le nombre des choſes inutiles étouffe une hiſtoire, & empêche qu'elle ne repréſente exactement à l'esprit l'action qu'on raconte. Il n'est pas difficile à notre Orateur de rendre vraisemblable ce qu'il dira, puisqu'il n'y a rien de si semblable à la vérité qu'il défend, que la vérité même. Cependant pour cela il faut un peu d'adresse, & il est évident qu'il y a de certaines circonstances qui toutes seules seroient suspectes, & ne pourroient être crues si elles n'étoient soutenues par d'autres. Pour faire donc paroître une Narration vraie, comme elle l'est en effet, il ne faut pas oublier ces circonstances.

## CHAPITRE XIX.

*De la troisieme partie de la Disposition, qui est la Confirmation, ou de l'établissement des preuves ; & en même temps de la Réfutation des raisons des adversaires.*

SAvoir établir par des raisonnemens solides la vérité, renverser le mensonge qui lui est opposé, c'est ce que la Logique enseigne. C'est d'elle qu'il faut apprendre à raisonner, comme nous l'avons dit. Cependant nous pouvons donner ici quelques regles, qui, avec ce que nous avons enseigné dans le Chapitre second, pourront suppléer en quelque maniere à la Logique, que ceux qui lisent cet Ouvrage n'ont peut être point encore étudiée.

Premierement, il faut étudier son sujet, faire attention à toutes ses parties, les envisageant toutes, afin d'appercevoir quel chemin l'on doit prendre, ou pour faire connoître la vérité, ou pour découvrir le mensonge. Cette regle ne peut être pratiquée que par ceux qui ont une grande étendue d'eſprit, qui ſe ſont exercés à réſoudre des queſtions difficiles, à percer les choſes les plus cachées, qui ſont rompus dans les affaires, qui d'abord qu'on leur propoſe une difficulté, quoiqu'embarraſſée, en trouvent auſſi-tôt le dénouement, & aïant l'eſprit plein de vûes & de vérités, apperçoivent ſans peine des principes inconteſtables pour prouver les choſes dont la vérité eſt cachée, & convaincre de faux celles qui ſout fauſſes.

La ſeconde regle regarde la clarté des principes ſur leſquels on appuie ſon raiſonnement. La cauſe de tous les faux raiſonnemens, c'eſt la facilité qu'on a de ſuppoſer vraies les choſes les plus douteuſes. Les Hommes ſe laiſſent éblouir par un faux éclat, dont ils ne s'apperçoivent que lorſqu'ils ſe trouvent précipités dans de grandes abſurdités, & obligés de conſentir à des propoſitions évidemment fauſſes, s'ils ne ſe rétractent.

La troiſieme regle regarde la liaiſon des principes, avec leurs conſéquences. Dans un raiſonnement exact, les principes & les conſéquences ſont ſi étroitement liés, qu'on eſt obligé d'accorder la conſéquence, aïant conſenti aux principes, puiſque les principes & la conſéquence ne ſont qu'une même choſe; ainſi vous ne pouvez pas raiſonnablement nier ce que vous avez une fois accordé. Si vous avez accordé qu'il ſoit permis de repouſſer la force par la force, & d'ôter la vie à un ennemi, lorſqu'il n'y a point d'autre moïen de conſerver la ſienne; après qu'on vous aura prouvé que Milon en tuant Clodius n'a fait que repouſſer la force par la force, vous êtes obligés d'avouer que Milon eſt innocent, parcequ'effectivement en conſentant à cette propoſition, qu'il eſt permis de repouſſer la force par la force, vous conſentez que Milon n'eſt point coupable d'avoir tué Clodius qui lui vouloit ôter la vie, la liaison de ce principe & de cette conséquence étant manifeste.

Il y a bien de la différence entre la maniere de raisonner des Géometres, & celle des Orateurs. Les vérités de Géometrie dépendent d'un petit nombre de principes ; celles, que les Orateurs entreprennent de prouver, ne peuvent être éclaircies que par un grand nombre de circonstances qui se fortifient, & qui ne seroient pas capables de convaincre, étant détachées les unes des autres. Dans les preuves les plus solides, il y a toujours des difficultés qui fournissent matiere de chicaner aux opiniâtres, qu'on ne peut vaincre qu'en les accablant par une foule de paroles, par un éclaircissement de toutes leurs difficultés & de toutes leurs chicanes. Les Orateurs doivent imiter un soldat qui combat son ennemi. Il ne se contente pas de lui faire voir ses armes, il l'en frappe, il s'étudie à le prendre par son défaut, par où il lui fait jour, il évite les coups que cet ennemi tâche de lui porter.

Il y a de certains tours & de certaines manieres de proposer un raisonnement, qui font autant que le raisonnement même, qui obligent l'Auditeur de s'appliquer, qui lui font appercevoir la force d'une raison, qui augmentent cette force, qui disposent son esprit, le préparent à recevoir la vérité, le dégagent de ses premieres passions, & lui en donnent de nouvelles. Ceux qui savent le secret de l'Eloquence, ne s'amusent jamais à rapporter un tas & une foule de raisons : ils en choisissent une bonne, & la traitent bien. Ils établissent solidement le principe de leur raisonnement, ils en font voir la clarté avec étendue. Ils montrent la liaison de ce principe avec la conséquence qu'ils en tirent, & qu'ils vouloient démontrer,

Ils éloignent tous les obſtacles qui pourroient empêcher qu'un Auditeur ne ſe laiſſât perſuader. Ils répetent cette raiſon tant de fois, qu'on ne peut en éviter le coup. Ils la font paroître ſous tant de faces, qu'on ne peut l'ignorer, & ils la font entrer avec tant d'adreſſe dans les eſprits, qu'enfin elle en devient la maîtreſſe.

Les préceptes que l'on trouve dans les Rhétoriques communes, touchant les preuves & la Réfutation, ne ſont point conſiderables. Les Rhéteurs conſeillent de placer d'abord les plus fortes raiſons, & de les mettre à la tête du diſcours, les plus foibles au milieu, & de réſerver quelqu'une des plus fortes à la fin. L'ordre naturel que l'on doit tenir dans la diſpoſition des argumens, c'eſt de les placer de ſorte qu'ils ſervent de dégrés aux Auditeurs pour arriver à la vérité, & qu'ils faſſent entre eux comme une chaîne qui arrête celui que l'on veut aſſujettir à la vérité.

La Réfutation ne demande point de regles particulieres. Qui ſait démontrer une vérité, peut bien découvrir l'erreur oppoſée, & la faire paroître. Ce que nous venons de dire du ſoin que l'Orateur doit avoir de bien faire paroître la force de ſes principes, & leur liaiſon avec les conſéquences qu'il en tire, s'entend pareillement du ſoin qu'il doit avoir de faire remarquer la fauſſeté des principes des adverſaires ; ou ſi leurs principes ſont vrais, que leurs conſéquences ſont très mal tirées.

## CHAPITRE. XX.

### *De l'Epilogue, derniere partie de la Disposition.*

UN Orateur, qui appréhende que les choses qu'il a dites ne s'échapent de la mémoire de son Auditeur, doit les renouveller avant que de finir son discours. Il se peut faire qu'il ait été distrait pendant quelque temps, & que la quantité des choses qu'il a rapportées n'ait pu trouver place dans son esprit ; ainsi il est à propos qu'il fasse comme une espéce d'abrégé, qui ne charge point la mémoire. Tout ce grand nombre de paroles, ces amplifications, ces redites, ne sont que pour convaincre davantage ses Auditeurs. Après leur avoir fait comprendre nettement toutes choses, afin que cette conviction dure toujours, il faut faire en sorte qu'ils ne perdent pas facilement le souvenir de ce qu'ils ont entendu. Pour cela il faut faire ce petit abrégé, & cette petite répétition, dont je viens de parler, d'une maniere animée, & qui ne soit point ennuïeuse, réveillant les mouvemens qu'on a excités, & r'ouvrant, pour ainsi dire, les plaies qu'on a faites. Mais la lecture des Orateurs, sur-tout de Ciceron, qui excelle particulierement dans ses Epilogues, vous fera connoître, mieux que mes paroles, avec quel Art on doit ramasser dans cette partie ce qui est répandu dans tout le discours.

## CHAPITRE XXI.

### *Des trois autres parties de l'Art de persuader; qui sont l'Elocution, la Mémoire, & la Prononciation.*

REstent trois parties à expliquer, l'Elocution, ou la maniere d'exprimer les choses que l'on a trouvées & disposées, la Mémoire, & la Prononciation. J'ai donné quatre Livres à la premiere de ces trois parties. Pour la seconde, qui est la Mémoire, tout le monde demeure d'accord qu'elle est un don de la nature, que l'Art ne peut perfectionner que par un continuel exercice, qui ne demande point de préceptes. La prononciation est trop avantageuse à un Orateur, pour être traitée en peu de paroles. Il y a une éloquence dans les yeux, & dans l'air de la personne, qui ne persuade pas moins que les raisons. Un Orateur qui a cet air, est applaudi aussi-tôt qu'il commence. Les meilleures piéces sont méprisées dans la bouche de celui qui prononce mal. Les Hommes se contentent de l'apparence des choses. Dans le monde, ceux qui parlent avec un ton ferme & élevé, & qui ont l'air agréable, sont assurés de remporter la victoire. Peu de personnes font usage de leur raison. On ne se sert ordinairement que des sens. On n'examine pas les choses que dit un Orateur : on en juge avec les yeux & avec les oreilles. S'il contente les yeux, s'il flatte les oreilles, il sera maître du cœur de ses Auditeurs.

La nécessité de prendre les Hommes par leur foible, oblige donc notre Orateur zelé pour la vérité, à ne pas négliger la prononciation. Il y a ſans doute de cèrtains défauts, des poſtures indécentes, ridicules, affectées, baſſes, qui ne ſe peuvent ſouffrir, & des tons de voix qui bleſſent les oreilles, & qui les fatiguent. Il n'eſt pas néceſſaire que je ſpécifie ces choſes, elles ſe remarquent aſſez; les ſentimens, les affections de l'ame, ont un ton de voix, un geſte & une mine qui leur ſont propres. Ce rapport des choſes & de la manieré de prononcer, fait les bons Déclamateurs. Ils étudient le ton de voix qu'ils doivent prendre, leurs geſtes. Ils ſavent quand ils doivent s'animer, & parler avec véhémence. Un Prédicateur, qui crie toujours, eſt importun. Il doit élever ou rabaiſſer ſa voix, ſelon les impreſſions que ſes paroles doivent faire. Tout doit être étudié dans un Homme qui parle en public, ſon geſte, ſon viſage; & ce qui rend cette étude difficile, c'eſt que ſi elle paroiſſoit, elle ne feroit plus ſon effet. Il faut emploïer l'Art, & il n'y a que la nature qui doive paroître; auſſi c'eſt elle qu'il faut étudier. Quand elle agit, quand elle nous fait parler, le ſeul air avec lequel nous parlons, le ton de la voix, font autant & plus que nos paroles. Ceux qui nous voient, ſavent ce que nous voulons dire, avant que de nous avoir entendus. Jamais Orateur ne réuſſit, que quand il a acquis d'être ainſi naturel. Il peut dire ce qu'il a appris par mémoire, mais il faut qu'il paroiſſe le faire, comme ſi la nature ſeule, ſans art & ſans préparation, le faiſoit parler.

Dieu aïant fait les Hommes pour vivre enſemble dans une grande union, il les a tellement diſpoſés, qu'ils prennent les ſentimens de ceux avec qui ils vivent. On s'afflige avec une perſonne qui paroît affligée: on a de la joie avec ceux qui rient.

*Ut ridentibus arrident, ita flentibus adflent*
*Humani vultus.* ( Horat. de Art. Poët. )

Les ſignes naturels des paſſions font impreſſion ſur ceux qui les voient ; & à moins qu'ils ne faſſent de la réſiſtance, ils s'y laiſſent aller. Ainſi tout Homme qui parle naturellement, ſelon les ſentimens qu'il a dans le cœur, ne manque point de toucher ſans qu'il y penſe : ceux qui l'écoutent prennent ſes mêmes ſentimens. Comme les Hommes n'agiſſent preſque point par raiſon, que c'eſt l'imagination ou les ſens qui les gouvernent, on voit que ceux, qui ſavent repréſenter au dehors les ſentimens qu'ils veulent inſpirer, ne manquent point de réuſſir. Les Déclamateurs ordinaires n'affectent qu'une pronounciation éclatante, qui effectivement donne de l'admiration : & en cela ils réuſſiſſent ; car, comme naturellement on parle avec un ton élevé & avec des geſtes extraordinaires de ce qui eſt extraordinaire, & dont on eſt ſurpris, quand un Déclamateur ouvre la bouche fort grande, qu'il fait de grands geſtes, le peuple ne manque pas de croire qu'il dit de grandes choſes.

Il faut déclamer comme on parle, faiſant paroître qu'on eſt perſuadé des ſentimens qu'on veut inſpirer. Alors, comme on vient d'en donner la raiſon, les Auditeurs ſont portés par la nature à prendre ces ſentimens. Il y a peu de gens qui déclament naturellement : on s'imagine que pour bien faire, il faut faire quelque choſe d'extraordinaire. Au contraire, on fait toujours mal quand on ne ſuit point la nature. Il eſt rare que ceux qui récitent des piéces appriſes par mémoire, aient un grand talent pour la prononciation. Ils diſent les choſes comme la mémoire les leur rend, mais l'ame ne prend pas les mouvemens ſelon l'ordre qu'elles ont été couchées ſur le papier, & qu'elles ſont dans la mémoire. Il eſt donc difficile, ſans un grand Art, de feindre des mouvemens qu'on n'a pas. Et il eſt rare que les Auditeurs reſſentent les effets de cette Sympathie mutuelle, qui fait prendre les mouvemens de ceux qui paroiſſent touchés.

## CHAPITRE XXII.

### *De la diſpoſition qui eſt particuliere aux Diſcours Eccléſiaſtiques, ou Sermons.*

ON ne doit pas s'étonner que je n'aie encore rien dit de la Prédication. Ce n'eſt pas la coutume de le faire dans des Livres de Rhétorique. Tout ce qui ſe dit de cet Art dans les écoles, eſt tiré des anciens Rhéteurs. Ni les Grecs, ni les Romains ne faiſoient point d'aſſemblées pour l'inſtruction du peuple, comme on le fait parmi les Chrétiens. Leurs diſcours publics ne regardoient que les affaires du Barreau, ou celles de l'Etat; quelquefois ils donnoient des louanges en public à ceux qui avoient ſervi la République. La Rhétorique, comme ils l'enſeignoient, & comme on l'enſeigne aujourd'hui, n'avoit point d'autre fin. Les preceptes qu'elle donne, ne ſont que pour ces ſortes de piéces. La coutume n'excuſe pas; ainſi ſi ce m'étoit une obligation de donner des préceptes pour les diſcours qui ſe font pour l'inſtruction des peuples, je ſerois coupable de ne le pas faire, à moins que ce que j'ai dit en général, touchant l'Art de parler & de perſuader, ne pût ſuffire; & c'eſt ce que je prétens. Car je crois avoir enſeigné toute la Rhétorique qui eſt néceſſaire aux Prédicateurs,

& qu'ils ne peuvent attendre de cet Art, que ce que j'en ai dit. Il est vrai qu'il n'y en a point assez pour prêcher ; mais, c'est qu'outre la maniere de dire les choses, ce que l'Art de parler enseigne, il faut trouver de quoi parler. Je n'ignore pas qu'il y en a qui souhaiteroient, que comme j'ai donné des lieux communs aux Avocats pour trouver de la matiere pour composer leurs plaidoïers, j'en donnasse aux Prédicateurs pour prêcher, sans qu'ils fussent obligés d'étudier ; mais ceux, qui auront fait attention aux réflexions que j'ai faites sur ces lieux communs, jugeront bien qu'ils leur seroient inutiles. Ils ne sont capables que de faire de méchans Orateurs, comme nous l'avons fait voir. Il faut savoir, pour instruire, *disce quod doceas*. C'est en vain qu'on veut suppléer à l'ignorance de ceux qui ont l'ambition de prêcher avant que d'avoir rien appris. Si on se contentoit de faire des instructions familieres, cela ne demanderoit point tant d'Art, ni de grandes études. Il n'y a qu'à méditer les premieres vérités de notre Religion, pour les accommoder à l'intelligence du petit peuple. Ceux qui par le devoir de leur Charge sont obligés de faire des discours plus forts, en trouvent des modeles sur lesquels ils peuvent se regler : ils peuvent même les débiter comme ils sont, ce qui leur acquerra plus de gloire, quand on connoîtroit les sources où ils puisent, que ceux qu'ils feroient par le moïen de certains lieux communs.

Je n'ai donc rien oublié que je dusse traiter, si ce n'est que je n'ai point parlé de cette disposition qui est particuliere aux Sermons, comme j'ai fait de la disposition & des parties d'une harangue, telle que sont celles de Démosthene & de Ciceron. Je le vais faire en peu de mots. Il y a deux manieres d'instruire le peuple, sans parler de celle où l'on catéchiſme les Enfans. La premiere, preſque la ſeule uſitée dans les premiers ſiecles de l'Egliſe, ne conſiſtoit que dans une explication de l'Ecriture. Celui qui faiſoit la fonction de Lecteur, en liſoit un ou pluſieurs verſets, dont l'Evêque donnoit l'explication, s'appliquant à combattre les Héréſies qui troubloient l'Egliſe, ou prenant occaſion de reprendre les vices qui regnoient. Cela s'appelloit, *Homélie*, *Sermon* : c'eſt-à-dire, entretien, converſation, parceque ces diſcours ſe faiſoient d'une maniere familiere qui ne demande point d'art. Ceux qui voudront bien faire une Homélie, n'ont qu'à lire ſaint Chryſoſtome, & les autres Peres. On profitera plus en conſiderant ces modeles animés, qu'en liſant des préceptes ſecs, qui font peu d'impreſſion.

Aujourd'hui on a une autre maniere qui a plus d'Art. On ne choiſit qu'un verſet de l'Ecriture, qu'on applique à ſon ſujet. On propoſe d'abord ce ſujet : & pour le traiter comme il le doit être, on demande les lumieres du Saint-Eſprit, par l'interceſſion de la Vierge, qu'on ſalue en récitant l'*Ave Maria.* Enſuite on partage ſon diſcours en deux ou trois points, auxquels on rapporte tout ce que l'on a à dire. Il y en a qui font ce partage avant l'*Ave Maria*, après lequel tous commencent l'explication de leur premier point.

Cette diſpoſition eſt arbitraire, & n'eſt fondée que ſur la coutume. L'*Ave Maria* eſt aſſez nouveau. On remarque qu'on commença de faire cette priere à la naiſſance des dernieres Héréſies, pour diſtinguer les Prédications des Catholiques, d'avec les Prêches des Hérétiques. La diviſion en trois points vient de la Scolaſtique, qui explique les ſciences par diviſions & ſubdiviſions. Les anciens Sermonaires ne ſe contentoient pas de trois points. Voïons ce qu'on peut dire d'utile touchant cette diſpoſition reçue & autoriſée dans l'Egliſe.

Un Prédicateur doit choisir pour matiere de ses instructions, ce qui convient au lieu & au temps qu'il prêche, & à la condition de ceux à qui il parle. Pour satisfaire à la coutume, il doit prendre un Texte, ou passage de l'Ecriture, dont le sens littéral, s'il est possible, ne soit pas éloigné de ce qu'il va dire : car ceux qui ont quelque connoissance de l'Ecriture, sont choqués lorsque, dès l'entrée d'un discours, où l'on fait profession d'expliquer l'Ecriture, on la prend à contre-sens.

A l'entrée de son discours, il faut donner une idée générale de son sujet, préparer l'esprit des Auditeurs, leur faire voir l'importance de ce qu'on va traiter. Ce que nous avons dit touchant les Exordes, est d'usage ici pour se faire écouter. Un Exorde doit avoir quelque trait extraordinaire, qui puisse procurer l'attention. La piété, & la connoissance que nous avons de la nécessité de la Grace, nous obligent aussi de ne pas continuer un discours sans l'interrompre, pour attirer l'esprit de Dieu par nos prieres.

Puisque c'est l'usage, il faut réduire ce que l'on veut enseigner à deux ou trois chefs, qui aient du rapport à une principale chose, & que le Prédicateur doit avoir en vûe ; car, comme il s'agit de persuader & de toucher, il faut tenir en haleine son Auditeur, le tenant toujours attentif à cette principale vérité, qui est le sujet de son discours. Nous l'avons dit, l'Orateur doit donner une grande idée de ce qu'il va dire ; enflammer ses Auditeurs du desir de le savoir à fond ; entretenir ce desir, déveloper toujours de plus en plus ce qu'il a entrepris d'éclaircir, mais jusqu'à la fin, à chaque pas, pour ainsi dire, faisant entrevoir qu'il y a de plus grands éclaircissemens à attendre ; ce qui fait que la curiosité est toujours ardente, tout le temps qu'il continue de parler. Pour cela, il faut qu'il y ait de l'unité dans son dessein, c'est-à-dire, qu'il ait en vûe une grande vérité dont il veuille convaincre, & qu'il veuille faire aimer. Il peut dire plusieurs choses, mais c'est à cette vérité que tout doit se rapporter. Cette liaison est rare dans les Sermons. Ce n'est souvent qu'un ramas de différentes choses, qui n'ont point de rapport. Quand l'Auditeur se sent poussé d'un côté, presque aussi-tôt on le rappelle ailleurs, & il ne sait ce qu'on veut faire de lui. C'est pour cela qu'il est rare qu'un Homme d'esprit ne s'ennuie pas au Sermon, & qu'il y puisse être attentif. Je parle de ces Sermons où le Prédicateur veut plaire; car les Prédicateurs qui n'ont point d'autre vûe que d'instruire, selon l'obligation de leur Charge, sont toujours écoutés avec édification.

Revenons à un Prédicateur qui emploie toute sa Rhétorique pour bien faire. Puisque c'est l'usage, il peut diviser sa matiere en deux ou trois points. Mais ces trois points doivent être trois parties tellement liées, qu'elles ne fassent qu'un tout; qu'elles ne composent qu'un corps proportionné, qui ait une seule forme, & qui ne soit pas monstrueux, composé de parties différentes qui ne se réunissent point sous un chef, *ut nec pes, nec caput uni reddatur forma.*

Je n'ai rien à dire de particulier sur la maniere dont un Prédicateur doit traiter sa matiere. Pour persuader, il faut proposer la vérité, établir les principes d'où elle se tire, & les mettre dans leur jour. Les principes sur lesquels s'appuient les Prédicateurs, ce sont l'Ecriture, la Tradition, les passages des Conciles & des Peres qui nous ont conservé cette Tradition. Ainsi le raisonnement d'un Prédicateur consiste dans l'exposition des passages de l'Ecriture & des Peres. Il suffit ordinairement d'en rapporter le sens, sans alléguer les textes originaux, parceque cela fait une bigarure désagréable. On s'en fie au Prédicateur ; il ne doit citer les propres paroles des Auteurs, que dans de certains points importans ; ou de temps en temps pour réveiller l'attention par un langage extraordinaire. Il n'est pas nécessaire que je répete ici ce que j'ai dit de la maniere d'éclaircir la vérité, & de la faire comprendre aux esprits les plus simples & les plus abstraits, comme aussi ce qui a été proposé touchant l'exactitude avec laquelle on doit poursuivre le fil d'un raisonnement.

Ce qui fait la principale différence des Prédicateurs & des Avocats, c'est que ceux ci ont pour Auditeurs des Juges qui ne se laissent persuader que par la force d'un raisonnement exact, & des adversaires qui examinent leurs preuves ; au lieu que tout l'Auditoire est convaincu de ce que dit le Prédicateur : on ne le va entendre que pour être touché de quelque sentiment de dévotion. Il n'est donc pas nécessaire qu'il entre dans des controverses, comme s'il avoit à disputer dans une conférence contre des Hérétiques, ou dans une école, contre des adversaires qui impugnent ses sentimens. Il ne doit pas faire une leçon de Théologie : il faut qu'il évite tout ce qui est abstrait, les raisonnemens trop subtils ; choisissant ceux que les peuples entendront le mieux, les plus forts à leur égard, parcequ'ils font plus d'impression sur leur esprit, ne supposant rien, expliquant tout, dévelopant la vérité. En un mot, il ne doit rien laisser à deviner, se souvenant qu'il parle au peuple peu instruit, à qui tout est nouveau, & obscur. Comme son but est de porter à Dieu ses Auditeurs, de les détacher du monde, de leur faire embrasser la Pénitence, haïr le péché, aimer la vertu ; il doit ménager tous les avantages qu'il a pour cela ; c'est-à-dire, qu'aprés qu'il voit que son Auditeur est convaincu d'une vérité, il doit en déduire toutes les conséquences favorables à la fin qu'il a en vûe, faiſant de vives deſcriptions de la beauté des choſes qu'il veut faire aimer, de la difformité de ce qu'il veut faire haïr.

Pour dire beaucoup en peu de mots, diſons que c'eſt le jugement qui fait les grands Prédicateurs, auſſi-bien que tous les autres grands Orateurs. Je parle d'une grandeur réelle, qui n'eſt pas fondée ſur une vaine réputation, ſur le peu de jugement d'une populace qui ſe laiſſe ſurprendre par l'apparence, & émouvoir ſans raiſon. Outre que parmi la foule il ſe trouve des gens d'eſprit, tout ce que l'on dit doit être raiſonnable. Les mouvemens qu'on veut inſpirer doivent naître de la connoiſſance de la vérité qu'on a expoſée, autrement on ne touche que pour un moment. L'Auditeur qui ſe retire ſans ſavoir ce qui l'a ému, reprend ſes premieres inclinations auſſi-tôt qu'il n'entend plus le Prédicateur; au lieu que lorſqu'on l'a convaincu d'une vérité, cette conviction entretient les bons mouvemens qu'on lui a donnés. Je crois avoir dit ce qui ſe peut dire d'utile pour cela, & généralement pour tout ce qui regarde l'éloquence de la Chaire; quand j'en dirois davantage, ceux qui m'écouteroient n'en deviendroient pas meilleurs Prédicateurs.

Je finis par cet aveu, que mon Ouvrage ne peut être utile qu'à celui qui lira avec ſoin les Ouvrages de ceux qui ont écrit avec l'Art que j'ai enſeigné. En ſe promenant au ſoleil on prend un teint baſané ſans qu'on s'en apperçoive, auſſi on prend les manieres des Auteurs en les liſant. Cela ſe fait avec le temps, inſenſiblement, lorſqu'on s'attache à un petit nombre d'excellens, & qu'on les lit aſſiduement. Cet Ouvrage ne doit ſervir qu'à faire remarquer les beautés qu'on rencontre dans les Orateurs fameux. On imite plus facilement ce qu'on connoît; ainſi les ſpéculations qu'on fait ſur la Rhétorique, ne ſont pas inutiles

Elles servent à former le goût, qui n'est autre chose qu'une habitude de bien juger sur les idées qu'on a prises, en lisant les excellens ouvrages, comme on se forme le goût de la peinture en voïant d'excellens tableaux. Tout est beau à ceux qui n'ont rien vû. Qui n'auroit jamais lû ni Virgile ni Horace, ne seroit pas si difficile à contenter, en lisant des vers latins. Accoutumé aux bonnes choses, on se dégoûte des communes. Le goût est donc une habitude de bien juger, sur les idées justes qui viennent de la lecture de ceux qui, au jugement de tout le monde, ont parfaitement réussi. *Le goût*, dit un Auteur célebre, *est un sentiment naturel qui tient à l'ame, & qui est indépendant de toutes les sciences qu'on peut acquérir; le goût n'est autre chose qu'un certain rapport qui se trouve entre l'esprit & les objets qu'on lui présente; enfin le bon goût est le premier mouvement, ou, pour ainsi dire, une espece d'instinct de la droite raison, qui l'entraîne avec rapidité, & qui la conduit plus sûrement que tous les raisonnemens qu'elle pourroit faire.* Je n'en demeure pas d'accord, & pour exprimer plus simplement ce que c'est que le goût; je dis que si un Peintre, qui sait à fond les principes de son Art, remarque mieux les beautés d'un Tableau, & est plus en état d'en profiter, & de se former une plus excellente idée de la peinture; aussi celui qui sait sur quels fondemens les regles de l'Art de parler sont appuïées, se met lui-même au-dessus de l'Art, il en peut juger, & se former une plus parfaite idée de ce que l'on doit appeller beau en matiere d'éloquence.

FIN.

## AVIS DE L'IMPRIMEUR.

*Il y a plus de quarante ans que l'Auteur communiqua à ses amis les premiers essais de l'Ouvrage qu'on vient de lire. Le R. P. Mascaron, alors Prêtre de l'Oratoire, aujourd'hui Evêque d'Agen, dont il avoit eu le bonheur d'être le Disciple, lui fit faire un reproche obligeant de ce qu'il ne lui avoit point fait voir cet essai. L'Auteur le lui fit présenter, avec une Lettre, où il marquoit sa joie d'apprendre qu'il avoit été nommé à l'Evêché de Tulles. Ce Prélat fit la réponse qu'on va lire avec plaisir ; car les matieres les plus séches, fleurissent sous la plume de ce grand Orateur. Aussi cette Lettre peut s'ajouter aux exemples d'éloquence qu'on a proposés dans cet Ouvrage. Elle fut à l'Auteur un présage que son travail pourroit être bien reçu. Il tâcha donc de le finir, & il le publia pour la premiere fois l'an 1670. Il l'a retouché dans toutes les Editions qui s'en sont faites à Paris.*

*Léttre du Reverend Pere Mascaron, Prêtre de l'Oratoire, ci-devant Evêque de Tulles, aujourd'hui Evêque d'Agen, au P. Lami, Prêtre de l'Oratoire.*

Il y a trop long-temps que je connois le caractere de votre esprit & de votre cœur, mon Reverend Pere, pour pouvoir douter de la beauté de l'un & de la bonté de l'autre. J'ai toujours cru que vous feriez un progrès si considérable dans toutes les sciences ausquelles vous vous appliqueriez, que vous vous trouveriez à la fin en état de vous mettre à la tête de ceux que vous auriez suivis quelque temps. Ce temps est venu aussi vîte que je le souhaitois ; & par ce que le Pere Malebranche m'a fait voir de votre part, je suis tout convaincu que vous êtes arrivé où les autres ne se trouvent d'ordinaire qu'à la fin de leur vie. Vous m'avez fait connoître la Théorie de cent choses, dont je ne savois que la pratique, &

ce que je ne croïois que de la juriſdiction de mes oreilles, vous l'avez porté juſques au tribunal de ma raiſon. Vous êtes, à l'égard des Eloquens de pratique, ce que ſont ceux qui étant éveillés, voient marcher des Hommes endormis. Ils leur voient faire avec une raiſon diſtincte, ce que les autres ne font que par le ſeul mouvement des eſprits qui les font mouvoir. Nous n'allons que par les ſentiers où l'inſtinct d'une éloquence naturelle nous fait marcher. Vous allez, mon Pere, juſques à la ſource de cet inſtinct. Nous jouiſſons de la nature telle qu'elle eſt : vous auriez été capable de la faire, ſi elle n'étoit pas. Enfin votre connoiſſance eſt celle du matin, & nous n'avons pour partage que celle du ſoir. Tout de bon, on ne peut démêler avec plus de pénétration & de netteté, les cauſes phyſiques de l'Art de bien dire ; & ſi, je crois n'en avoir lû que la moindre partie, qui eſt l'élocution : & je penſe que vous allez bien plus loin dans le Traité des figures du diſcours, qui ne s'arrêtant pas à chatouiller l'ame, la remuent juſques au fond. Votre ſtyle eſt très net, très poli, & très exact : & il me ſemble que pour le ſtyle dogmatique, on ne ſauroit en choiſir un qui ſoit plus propre. Vos Comparaiſons ſont belles & juſtes, je ne les voudrois pas tout-à-fait ſi longues que ſont celles du Parterre, & d'autres. Tout ce que j'aurois pû remarquer ſur cet écrit que j'ai renvoïé au Pere Malebranche, eſt ſi peu de choſe, que je le regarde comme de petites taches, qu'une petite application de votre eſprit diſſipera avec autant de facilité, que le Soleil diſſipe celles qui le couvrent en tant de petits endroits. Cependant ne vous abandonnez pas tellement à la ſpéculation, que vous en ruiniez votre ſanté. La Philoſophie doit être la méditation de la mort ; mais il ne faut pas qu'elle en devienne l'inſtrument. Faites-moi la grace de m'aimer toujours, & d'être perſuadé que je ſuis très véritablement, mon R. P. Votre très-humble & très obéiſſant ſerviteur, MASCARON.

# NOUVELLES REFLEXIONS SUR L'ART POETIQUE.

Dans lesquelles, en expliquant quelles sont les causes du plaisir que donne la Poésie, & quels sont les fondemens de toutes les Regles de cet Art, on fait connoître en même-temps le danger qu'il y a dans la lecture des Poètes.

*Sur la Copie imprimée à Paris en* 1678.

# AVERTISSEMENT.

*ON ne se propose pas, dans ces Réflexions sur l'Art Poëtique, de parler des Regles de la versification, on l'a fait suffisamment dans l'Art de parler; on prétend seulement examiner celles du Poëme, & particulierement du Poëme Epique, & des Pieces de Théâtre: lesquelles sont communes aussi à ces Histoires Poëtiques, qu'on appelle Romans. Comme on a diverses raisons par lesquelles on juge que cet Art n'est pas fort utile, on n'a pas dessein d'en faire ici l'Apologie; mais seulement de donner quelques moiens pour faire que la jeunesse lise avec utilité des Poëtes, qui peuvent servir à son instruction, & pour lui donner du dégoût des Ouvrages qu'elle ne peut voir sans danger: Cependant ce petit Traité donnera peut-être plus de connoissance de l'Art Poëtique, que ces gros Volumes composés sur cette matiere par de fameux Auteurs. Les commencemens de la Poësie, comme de toutes les autres choses, ont été fort grossiers. Les Poëtes s'étudierent peu-à-peu à composer leurs ouvrages, selon le goût de leurs Auditeurs, dont le plaisir fut la seule regle qu'ils suivirent dans la conduite de leurs Ouvrages.*

*Aristote l'aïant remarqué, fit des regles de ce que les Poëtes, qui plaisoient, avoient coutume d'observer, & réduisit par ce moïen la Poësie en Art. Ce Philosophe raisonne fort peu sur les regles qu'il propose: il ne dit point quels en sont les fondemens; & ceux qui ont écrit depuis lui, semblent presque tous n'avoir point eu d'autre but, que de nous instruire de ses sentimens.*

# AVERTISSEMENT.

*Ces nouvelles Réflexions ont cela de particulier, qu'il n'y a point de regles dans la Poésie dont elles ne découvrent les principes, c'est à-dire, les causes du plaisir que donnent les Poésies, où ces regles sont gardées. Pour faire ces découvertes, l'on s'applique à connoître la nature de l'Homme : l'on entre dans son esprit & dans son cœur, & l'on recherche quel est le ressort de tous ces mouvemens. Ce sont des vûes très importantes, & dont la connoissance doit plaire à tout le monde.*

*Quoique les personnes de piété n'aient pas besoin de savoir l'Art Poëtique, ne s'amusant point à composer de ces sortes d'Ouvrages, & en lisant encore aussi peu, elles pourront néanmoins prendre plaisir à lire ces Réflexions, parcequ'elles peuvent beaucoup servir à faire connoître l'Homme, & le néant des créatures ausquelles il s'attache ; ce qui a été la principale raison qui a porté l'Auteur à les donner au public.*

# NOUVELLES REFLEXIONS SUR L'ART POETIQUE.

## PREMIERE PARTIE.

### CHAPITRE PREMIER.

*La Poésie est une peinture parlante de ce qu'il y a de plus beau dans les Créatures ; elle fait oublier Dieu, dont ces Créatures sont l'image.*

DIRE que *la Poésie est une peinture parlante, &c.* n'est pas une nouvelle remarque. Les peintures ordinaires ne s'exprimant que par des couleurs grossieres & matérielles, ne font que de foibles impressions : au lieu que la Poésie, par l'harmonie & la cadence de ses Vers, en fait dans l'Ame de si vives & de si agréables, que l'on ne se doit pas étonner si un des Maîtres de l'Art a pu dire, que les Poëtes, renfermant leurs pensées dans les bornes d'un Vers, & donnant une prison étroite à leurs mots, savent par là enchaîner la Raison avec la Rime.

Les Peuples les plus ſauvages ont été ſenſibles à la douceur des Vers : c'eſt pourquoi lorſque les hommes étoient encore diſperſés par les Forêts, comme des bêtes farouches, ceux qui les voulurent raſſembler, & les faire vivre ſous des Loix dans une République, ſe ſervirent de l'harmonie pour les perſuader. C'eſt ce qui a donné lieu à la fable, qui nous raconte qu'Orphée, un des Grecs, apprivoiſa les lions, & adoucit les tigres, par les Vers qu'il chantoit ſur le Luth ; & que le Poète Amphion obligea les rochers & les bois de ſe mouvoir, & de ſe ranger avec ordre, pour former une nouvelle Ville. Perſonne ne conteſte que la maniere de parler des Poètes ne ſoit merveilleuſe : que leur langage ne ſoit divin. Ils donnent un tour à ce qu'ils diſent qui n'eſt point ordinaire, & qui nous enchante de telle maniere, que ne nous ſentant plus nous-même, nous entrons avec plaiſir dans tous les ſentimens & dans toutes les paſſions qu'ils veulent exciter dans notre Ame.

La matiere de leurs Vers eſt ordinairement grande, & ils n'emploient de ſi riches couleurs que pour peindre ce qu'il y a de plus excellent. Les yeux ne voient rien de beau, ni dans le ciel, ni ſur la terre, & l'imagination ne ſe peut rien repréſenter de grand, dont l'on ne trouve chez eux des deſcriptions exactes. Tout ce que l'on peut dire de l'excellence de la Poéſie a été dit, & n'eſt ignoré de perſonne : mais tout le monde ne remarque pas quelles ſont les choſes que nous fait oublier cette peinture ſi vive que les Poètes font ordinairement des grandeurs d'ici-bas ; ceux qui les liſent ne s'apperçoivent pas que ces grandeurs, qu'on leur repréſente, ne ſont que des images de celles qui ſont en Dieu, auquel ils ne penſent jamais ; & ils ne voient pas lorſqu'ils s'attachent à ces images, qu'ils ne ſont pas moins inſenſés que le ſeroit un Homme que la mort de sa Femme auroit rendu si extravagant, qu'il prendroit pour elle-même un Portrait bien fait. Cependant c'est une vérité; mais comme elle est surprenante, & que les admirateurs des Poëtes profanes, que j'attaque ici, ne se persuadent pas facilement que leur erreur soit grande & si dangereuse, il faut faire quelques réflexions pour les en convaincre.

Les Créatures sont sans doute une image de Dieu, & chacun de leurs traits porte le caractere de quelqu'une des perfections de la Divinité. Cette vaste étendue de l'univers, dont les bornes nous sont inconnues, représente l'immensité de celui qui leur a donné l'Etre: Cette variété admirable, qui paroît dans les ouvrages de la Nature, fait connoître quelle est la fécondité de son Auteur: Le cours reglé & constant des Astres publie l'immortalité de celui qui l'a une fois ordonné, & ce plaisir que donne la vûe de tant de belles choses que le Monde renferme, est comme un échantillon du plaisir souverain, dont jouissent ceux qui possedent Dieu.

Les Hommes charnels ne peuvent comprendre ces vérités: ils ne portent leur vûe que sur les Créatures; & ne s'élevent jamais au-dessus d'elles, pour contempler cet Etre, de la beauté duquel elles ne sont qu'une peinture très imparfaite. Ainsi, comme un Homme, qui auroit été attaché toute sa vie dans le recoin d'une caverne, en sorte qu'il n'eût pu voir que les ombres de plusieurs belles statues, éclairées par un flambeau qu'il ne voïoit point, ne pourroit prendre ces ombres que pour des réalités: Aussi pendant que ces esprits terrestres se renferment eux-mêmes dans le Monde, & qu'ils ne considerent que les corps, ils ne peuvent pas penser que les beautés passageres d'ici-bas ne sont que les ombres d'une beauté éternelle.

Les Hommes ne voient pas non plus, que

Dieu est le principe & le terme de ce mouvement ou de cette inclination de leur cœur, qui leur fait aimer la grandeur, & rechercher la béatitude dans l'état où ils sont. Ils ne sentent cette inclination qu'à l'occasion des grandeurs de la terre, & des plaisirs qu'ils trouvent dans les choses sensibles. Lorsqu'une pierre nous frappe par réflexion, nous ne pouvons savoir d'où elle est venue ; ainsi le mouvement de cette inclination, qui vient de Dieu, comme nous l'allons voir, ne les frappant, pour ainsi dire, qu'en réflechissant des créatures, ils croient qu'elles en sont le principe, & les regardent comme le terme où doit retourner ce mouvement.

## CHAPITRE II.

*Dieu aïant fait toutes choses pour sa gloire, tous les mouvemens qu'il a imprimés dans les Créatures tendent vers lui : c'est pourquoi les Hommes ne peuvent trouver du repos qu'en Dieu.*

DIeu, comme un sage ouvrier, a rapporté ses ouvrages à la plus excellente fin qu'on puisse penser, qui n'est autre que lui-même. De là vient que tous les mouvemens qu'il a imprimés dans le cœur de ses Créatures, tendent vers lui, & que toutes nos inclinations naturelles se portent vers un Etre excellent que nous desirons de connoître & d'aimer. On connoît que la terre est le centre des corps pésans, par la pente qui les y porte toujours, & par cette violence qu'il leur faut faire pour les en éloigner. Cet amour naturel que nous avons pour tout ce qui est grand, pour ce qui est bien fait ; cet ardent desir avec lequel nous cherchons un ſouverain bonheur, qui ſoit immuable, infini, éternel, ſont pareillement des preuves invincibles que nous ſommes faits par un Etre grand, parfait, ſouverain, immuable, infini, éternel, & que les Créatures, dont la nature eſt finie, ne peuvent être notre centre.

Ceux, que le péché a aveuglés, corrompent toutes ces bonnes inclinations : ils cherchent, à la vérité, la grandeur, l'immutabilité, l'infinité, l'éternité qui eſt Dieu même, puiſqu'ils ſouhaiteroient que leurs débauches fuſſent honnêtes ; que les plaiſirs, qu'ils y prennent, ne puiſſent être troublés par aucun changement fâcheux ; qu'ils y ſouffrent à peine des bornes ; qu'ils s'étudient à ce qu'il n'y manque rien, & qu'ils deſirent que ces plaiſirs ne finiſſent jamais : ainſi les mouvemens de leur cœur, c'eſt-à dire, leurs deſirs, les portent vers Dieu ; mais ils détournent ce mouvement ; & ils ne cherchent pas Dieu où ils le doivent chercher : ils ſont continuellement appliqués à la pourſuite d'un objet, dans la poſſeſſion duquel tous ces deſirs d'une félicité achevée, ſe puiſſent repoſer. Car, qu'on examine qu'elle eſt la fin que tous les Hommes ſe propoſent dans leurs travaux, ils veulent trouver un parfait repos. *Cherchez*, leur dit ſaint Auguſtin, *ce que vous cherchez, mais il n'eſt pas où vous le cherchez.* NON *eſt requies ubi quæritis eam : quærite quod quæritis ; ſed ibi non eſt ubi quæritis.*

Ils reconnoîtroient bien-tôt leur erreur, s'ils ſavoient profiter de tant d'expériences, qui les auroient dû convaincre, que c'eſt en vain qu'ils cherchent, ailleurs qu'en Dieu même, ce qu'ils deſirent avec tant d'ardeur, & que ce n'eſt qu'en lui ſeul que ſe rencontrent cette ſouveraine grandeur, & cette parfaite béatitude qu'ils ſouhaitent. Mais après qu'ils ſont dégoutés d'une créature, leur paſſion ne fait que changer d'objet ; & comme ſi tous les Etres de ce monde n'étoient pas d'une même nature finie & bornée, ils esperent toujours que celui dont ils n'ont point encore découvert les bornes & les défauts, sera celui qui remplira parfaitement la capacité infinie de leur cœur ; ainsi loin de quitter l'amour qu'ils ont pour le monde, ils s'enfoncent toujours davantage dans l'erreur & dans l'aveuglement.

## CHAPITRE III.

*Les Poëtes entretiennent cette illusion des Hommes : ils dérobent à leur connoissance les imperfections des créatures, & les amusent par une vaine apparence de grandeur.*

LES Poëtes entretiennent les Hommes dans ces illusions, dont nous venons de parler, en leur cachant la bassesse des créatures, leurs bornes, & leurs imperfections. Cette peinture, qu'ils font de leur beauté, est beaucoup plus engageante & plus capable d'arrêter les yeux, que les créatures ne le sont elles-mêmes. Dans tous les plaisirs de la terre il y a toujours quelqu'amertume qui en corrompt toute la douceur : les plus belles choses du monde ne sont point sans quelque défaut ; mais cela ne se trouve point dans les images que la Poësie en fait : c'est pourquoi tout ce qu'elle en dit, attache, & rien ne dégoûte.

Je me suis quelquefois étonné, que je regrettois de certains lieux & de certains emplois, dans lesquels je me souvenois fort bien, que je n'avois pas été fort content ; mais je revenois bien-tôt de cet étonnement, & j'appercevois facilement que mon imagination me jouoit ; me représentant l'agrément

grément de ces lieux, & la douceur de ces emplois sans leur amertume : & que c'étoit ce qui faisoit, que sans quelque chagrin je ne pouvois penser que je les avois quittés. C'est ainsi que les Poètes faisant paroître les créatures sous une face parfaitement agréable, ils en augmentent l'amour, & font ainsi oublier entierement Dieu : au lieu que le portrait qui est en elles de la Divinité, devroit en entretenir le souvenir.

Les hommes prennent plaisir à se laisser tromper par ces peintures flattées de la beauté du monde : ils ne pensent à aucune autre félicité qu'à celle qu'ils trouvent dans la jouissance des créatures : ils ne regardent jamais la terre comme un lieu d'exil, qui est ce que font les Saints ; ainsi ils s'appliquent à rendre cette demeure aussi agréable qu'ils le peuvent : ils l'ornent ; ils y bâtissent comme si c'étoit leur patrie, & qu'ils n'en dûssent jamais être chassés par la mort.

Cependant toutes les imaginations des Poètes n'ajoutent rien à la beauté du monde ; ils ne rendent pas les créatures capables de nous faire heureux ; & néanmoins augmentant par leurs fictions les grandeurs & les plaisirs de la terre, il nous semble qu'ils augmentent la félicité que nous y cherchons. Nous sommes à-peu-près comme un amant passionné, qui se cache les défauts de la personne qu'il aime, & qui s'attache aux ornemens qu'elle emprunte de l'art pour la trouver plus aimable.

La liberté que les Poètes prennent, leur donne le moïen de tromper & d'abuser cette forte inclination que nous avons pour la grandeur, nous en présentant une vaine apparence. Etant maîtres de leur sujet, ils choisissent pour matieres de leurs discours tout ce qu'il y a de grand & de considerable dans le monde, & ne s'assujettissant ni aux loix de l'Histoire, ni à celles de la Vérité, ils changent, ils ajoutent, ils retranchent comme bon leur semble ; & si le fond de cè qu'ils racontent est véritable, ils donnent un certain tour aux choses, qui fait que tout ce qu'ils disent paroît prodigieux. *Omnia vera in miraculum corrumpunt.* Ils étudient tout ce que l'on peut dire de plus surprenant, de plus merveilleux, de plus rare. Si, par exemple, il entreprennent de faire la description d'un riche Temple, ils rempliront leur imagination de tout ce que l'Art & la Nature peuvent fournir pour la construction d'un superbe édifice. Les matériaux ne leur coûtent rien, ils en font venir de tous les coins de la terre; ils épuisent toutes les carrieres de leur marbre, de leur jaspe: toutes les mines de leur or & de leur argent. Les ouvriers, à qui ils confient la conduite de ce bâtiment, sont tous experts & consommés dans leur Art; ainsi l'esprit ne peut rien concevoir de plus magnifique & de plus grand que cet ouvrage. Il en est de même de toutes les autres choses. S'ils décrivent un combat, l'Histoire ne fournit point d'aussi rares exemples de valeur, d'adresse, & de l'inconstance du sort des armes, que ceux qu'ils rapportent.

S'ils parlent d'une tempête, on ne peut rien s'imaginer d'affreux, dont on n'apperçoive l'image dans ce qu'ils disent. En un mot, les Poètes étourdissent tellement leurs Lecteurs par leurs exagérations & par leurs grandes paroles, qu'ils ne peuvent écouter la voix de la nature, qui crie sans cesse, que quand toutes ces grandes choses ne seroient pas imaginaires, elles ne sont rien au regard de Dieu, qui est lui seul la véritable grandeur.

## CHAPITRE IV.

*Les Poètes ne proposent que des choses rares & extraordinaires dont ils cachent les imperfections.*

LEs Créatures participant toutes de l'Etre souverain qui est la source de tous les plaisirs, elles sont nécessairement agréables; mais comme ce plaisir qu'elles donnent est proportionné à leur Etre, elles ne sont pas capables de contenter pleinement ce desir que nous avons d'un bonheur souverain. Elles ne peuvent plaire entierement que tant que dure le tems de l'erreur, c'est-à-dire, tant que l'on n'a pas encore reconnu ce qu'elles sont. C'est pour cette raison que les choses rares & extraordinaires plaisent & sont souhaitées, parcequ'on n'est point encore convaincu qu'elles ne sont pas ce que l'on cherche. Elles ne sont belles que dans l'espérance, & elles ne semblent précieuses, que parceque l'on n'a pas encore senti leur peu de valeur.

C'est aussi pour cette même raison, que la variété est agréable, & que sans elle on est chagrin au milieu des plus grands divertissemens; car on s'ennuie de toutes les choses finies, parcequ'elles ne suffisent pas à nos desirs, & l'on tombe dans la tristesse, si, avant que l'on s'apperçoive que ce que nous possedions d'abord avec joie ne nous peut pas rendre heureux, l'on change de divertissement. Il n'y a qu'une vicissitude de différens plaisirs, qui puisse charmer nos ennuis, & nous cacher ce grand vuide de notre Ame, qui est privée de Dieu. Aussi, comme dit Saint Augustin,

& comme on le remarque sensiblement dans la Musique, la beauté des Créatures consiste particuliérement dans le mouvement de leurs parties, qui se succedent les unes aux autres: *Rerum transitu fit intima pulchritudo.* Cette succession de plusieurs choses différentes, prévient les dégoûts qui rendent amers les plaisirs finis, parcequ'elle empêche en quelque maniere que ces plaisirs ne paroissent finis, l'Ame trouvant dans la multitude des choses, selon la remarque de saint Gregoire le Grand, ce que leur qualité ne donne point. *Per multa ducitur, ut quia qualitate rerum non potest, saltem varietate satietur.*

On ne voit rien de si diversifié que les Ouvrages des Poëtes : ils changent continuellement de faits, de paroles, d'expressions & de mesures. Tout ce que comprennent de grand le Ciel & la Terre, sert de matiere à leurs Vers; le cours des Planetes, le mouvement des Astres, les pluies, les grêles, les éclairs, les tonnerres, les montagnes, les plaines, les forêts, les moissons, les fontaines, entrent dans toutes leurs descriptions : ils ouvrent les entrailles de la terre pour nous découvrir ce qui s'y passe ; ils nous entretiennent de la vie des hommes, des Guerres des Princes, des Combats, des Sieges de Villes ; des Coutumes & des inclinations des Peuples différens, d'une maniere extraordinaire & nouvelle. Ils ne se contentent pas d'exercer leur veine sur tout ce que l'Univers renferme dans son vaste sein, ils donnent l'essor à leur imagination, pour se former des chimeres, des centaures, & d'autres monstres qui ne se trouvent point dans la Nature, pour surprendre davantage les hommes par ces figures extraordinaires.

Ils ajoutent à cette diversité de choses presque infinie, la diversité de leurs expressions toutes surprenantes. Tantôt le Poëte s'éleve, & tantôt il s'abaisse : il réveille sans cesse l'attention par quelque trait surprenant, & court de merveilles en merveilles; de sorte qu'il assiege, pour ainsi dire, l'esprit de ses Lecteurs par une multitude de différentes choses, qui passent si vîte devant eux, qu'il n'y en a aucune dont ils puissent s'ennuïer. C'est la suite des plaisirs, qui fait les grands divertissemens que l'on prend dans les Palais des Rois, où la journée est comme partagée entre différens jeux qui se suivent de près. Cela se rencontre dans la Poésie, où depuis le commencement jusques à la fin, toutes les parties d'un Poëme sont si bien liées, que le Lecteur passe de l'une à l'autre sans s'en appercevoir. De peur qu'il ne s'ennuie après avoir entendu un récit sérieux, & le dénouement d'une intrigue, qui demandoit quelque application, on voit succeder une fête dans laquelle le Poëte fait célébrer des jeux avec toute la magnificence possible : & avant que cette fête puisse devenir ennuïeuse, on la fait suivre de quelque autre divertissement.

## CHAPITRE V.

*Les Poëtes couvrent toutes les créatures d'un faux éclat : ils occupent tellement l'esprit de leurs Lecteurs, qu'ils ne peuvent faire aucune réflexion sur eux-mêmes, & sur le néant des créatures.*

CE que nous venons de dire fait comprendre l'artifice, dont les Poëtes se servent pour augmenter la beauté des créatures, comment ils les masquent toutes, comment ils les couvrent d'un faux éclat, ne les proposant jamais sans quelque ornement, & sans faire suivre leurs noms d'un appareil d'épithetes, qui en donnent une grande idée. Les choses dont ils parlent, sont toutes *nompareilles*, *fécondes en miracles*, & *des chefs-d'œuvre des Cieux*.

Nous avons vû de quelle maniere ils les dérobent à notre vûe, aussi-tôt que nous pourrions découvrir ce qui leur manque. Ceux, qui savent combien l'attache qu'on a pour les créatures, est criminelle devant Dieu, connoissent aussi combien cet artifice des Poètes est dangereux. Car enfin, pour éteindre l'amour des créatures, il faut les oublier, & n'y penser jamais, si ce n'est pour en connoître le néant : il faut rentrer dans soi-même, & considerer qu'elles ne nous peuvent donner cette béatitude que nous desirons; & les Poètes emploient tout leur Art, pour nous détourner de ce devoir indispensable, & de la Raison, & de la Religion. Ils proposent tant de choses à la fois, qu'ils enivrent en quelque façon leurs Lecteurs : ils préviennent leurs desirs ; ils n'oublient rien de ce qu'ils pourroient souhaiter pour faire une grandeur achevée; ils savent frapper vivement l'imagination par des évenemens rares, des, morts funestes, des guerres sanglantes, des stratagêmes extraordinaires, des sieges de Villes, des combats, des renversemens d'Etat, ou des établissemens de quelque nouvel Empire. En un mot, toutes les choses que rapportent les Poètes, sont capables d'arrêter l'esprit, & de le tourner vers elles par leur nouveauté, par leur rareté, & par leur grandeur.

Aussi les Lecteurs de Romans avouent, que le plus grand plaisir qu'ils prennent dans ces sortes d'ouvrages, vient de ce qu'ils ne se peuvent ennuïer dans ces lectures; & que leur esprit en est tellement occupé, qu'ils oublient tout leur chagrin. Nous perdons, disent-ils, le tems agréablement : étrange langage ! qui est la marque d'une extravagance prodigieuse. Ils sentent que les Créatures, telles qu'elles sont, ne peuvent pas les contenter ; qu'elles laissent de grands vuides dans leur ame ; que plusieurs inquiétudes s'en saisissent, qui sont comme la voix de la nature qui les avertit de chercher ailleurs cette grandeur & cette béatitude qu'ils desirent. Cependant bien loin d'écouter cette voix, ils lui ferment les oreilles ; ils s'estiment heureux, & croient avoir bien passé leur tems, lorsqu'ils se sont laissés étourdir par le récit d'une bagatelle.

Les Ouvrages des Poëtes ne dissipent pas seulement l'esprit lorsqu'on les lit actuellement, mais encore après qu'on les a quittés. Toutes ces excellentes vérités, dont la connoissance nous est si nécessaire pour acquérir les vertus & les Sciences, ne trouvent plus de place dans la tête de ceux qui sont pleins de tous ces grands & rares évenemens, lesquels sont la matiere ordinaire de la Poësie. Dieu a écrit dans le cœur de l'Homme ces vérités, qui sont comme le flambeau de notre ame : ce sont elles qui l'éclairent, qui l'instruisent de ce qu'elle doit faire. C'est en les consultant, que nous jugeons facilement de toutes choses, que nous reglons sagement nos actions. Nous voïons dans leur lumiere ce que nous sommes, & ce que sont les Créatures, qui changeant à tous momens, & cessant d'être ce qu'elles étoient, nous avertissent elles-mêmes qu'elles sont peu éloignées du néant, & que par conséquent c'est une folie de s'appuïer sur elles, & de quitter Dieu qui les retient, & les empêche de retomber dans le néant, dont elles sont sorties. Mais comme c'est au-dedans de nous-mêmes que luit ce flambeau de la Vérité, il ne peut être apperçu de ceux dont les yeux sont entierement tournés vers les choses extérieures.

L'ame s'unit en quelque maniere avec l'objet de sa connoissance ; ainsi, lorsqu'elle n'est occupée que des corps qui lui sont étrangers, elle sort d'elle-même, & ne peut, par conséquent, connoître ce qui s'y passe. C'est ce qui arrive à tous ceux qui lisent avec ardeur les Poètes, dont la principale fin, comme nous avons dit, & comme nous le dirons encore dans les Chapitres suivans, est de remplir l'imagination de leurs Lecteurs d'une peinture vive des choses sensibles, qui les tienne toujours hors d'eux mêmes, & qui les empêche d'y rentrer. Nous allons voir pour quelle raison les Poètes se sont proposé cette fin.

---

## CHAPITRE VI.

*Le chagrin qui trouble tous les plaisirs de la terre ; nous avertit que l'on ne peut trouver du repos qu'en Dieu. Les Poètes pour les rendre heureux travaillent à en dissiper ce chagrin.*

IL n'y auroit rien de plus utile aux gens du monde, que les chagrins qui troublent leurs plus grands divertissemens, s'ils en savoient profiter, en apprenant que leur cœur demande quelque chose de plus grand que les Créatures ; que de quelque côté qu'ils se tournent, toutes choses leur seront dures, & qu'ils ne pourront trouver de repos, que dans l'amour de Dieu. Une ame, dont Dieu fait les chastes délices, jouit d'une profonde paix, & trouve dans cet unique objet de son amour, dequoi rassasier cette avidité qu'elle a pour le bien. Ceux au-contraire qui se séparent de l'unité de Dieu, & se jettent dans la multitude différente des beautés temporelles, sont déchirés nuit & jour de soins différens. Leur vie est une chaîne de desirs & de sollicitudes. Aussi-tôt qu'ils ont acquis ce qu'ils souhaitent, cette acquisition ne les contentant pas, ils sont encore brûlés de plusieurs desirs pour les autres choses qu'ils croient manquer à leur félicité. Ce qui fait dire à S. Augustin que l'amour du monde donne bien de la peine à ceux qui s'y abandonnent. *Laboriosus mundi amor.*

En effet, ne peut-on pas dire qu'ils sont semblables à ces misérables esclaves, qui sont obligés d'obéir à cent maîtres : car l'ambition, l'orgueil, l'avarice, l'impudicité, & les autres passions déreglées, sont toutes comme autant de tyrans qui partagent leur cœur, & qu'ils ne peuvent servir sans d'étranges fatigues, dont ils seroient délivrés, s'ils étoient assujettis à Dieu, dans lequel, comme dans leur centre naturel, tous leurs desirs se reposeroient.

Le plus grand mal de l'homme pécheur est, qu'il ne travaille point à sortir des miseres où il connoît qu'il est engagé. Il est convaincu de la vanité des créatures, & qu'elles ne lui peuvent procurer cette félicité qu'il souhaite : il sait aussi qu'il ne peut acquérir cette félicité par les forces qu'il trouve en lui-même : il voit sa foiblesse, mais il ne cherche point le secours qui lui est nécessaire : il se sent enveloppé d'épaisses ténebres, mais il ne demande point de flambeau pour les dissiper : pourvû qu'il ne pense pas à ses miseres, il est satisfait & il s'estime heureux : il ne sait ce que c'est que de se servir du tems que Dieu nous donne pour travailler à notre salut. Ce tems, qui est une chose si précieuse, lui paroît méprisable, & ennuieux, & parcequ'il n'est point content de l'état où il se trouve à chaque moment, quand il considere cet état attentivement, il est bien-aise qu'il passe vîte, & qu'il s'écoule sans qu'il s'en apperçoive, c'est pourquoi il ne cherche rien tant que l'occasion de le perdre.

C'est ce que Monsieur Paschal représente d'une maniere très éloquente dans le Discours qu'il a fait de la misere de l'homme. ( *Num.* 26. ) L'ame *est jettée*, dit il, *dans le corps, pour y faire un séjour de peu de durée, elle sait que ce n'est qu'un passage à un voïage éternel, & qu'elle n'a que le peu de tems que donne la vie pour s'y préparer : les nécessités de la Nature lui en ravissent une très grande partie : il ne lui en reste que très peu dont elle puisse disposer ; mais ce peu qui lui reste, l'incommode si fort, & l'embarrasse si étrangement, qu'elle ne songe qu'à le perdre : ce lui est une peine insupportable d'être obligée de vivre avec soi, & de penser à soi : ainsi tout son soin est de s'oublier soi-même, & de laisser couler ce tems si court & si précieux sans réflexions, en s'occupant de choses qui l'empêchent d'y penser. C'est l'origine de toutes les occupations tumultuaires des hommes, & de tout ce qu'on appelle divertissement ou passe-tems, dans lesquels on n'a en effet pour but, que d'y laisser passer le tems sans le sentir, ou plutôt sans se sentir soi-même, ou d'éviter, en perdant cette partie de la vie, l'amertume ou le dégoût intérieur qui accompagneroit nécessairement l'attention que l'on feroit sur soi-même durant ce tems-là. L'ame ne trouve rien en elle qui la contente : elle n'y voit rien qui ne l'afflige quand elle y pense : c'est ce qui la contraint de se répandre au-dehors, & de chercher dans l'application aux choses extérieures, à perdre le souvenir de son état véritable : sa joie consiste dans cet oubli, & il suffit, pour la rendre méprisable, de l'obliger de se voir, & d'être avec soi.*

Un Poète habile détourne toutes les pensées que les hommes peuvent avoir de leurs miseres, empêchant qu'ils ne les considerent : & pour cela, occupant leur eſprit ailleurs, il attache ſi fortement ſes Lecteurs à ce qu'il leur propoſe, qu'ils ne peuvent pas porter la vûe d'un autre côté, & voir autre choſe. Nous avons déja parlé de l'artifice dont il ſe ſert : nous verrons encore plus clairement, dans la ſuite de ces Réflexions, comment il produit dans l'eſprit de ceux qui liſent ſes Ouvrages, ce plaiſir que les hommes trouvent à oublier ce qu'ils ſont.

---

## CHAPITRE VII.

*Un des moïens dont les Poëtes ſe ſervent pour attacher les hommes à la lecture de leurs Ouvrages, eſt de leur propoſer tout ce qui flatte leurs inclinations corrompues.*

LES Poëtes ne choiſiſſent pas ſeulement pour matiere de leurs Ouvrages, les choſes dans leſquelles on voit paroître quelque ombre de la véritable grandeur, & qui, pour cette raiſon, ſont agréables : ils y donnent place à toutes celles qui ne plaiſent que parcequ'elles flattent la concupiſcence. Les hommes n'ont du goût & de l'amour que pour les plaiſirs ſenſibles ; c'eſt pourquoi, comme les richeſſes fourniſſent les moïens de ſe les procurer, ils les regardent comme capables de leur procurer une félicité véritable, & de les rendre parfaitement heureux : ils ont cette idée des richeſſes, qu'elles ſont la véritable félicité, ou qu'elles donnent le moïen de l'acquérir.

C'eſt pour cette même raiſon qu'ils eſtiment particulierement les grandes dignités, penſant que ceux qui y ſont élevés, peuvent tout ſacrifier à leurs plaiſirs ; que rien ne peut preſcrire des bornes à leurs voluptés, & qu'ils sont les dispensateurs de celles dont le reste des hommes peuvent jouir sur la terre. Il n'est pas difficile aux Poètes, comme nous avons vû, de tirer des entrailles de la terre tout l'or qu'elle cache, de rendre ce métal commun comme le fer. On peut penser & dire tout ce que l'on veut. Cependant ces trésors imaginaires plaisent, & un avare qui en entend parler, se repaît agréablement de ces imaginations. Dans les Histoires Poétiques, on ne parle que de Sceptres & de Couronnes. Toutes les personnes que les Poètes introduisent dans ces ouvrages, sont ordinairement illustres, ou par l'éclat de leur naissance, ou par les faveurs considerables qu'ils ont reçues de la Fortune. Ce sont des Rois, des Reines, de grands Capitaines, qui paroissent sur le Théâtre. Il y a bien des gens qui en lisant ces Histoires, s'imaginent; en quelque maniere, être à la Cour, & converser avec ces Rois & ces Reines, & qui se plaisent dans ces réprésentations, comme faisoit ce valet hypocondriaque, qui s'entretenoit une partie de la journée avec un tableau, où étoit représenté le sacré College des Cardinaux, croïant converser effectivement avec ces Princes de l'Eglise.

Les ambitieux trouvent dans ces ouvrages des images de leur ambition; & les vindicatifs, une peinture des effets de la vengeance. On trouve un plaisir exquis à voir & à entendre parler de ce qu'on aime, & même on ne peut souffrir ceux qui sont d'un sentiment contraire, & on les regarde comme des Censeurs. Aussi les Poètes prennent bien garde que tout ce qu'ils disent, ou ce qu'ils font dire, soit conforme aux inclinations de ceux qu'ils veulent avoir pour Lecteurs : & comme ils savent fort bien que les personnes Chrétiennes ne s'amuseront pas à lire leurs ouvrages,

& qu'ainsi ils n'écrivent que pour ceux dont la vie est toute païenne, ils ne parlent jamais des vertus Chrétiennes, de la Pauvreté, de la Pénitence, de l'Humilité : la représentation de ces Vertus n'étant pas propre pour divertir les gens du monde.

S'ils proposent de grands exemples de Chasteté & de Justice, ils les corrompent : c'est le desir de la Gloire qui en est le principe, & ils ne les font paroître que par cet endroit en ceux qui en sont ornés. Chez eux l'on ne fait rien par un pur amour de Dieu, & l'on n'y sacrifie qu'à l'idole de la vanité & de l'amour propre : parceque c'est l'amour propre, & le desir de la gloire, qui sont les ressorts cachés de tous les mouvemens des hommes. L'on n'estime & l'on n'aime dans le monde les vertus, que parcequ'elles font considerer ceux qui les possedent, & qu'elles servent à l'établissement de leur fortune.

Les Héros des Poètes, c'est-à-dire, ceux dont ils entreprennent de célébrer les belles actions, sont tous généreux & grands Capitaines : ils sont intrépides dans les dangers, & forts daus les combats. Ces vertus sont sans doute très considerables en elles-mêmes, & elles méritent des louanges quand elles se trouvent dans un cœur Chrétien ; mais elles sont criminelles, & plutôt des vices que des vertus, par le côté par lequel les hommes corrompus les regardent & les admirent. Pour le comprendre, considerez que lorsque nous suivons les inclinations de notre nature corrompue, il n'y a rien que nous souhaitions avec plus de passion, que de commander, & de nous assujettir ceux avec qui nous vivons ; d'en être respectés & redoutés Or, comme chacun a cette même ambition, l'on ne peut acquérir cette domination au préjudice des autres, que par la violence : ainsi il arrive qu'il n'y a que ceux qui ont de la hardiesse & de la force, qui puissent secouer le joug qu'on leur impose, & en charger les autres. C'est pourquoi, comme on desire cette hardiesse & cette force, l'on en conçoit une grande estime : & lorsqu'on lit dans un Poëte les combats & les victoires d'un Héros, chacun, qui voudroit être ce qu'il lit, prend plaisir dans cette lecture, & donne avec joie toute son attention à un récit qui lui est si agréable.

## CHAPITRE VIII.

*L'Amour est l'ame de la Poësie : les Poëtes par la représentation de cette passion, arrêtent les esprits sensuels. Il est d'autant plus dangereux, que ces Poëtes tâchent de cacher les déréglemens de cette passion.*

LES Poëtes donnent quelque partie de leurs ouvrages à l'ambition : mais ils les consacrent tout entiers à l'amour ; & c'est toujours sur quelque intrigue amoureuse que roule toute la piece, particulierement dans les Poësies du tems. Il n'y a pas un esprit sensuel, qui ne soit brûlé de quelque flamme impudique ; & qui, par conséquent, ne lise avec plaisir les représentations que les Poëtes font de ces sales affections, comme saint Augustin l'avoit expérimenté avant sa conversion. J'avois, dit il, une passion violente pour les spectacles du théâtre, qui étoient pleins des images de nos miseres, & des flammes amoureuses, qui entretenoient le feu qui me dévoroit : *Rapiebant me in spectacula theatrica, plena imaginibus miseriarum mearum & fomitibus ignis mei.* Il est certain que plus on a le cœur corrompu, plus on trouve de plaisir dans ces choses; car on ne se divertit pas à voir ce qui choque notre humeur, ni ce qui répugne à notre inclination.

Un Chrétien, qui sait que Dieu est jaloux, & qu'il ne veut point que notre cœur soit partagé entre son amour & celui du monde, ne peut voir, sans gémir, une personne dont toutes les affections sont tournées vers les créatures. Aussi ce n'est pas pour lui, comme nous avons dit, que se jouent les Comédies: c'est pour ceux qui ne conçoivent point de plus grands plaisirs que d'aimer & d'être aimés, & qui desirent qu'on excite le feu de leurs passions, qui sont comme des plaies de leur ame lesquelles ils sont bien aises qu'on égratigne, pour en augmenter l'ardeur, parceque cela leur donne du plaisir.

Ainsi l'Amour est l'ame de la Poésie: elle languit, quand elle ne fait pas une agréable peinture de cette passion, & elle ne peut plaire aux esprits corrompus qui en sont les Lecteurs ordinaires.

Qu'on ne me dise point que l'amour est bien la passion dont les Poëtes font de plus vives & de plus fréquentes peintures, mais que celui qu'ils représente est toujours honnête, & qu'ils prennent soin d'en bannir toutes les ordures. Ce soin ne rend pas la Poësie innocente, mais seulement plus dangereuse. Les Poëtes ne tâchent que de déguiser les passions, & de cacher leur difformité. Les remords de conscience, les peines, les douleurs qui tourmentent ceux qui suivent les affections déréglées de leur cœur, sont des barrieres qui retiennent les hommes. Un ambitieux quitte son ambition, considerant que tout le monde s'élevera contre lui. Un vindicatif ne se venge pas, craignant que l'on ne se venge aussi du mal qu'il voudroit bien faire. Un avare se dégoûte de ses richesses, dont la possession lui donne tant d'inquiétudes. Enfin les impudiques trouvent dans leurs déreglemens mêmes la punition de leurs dereglemens.

Mais les Poètes séparent toutes ces amertumes, de la douceur des passions ; ils en coupent toutes les épines : ainsi dans les représentations qu'ils en font il ne paroît rien qui puisse inspirer la crainte de s'y laisser surprendre : de sorte que leurs Lecteurs trouvent des peintures très achevées de ce qu'ils voudroient être. Les ambitieux y voient qu'on suit l'ambition sans péril : les vindicatifs, la vengeance exercée impunément : les avares y trouvent les richesses possedées sans inquiétudes : & les impudiques y voient des amans qui brûlent continuellement l'un pour l'autre, sans qu'ils s'engagent dans aucune chose qui puisse faire critiquer leurs amours, & leur donner des remords de conscience.

Les plus infames débauchés souhaiteroient, parmi leurs ordures, de passer pour honnêtes gens, ainsi que Saint Augustin le dit de lui-même, lorsqu'il se rouloit encore dans la boue de ses désordres. Cependant, dit-il, j'étois si difforme & si infame, que je ne travaillois, par mon excessive vanité, qu'à paroître honnête homme & agréable : *Et tamen fœdus atque inhonestus, elegans & urbanus esse gestiebam abundanti vanitate.* Le Poète est maître de ses Vers ; il peut feindre des amours chastes entre une fille & un jeune homme qui s'aiment passionnément, qui se trouvent souvent seuls, qui font de longs voiages ensemble, comme Théagene & Cariclée dans l'Histoire Ethiopique d'Héliodore; qui vont toujours sur le bord du précipice sans y tomber. Le Poète est, dis-je, maître de ses Vers, mais il ne l'est pas du cœur de l'homme. Il peut regler & les actions & les paroles de ceux qu'il fait agir & parler ; mais ce n'est pas à dire qu'il se puisse faire que deux personnes s'exposent à de si grands périls sans y succomber, & qu'ils s'approchent si près du feu sans se brûler.

Il ne peut pas non plus regler les pensées & les affections de ceux qui lisent ses Ouvrages, & prévenir tous les mauvais effets que causent infailliblement les funestes images dont il remplit leur esprit.

C'est donc une mauvaise raison pour excuser les Poëtes, que de dire que dans ces images qu'ils exposent des effets de l'Amour, ils ne font rien paroître que de chaste & d'honnête; car en effet ils ne font que cacher le poison sous un voile d'autant plus dangereux qu'il est plus artificieux.

Par exemple, dans l'Histoire Ethiopique d'Heliodore, Cariclée, qui s'étoit fait enlever par Théagene, avant que de commencer seule avec lui un grand voïage, exige un serment de lui qu'il vivra chastement avec elle, & il lui en donne sa foi. L'Auteur leur fait renouveller cette promesse dans les plus grands transports de l'amour, parmi les caresses tendres qu'ils se font. Il fait voir que cette promesse n'a point été violée, en exposant Cariclée à l'épreuve du bucher ardent sur lequel elle monte, & dont, parcequelle est Vierge, elle ne reçoit pas la moindre offense. Peut-on penser avec quelque raison, que cette Histoire, à cause des circonstances d'une honnêteté apparente, en soit moins dangereuse? Peut-on croire que la peinture de la passion ardente qu'ont l'un pour l'autre Théagene & Cariclée, tous deux jeunes, ne produise point de mauvais effets dans l'esprit de ceux qui lisent ce Roman? Sa lecture remplit-elle moins l'esprit d'images licencieuses, qui corrompent & qui échauffent l'imagination des Lecteurs? Au contraire cet artifice d'Heliodore, qu'on appelle le Pere des Romans & des Histoires Poëtiques, ne tend qu'à autoriser le déreglement du cœur, & à persuader aux jeunes gens qu'ils peuvent, sans rien craindre, s'engager dans les plus grands périls.

## CHAPITRE IX.

*L'homme ne peut vivre ſans amour : Son déſordre vient de ce qu'il le tourne vers les Créatures, au lieu de le tourner vers Dieu. La Poëſie entretient ce déſordre.*

CE deſir ardent avec lequel les hommes cherchent un objet qu'ils puiſſent aimer & en être aimés, naît de la corruption de leur cœur, & de l'état miſérable où ils ſont, par le peché du premier Homme. Nous ſommes faits pour aimer une beauté parfaite, qui eſt Dieu, & pour jouir des chaſtes délices qui accompagnent cet amour.

Nous avons en nous comme un poids qui nous porte toujours vers ce côté. C'eſt ce qui fait que ceux qui vivent dans l'oubli & dans la privation de Dieu, ne pouvant être ſans amour, ils tournent cette inclination vers les Créatures, & en cherchent quelqu'une à laquelle ils s'attachent. Ils veulent auſſi être aimés ; car toutes les affections qui partent du cœur des méchans, y retournent par un cercle néceſſaire.

Il n'y a donc rien qui leur plaiſe davantage que d'aimer & d'être aimés, & par conſéquent il n'y a point de peinture qui leur ſoit plus agréable que celle de ces amours fidelles, où l'on ne voit rien de fâcheux, car le Poëte cache toutes les ſuites funeſtes de ces amours. L'on trouve toujours dans leurs Ouvrages deux perſonnes qui brûlent l'une pour l'autre : ils forment entre elles une ſi parfaite & ſi douce union, que les travaux, les guerres, les mauvaiſes fortunes ne ſont point capables de la rompre, ni de troubler par conſéquent leurs plaiſirs, que ces Poëtes rendent ainſi comme immuables & infinis : de ſorte qu'ils perſuadent facilement leurs Lecteurs qu'ils ne trouvent que trop diſpoſés à les croire, que c'eſt dans ces amours que conſiſtent le bonheur que cherche la Nature. Ils font naître mille incidens propres à faire paroître les forces de l'amour : ils repréſentent l'un des deux amans dans quelque diſgrace de la Fortune : dans cet état, ils reçoivent tant de conſolation de la fidelité de la perſonne qui les aime, que ces diſgraces leur ſont douces. C'eſt ce qui fait naître cette fauſſe opinion, que de véritables amans ne peuvent jamais être malheureux.

Il eſt certain cependant que l'on ne peut conſerver ſon cœur dans la pureté de l'amour de Dieu, qu'en le tenant fermé à toutes les penſées & à toutes les images qui nous repréſentent les douceurs de ces folles amours du monde, & aux plus legers ſentimens de ſenſualité qui gagnent l'ame & la corrompent : *Omni cuſtodiâ ſerva cor tuum.*

Il faut s'appliquer à conſiderer ſouvent les malheurs où ſe précipitent ceux qui lâchent tant ſoit peu la bride à leurs paſſions, la perte qu'ils font de leur tems, de leurs biens, de leur honneur, de leur ſanté, de leur vie ; il faut être perſuadé que les amours entre des perſonnes de differens ſexes, qu'on appelle honnêtes, ne demeurent pas long tems captives ſous les Loix de l'Honneur ; que ſi l'on n'évite tout ce qui peut faire naître & entretenir un feu ſemblable, on en eſt enfin conſumé. Ce ſont là les conſiderations dont on doit s'occuper toujours, pour ſe défendre contre les attaques de la cupidité, qui ne nous laiſſe jamais en repos.

Les Poëtes travaillent à détourner l'eſprit de ces réflexions ; ils le rempliſſent d'une grande eſtime pour les Créatures ; ils en relevent la beauté ; & ils emploient tout leur art pour les faire paroître aimables à ceux qui les croient ; au lieu que ceux qui apperçoivent ce qu'elles sont, c'est à-dire, leur néant, les jugent indignes de notre amour, & regardent comme des extravagans ceux qui s'attachent à elles, imparfaites comme elles sont, & sujettes à mille accidens qui les éloignent de nous, en nous séparant d'elles.

Ce n'est pas seulement du côté de notre intérêt, par la perte de l'honneur, des biens & de la santé, que l'on doit juger que rien n'est plus funeste à l'homme que la passion de l'amour, mais principalement du côté de la Religion.

Quand ces amours ardentes entre deux personnes seroient honnêtes aux yeux des hommes, elles ne sont pas chrétiennes. Notre cœur est un autel où Dieu ne souffre point qu'on sacrifie impunément à d'autre qu'à lui, & qu'on y allume un feu étranger : il ne veut pas être adoré dans un Temple où une Idole est révérée. Aussi-tôt que les Philistins eurent placé son Arche dans le Temple de Dagon, la statue de cette fausse Divinité fut renversée par terre ; & il ne permit pas que les Romains, qui dressoient des autels aux Dieux de toutes les différentes Nations du monde, l'honorassent, qu'après qu'ils eurent renversé leurs Idoles.

Qu'on ne s'y trompe pas, ce n'est pas un petit mal de penser jour & nuit à une Créature, de tourner toutes ses affections vers elle, quoiqu'en apparence on s'imagine ne vouloir pas commettre une action défendue par la Loi de Dieu : cependant on ne pense presque point à lui, on ne pousse pas un soupir, il ne se forme pas un desir pour lui dans notre cœur, pendant qu'il se répand tout entier dans ces folles amours. Nous devons néanmoins aimer Dieu de tout notre cœur, & par conséquent il faut que tous ses mouvemens tendent vers lui, car il le commande & le veut ainsi.

Dans toutes les descriptions que les Poëtes font du transport de la passion de deux amans, ils leur font commettre des idolâtries épouvantables, comme l'a remarqué une personne d'une très illustre naissance, dans un Traité contre la Comédie. *La Créature y chasse Dieu du cœur de l'homme pour y dominer à sa place, y recevoir des sacrifices & des adorations, y regler ses mouvemens, sa conduite, & ses intérêts, & y faire toutes les fonctions de souverains, qui n'appartiennent qu'à Dieu, qui veut y regner par la charité, qui est la fin & l'accomplissement de toute la Loi Chrétienne. Ne voïez-vous pas*, continue cet Auteur, *l'Amour traité de cette maniere si impie dans les plus belles Tragédies & Tragi-comédies de notre tems? n'est-ce pas parce sentiment qu'Alcionée mourant de sa propre main, dit à Lidie?*

Vous m'avez commandé de vaincre, & j'ai vaincu;
Vous m'avez commandé de vivre, & j'ai vêcu:
Aujourd'hui vos rigueurs vous demandent ma vie,
Mon bras aveuglément l'accorde à votre envie;
Heureux & satisfait dans mes adversités
D'avoir jusqu'au tombeau suivi vos volontés.

## CHAPITRE X.

*Les Poëtes ne prennent pas toujours le soin de purger de toutes saletés les amours qu'ils représentent ; ils autorisent les plus sales amours, comme toutes les autres passions déreglées.*

LES Poëtes ne se donnent pas le soin de purger de toutes saletés ces amours qu'ils représentent. Une amour si honnête qu'elle ne se croiroit rien permis, ne plairoit pas à ces esprits corrompus qui lisent les Romans : c'est pourquoi les Auteurs de ces Ouvrages laissent aller quelquefois les amours dont ils font la peinture, aussi loin qu'elles vont en suivant leur cours ordinaire. Il se commet des actions criminelles dans les Romans, mais la difformité de ces actions n'y paroît pas : on les déguise, & on les enchasse, pour ainsi dire, dans de l'or, de sorte que ceux qui prennent plaisir dans la représentation de ces actions, n'en ont point de scrupule ; car enfin, ceux qui les commettent sont des Dieux & des Déesses, dont il n'y a point de honte d'imiter les actions.

C'est comme dans Terence, ce jeune débauché, qui avoit remarqué dans un Tableau, que Jupiter avoit fait descendre une pluie d'or dans le sein de Danaé, & avoit ainsi trompé cette femme. *Un Dieu a bien voulu faire cette action, mais quel Dieu ? Celui qui fait trembler les voutes du ciel par le bruit de son tonnerre ; & moi, qui ne suis qu'un des moindres d'entre les mortels, j'aurois honte d'imiter le plus grand des Dieux ?*

Le vice se trouve dans les Héros des Poëtes, & dans tous leurs grands Hommes. Quoique vindicatifs, ambitieux, ſuperbes, ils ne paroiſſent pas moins conſidérables parmi les hommes, & moins chéris des Dieux; ainſi en conſacrant leurs perſonnes, ils conſacrent leurs vices, & rendent par ce moïen la vengeance, l'ambition, l'orgueil & l'adultere honorables. Les hommes ne deſirent rien davantage que d'allier la vertu avec le vice, afin de jouir en même tems des douceurs de la volupté & du repos de la bonne conſcience.

Les Poètes ſont d'intelligence avec eux là-deſſus; & pour autoriſer leurs déſordres, & les délivrer de la honte qu'ils ont en les commettant, ils feignent que les Dieux mêmes ſont ſujets à l'amour & à la vengeance; ils les font querelleux, adulteres; en un mot, ils s'efforcent, autant qu'ils le peuvent, de faire les hommes Dieux, & au contraire des Dieux mêmes ils en font des hommes, leur attribuant des actions humaines & criminelles, afin qu'elles ne paſſent plus pour telles, comme Saint Auguſtin le leur reproche dans le Liv. I. Chap. 16. de ſes Conf., & que ceux qui les commettent ſemblent imiter plutôt les Dieux céleſtes & tout-puiſſans, que des hommes perdus & ſcélérats. C'eſt ce que les Païens mêmes ont eu en horreur.

Les Poètes, s'écrie Ciceron, feroient bien mieux de rendre les hommes ſemblables aux Dieux, que de rendre ainſi les Dieux ſemblables aux hommes. *Humana ad Deos transferunt, divina mallem ad nos.*

Si le reſpect que les Poètes doivent avoir pour leurs Dieux, n'a pas empêché qu'ils n'en aient été les calomniateurs publics, comme les appelle Tertullien au Traité des Spectacles, *criminatores & detractores Deorum*, il ne faut pas s'étonner s'ils attribuent tant de vices à leurs Héros. Ils leur donnent à la vérité toutes les vertus éclatantes qui font du bruit dans le monde: ils les font pieux extérieurement envers les Dieux, mais avec toute cette piété ces Héros sont des Hommes coleres, violens, ambitieux, vindicatifs, qui sont brûlés de feux impudiques: & cependant il faut supposer que ce sont de grands hommes qui méritent l'estime & l'amour de tout le monde. Et en effet, le dessein des Poètes en les chargeant de tant de défauts, n'est pas de leur ôter rien de cette gloire qu'ils se sont acquise par leurs travaux.

Ce seroit mal entendre la Poétique, que de prétendre que les Poètes péchent contre leur Art, lequel demande que tout ce qu'ils disent contribue à établir l'estime du Héros de leur Piece; car ils répondent fort bien qu'ils sont obligés de faire paroître leurs Héros vertueux, mais de ces vertus qui sont estimées dans le monde, & de les exempter des défauts que les hommes condamnent: or, l'amour, l'ambition & la vengeance même, quand elles sont exercées avec certaines Loix, passent pour des vertus.

Mais à parler proprement, il n'y a point de vertus parmi ceux qui suivent la corruption du siecle: on s'y sert de son apparence pour cacher la laideur du vice. L'impureté est une galanterie, quand on évite le bruit & les scandales. Les voleries sont des adresses, quand on trouve le moïen d'enlever le bien de son voisin sans qu'il s'en apperçoive & qu'il crie au voleur: L'ambition, qui ne se sert point de moïens bas pour arriver à ses fins, passe pour une grandeur de courage. En un mot, toute la vertu des gens du monde consiste seulement dans l'observation de certaines bienséances, auxquelles on a attaché une idée d'honnêteté.

C'est donc une nécessité aux Poètes de former leurs Héros sur cette idée que les hommes à qui ils veulent plaire, ont de la vertu, & lorsqu'ils y réussissent, ils satisfont merveilleusement; car les

personnes

personnes les plus déréglées sont bien-aises de voir, pour ainsi dire, l'apologie de leurs passions, c'est-à-dire, de voir d'honnêtes gens, qui sont faits comme eux, & qui vivent comme eux.

Aussi après qu'un Poète ou l'Auteur d'un Roman a représenté la fermeté austere d'un jeune homme à résister aux desirs impudiques de sa marâtre, il lui fait prendre toutes sortes de libertés criminelles avec une servante, lesquelles sont dépeintes avec des couleurs agréables, & qui couvrent le crime de ses impudicités, comme on le voit dans l'Histoire Ethiopique. Ce qui fait comprendre combien tous ces Ouvrages sont dangereux : car tous ceux qui les lisent, ne le font que parcequ'ils y trouvent du plaisir : ils ne peuvent y prendre plaisir, sans estimer & approuver ce qu'ils voient ; & ils ne peuvent estimer & approuver ce qu'ils voient, sans renoncer à la Morale de Jesus-Christ pour suivre celle du Monde, qui est celle des Poètes & des Faiseurs de Romans.

## CHAPITRE XI.

*L'homme est fait pour la Vérité ; de-là le grand desir de savoir, qui dégénere en curiosité criminelle, que nourrit la Poésie.*

QUAND on connoît que Dieu est le centre du cœur de l'homme, l'on ne peut ignorer la cause de ses inclinations. Les différentes perfections de ce centre l'attirent, pour ainsi dire, par différentes chaînes : c'est pourquoi comme Dieu est grand, qu'il est parfait, qu'il est la source de toutes les délices ; les hommes sont portés naturellement vers tout ce qui leur paroît grand, parfait, & capable de les rendre heureux. Il est aussi la Vérité : il faut donc que notre cœur ait une forte inclination pour la connoître. Cet amour de la grandeur & du plaisir, lorsqu'on le détourne de sa fin naturelle qui est le Créateur, que l'on quitte la grandeur véritable & que l'on n'en poursuit que l'apparence, se nomme *cupidité* ; & le desir de savoir, lorsque nous ne l'appliquons qu'à apprendre des fables & des bagatelles, & que nous négligeons la Vérité, ne recherchant que des Sciences criminelles ou inutiles, est appellé *curiosité*.

Comme les Poëtes flattent la cupidité des hommes, leur présentant les viandes qu'ils souhaitent & qui leur sont défendues, ainsi que nous venons de le voir, ils entretiennent aussi leur curiosité, en ne leur proposant pour matiere de leur étude & de leur application, que des choses qu'ils sont bien-aises de connoître, mais dont la connoissance est ou inutile ou dangereuse.

Notre curiosité est ardente pour connoître les choses qui paroissent grandes & extraordinaires ; ce qui vient de ce que Dieu, qui est la souveraine grandeur, est l'objet de ce desir que nous avons de savoir : c'est pourquoi les Poëtes ne choisissent que ce qui est rare & grand pour matiere de leurs Vers ; & pour irriter le feu de cette curiosité, ils se servent d'un artifice à peu près semblable à celui dont usent les Chasseurs, qui jettent devant la bête qu'ils veulent attirer dans leurs filets, la viande qu'elle aime, mais en petite quantité, afin qu'elle ne s'arrête pas dans le lieu qu'ils lui veulent faire quitter.

Les Poëtes font d'abord la proposition de leur sujet d'une maniere fort générale, qui donne une grande idée de ce qu'ils ont à dire, & qui excite le desir de savoir, mais qui ne le contente pas, n'expliquant point encore ce qu'ils proposent. S'ils le faisoient, on se dégoûteroit bien tôt de leurs Ouvrages. Car comme il n'y a que la véritable grandeur qui puisse contenter pleinement notre cœur, aussi il n'y a que la premiere vérité qui puisse satisfaire entierement notre esprit, & nous méprisons les connoissances des autres choses, presqu'au même moment que nous les avons acquises. Ainsi les Poëtes se donnent bien de garde de faire connoître tout ce qu'ils ont à dire, ils servent toujours quelque chose qui irrite & entretient l'ardeur de la curiosité.

Si, par exemple, le sujet de leur Poëme sont les louanges de quelque grand homme, après avoir dit en cinq ou six lignes, quel est leur dessein, sans faire connoître quel est cet homme, quel est son païs, ils commencent par le milieu de sa vie, par quelqu'une de ses actions qui soit considérable, & dont aussi-tôt on desire de connoître le commencement & la fin. Ils ne suivent jamais l'ordre naturel: s'ils le suivoient comme font les Historiens, & qu'ils donnassent d'abord la connoissance de ce qu'ils proposent, l'on ne sentiroit point ces ardeurs que l'on a de poursuivre la lecture qu'on a une fois commencée de leur Ouvrage. Mais parcequ'ils ne disent les choses qu'obscurément dans leurs premiers Vers, on en recherche la connoissance sans se dégoûter, que l'on n'acquert toute entiere qu'à la fin de tout l'Ouvrage, & lorsque le Poëte ne craint plus le dégoût de ses Lecteurs.

Le Poëte a soin de nourrir le feu qu'il allume. A proportion qu'on avance dans la lecture de son Ouvrage, on apperçoit que ces ténebres, dont il avoit couvert ses premieres paroles, se dissipent; & quoique l'on ne connoisse pleinement ce que l'on desire de savoir, qu'à la fin, cependant on acquert continuellement de nouvelles connoissances qui se perfectionnent de plus en plus. On s'instruit de la vie du Héros de la Piece; on découvre quelle est sa naissance, quels sont ses travaux ; ce qui engage à en continuer la lecture. Mais l'Auteur rejette toujours fort loin le dénouement des intrigues qu'il a brouillées ; & sur le point que le Lecteur espere voir ce dénouement, il est jetté dans d'autres embarras par des accidens qui le surprennent : de sorte qu'il ne peut pas faire réflexion sur les choses qu'il a apprises, & s'en dégoûter, & qu'il est toujours dans un perpétuel desir d'apprendre la suite.

C'est ainsi que les Poëtes amusent & trompent ce desir que nous avons de savoir. L'on n'a pas de honte d'avoir écouté attentivement les contes ridicules de sa Nourrice, parceque l'on étoit dans un âge foible. Mais de quel voile peuvent couvrir leur foiblesse, ceux, qui étant dans un âge avancé, passent les jours & les nuits à lire les Aventures d'un Héros imaginaire, & qui n'emploient pas un moment à une lecture utile ? qui ont une curiosité ardente pour apprendre quelle a été sa naissance, quelle a été sa vie & sa mort, & qui négligent de savoir quel est leur propre devoir, & ce qu'ils doivent devenir. Peut-on avoir une preuve plus sensible de la foiblesse & de la sottise de notre esprit ?

Les hommes n'aïant accoutumé de se laisser toucher qu'aux choses sensibles, les choses spirituelles sont insipides pour eux, & ils ne peuvent y penser, qu'aussi-tôt le dégoût ne les prenne. Ce n'est pas aussi de ces sortes de choses que les entretiennent les Poëtes ; la matiere qu'ils traitent n'a aucunes épines ; elle ne demande point une application d'esprit pénible : tout ce qu'ils disent se conçoit par l'imagination ; & leurs Vers y réveillent les images de toutes les choses, dont la vûe est touchante & agréable.

C'est pourquoi, outre que les descriptions des choses qui sont l'objet de la cupidité, fortifient cette même cupidité, c'est-à-dire, l'amour que nous avons pour les biens sensibles, elles sont encore dangereuſes, en ce qu'après de telles lectures, l'eſprit de ceux qui s'y ſont divertis, n'eſt plus capable d'aucune lecture ſérieuſe.

Ils ne trouvent point dans ces Livres pleins de ſageſſe & d'inſtructions très utiles pour la conduite de la vie, ce ſel & cet agrément qui irrite leur curioſité: & ne s'étant fait aucune habitude d'uſer de leur eſprit tout pur ſans le miniſtere des ſens, il ne leur faut point parler d'étudier la Religion, qui eſt élevée au-deſſus des choſes ſenſibles, dont les myſteres ne ſe voient point par les yeux du corps, & qui ne ſe propoſe rien qui ſoit agréable à la concupiſcence.

C'eſt pourquoi, ceux qui après la lecture des Romans, prennent les Livres ſaints, entrent dans cette lecture comme dans une terre étrangere, qui n'a rien que d'affreux pour eux, qui leur ſemble ne porter que des épines, où luit un Soleil dont la lumiere les incommode: comme ils ſont accoutumés à l'éloquence des Poètes fardés & pleins d'affectation, le ſtyle ſimple & naturel de l'Ecriture, bien que plein de majeſté & de force, ne touche point un cœur qui ne s'eſt jamais nourri que de bagatelles.

## CHAPITRE XII.

*Comme l'esprit ne se porte à connoître que la Vérité, ou ce qui en a l'apparence, les Poëtes aussi tâchent de rendre vrai-semblable tout ce qu'ils proposent.*

LA volonté ne peut aimer que le bien ou ce qui en a l'apparence, l'esprit aussi ne peut se porter à connoître que ce qui lui paroît véritable. C'est pourquoi toutes les Fables, dont la fausseté est évidente, loin de plaire, paroissent ridicules : elles ne plaisent que lorsque l'artifice du Poëte est tel, qu'il enchante en quelque façon, & que l'on s'imagine quasi qu'elles sont véritables.

C'est pourquoi une des premieres regles de la Poësie est de ne rien dire que de vrai-semblable. Pour cela, quand les Poëtes proposent des choses surprenantes, ils y disposent leurs Lecteurs ; ils ne nouent rien qu'ils ne puissent dénouer d'une maniere naturelle, par quelqu'accident qui ne soit point impossible, ou bien en faisant descendre quelque Divinité du Ciel : ce qu'ils ne font que rarement, parcequ'il ne paroît pas beaucoup d'esprit & d'invention dans un dénouement qui n'arrive que de cette seconde maniere : ils n'y ont donc recours que lorsque les choses sont si embrouillées & si désespérées, qu'elles ne peuvent avoir le succès que l'on souhaite sans le secours du Ciel.

*Nec Deus intersit, nisi dignus vindice nodus
Inciderit.*

Toutes les parties d'une Histoire Poëtique sont tellement liées, qu'un évenement en engendre un mitte, & tout ce qui arrive à la fin du Poème est une ſuite de ce qui s'eſt fait dans les commencemens, les choſes ne pouvant avoir d'autre iſſue que celle qui naît de la diſpoſition qu'on leur a donnée.

Chacun de ceux que le Poète fait agir & parler, tient un langage conforme à ſon âge & à ſon état. Il peint ſes mœurs & ſes inclinations dans ſes paroles; & il ne dit & ne fait rien qui ſoit contraire aux Coutumes de ſon Païs : de ſorte qu'aucune circonſtance, ſoit de tems, ſoit de lieu, ne peut faire appercevoir la fauſſeté des fictions du Poète. On voit par-tout dans ſon Ouvrage une image ſi naïve de la Vérité, qu'on la prend facilement pour la Vérité même.

Ceux qui entendent bien l'art de la Fable ou de l'action, veulent même que les Poètes obſervent que le fond de leur Piece ſoit vrai, & qu'ils n'étendent la permiſſion qu'on leur accorde de feindre, que ſur les ornemens & les circonſtances de l'action qu'ils propoſent.

Ceux qui penſent qu'un Poëte peut inventer tout ce qu'il dit, ne ſavent pas, dit Lactance, les bornes que doit avoir la liberté de la Poéſie : elle peut enrichir & donner un tour figuré & agréable aux choſes qui ſe ſont effectivement faites : mais ne rien dire que de fabuleux, c'eſt être un impertinent menteur, & non pas un habile Poète : *Neſciunt qui ſit Poëtica licentia modus, quouſque progredi fingendo liceat, cùm officium Poëta ſit in eo, ut ea qua geſta ſunt, verè in aliquas ſpecies obliquis figurationibus cum decore aliquo converſa traducat. Totum autem quod referas fingere, id eſt ineptum eſſe & mendacem; potiùs quàm Poëtam.*

Ce ſoin que les Poètes prennent de couvrir leurs menſonges de l'apparence de la Vérité, afin qu'ils puiſſent être agréables, eſt une preuve invincible que notre esprit est fait pour la Vérité ; & par conséquent que cette attache qu'il a à lire des Fables, est une marque évidente de sa corruption & de la vanité où il est tombé, qui lui font préférer l'image de la Vérité à la Vérité même, comme nous avons vû qu'il quittoit la véritable grandeur pour courir après son ombre. Aussi ceux qui sont exempts de cette corruption & de cette vanité, ne peuvent s'arrêter aux imaginations des Poëtes, & y chercher du divertissement ; la Piété ne le permet pas.

Une des raisons pour lesquelles on défend aux Chrétiens de se trouver aux Spectacles, est, selon Saint Augustin, qu'ils ne sont que des images de la Vérité, & qu'il est dangereux à l'homme, susceptible d'erreur comme il est, qu'il n'y prenne l'habitude de quitter les choses réelles pour suivre leur ombre : *Et* (*) *hæc enim quadam imitatio veritatis est ; nec ob aliud à talibus prohibemur spectaculis ; nisi ne umbris rerum decepti, ab ipsis rebus, quarum umbra sunt, aberremus.* Platon (**) allégue cette même raison, pour justifier la défense qu'il fait aux Poëtes d'entrer dans sa République.

L'Auteur de la Vérité, dit Tertullien, n'aime point la fausseté ; & tout ce qui tient de la fiction, passe devant lui pour une espece d'adultere : *Non amat falsum auctor Veritatis, adulterium est apud illum omne quod fingitur.*

L'on peut dire de ceux qui ne repaissent cette inclination que nous avons pour la Vérité, que de ces images fausses de la Vérité que forment les Poëtes, qu'ils sont aussi insensés qu'un hypocondriaque qui quitte les alimens naturels pour repaître ses yeux de la figure d'un festin. La véritable

(*) *De la Relig. chap. 22.*
(**) *De la Rep. Dialogue 2.*

Béatitude, selon Saint Augustin, consiste dans la connoissance de la Vérité : *Beata quippe vita est gaudium de veritate* Peut on dire qu'un homme est heureux, qui met son honneur à composer ou à lire des Romans, puisqu'il ne fait consister toute sa joie que dans le mensonge, & qu'elle n'est, pour ainsi dire, qu'un mensonge perpétuel ?

## CHAPITRE XIII.

### *D'où vient que l'imitation est si agréable, que l'on prend, par exemple, plus de plaisir à voir l'image d'une chose, que cette chose même.*

CET Art avec lequel les Poètes imitent la Vérité, & le soin qu'ils prennent de faire tenir à ceux qu'ils introduisent, un langage tout conforme aux personnages qu'ils leur font jouer, sont sans doute les choses qui contribuent le plus à rendre la lecture de leurs Ouvrages agréable.

Par exemple, la représentation d'un pere qui reprend son fils, enchante tellement, qu'on ne croit pas voir une image, mais un pere véritable. Ce spectacle n'est pas fort divertissant en lui-même ; on auroit du chagrin si l'on se trouvoit effectivement dans la compagnie de ce pere dans le tems qu'il gourmande son fils : mais cependant la peinture qu'en font les Poètes n'a rien que de charmant.

C'est pourquoi Aristote, qui avoit fort bien remarqué tout ce qui plaisoit dans les Poètes, & qui en a pris les regles qu'il propose dans sa Poétique, donne celle-ci : que le Poète doit peu parler, & ne paroître presque jamais dans ses Ouvrages, même dans ceux qui ne consistent qu'en récits. Il faut que par la voie de l'imitation, il réduise en action toutes les choses, c'est-à-dire, qu'il trouve le moïen que ses personnes dont il veut faire connoître les actions, rapportent elles-mêmes ces actions, & qu'ils le fassent de telle maniere que les Lecteurs ne s'apperçoivent pas que ce soit le Poète qui les instruit, mais qu'ils s'imaginent en quelque façon être en la compagnie de ces personnes, & dans les mêmes lieux où le Poète les représente, afin qu'ils reçoivent cette satisfaction douce que donne une imitation parfaite.

C'est un sujet d'étonnement assez grand, que les hommes prennent moins de plaisir à considérer les choses que leurs images; que la vrai-semblance leur plaise plus que la Vérité. C'est ce qui leur arrive, quand ils aiment mieux lire des Histoites feintes, qu'un Poète habile a couvertes de l'image de la Vérité & de vrai-semblance, que des Histoires véritables. Personne cependant ne veut être trompé, & si l'on prend plaisir à voir des enchantemens, ce n'est pas l'erreur qui plaît, dit Saint Augustin, mais l'adresse avec laquelle l'Enchanteur nous a trompés. Si on nous demande, ajoute ce Pere, quelle est la plus excellente chose, de la Vérité ou du Mensonge? nous répondons tous, que la Vérité est sans doute plus excellente que les Jeux & les Contes: cependant nous nous y laissons aller avec plus de joie qu'à la Vérité; & nous prononçons ainsi contre nous-mêmes l'arrêt de notre condamnation, lorsque pour suivre les mouvemens de la Vanité, nous quittons ce que la Raison nous fait justement approuver: *Interrogati quid sit melius, verum an falsum, ore uno respondemus verum esse melius jocis & ludis; tamen ubi nos utique non vera, sed falsa delectant, multo propensius, quàm praceptis ipsius Veritatis haremus, ita nostro judicio & ore punimur, aliud ratione approbantes, aliud vanitate sectantes.*

Aristote dans sa Poëtique, dit que la raison pour laqelle les imitations sont agréables, c'est que ceux qui considerent une image prennent plaisir à apprendre & à découvrir par raisonnement quelle chose elle représente ; par exemple, que c'est l'image d'un tel : *χαίρουσι τὰς εἰκόνας ὁρῶντες, ὅτι συμβαίνει θεωροῦντας μανθάνειν, καὶ συλλογίζεσθαι τί ἕκαστον.*

Mais outre cette raison, ce plaisir vient apparemment de ce que les hommes, quoique très attachés à leurs sens, ont un certain sentiment naturel, qui leur fait préférer ce qui est spirituel aux choses matérielles ; & qui les oblige, par exemple, d'estimer davantage, que les corps mêmes, l'art avec lequel une personne ingénieuse les représente : d'où vient que toutes ces imitations & ces peintures des Poètes leur sont plus agréables que les choses mêmes.

Ainsi dans le tems que les hommes corrompent les bonnes inclinations de leur nature, en les détournant de leur fin principale & véritable, on doit remarquer la bonté de ces mêmes inclinations. Mais si l'on considere ce vuide que l'on sent dans l'ame après la lecture d'un Roman, & cette espece de chagrin avec lequel on en quitte la lecture, on sera persuadé que ce sont comme les châtimens & les peines de l'illusion où l'on a été pendant cette lecture ; & c'est ce qui devroit convaincre les hommes qu'ils ne peuvent trouver de divertissement solide que dans la contemplation de la Vérité, & non point dans les Fables qui n'en sont qu'une image, ainsi qu'on les définit ordinairement, *λόγος ψευδὴς εἰκονίζων ἀλήθειαν.*

## CHAPITRE XIV.

*Non seulement les Poëtes gâtent l'esprit de l'homme; mais ils corrompent son cœur; ils en détournent tous les mouvemens de sa fin principale qui est Dieu, & qui est la cause du plaisir que l'on reçoit de ces émotions avec lesquelles on lit les Poëtes.*

LES Poëtes ne se contentent pas d'amuser l'esprit de leurs Lecteurs par une apparence trompeuse de la grandeur de la Vérité, telle qu'on vient de le dire: ils se jouent encore de tous les mouvemens de leur volonté, & ils les détournent de leur véritable fin qui est Dieu.

Les affections & les mouvemens sont à l'ame, ce que les pieds sont au corps: *Movetur*, dit Saint Augustin, *affectibus, ut corpus pedibus.* Elle s'en sert pour s'approcher de la béatitude & pour s'éloigner de la misere.

Or comme par un mouvement naturel qui n'est jamais interrompu, nous sommes portés vers le souverain bien, nous ne sommes jamais sans affections. On aime toujours quelque chose, & on met son bonheur dans ce qu'on aime: on le desire par conséquent, on l'admire, on l'estime, on en craint la perte, & on s'irrite contre tous ceux qui veulent nous le ravir ou en troubler la possession, & l'on souffre avec peine les liens qui nous empêchent d'agir pour y arriver.

Quand le cœur n'est agité d'aucune passion sensible, & que ses mouvemens sont comme retenus & liés, c'est un état de langueur & de contrainte; car les affections par lesquelles l'ame agit & marche, pour ainsi dire, vers sa béatitude, sont accompagnées de plaisir aussi bien que toutes les actions du corps nécessaires à la conservation. On voit, on entend, on mange & on boit avec plaisir : ainsi les émotions de l'amour, ses desirs, ses espérances lui causent du plaisir.

Il n'y a rien qui soit si insupportable à l'homme & qui lui donne plus de tristesse, que lorsqu'il ne se présente point d'objet parmi les Créatures qui excite & qui entretienne le feu de ses affections, & vers lequel il puisse se porter par estime & par amour; c'est comme une faim de l'ame qu'il veut satisfaire à quelque prix que ce soit.

Cependant il n'y a que Dieu qui puisse nous rendre heureux, & nous procurer la béatitude que nous cherchons avec avidité : il est l'objet légitime de toutes nos affections. Mais parceque l'homme ne peut pas la posséder ici d'une maniere accommodée aux sens, & qu'il veut être heureux par les choses sensibles, il quitte le Créateur pour la Créature, & en cherche quelqu'une dont la possession puisse faire son bonheur.

C'est en vain qu'il fait cette recherche, c'est en vain que son cœur en est ému ; quelqu'effort qu'il fasse il ne trouve point le repos qu'il se propose : il sent, malgré qu'il en ait, la bassesse & le néant de la Créature où il s'attache : son esprit & son cœur s'apperçoivent bien-tôt qu'elle ne mérite pas d'être aimée comme il voudroit, pour arriver au bonheur où il tend : de-là naissent les chagrins si terribles & les inquiétudes si continuelles des hommes.

Les Poètes se proposent de divertir & de charmer ces ennuis ; ils croient avoir trouvé le remede à leur mal. Pour cela ils amusent toutes les affections du cœur de l'homme ; ils les remuent de sorte, qu'il croit jouir, sans aucune peine du plaisir, que l'Auteur de la Nature a attaché aux mouvemens de la volonté de l'homme. C'est pour cela qu'ils leur font voir des objets imaginés à plaisir ; & s'ils ne remplissent pas la capacité de l'ame, au moins ils contentent l'imagination par un bonheur apparent ; & c'est ce qu'il est bon de voir plus au long.

Tous les hommes souhaitent à la vérité d'être heureux ; mais ils ne s'accordent pas tous du sujet où ils doivent trouver ce bonheur. L'un établit la félicité dans les richesses, l'autre dans les honneurs, celui-là dans les plaisirs du corps. Chacun tourne les mouvemens de son cœur vers le lieu & l'objet où il croit trouver sa félicité : l'Avare aime non-seulement les richesses, mais il les estime & méprise la pauvreté ; il les desire, il craint de les perdre lorsqu'il les possede, il porte envie à ceux qui sont plus riches que lui ; en un mot, son cœur est tout entier dans son trésor. Il en est de même des ambitieux, & de ceux qui mettent leur bonheur dans les voluptés.

Les Poètes ne peuvent pas faire leurs Lecteurs riches, leur donner des dignités, & leur faire goûter les plaisirs du corps ; ils ne peuvent que réveiller mieux ces idées : mais ils peuvent entretenir les mouvemens de leur cœur en une maniere qui pareillement a ses charmes. Tous les hommes ont une inclination naturelle d'amour les uns vers les autres, par laquelle ils se portent à aimer ceux en qui ils rencontrent certaines qualités aimables, & avec qui ils ont comme une sympathie Les hommes ne souhaitent rien tant que de trouver quelque personne en qui ils puissent ainsi placer leurs affections, & dont leur cœur soit touché si vivement, qu'il soit toujours ardent pour elle, & exempt de cette froideur qui déplaît si fort. Et voilà ce que trouvent dans les Poètes ces personnes qui ne savent ce que c'est que de se rendre heureux par la possession du souverain bien, & qui ne mettent leur bonheur que dans la possession des objets sensibles.

Les Poètes, par les beautés dont ils font une peinture touchante, irritent l'ardeur qu'ont ces personnes pour tout ce qui peut faire une impression agissante sur leurs sens. Elles veulent que l'on pique de nouveau, comme pour les r'ouvrir, les plaies qu'elles ont tant de fois reçues des choses sensibles.

C'est cet état où Saint Augustin se plaint qu'étoit son ame, *avida contactu rerum sensibilium.* C'est pour cela que dans un Poème, il y a toujours un Héros & une Héroïne. Le Héros a tous les avantages de corps & d'esprit, pour gagner les bonnes graces d'une Héroïne. Elle est elle-même un chef d'œuvre des Cieux, plus belle que le Soleil, à qui il ne manque rien de tout ce qui peut rendre aimables celles de son sexe. Car personne ne concevroit de l'estime pour des Héros & pour des Héroïnes de Poètes, si l'on ne voïoit dans leur conduite des vertus éclatantes, & s'ils ne paroissoient exempts des vices grossiers, & dont on a honte. On fait faire à ces Héros de belles actions; ils donnent de grands exemples de Religion envers les Dieux, de piété à l'endroit de leur patrie; ils ont une fermeté de courage merveilleuse, une intrépidité incroïable dans les dangers, une patience invincible dans les travaux; ils sont clémens, ils sont modestes, ils sont honnêtes: & bien que toutes ces vertus ne soient qu'un faux éclat qui orne leurs vices, puisqu'ils ne sont point exempts d'ambition, de vanité, & d'un amour criminel pour les Créatures, cependant ces vertus colorées font leur effet, & allument dans le cœur des Lecteurs une forte passion pour ces Héros. On desire ensuite de savoir leurs Aventures; on s'intéresse dans tout ce qui les regarde, & l'on se trouve si étroitement lié avec eux, qu'on entre dans toutes leurs passions; on aime ce qu'ils aiment; on hait ce qu'ils haïssent; on se réjouit & l'on s'afflige avec eux.

Lorsque le Lecteur s'est une fois intéressé de cette maniere dans ce qui arrive au Héros de son Roman, son cœur n'est point froid; il ressent avec plaisir toutes les émotions des passions diverses qu'excitent en lui les différens états, par lesquels le Poète fait passer ce Héros. Ce qui augmente le plaisir que donnent ces passions, est qu'elles paroissent innocentes, & qu'elles ne sont accompagnées d'aucune fâcheuse circonstance.

Ceux qui lisant un Poète, croient être au milieu du combat, & suivre leur Héros dans tous les dangers qu'il court, ne craignent point les coups ni la mort. Les coleres, les jalousies, les haines dont on est agité dans les affaires du monde, étant évidemment honteuses & criminelles, les remords de conscience & les douleurs qui s'y trouvent jointes, ou qui les suivent, ne permettent pas d'y prendre plaisir : mais dans ces émotions que donne la lecture d'un Poème, on y voit une vertu apparente qui fait qu'on ouvre volontiers son cœur à des sentimens qu'on croit innocens.

On s'imagine qu'il y a de la générosité à pleurer les malheurs d'un illustre Persécuté, haïr ses ennemis, que le Poète ne manque pas de noircir de toutes sortes de crimes. On ressent une certaine satisfaction de ce qu'on aime la Vertu, & qu'on a un cœur qui n'est pas insensible : on ne condamne point les mouvemens de tendresse que l'on ressent pour l'Héroïne ; car il paroît toujours que la fin de l'amitié que le Héros a pour elle est un mariage honnête.

La peine que l'on souffre en voïant les maux d'une personne que l'on juge digne d'une meilleure fortune, est liée par une union merveilleuse avec des sentimens contraires de joie & de douleur. On pleure avec plaisir des miseres que l'on ne souffre point. *Casus* (*) *alienos sine ullo dolore intuentibus etiam ipsa misericordia jucunda.* Ce n'est pas que la peine

(*) Ciceron. *Ep. lib.* 5. *Ep.* 12.

des autres donne de la satisfaction, mais on est bien-aise de s'en voir à couvert, comme dit Lucrece;

*Non quod vexari quemquam jucunda voluptas,*
*Sed quibus ipse malis careas, quia cernere suave est.*

Comme dans l'institution de la nature, ces mouvemens sont nécessaires pour garantir l'ame de quelque chose qui lui seroit nuisible, l'Auteur de la Nature y a joint un certain plaisir, ainsi qu'à toutes les autres actions du corps; même à celles qui se font avec quelque violence, lorsqu'elles contribuent à la santé. Le travail d'une promenade, par exemple, parcequ'il est utile à la santé, plaît davantage que l'inaction; de même les émotions que l'on ressent à l'occasion de quelque mal, qui pourtant ne peut nuire, donnent de la satisfaction.

Aussi est-ce pour cela que les Poètes, afin que leurs Lecteurs ne soient pas privés de plaisirs semblables, font courir mille périls à leurs Héros. Ils mêlent leur vie de différens accidens, de disgraces, & de faveurs de la fortune. Ce Héros sera, si vous voulez, dépouillé de ses Etats & persécuté; mais ce sera ou par ses amis, ou par ses plus proches parens, par sa femme, par ses enfans.

Le bonheur qui lui arrive sera aussi très rare & très singulier. Il remontera sur le trône lorsqu'on le croïoit accablé sous le poids de sa mauvaise fortune. Par exemple, un Prince qui est le Héros de la Piece, après avoir été long-tems fugitif & vagabond, tombe enfin entre les mains de son Pere, qui, sans le connoître, le fait prisonnier; il le soupçonne de quelque grand crime: ce Pere prononce une sentence de mort contre lui; mais au moment que l'épée est levée & prête à lui trancher la tête, le Pere par un accident qui survient, connoît que c'est son propre fils. Cette bonne & cette mauvaise fortune tire les larmes des yeux, & cette douleur, comme le remarque S. Augustin, est un grand plaisir; *dolor est voluptas.*

Quand on sent toutes ces différentes émotions que les Poëtes excitent avec adresse par la représentation de ces accidens. l'on ne s'ennuie point : les affections dont le Lecteur se sent animé, le transportent hors de lui-même. Tantôt il sent son cœur plein d'un feu martial, & il s'imagine combattre ; tantôt agité de mouvemens plus doux, il se mêle dans les intrigues du Héros de la Piece : il est soldat & amoureux avec lui; & en un mot, il est dans son imagination ce qu'est ce Héros, & ce qu'il voudroit être lui-même : ainsi il n'y a aucun mouvement de son cœur qui ne soit rendu agissant; il estime, il desire, il craint : il n'y a point de passion dont il ne ressente les agréables émotions, & elles le tirent de lui-même où il ne trouvoit que des motifs d'inquiétude. Son esprit & son cœur, occupés de ce qu'il lit, sont dans l'état le plus agréable où puisse être une personne qui ignore l'usage qu'il devroit en faire pour aller à Dieu, & il se contente de jouir d'une félicité passagere & imaginaire.

## CHAPITRE XV.

*La Poésie est une Ecole de toutes les Passions que condamne la Religion.*

L'ON peut dire que la Poésie donne de continuelles leçons, de ce qu'on appelle dans le monde, les belles passions ; c'est-à-dire, de l'ambition, du desir de la gloire, & de l'amour, qui sont directement opposées à la charité.

Un homme qui se met souvent en colere, prend feu bien plutôt que celui qui s'applique à résister aux premiers mouvemens de cette passion. Ceux qui passent leur tems à lire des Romans, qui entrent dans tous les sentimens de ceux que les Poëtes y font agir, font par conséquent, pour ainsi dire, un exercice continuel d'ambition, de vanité & d'amour, qui sont les passions ordinaires des Héros des Poëtes ; & ces gens ont sans doute bien plus de penchant pour ces passions. Ils n'y étoient que trop portés par leur nature corrompue ; mais ils y sont étrangement fortifiés par ces lectures.

Lorsque l'on souhaite avec passion que celui à qui on a donné toutes ses affections, acquere la gloire qu'il desire, n'est-ce pas une marque évidente que l'on aime aussi la gloire ? Si l'on s'afflige de la perte qu'il fait de ses richesses, ne voit-on pas par-là l'attache qu'on a aux biens de la terre ? On pleure dans la vie d'un Héros ce que l'on regarde comme un mal, & ce que l'on ne voudroit pas souffrir : l'on est bien aise que les choses lui succedent, parcequ'on desire pour soi-même dans une semblable occasion un pareil succès.

Ceux qui ont de l'amour, s'affligent lorsque la

Héros est malheureux dans ses amours : & com[me] plus on est engagé dans le monde, plus on aim[e] les grandeurs de la terre ; aussi plus on est rempli d'ambition, plus on est sensible à l'amour & aux autres passions plus, dans la lecture de ces aventures Poëtiques, on se trouve touché de ces passions qui y regnent par-tout : *Eo (*) magis eis movetur quisque, quo minus à talibus affectibus sanus est.*

Il ne faut donc pas s'étonner si les personnes qui lisent les Romans, reçoivent l'impression de tous les sentimens de ceux que le Poète y fait agir & parler, puisqu'ils y ont un raport si naturel. *Les paroles des personnes passionnées nous troublent & nous agitent, quand elles nous trouvent pleins de la passion & de la foiblesse de cœur dont elles procedent.*

On imite toujours avec joie ce qu'on a vû représenter avec plaisir ; ainsi quand une femme qui a coutume de lire des Romans se voit adorée, elle croit être une de ces beautés pour lesquelles les Héros se sont exposés à tant de dangers. En lisant ces Livres, elle a conçu qu'il n'y a rien de plus doux que d'aimer & d'être aimée : elle se rend facilement à l'occasion qui lui présente cette douceur ; & c'est-là le poison qui donne la mort à la plus grande partie des personnes de son sexe.

Dieu, comme on l'a dit, veut regner seul dans le cœur de l'homme qu'il a fait : personne ne peut donc l'offrir à une Créature, ou s'en emparer, sans commettre un larcin qui ne demeurera point impuni : c'est cependant ce que font les Héros & les Héroïnes. Les Poëtes forment entr'eux une si belle union, que les uns & les autres n'offrent des sacrifices & de l'encens à leurs Dieux, qu'afin de les porter à faire réussir leurs amours. L'homme est le Dieu du Héros, & le Héros est celui de l'Héroïne ; & c'est cet amour

(*) S. August.

détestable que les Lecteurs de Romans tâchent d'imiter, quand ils se mettent l'amour dans la tête.

La lecture de ces Livres pernicieux ne fait pas seulement naître les Passions, mais elle leur donne des armes : un ambitieux y trouve des leçons pour s'élever & pour contenter son ambition : mais sur-tout, les Poètes sont ingénieux à trouver des intrigues pour exécuter les desseins amoureux qu'ils font prendre à leurs Héros, pour gagner ceux qui s'y opposent, ou pour le leur cacher. Ils apprennent aussi l'art de s'expliquer & de déclarer d'une maniere ingénieuse l'amour qu'on a dans le cœur.

Après une étude si pernicieuse, ceux qui s'y sont rendus maîtres, non-seulement ont l'esprit & le cœur corrompus, mais ils savent encore les moïens de faire réussir leurs mauvais desirs : ainsi on peut dire que les Poètes & les Faiseurs de Romans enseignent l'art d'aimer, &, comme dit Lactance, par de feints adulteres ils apprennent à en commettre de véritables; *Docent adulteria dum fingunt, & simulatis erudiunt ad vera.*

Aussi Socrate dans son Histoire Ecclésiastique, en parlant d'Héliodore Evêque de Tricala, qui est une Ville de Thessalie, appelle Livres d'amour l'Histoire Ethiopique que cet Evêque composa étant jeune : *ἐρωτικὰ βιβλία.* Et Nicephore ajoute qu'on l'obligea dans un Concile, ou de les brûler ou de quitter son Evêché ; ce qui fait connoître que l'on a toujours cru dans l'Eglise que ces sortes d'Ouvrages étoient très dangereux.

## CHAPITRE XVI.

*Quand la Poésie n'inspireroit point de mauvaises passions, elle seroit toujours criminelle, parce qu'elle rend inutiles tous les bons mouvemens de notre cœur.*

QUAND la Poésie n'inspireroit aucune passion criminelle, elle ne seroit pas innocente ; car notre esprit n'est pas fait pour s'occuper de Fables. N'est-ce pas une véritable extravagance que de s'intéresser dans la fortune d'un Héros qui est moins qu'un fantôme, de pleurer des maux qui ne sont point, & ne pas verser une seule larme pour pleurer ses propres maux, qui sont si réels ?

Et c'est de quoi Saint Augustin s'accuse devant Dieu : *J'étois obligé*, dit-il, en parlant de ses premieres études, *d'étudier les vaines & les fabuleuses Aventures d'un Prince errant tel qu'étoit Enée, au lieu de penser à mes égaremens & à mes erreurs ; & l'on m'enseignoit à pleurer la mort de Didon, à cause qu'elle s'étoit tuée par un transport violent de son amour ; pendant que j'étois si misérable que de regarder d'un œil sec la mort que je me donnois à moi-même, en m'attachant à ces fictions & m'éloignant de vous, ô mon Dieu ! qui êtes ma vie. Car y a-t-il une plus grande misere que d'être misérable sans reconnoître & sans plaindre soi-même sa propre misere, que de pleurer la mort de Didon, laquelle est venue de l'excès de son amour pour Enée, & de ne pleurer pas sa propre mort, qui vient du défaut d'amour pour vous.*

TENERE *cogebar nescio cujus errores, oblitus errorum meorum, & plorare Didonem mortuam, q[uia] se occidit ob amorem, cùm intereà me ipsum in his te morientem, Deus vita mea, siccis oculis ferrem miserrimus. Quid enim miserius misero non miserante seipsum, & flente Didonis mortem, quæ fiebat amando Æneam, non flente autem mortem suam, quæ fiebat non amando te?*

Est-ce pour des phantômes que Dieu a imprimé dans notre cœur toutes ces différentes affections d'estime & d'amour, ou pour nous attirer à lui, qui est notre centre, comme nous avons dit, & nous séparer des Créatures, auxquelles nous ne nous pouvons attacher sans nous priver de notre félicité? Il a fait notre cœur capable d'estimer & de haïr, d'espérer & de craindre, afin que nous estimassions ses divines perfections, & que nous méprisassions le néant des Créatures; que nous nous élevassions vers lui par notre amour, en nous éloignant par un mouvement de haîne de tout ce qui nous peut séparer de lui; que par notre espérance nous nous unissions à lui, nous détachant par la crainte de tout ce qui empêche cette union.

Quand je jette les yeux sur ceux qui se laissent émouvoir, par ce qu'ils lisent dans un Roman, & qu'ils sont froids dans l'affaire de leur salut, il me semble voir des personnes, qui étant poursuivies par des ennemis, au lieu de fuir & de chercher un asile, s'amuseroient à considérer un parterre semé de fleurs.

La Poésie amuse ainsi toutes les saintes affections de notre cœur, en les détournant vers des choses criminelles ou des bagatelles; de sorte que par-là ces bonnes affections sont absolument inutiles. Une femme, par exemple, qui est accoutumée à ces mariages de Roman, ne trouvant point toutes ces qualités feintes & imaginaires des Héros dans son mari, elle n'est pas fort disposée à l'aimer.

Ceux qui ressentent plus vivement des sentimens de compassion en lisant ces accidens funestes qui arrivent dans les Tragédies, sont peu touchés des miferes ordinaires des hommes, parcequ'ils n'y trouvent rien qui arrête leurs yeux, & qu'ils ne sont pas accoutumés d'être émus par des accidens communs.

S'ils sont riches & d'une condition relevée, ils veulent exécuter toutes les folles entreprises dont ils ont lû les descriptions, & devenir eux-mêmes des Héros.

S'ils sont misérables, & qu'ils soient persécutés, au plus profond de leur bassesse ils s'enflent d'orgueil; & comme ils ont autrefois admiré les travaux de leurs Héros, la grandeur de leur courage dans leurs maux dont toute la terre s'est entretenue, ils s'imaginent que la persécution qu'ils souffrent les expose aux yeux de tout le monde, & que l'on plaint par-tout leur misere: ainsi bien loin de recueillir aucun fruit des peines que la miséricorde de Dieu leur avoit envoïées, comme des moïens pour se garantir de celles de l'éternité qui sont dues à leurs crimes, ils ne les souffrent que pour se rendre plus coupables, & pour exciter davantage sa colere.

On ne fait donc autre chose par la lecture des Romans & des Poëtes, que contracter un cerain esprit, qui ne se repaît que de vaines idées & de chimeres, & qui nous éloigne de plus en plus de la fin où nous devons tendre.

*Fin de la premiere Partie.*

# NOUVELLES REFLEXIONS SUR L'ART POETIQUE.

## SECONDE PARTIE.

### CHAPITRE PREMIER.

*La fin de l'Art Poëtique est de plaire ; ses regles générales se réduisent à quatre principales. On propose les deux premieres, savoir le choix de la matiere, & l'imitation.*

LES regles que l'Art Poëtique prescrit, ne tendent qu'à engager les hommes dans la lecture des Poëtes, par le plaisir qu'ils y trouvent. Pour examiner cette proposition, par laquelle nous commençons la seconde Partie de nos Réflexions, nous devons considerer que toutes les choses qui plaisent dans les Poëtes, se peuvent réduire à quatre chefs.

Premierement, la Poësie est agréable, en ce qu'elle ne choisit pour sa matiere que des choses rares, dans lesquelles on voit une certaine image de grandeur; ce que nous aimons, parcequ'étant faits pour un Etre souverainement grand, notre nature nous porte à aimer tout ce qui a quelques traits de cet Etre.

Les Poëtes plaisent en second lieu, parcequ'ils imitent la vérité, & que toute imitation divertit.

En troisieme lieu, ils flattent nos inclinations, & ne disent rien que de conforme à nos sentimens; & c'est ce que nous recherchons.

Enfin, ils remuent nos passions: or toutes leurs émotions sont douces, quand elles ne sont point accompagnées ni suivies d'aucun fâcheux accident. Ainsi c'est par ces quatre voies que les Poëtes parviennent à leur fin principale de plaire

Pour donnér donc quelque connoissance de l'Art Poëtique, nous ferons voir comment les Poëtes suivent leurs Regles, pour éblouir leurs Lecteurs par la grandeur des choses qu'ils proposent, pour les enchanter par une image de la Vérité, pour les gagner en ne disant rien qui soit opposé à leurs inclinations, & pour exciter dans leur cœur toutes les passions qu'ils sont bien-aises d'y sentir.

Les Maîtres de l'Art ne peuvent prescrire de regles pour la premiere chose, qui est le choix d'une riche matiere. Ce n'est point l'Art ni l'Etude qui donnent aux Poëtes cette fécondité d'imagination, par laquelle ils voient par toutes leurs faces les choses qu'ils traitent, & qui leur donne moïen dans une si grande abondance, de faire choix de ce que l'on en peut dire de rare & de grand; & qui, par sa vivacité, fait qu'ils tournent ce qu'ils s'imaginent en mille manieres inconnues à ceux qui ont une imagination grossiere & pesante.

Il est aussi nécessaire sur toutes choses, que le

Nature ait donné à un Poëte beaucoup de jugement, pour faire un bon usage des richesses de son imagination, & pour en regler le feu; autrement ses inventions & ses manieres de dire les choses, sont extravagantes; ce qui arrive particuliérement à ceux qui n'ont point d'autre Science que de rimer, & qui n'ont point cultivé leur esprit par une étude plus sérieuse que celle de la Poësie.

Homere & Virgile étoient excellens Philosophes, c'est pourquoi ils ne s'égarent presque jamais; la raison les guide par tout, ils ne s'abandonnent point à ces saillies, qui sont une espece de fievre chaude & de délire, qui font dire cent choses impertinentes à ceux qui s'y laissent aller.

La plupart des Poëtes perdent le tems dans des descriptions ennuieuses & hors de propos. Ils s'arrêtent où ils devroient courir; ils passent sous silence ce qu'ils devroient expliquer avec étendue. Il est bon que les Maîtres fassent remarquer ces endroits aux jeunes gens, pour les accoutumer à bien juger de ce qu'ils lisent, & qu'ils leur inculquent ces belles maximes, que les choses qui sont hors de propos, qui sont contre la bienséance & contre la verité & la raison, ne doivent pas être estimées, quoique l'Auteur, qui les a trouvées & qui les a dites, paroisse avoir de l'esprit: autrement les Poëtes, qui peuvent servir à éveiller l'imagination de la jeunesse, corromproient sa raison.

Car on ne peut nier que plusieurs ne poussent trop loin la liberté dont la Poësie leur donne droit d'user. Souvent il n'y a pas plus de rapport entre ce qu'ils disent, qu'entre les songes d'un malade. Ils ne savent ce que c'est que de peindre les choses dans un état naturel & dans la proportion & la grandeur qu'elles doivent avoir: ils les font toutes monstrueuses; quelques petites & ordinaires qu'elles soient, ils parlent d'elles comme si elles étoient extraordinaires &

prodigieuses. Il est vrai qu'on voit du feu & de la hardiesse dans leurs Ouvrages : c'est pourquoi pour leur donner le suffrage qu'ils méritent, il faut dire que leurs Poësies sont semblables à ces grotesques agréables que font les Peintres, lorsque ne s'assujettissant à aucun dessein, ils suivent seulement leur caprice.

La Poësie est une imitation des actions des hommes, de leurs paroles & de leurs mœurs. Afin que cette imitation soit exacte, il faut que les Poëtes, comme ils ont coutume de le faire, fassent agir & parler ceux qu'ils introduisent dans leurs Ouvrages, conformément à leurs mœurs. Pour cela, les Maîtres ont soin de rapporter avec étendue les mœurs des hommes : ils parcourent toutes les conditions & les divers âges de la vie, & font remarquer quelle est la maniere d'agir de ceux qui sont d'une telle condition, d'un tel âge ; ce que font les jeunes gens, comment agissent les vieillards.

Quoiqu'il n'y ait point d'homme qui soit toujours le même, & que ceux d'un même état ne soient pas tous semblables, il y a néanmoins un certain caractere qui distingue chaque âge & chaque condition, & qui en fait connoître l'humeur & la maniere ordinaire d'agir.

C'est dans l'expression de ce caractere que les Poëtes font paroître cet art d'imiter, qui est si charmant lorsqu'il est bien observé. Je ne m'arrêterai pas à parler de ces caracteres ; car outre qu'Aristote l'a déja fait dans sa Rhétorique, & Horace dans son art Poëtique, je ne crois pas que les Livres soient nécessaires pour acquérir ces connoissances ; on les trouve en soi-même, & le monde est un excellent Livre pour cela, il ne faut qu'étudier ses actions & ses paroles.

Les Maîtres rapportent au Chapitre des Mœurs, ce qu'il est nécessaire d'observer pour faire qu'une invention poëtique soit vrai-semblable ; ils avertissent qu'il ne faut rien dire qui soit contraire à ce que l'on a une fois avancé, à une vérité connue, & à ce que la raison nous enseigne manifestement.

Il faut prendre garde surtout de ne pas proposer des choses comme véritables, dont l'erreur peut être apperçue par les sens. Le mensonge, comme nous avons vû, ne peut être agréable, s'il n'a l'apparence de la vérité ; c'est-à-dire, si l'on ne croit en quelque maniere que ce que le Poëte dit est véritable. C'est pourquoi, selon Aristote, il faut avoir plus d'égard à la vraisemblance qu'à la vérité même ; car il y a des choses qui sont très véritables, que les Hommes ne peuvent croire, parcequ'ils mesurent toutes choses à leurs opinions : ainsi pour leur plaire & obtenir d'eux qu'ils croient ce qu'on leur dit, l'on ne doit exposer à leurs yeux que ce que leurs préjugés leur persuaderont être possible & vraisemblable.

## CHAPITRE II.

### *Regles que suivent les Poëtes pour flatter les inclinations des Hommes, & pour remuer leurs passions.*

LES Poëtes doivent faire paroître si clairement quelles sont les inclinations de leurs personnages, que les Lecteurs apperçoivent dès le commencement de la Piece, ce qu'ils feront dans la suite : & c'est ce qui contribue à leur rendre vraisemblable ce qu'on leur propose, & leur donne une secrete satisfaction de ce que les choses ont eu le succès qu'ils avoient prévû.

Aussi si ces personnages agissent en quelque chose autrement qu'ils n'ont accoutumé, il faut que le Poète fasse connoître la cause de ce changement. Nous approuvons toujours ce qui convient à nos inclinations ; nous aimons ceux qui sont de notre humeur. Ainsi les Poètes, qui regardent comme leur principale fin, la satisfaction de leurs Lecteurs, donnent de bonnes inclinations à leurs premiers personnages, parcequ'effectivement nous avons tous naturellement de l'amour pour la vertu, & de l'horreur pour le vice. L'on ne pleureroit point la mort de Didon, si Virgile dans les premiers Livres de son Enéide, ne l'avoit fait paroître très vertueuse, & ne lui avoit donné toutes ces excellentes qualités qui gagnent les cœurs, & qui font qu'on est affligé de voir une grande Princesse réduite au desespoir, par une passion qui semble innocente, puisque sa fin étoit un mariage honnête.

Seneque * rapporte qu'Euripide dans une de ses Tragédies, aïant donné des louanges à l'Avarice, tout le peuple d'Athenes se leva, & auroit chassé l'Acteur qui les récitoit, si Euripide n'eût paru sur le Théâtre, & ne les eût priés d'écouter la suite de la Piece, pour apprendre quelle fin feroit cet admirateur de richesses.

Les Poètes qui entreprennent de flatter nos inclinations, comme nous avons vû, en même-tems qu'ils ornent leurs Héros de tant de bonnes qualités, ne les exemptent pas néanmoins des défauts ausquels ceux qu'on appelle honnêtes gens dans le monde, sont sujets. C'est pourquoi quand les Maîtres de l'Art Poëtique traitent cette question, si le Héros de la Piece doit être honnête Homme, ils répondent qu'il le doit être ; mais, comme nous l'avons déja remarqué, ils prennent pour honnêteté

* *Ep. I.* 25.

une certaine alliance monstrueuse de la vertu & du vice que nous aimons ; parceque nous sommes bien-aises de jouir en effet des plaisirs, & d'avoir pourtant les apparences de la vertu, sans tomber dans les infâmies & les remors de conscience. Suivant cette idée de l'honnêteté que ces Maîtres se proposent, ils font un détail des mœurs que doivent avoir les Héros, & que nous ne rapporterons pas ici : car outre qu'on ne sait que trop en quoi consiste l'honnêteté du monde, s'il étoit question de proposer un modele parfait d'un véritable Héros, je consulterois JESUS-CHRIST, & je ferois voir par des raisonnemens que je crois être des démonstrations, qu'il n'y a que ceux qui suivent ses maximes qui soient grands : mais cela demanderoit un long discours, que la matiere qu'on traite ne permet pas d'entreprendre ici.

Ceux qui veulent enseigner les Lettres Humaines d'une maniere Chrétienne, y pourront suppléer ; & ils ne doivent pas manquer de le faire, afin que leurs Disciples ne se remplissent pas des fausses maximes de la Morale corrompue des Poëtes.

Toute l'étude des Poëtes tend particulierement à faire leurs Héros tels que nous voudrions être : c'est pourquoi comme il n'y a point de vertu qui contente davantage l'ambition que nous avons de commander & de paroître grands, que l'intrépidité & la force ; ils n'oublient point cette vertu dans l'idée qu'ils forment d'un grand Homme, conformément à l'opinion & aux desirs des gens du monde à qui ils veulent plaire.

Ils font aussi leurs Héros fort pieux, ce qui n'est point opposé au dessein qu'ils ont de flatter nos mauvaises inclinations : ils y sont obligés, parceque ces grands Hommes ne pourroient être estimés, s'ils n'avoient du respect pour les Dieux.

On craint Dieu, & on l'estime naturellement : ce

qui fait qu'on a une haute idée de ceux qui en sont chéris & protégés : de sorte qu'au sentiment des Hommes, il nous est plus glorieux de surmonter un péril par un miracle que le Ciel fait en notre faveur, que par notre adresse.

C'est pourquoi ce n'est pas une faute à un Poète, après avoir fait paroître son Héros dans un grand danger, de l'en tirer par un miracle, puisque cela contribue à établir la réputation du Héros dans l'esprit du Lecteur, ce qu'il regarde comme sa principale fin.

Mais ce n'est pas cette seule raison qui porte les Poètes à faire les Héros si religieux, & à feindre que les Dieux les accompagnent dans tous leurs dangers, qu'ils leur fournissent des armes, & qu'ils combattent pour leur défense : ils font ces fictions pour plaire aux Hommes, qui sont troublés dans leurs desordres par la crainte d'un Dieu vangeur des péchés qu'ils commettent : de laquelle crainte ils les délivrent en leur representant que de grands Hommes aimés des Dieux, ont fait ce qu'ils font ; & outre cela le peuple se plaît à tous ces miracles.

L'on ne conçoit rien de plus grand que Dieu, ni de plus admirable que ses effets. Ainsi, comme l'on aime ce qui est grand & ce qui n'est pas ordinaire, on prend plaisir à entendre parler de la Divinité, lorsque ce que l'on en dit est sublime : c'est pour cela que le Poème où l'on ne voit point les Dieux mêlés avec les Hommes, ne divertit pas, selon le jugement de la plupart du monde.

Les Hommes ne veulent pas néanmoins qu'on les entretienne d'une Divinité spirituelle, dans laquelle l'on n'apperçoive rien que de grand & de majestueux, & qui n'ait aucun rapport sensible avec leurs mœurs & leurs inclinations. C'est pourquoi les saintes Ecritures ne leur plaisent pas ; car ils n'y voient qu'un Dieu saint, & qui étant exempt de toutes les taches du péché, eſt ennemi des pécheurs : ils s'accommodent bien mieux des Dieux du Paganiſme, d'un Jupiter adultere, d'un Mars cruel, d'un Bacchus ivrogne, & d'un Mercure voleur.

Ces Divinités ne les éblouiſſent point ; & c'eſt pour cette raiſon que les Poëtes, qui ne regardent que la ſatisfaction de leurs Lecteurs, comme la fin de leur Art, ſe font une loi de faire entrer dans leurs Vers les Dieux de la Gentilité, & conſiderent les Fables comme le plus bel ornement de la Poéſie, parcequ'elles parlent des Dieux, & que ce qu'elles en diſent flatte notre cupidité.

Pour enſeigner méthodiquement comment l'on peut remuer les paſſions, il en faudroit faire le dénombrement, & marquer en particulier quel eſt l'objet de chacune, & par quelle cauſe elle eſt excitée ; mais cela demanderoit un Traité entier, qui appartient à la Philoſophie.

On remarquera donc ſeulement que c'eſt en vain qu'un Poëte prétend émouvoir ſes Lecteurs, s'il ne les diſpoſe auparavant à recevoir les paſſions qu'il veut faire naître dans leur ame.

L'on n'entre point tout-d'un-coup dans des tranſports d'admiration & d'eſtime, pour des choſes qu'on ne connoît point. C'eſt pourquoi, outre qu'un Poëte pêche contre la modeſtie, lorſqu'il commence un Ouvrage avec des termes élevés, qui marquent la trop grande eſtime qu'il en fait ; il eſt certain qu'il ne peut que refroidir ſes Lecteurs, qui ſont ſurpris de voir un homme entrer d'abord dans des tranſports, ſans leur faire connoître qu'il en a ſujet.

Notre cœur eſt fait de telle maniere, qu'il prend des paſſions oppoſées à celles que nous n'approuvons pas : au contraire, nous entrons naturellement dans les ſentimens de ceux avec qui nous vivons, lorſque nous les croïons raiſonnables ; & nous reſſentons tous les mouvemens dont ils paroiſſent tou-

chés : ainsi on voit bien ce qu'un Poëte doit f
pour exciter les passions.

Nous avons remarqué dans l'Art de parler, comme elles se peignent sur le visage, elles ont des figures dans le discours ; c'est à l'Art de parle traiter de ces figures.

Les Poëtes n'expriment pas toujours heure ment les passions, parcequ'ils n'en étudient pas jours la nature. Ils font faire, par exemple, à personne qu'ils representent dans le transport d colere, des raisonnemens & des réflexions moral comme feroit un Philosophe qui médite tranqu ment dans son cabinet, & qui s'applique avec so trouver des sentences.

Nos passions ne nous permettent pas de nous rêter longtemps à une même pensée ; elles nous tr portent & nous agitent, & nous interrompant à c que parole, elles nous font dire presqu'en un mon cent choses toutes opposées : ainsi, puisqu'on ne exciter dans le cœur des autres, que les passions d on paroît animé, un personnage qui fait le Philo phe, & qui par conséquent paroît tranquille, chauffera jamais ceux qui le voient.

Tout ce qui n'augmente pas le mouvement d' passion, la ralentit ; c'est pourquoi lorsqu'on que le Lecteur jouisse long-temps de la douceu l'émotion qu'on lui a causée, il faut éviter toutes digressions qui lui feroient perdre de vue l'objet l'a fait naître ; il faut encherir par-dessus ce que en a dit ; & si la nécessité oblige de parler de q qu'autre chose, il faut le faire si vîte, que son n'ait pas le tems de se rallentir.

Ainsi, c'est une grande faute lorsqu'on décrit combat, & que le Lecteur commence à s'échauff d'éteindre son ardeur & de l'ennuïer par une d cription longue & inutile des roues du chariot lequel est monté le Héros. Depuis que les arm sont une fois aux mains, il ne se faut pas aviser de faire tenir des conférences entre les Capitaines ennemis : car outre que la vraisemblance est choquée en cela, ces discours hors de propos ôtent infailliblement au Lecteur toute cette ardeur qui l'avoit fait entrer avec plaisir dans la description de ce combat.

## CHAPITRE III.

*La Poésie est plus dangereuse, lorsque les regles de l'Art sont mieux observées. Regles particulieres de l'unité d'action.*

L'ON ne peut comprendre facilement pourquoi les Poésies profanes sont d'autant plus dangereuses qu'elles sont plus travaillées & composées selon les regles de l'Art. Quand les inventions d'un Poète sont rares, elles nous font bien plutôt oublier la véritable grandeur, dont elles nous presentent une vaine image.

Dans un Poème où la vraisemblance est gardée, & où tout est aussi exactement observé, rien ne nous détrompe & ne nous fait remarquer que le Poète se joue de notre curiosité. Quand il nous a unis avec ses personnages par les liens d'une étroite sympathie, en leur donnant les qualités que nous aimons, nous entrons plus aisément dans tous leurs sentimens, & nous épousons toutes leurs passions ; cependant la Religion nous ordonne de les bannir de notre ame, & de fermer avec soin toutes les avenues par où elles peuvent y entrer

Un Poète habile donne tant de feu à ceux dont il peint les mouvemens, qu'il est impossible qu'en

même-tems que nous sommes liés à eux par l
plaisir, nous ne soïons aussi brûlés des mêmes flammes.

Ajoutons, que plus un Poëte a d'éloquence, plus ses Vers sont harmonieux, & plus il fait des impressions vives & profondes sur les esprits.

Que personne ne s'y abuse, & ne dise qu'il n'y que les esprits foibles sur qui la Poësie puisse faire d si fortes impressions; la maniere dont les Poëte trompent, ne touche point ceux qui sont grossiers mais elle cause des émotions vives, délicates & imperceptibles en toutes les personnes qui ont l'imagination agissante & facile; d'où vient que le Poët Simonide disoit autrefois, qu'il ne pouvoit tromper les Thessaliens, parcequ'ils étoient trop ignorans & trop stupides.

Toutes les regles particulieres de la Poëtique sont tirées des regles générales, qui ont été proposée dans les deux Chapitres précédens, comme on l verra dans les Réflexions que nous allons faire su ces regles particulieres.

La premiere demande qu'on choisisse une action grande & extraordinaire. Dans les Comédies, à l vérité, le sujet est bas; mais on trouve dans l'action que l'on choisit pour être ce sujet, quelque chose d grand dans sa bassesse: on sait la faire voir par quelque circonstance, qui la rend surprenante & nouvelle.

Je dis que les Poëtes choisissent *une action*, ca quoiqu'ils parlent de plusieurs actions particulieres, il y en a une principale à laquelle toutes les autres se rapportent.

Homere ne chante que la colere d'Achille. Stac pensant faire quelque chose de plus achevé dans l Poëme qu'il avoit entrepris sur le même Achille promet, à l'entrée de cet Ouvrage, qu'il embrasser toutes les actions de ce Héros. Homere, dit-il, en laissé à dire beaucoup plus qu'il n'en a dit ; & moi je ne veux rien omettre : c'est ce Héros tout entier que je chante.

*Magnanimum Æacidem, formidatamque tonanti*
*Progeniem, & patrio vetitam succedere cœlo,*
*Diva refer. Quamquam acta viri multum inclita cantu*
*Mæonio, sed plura vacant. Nos ire per omnem,*
*Sic amor est, Heroa, velis, &c.*

Stace fait assez connoître par ces Vers, qu'il avoit peu de connoissance de l'Art Poëtique, dont les regles sont établies sur le bon sens. Homere & les Poëtes habiles gardent exactement cette unité d'action, afin qu'ils puissent toucher vivement leurs Lecteurs, & les interesser dans cette action. Lorsque l'esprit est partagé entre plusieurs affaires, il ne s'applique à chacune en particulier que lâchement. C'est pourquoi le principal dessein des Poëtes étant d'engager dans la lecture de leurs contes, ils font comme les Chasseurs qui empêchent que leurs chiens ne prennent le change.

L'action qui est le sujet de l'Enéide de Virgile, est l'établissement de l'Empire Romain, par Enée, Prince Troïen.

Toutes les autres choses dont parle ce Poëte, se rapportent à cette action ; & il paroît que ce n'est que par occasion qu'il les propose, pour faire connoître les circonstances de l'Histoire de son Héros, & pour faire concevoir combien le Ciel s'interessoit à l'établissement de cet Empire, & à l'élévation de la Maison d'Auguste. Ainsi après avoir donné à ses Lecteurs le desir d'apprendre le succès de cette grande entreprise, il ne laisse point rallentir cette ardeur, en la partageant entre plusieurs autres desirs.

C'est pour cette même raison, que tout ce qu'il

dit, contribue à établir une grande estime de ce Prince, qu'il en occupe son Lecteur tout entier. Il lui donne d'illustres Compagnons de ses travaux; mais il ne peint leur vertu qu'avec des traits & des couleurs qui n'obscurcissent point la gloire de leur Chef. C'est pour le seul Enée qu'il ménage la faveur de ses Lecteurs, qui par ce moïen s'attachent entiérement à lui : ils entrent dans toutes ses passions; ils en appréhendent le retardement; ils aiment ceux qui le favorisent; ils haïssent ceux qui s'opposent à ses desseins; & ce zele est ardent, parcequ'il est tout entier pour une seule chose.

Ce qui oblige encore les Poëtes d'observer cette unité, est que s'ils s'attachoient à décrire plusieurs actions, le Lecteur, comme remarque Aristote, ne pourroit appercevoir le sujet de leur piece aussi nettement qu'il est nécessaire, pour être fortement touché du desir de la lire.

Homere, dit ce Philosophe dans sa Poëtique, (*Chapitre 23.*) n'a pas voulu décrire toute la guerre de Troye, cela auroit été trop long, & l'on n'auroit pu appercevoir d'une seule vue ce qu'il avoit à dire : λίαν γὰρ ἂν μέγας καὶ οὐκ εὐσύνοπτος ἔμελλεν ἔσεσθαι.

## CHAPITRE IV.

*Les Poëtes ne commencent pas l'Histoire de leur Héros par les premieres actions de sa vie, mais par le secours des Episodes ils font connoître aux Lecteurs tout ce qu'ils peuvent avoir envie d'en apprendre.*

LES Poëtes, comme il a été remarqué dans la premiere Partie, ne commencent pas l'Histoire de leur Héros par sa naissance. Ils proposent d'abord l'action principale de sa vie, laquelle action est le sujet de leur ouvrage, & ils le font d'une maniere pleine d'artifice.

Je parle, dit Virgile en commençant son Enéide, d'un excellent homme, que le Destin conduisit de la Ville de Troye, dans l'Italie, pour y jetter les fondemens d'un grand Empire.

Il fait paroître ensuite cet Homme au milieu d'une grande tempête, qu'une Déesse avoit excitée contre lui ; il represente les Dieux divisés les uns contre les autres, & qui prennent différent parti sur son sort. Rien n'est plus capable de donner de la curiosité ; car il paroît que cet Homme est extraordinaire, que son entreprise est grande, & que ses avantures ne sont pas communes.

Les Poëtes commençant ainsi la vie de leur Héros par le milieu, ils en ramassent toutes les parties qu'ils renferment dans une principale action, & dans un petit espace de tems, comme nous le verrons dans la suite. De sorte qu'exposant tant de choses en même-tems toutes éclatantes, ils éblouissent les yeux du Lecteur. Car, comme remarque Saint Augustin, lorsqu'un tout est composé de plusieurs parties, & que ces parties ne subsistent pas toutes en même-tems pour le composer, elles plaisent beaucoup davantage quand on peut les considérer toutes ensemble, que lorsqu'on en considere seulement quelqu'une en particulier : *Omnia quibus unum aliquid constat, & non simul sunt omnia ea quibus constat ; plùs delectant omnia quàm singula, si possint sentiri omnia.* (S. Aug. Confess. c. 11. l. 4.)

Quoique les Poëtes observent l'unité d'action ; cela n'empêche pas qu'ils ne comprennent dans leurs Poëmes toute la vie de leur Héros. Ils trouvent le moïen de n'oublier aucune de ses actions qui soit glorieuse : & ils le doivent faire, puisque lorsqu'on a conçu une grande estime d'une personne, l'on desire savoir toutes les particularités de sa vie. C'est par le moïen des Episodes que cela se fait. Les Episodes, ἐπεισόδια, sont des narrations que l'on insere dans un Ouvrage, de quelque chose qui n'est point de l'essence du sujet, mais qui lui peut appartenir.

Ce recit qu'Enée fait à Didon de tout ce qui se passa au Siege de Troye, est une Episode, par laquelle Virgile fait connoître la famille, la naissance, & la fortune de ce Prince Ainsi, les Episodes contribuent beaucoup à l'éclaircissement & à l'embellissement d'une Piece.

L'on doit retrancher avec séverité tous les vains ornemens, & ne rien dire que d'utile & de nécessaire ; mais aussi il ne faut pas négliger les occasions d'instruire les Lecteurs de toutes les choses qu'ils désirent apprendre : ce qui n'est pas difficile. On peut faire connoître quelque accident particulier de la vie d'un Capitaine, en rapportant ce qu'un excellent Ouvrier aura gravé sur ses armes. En faisant la description d'un Palais magnifique, on peut en orner les Galeries de Tableaux, les Salles de riches Tapisseries, qui contiennent plusieurs Histoires, qui donnent la connoiſſance des choſes qu'on eſt bien-aiſe de ſavoir. Et cela ſe fait d'une maniere agréable, parcequ'il ſemble toujours que c'eſt par quelque rencontre favorable qu'on apprend ces choſes, & que les Poètes ne font point naître l'occaſion de s'en inſtruire, qu'ils n'aient premierement fait naître le deſir de les connoître.

Dans les anciennes Tragédies, les chœurs qui étoient compoſés d'une troupe d'Hommes ou de Femmes, qui paroiſſoient ſur le Théâtre de tems en tems, inſtruiſoient dans leurs recits, & dans leurs chants, les Auditeurs de ce qu'ils n'avoient pas appris des Acteurs. Ainſi ces chœurs étoient comme des Epiſodes, mais moins ingénieuſes que celles dont nous venons de parler.

Il n'y a pas grand art à faire paroître ſur un Théâtre un Homme qui vient de lui-même, ſans qu'aucun accident l'y appelle, & lui faire rapporter, comme le feroit un Meſſager, ce qui s'eſt paſſé hors de la preſence des Spectateurs. Auſſi nos Poètes, qui entendent le Théâtre mieux que les Anciens, en ont banni les chœurs.

## CHAPITRE V.

### *Des principales parties d'une Piece.*

L'ON diſtingue trois principales parties dans le recit d'une action. La propoſition, le nœud, & le dénouement. La propoſition (*δέσις*) de l'action ſe fait, comme nous avons vû, d'une maniere claire & obſcure; de ſorte que le Lecteur comprend clairement que le Poète va parler d'une choſe extraordinaire, & qu'il apperçoit en même-tems des choſes qu'il ne ſait point, & qui lui donnent de la curioſité.

Le nœud d'une Piece consiste dans quelque grande difficulté imprévue, qui se presente tout-d'un-coup, & qui met un puissant obstacle à ce que le Héros vienne à bout de ses desseins. Ces difficultés & ces retardemens de l'accomplissement de l'action principale, dont on desire voir la fin, ou plutôt ce délai de conclure les avantures de son Héros que prend le Poëte, sont comme un sel qui irrite la curiosité. Les Poëtes mêlent partout ce sel, & font toujours acheter les connoissances qu'ils donnent. Le principal nœud de l'Enéide est la guerre qui s'éleve entre Enée & Turnus, lorsque le Lecteur espere que ce Héros étant arrivé dans l'Italie, va finir son entreprise & trouver le terme de ses travaux.

Le dénouement ( λύσις ) d'une Piece se fait vers la fin, lorsque les choses réussissent comme le Lecteur le souhaite, dans le tems qu'il y pensoit le moins, & que toutes les choses étant desespérées, il étoit le plus touché des maux du Héros de la Piece.

Comme on a naturellement une joie extrême, lorsqu'il arrive quelque bien à ceux que nous aimons; les Poëtes n'ont garde de priver leurs Lecteurs de ce contentement, & ce n'est que pour le rendre plus grand & plus parfait, que dans le nœud de la Piece ils avoient brouillé toutes chôses, & avoient rempli leurs esprits de crainte, afin de les en délivrer avec plaisir, & de leur faire jouir avec d'autant plus de joie de la bonne fortune du Héros, qu'ils avoient été plus sensiblement affligés de sa disgrace.

Il faut qu'une Piece se dénoue d'elle-même, c'est-à-dire, qu'il faut que tout ce qui se fait à la fin de la Piece, arrive naturellement, & qu'il ne paroisse pas que tous ces succès ne sont que des inventions du Poëte, parceque l'on ne peut être touché, comme nous avons dit, de ce que l'on croit n'être qu'une fable.

Il faut que les fictions soient vraisemblables, afin qu'elles puissent produire leur effet. Pour cela les Poëtes préparent toutes choses dès le commencement, & font entrevoir au Lecteur, que tous ces malheurs, dont sont accablés ceux pour qui il a de l'affection, ne dureront pas toujours. Ils lui donnent ainsi de bonnes espérances, qui entretiennent la curiosité, & lui font poursuivre avec ardeur sa lecture, pour apprendre ce qu'il attend de la fortune de son Héros.

Le dénouement se fait ordinairement par la Peripetie, ou par la reconnoissance. La Péripetie, comme ce nom qui est grec (περιπέτεια) le marque, est un changement de fortune, qui se fait lorsqu'une personne, de malheureuse qu'elle étoit, devient heureuse, ou que de la prospérité elle tombe dans la misere.

On est assez accoutumé dans le monde à voir de tels changemens, qui peuvent être causés par quelque accident qui survient. Ainsi il n'est pas difficile de trouver le moïen de dénouer une Piece de cette premiere maniere, faisant naître un tel accident qui change l'état present des affaires comme on le desire, je n'en rapporte point d'exemple, on en peut voir dans les Poëtes.

Le second moïen, qui est la reconnoissance, est encore plus facile & fort ordinaire dans les anciennes Pieces. Elle se fait en plusieurs façons, c'est-à-dire, qu'il y a plusieurs choses qui peuvent faire que deux personnes ignorant la proximité qui est entre elles, se reconnoissent, ou par des marques naturelles avec lesquelles tous ceux d'une famille naissent, telles que celles des Seleucides, qui avoient la marque d'une ancre imprimée sur la cuisse; ou par des marques artificielles, comme sont une bague, un portrait, un billet. On en trouve une infinité d'exemples, non-seulement dans les

Poëtes, mais encore dans les Historiens.

Lorsque les travaux d'un Héros ont été couronnés par une glorieuse fin, & qu'il a achevé l'action principale qui étoit le sujet de la Piece, l'on ne doit plus rien ajouter. Tout ce plaisir que l'on trouve dans la Poësie, n'est fondé que sur cette illusion, qu'on arrivera, pour ainsi dire, au comble de la félicité, si on peut arriver à la fin de l'Ouvrage. C'est cette vaine espérance qui cause l'ardeur avec laquelle on lit.

Quand enfin on a poussé sa lecture à bout, que l'on sait ce que l'on vouloit savoir; on se sent pleinement rassasié, ou plutôt vuide, & on tombe en même-tems dans le dégoût, qui suit nécessairement les illusions & les faux plaisirs. Ainsi les Poëtes habiles préviennent leurs Lecteurs, & pour les laisser avec quelque apétit, ils ne concluent pas entierement leur Piece: ils mettent seulement les choses en tel état, que le Lecteur devine facilement le reste.

C'est ce que fait Virgile, après qu'il a fait triompher Enée de Turnus, & qu'il ne lui reste plus d'ennemis à combattre, ni aucune difficulté qui s'oppose à l'exécution de ses desseins. Il ne parle point de l'établissement de l'Empire Romain, ni de son mariage avec Lavinie, parcequ'il a assez contenté la curiosité de son Lecteur, qui peut appercevoir sans peine les heureuses suites de la victoire. Et celui qui a été assez hardi pour ajouter quelques Livres aux douze Livres de l'Enéide, pour donner à ce grand Ouvrage la perfection qui lui manquoit, a fait voir qu'il ignoroit la fin de cet Art.

Comme un Poëte ne doit rien ajouter, après avoir rapporté comment l'action est achevée; aussi ne doit-il rien oublier de ce que le Lecteur pouvoit desirer, soit pour satisfaire sa curiosité, ou pour contenter la passion qu'il a que les choses réussissent d'une certaine maniere. C'est pourquoi, puisque l'on ne manque jamais de souhaiter du bien à ceux que l'on aime, les Poëtes doivent disposer toutes choses de sorte que ceux qui sont les amis du Héros, & qui se sont interessés dans tous ses malheurs, participent aussi autant qu'il est possible à sa bonne fortune.

Lorsque le Lecteur apprend l'heureuse destinée de quelque personnage, à qui il souhaitoit une meilleure fortune, & qu'il le voit délivré de ses maux, il en ressent une extrême joie.

Il avoit eu de la peine, par exemple, de voir qu'on eût ravi à un bon Vieillard une Fille qui lui étoit chere, & qu'il avoit retirée des dangers, où ses propres Parens avoient été contraints de l'exposer : Quand cette Fille vient à être reconnue par ses Parens, le Lecteur a une merveilleuse satisfaction : & si le Poëte a soin de faire trouver ce bon Vieillard à cette reconnoissance, il le doit aussi faire participer aux avantages qui naissent de ce changement imprévu. De-là vient qu'il se fait toujours plusieurs mariages à la fin des Comédies, & les choses se débrouillent de telle maniere, que tout le monde est content, & que les Spectateurs se retirent pleinement satisfaits.

## CHAPITRE VI.

*De l'unité de tems & de lieu ; de la durée de chaque Piece.*

LES Poëtes s'appliquent particulierement à ne point dire de choses qui se combattent. Les circonstances qu'ils proposent, sont liées les unes avec les autres : elles se soutiennent de sorte que l'esprit n'y peut rien appercevoir qui lui fasse distinguer la vérité d'avec le mensonge.

Entre ces circonstances, les plus considérables sont celles qui regardent le tems & le lieu d'une action. Aussi les Maîtres donnent pour regle que l'unité de tems & de lieu soit gardée ; c'est-à-dire, qu'aïant choisi un tems pendant lequel l'action se doit faire, & un lieu où elle se doit passer, l'on ne dise pas des choses qui ne se puissent faire que dans un autre tems & dans un autre lieu.

Par exemple, si on a une fois supposé qu'une action se passe dans un jour, & qu'on ait pris pour le lieu de cette action la Ville de Rome, l'on ne doit pas pour l'accomplissement de cette action faire faire des Sieges de Villes de six mois, & faire aller des Messagers de Rome à Constantinople, & les faire retourner dans l'espace de ce tems. Quelque plaisir que le Lecteur prenne à se laisser tromper, il est impossible qu'il ne s'apperçoive trop sensiblement que ce qu'on lui dit est une fable, & que par conséquent il ne s'en dégoute.

Les Poëtes habiles donnent toute l'étendue de tems nécessaire aux actions qu'ils rapportent ; ils ne les précipitent point : chaque chose se fait en son tems. Les changemens de lieu se font d'une mamiere naturelle : s'ils se font vîte, toutes les choses se trouvent tellement disposées, les vents sont si favorables, qu'un grand voïage par mer se fait en très peu de tems. S'il est nécessaire de recevoir des nouvelles de ce qui s'est passé dans un autre lieu fort éloigné, l'on voit auparavant placé sur toutes les Montagnes des personnes avec des flambeaux, qui en un moment de l'un à l'autre se donnent avis de tout ce qui se fait. Ainsi dans une heure l'on apprend ce qui est arrivé à cinquante lieues de-là, sans que cela puisse paroître incroïable.

Puisque le plaisir que l'on trouve dans la Poésie, vient de ce qu'elle occupe si fortement l'esprit, que l'on y oublie tous les chagrins de la vie par les douces & agréables émotions qu'elle cause, l'action principale d'un Poème ne doit pas passer dans un moment. Il faut donner de la curiosité à un Lecteur, le disposer à entendre la suite, faire naître les passions dans son cœur, les entretenir, & les satisfaire. Cela demande différens tems. L'on ne peut pas être ému par une action qui passe vîte comme un éclair.

Si au contraire une action avoit une trop grande étendue, elle dissiperoit l'esprit, qui s'égareroit dans une multitude d'années. Il ne pourroit concevoir les choses nettement, & en être frappé aussi vivement qu'il est nécessaire pour ressentir ces émotions, qui font le plaisir de la lecture d'un Poème. Or, une action demande plus ou moins d'étendue selon la nature du Poème. Entre les Poèmes, les uns sont Dramatiques ou actifs, les autres narratifs. Dans les premiers, comme sont les Comédies, les Tragédies, & les Tragi-comédies, les Poètes ne parlent point : ils font paroître des personnages sur un Théâtre qui représentent une action, non en la racontant, mais en

agissant eux-mêmes ; μιμεῖσθαι δρῶντας, comı
Aristote dans sa Poëtique, Ch. 3. Dans les ı
narratives, ce sont les Poëtes qui parlent.

Comme l'on n'a pas coutume de demeure interruption plus d'un jour dans les Spectacl qu'il faut garder en toutes choses la vr: blance, l'action qui s'y représente doit paro pouvoir faire sans violence dans l'espace de quatre heures pour le plus. Les Poëtes disposer cela les choses comme ils veulent : ils font des incidens qui font que tout ce qui est néc se trouve prêt pour une prompte exécution. A ne leur est pas difficile de renfermer dans un espace de tems toutes les choses qu'ils expose yeux de leurs Spectateurs.

Par exemple, dans l'Andrienne de Te dont le sujet sont les amours & le maria Pamphile avec Glycerie, qui passoit pou Courtisane ; le même jour que cette Glyce accouchée, Simon pere de Pamphile, pour pre ces amours, le veut marier avec Phil Fille de Chremes. Ce qui s'alloit faire malgré phile, sans un certain Vieillard qui survin de Chremes, qui lui fit connoître que cette cerie étoit sa Fille ; de sorte qu'il la donne à phile en mariage à l'heure même. Tout passe naturellement en moins de vingt-quatı res : le Vieillard survient d'une maniere qu point forcée. Dans le commencement de la Pi paroît que Chrysis qui avoit élevé Glycerie morte depuis peu. Ce Vieillard, qui étoit s rent, vient pour recueillir sa succession : il e fort bien instruit de la famille de Glycerie, p Chremes son pere l'avoit mise entre les ma cette Chrysis, pour des raisons que le Poë expliquer.

Quoique les Comédies & les Tragédies se

en moins de trois heures de tems, les Spectateurs, qui reçoivent du plaisir de leur illusion, ne chicanent point, & se persuadent facilement, que tout le tems qui est nécessaire au-delà de trois heures, s'est écoulé entre les actes qui partagent ces Pieces. Outre cela, dans ces intervalles, l'on amuse le Peuple avec des violons, ou quelqu'autre divertissement.

Pour le Poème narratif, particulierement pour l'épique, qui est le plus considérable de tous ceux qui sont narratifs, comme il n'est pas nécessaire, ou plutôt comme il est impossible, qu'on le lise tout d'une haleine, à cause de son étendue, on donne un plus long espace de tems à son action : néanmoins ce tems ne doit pas être de plus d'une année, selon les Maîtres, dont la raison est évidente.

Toutes ces grandes guerres, ces longs voïages, ces sieges de Villes qui sont la matiere ordinaire des Poèmes épiques, ne se peuvent faire dans l'espace d'un jour : mais aussi pour surprendre, il faut que le tems auquel se sont passées toutes ces choses, soit court en comparaison de ces choses, afin que tous ces accidens se suivant de près, & étant, pour ainsi dire, ramassés, ils fassent plus facilement leur effet.

Toute l'action qui fait le sujet de l'Enéide, qui est un Poème épique, ne demande pas plus d'une année. Depuis le jour auquel Virgile fait paroître Enée dans cette tempête, qu'il décrit au commencement de son Poème, jusqu'à la mort de Turnus, il ne paroît pas qu'il se soit écoulé un plus long espace de tems. Enée demeura peu de tems à Carthage, où il fut jetté par cette tempête : il ne fit pas un long séjour ni dans l'Epire ni dans la Sicile, ce ne fut qu'en chemin faisant qu'il visita ces lieux. Aussi tôt qu'il fut arrivé en Italie, il fut obligé de faire la guerre, laquelle fut terminée en peu de tems par la mort de Turnus.

On peut encore rendre une autre raison, pourquoi le tems, qui renferme l'action qui fait le sujet du Poème épique, doit être plus long que celui du Poème dramatique : c'est que celui-ci ne nous représente que les actions des hommes, & l'autre nous en représente les mœurs & les habitudes. Les passions naissent tout d'un coup, & leur violence est de peu de durée ; mais les habitudes, comme elles se forment peu à peu, elles subsistent assez long-tems. Ainsi tout se doit faire dans le Poème dramatique avec rapidité, & il ne se doit rien faire dans l'épique qu'avec conseil & maturité.

## CHAPITRE VII.

### *Du Poème Dramatique.*

L'ON ne choisit pour sujet des Poèmes dramatiques, que des actions qui peuvent être imitées sur un Théâtre ; ainsi l'établissement d'un grand Empire, ou quelqu'autre évenement d'une longue haleine, ne peut pas être le sujet d'une Comédie ni d'une Tragédie. Ces Poèmes se partagent ordinairement en cinq actes, entre lesquels le Théâtre est vuide. Les Poètes interrompent de la sorte la suite d'une Piece, pour ne pas tenir dans une application trop longue ceux qui les écoutent. Ils savent que l'esprit des hommes est trop inconstant pour demeurer long-tems dans une même situation ; qu'il demande, pour se délasser, des changemens qu'il trouve dans les intervalles des actes, où il est diverti, comme nous l'avons dit ci-dessus, par la symphonie, ou par quelqu'autre divertissement.

Chaque acte est distingué par scenes : une scene commence lorsqu'un Acteur entre sur le Théâtre, ou qu'il se retire. L'on ne fait parler dans une scene que deux ou trois Acteurs. Ce n'est pas qu'il ne puisse y en avoir un grand nombre, mais la conversation ne doit être qu'entre deux ou trois, parceque lorsque plusieurs personnes parlent ensemble, il y a toujours de la confusion ; l'on ne peut bien démêler quels sont les sentimens de chaque Acteur, ce qu'il pense & ce qu'il veut dire. Il ne faut point que les Auditeurs soient obligés de deviner les choses, ni qu'ils soient en peine de les débrouiller ; tout doit sauter aux yeux, & se comprendre facilement.

Le nombre des scenes n'est point déterminé : celui des actes ne dépend que de la coutume. Il faut que tout Poème ait sa juste longueur, mais il n'y a point de raisons essentielles pour le distinguer en cinq actes, comme on le fait ordinairement, plutôt qu'en trois ou en quatre.

On étudie avec beaucoup plus de soin la vraisemblance dans les Pieces de Théâtre, que dans les Poèmes narratifs : aussi est-il nécessaire qu'on le fasse, puisque ce que l'on voit par les yeux frappe davantage, & se remarque plus facilement. Le Poème dramatique fait voir, comme présentes, les choses que le Poème narratif nous raconte comme passées. C'est pourquoi les Poètes Comiques & Tragiques ne font rien dire à leurs Acteurs qui ne soit conforme à leur personnage. Leur entrée sur le Théâtre & leur sortie, leurs postures, leurs regards, enfin toutes leurs démarches ont un juste rapport à la Piece.

Ceux qui observent scrupuleusement les regles de l'Art, ne souffrent point ce qu'on appelle les *à parte*, quoiqu'ils soient communs dans les anciens Comiques. Ces *à parte* se font lorsqu'un des Acteurs, à l'écart sur un des coins du Théâtre, parle assez haut pour que tous les Spectateurs l'entendent : cependant il faut supposer que ceux qui sont sur le Théâtre ne l'entendent point ; ce qui est absurde. Ils n'introdui-

ſent auſſi un Acteur ſeul, que pour repréſenter qu
qu'action violente, dans laquelle on a de cout
de parler & de s'entretenir avec ſoi-même. En
mot, les Poëtes adroits dérobent à la vûe de le
Spectateurs tout ce qui pourroit les obliger de ſe
tromper; comme ſeroient les métamorphoſes d
hommes en ſerpent, ou en oiſeau, qui ſont
choſes qui choquent & que l'on ne peut croi
*Quodcunque oſtendis mihi ſic incredulus odi.*

Les Maîtres de l'Art ne veulent pas auſſi qu
faſſe paroître ſur la ſcene ce qui pourroit faire pei
comme ſeroit la vûe d'un meurtre. Il y a peu de p
ſonnes qui puiſſent voir avec plaiſir du ſang rép
du; ainſi c'eſt un crime dans la Poëſie d'enſ
glanter le Théâtre: *Nec pueros coram populo Me
trucidet.* Ils veulent pareillement que l'on cach
que l'on ne repréſente pas de certaines actions odi
ſes qui bleſſent les yeux, parce qu'elles ſont con
la bienſéance & l'honnêteté, & que l'on ne po
roit les conſidérer ſans ſentir en même tems
modeſtie offenſée & ſa conſcience bleſſée; car, co
me nous avons dit, les hommes veulent autant qu
peuvent, que leurs plaiſirs ſoient louables & h
nêtes.

## CHAPITRE VIII.

### *De l'origine du Poème Dramatique, & de ses especes.*

IL ne faut pas s'imaginer que le Poème Dramatique, dans les commencemens, fût ce qu'il est aujourd'hui ; que l'on y gardât des regles séveres ; qu'il eût une seule action pour sujet, dont l'exposition fût partagée en actes & en des scenes réglées, comme le sont nos Tragédies & nos Comédies.

Il ne sera pas hors de propos de faire réflexion sur ce que ce Poème a été dans sa naissance. Il me semble que les hommes ont pris plaisir de tous tems dans les imitations, & qu'il s'est trouvé des personnes qui se sont diverties à imiter les actions des autres & à les contrefaire, soit pour les rendre recommandables, ou pour les rendre ridicules.

Le caractere d'esprit bouffon n'a jamais plû aux honnêtes gens, puisque, comme le dit un sage Païen, ce n'est pas la marque d'un esprit bien fait, que d'aimer à faire rire en imitant les défauts des autres : *Ille non dabit mihi spem bonæ indolis, qui imitando pravos affectus, quæret ut rideatur* (Quintilien). L'on a toujours eu du mépris pour ceux qui font rire par profession. Cependant il y a eu en tous les tems des bouffons ; & cette sorte d'imitation, qui se fait par des actions, a toujours été agréable, parcequ'elle frappe les yeux, & qu'elle est par conséquent plus vive que celle qui ne consiste que dans des paroles. Ainsi les Drames qui sont des imitations qui se font en agissant, sont aussi anciens que les hommes : mais on ne compte leur origine que du tems que les imitations commencérent à se faire hors d'une conversation familiere, dans des lieux remarquables, & avec cémonie, comme nous l'allons voir.

L'expérience fait connoître que le peuple a une passion très ardente pour ce qui s'appelle Spectacle, c'est-à-dire, pour les choses extraordinaires, qui font de grandes impressions sur les sens; & qu'indifféremment il regarde avec curiosité ce qui lui semble nouveau. Qu'un homme aille par les rues vêtu d'un habit moitié jaune & moitié vert, il fera sortir tous les Artisans de leurs boutiques qui le considéreront avec une attention merveilleuse. Cela vient d'une folle curiosité, qui fait rechercher la connoissance de tout ce qui se présente sous une figure nouvelle, avant que d'examiner s'il y a quelqu'utilité ou nécessité de le connoître.

C'est cet amour que le Peuple a pour les Spectacles qui fait qu'un homme sur un Théâtre lui paroît bien plus digne de ses regards, que lorsqu'il est à terre. Si ce Théâtre a des décorations; si celui qui est dessus est vêtu d'habits extraordinaires, soit pour la façon, soit pour le prix; s'il fait des postures qui ne sont pas communes; s'il dit des plaisanteries avec une mine niaise; s'il imite naïvement quelqu'action magnifique ou ridicule, & qu'il accompagne ses gestes de paroles; alors l'on ne peut exprimer la joie de la populace.

C'est pourquoi il ne faut pas s'étonner s'il s'est trouvé des personnes, qui, pour se gagner l'estime du Peuple, aient bien voulu faire les bouffons en public. Il est vrai que l'honnêteté & la pudeur ont retenu long-tems les hommes, & les ont empêchés de faire ce métier. Ce furent de jeunes débauchés, à qui le vin avoit ôté la honte que la nature a attachée aux actions mal-honnêtes, qui oserent paroître les premiers sur des Théâtres. Ce ne fut pas même sans quelque reste de cette honte, qui les obligea de se barbouiller le visage avec de la lie, ou de prendre des masques pour n'être pas connus.

Ces divertissemens commencerent parmi les Païens les jours de fêtes, auxquels ils avoient coutume de s'assembler, & d'honorer leurs Dieux par des sacrifices qui étoient suivis de débauches; de sorte que toutes les choses propres pour faire naître ces divertissemens se rencontroient ensembe. Le vin ôtoit la pudeur aux jeunes gens, & la fête donnoit le loisir au Peuple de les regarder. De-là vient que les anciens spectacles sont dédiés à quelque Divinité, dont on mêloit les louanges avec ces divertissemens. Les hommes accommodent, autant qu'ils le peuvent, la Religion avec leurs plaisirs, pour se donner par-là une fausse confiance que ces plaisirs sont innocens. Ainsi pour rendre comme licites & saints des spectacles, criminels dans leur origine & dans leur maniere, ils les dédierent aux Dieux. Ces jeunes Libertins, auteurs de ces jeux, ne pouvoient suivre aucune regle parmi le désordre avec lequel ils les célébroient: ils n'en avoient point d'autre que leur caprice; ainsi chaque Piece étoit une espece particuliere de Drame: néanmoins comme ils gardoient quelqu'uniformité, soit dans la maniere de s'habiller, soit pour les lieux, soit pour le tems, on les distingua & on leur donna des noms différens.

Les Grecs, par exemple, appellent satyres, les Drames, dont les Acteurs étoient habillés en Satyres. Parmi les Romains, leurs premieres Comédies étoient appellées, *Prætexta*, *Togata*, *Palliata*, selon que les Acteurs étoient vêtus à la Grecque, ou à la Romaine, comme les Nobles ou comme le Peuple. Ces Pieces reçurent aussi leur nom des lieux où elles avoient été jouées les premieres fois. *Atella*, Ville entre Naples & Capoue, donna le nom à celles qu'on appelle *Atellanæ Fabulæ*; & *Fescenninum*, Ville de Toscane, aux Pieces de ce nom. Pour celles qui s'appelloient *Mimi*, elles furent ainsi nommées, parceque les Acteurs ne faisoient autre chose que d'imiter par leurs postures les actions deshonnêtes.

Les Drames commencerent de cette maniere-là: ils ne consistoient pour lors, ou qu'en des railleries contre des Particuliers que l'on marquoit par leur nom, ou en musiques & en louanges des Dieux. On y joignit avec le tems des Discours moraux & des Histoires; mais les Magistrats furent obligés d'emploier la sévérité des Loix pour arrêter la licence de ces railleries: de sorte que ceux qui voulurent divertir le Peuple, furent contraints de feindre des aventures agréables, telles qu'il en arrive assez souvent dans les mariages; qui pour cette raison furent les sujets ordinaires de ces Pieces, où personne ne se trouve choqué, parceque tout s'y passe entre des personnages qui ont des noms étrangers.

C'est de-là que la Comédie est venue, qui est ainsi nomée de *κώμαι* Bourgade, & de *ᾠδὴ* Chant, parceque les jeunes gens la jouerent d'abord, & chanterent leurs Vers dans les Bourgades en faisant la débauche, *Comessantes*.

Tous ces Drames aïant commencé dans le vin, l'on n'y oublia pas le Dieu Bacchus: l'on y chanta ses louanges, & l'on composa une espece de Drame pour lui, qui fut nommée Tragédie; parceque le prix de celui qui avoit le mieux chanté, étoit un Bouc *τράγος*, ou parcequ'on y sacrifioit cet animal en l'honneur de Bacchus; ou enfin parceque ceux qui jouoient la Tragédie se barbouilloient le visage de lie, qui se dit en Grec *τρυγία*.

Les Tragédies & les Comédies étoient pour lors fort grossieres. Celles-ci n'étoient que des railleries, comme peuvent être les farces de ce tems. Les Tragédies étoient plus sérieuses; c'étoient des chants que chantoient des chœurs de musique, entre lesquels on inseroit des récits, ce qui s'appelle *ἐπεισόδια*, ou entrechants. L'ancienne Comédie a eu aussi des chœurs, comme le dit Horace. Je n'entreprends pas de faire une Histoire exacte de l'origine de ces Poésies, qui est assez cachée. Je crois en dire autant qu'il est utile d'en savoir : mais si l'on desire connoître ces choses plus exactement, on peut lire la Poétique de Jules-Scaliger, celle de Vossius, & le Traité que Casaubon a fait de la satyre.

Pour comprendre comment les Tragédies & les Comédies se sont perfectionnées, il faut remarquer que les hommes aïant changé la nature de toutes choses, de leurs divertissemens ils ont fait des affaires, & s'y sont appliqués sérieusement. D'abord l'on ne rechercha autre chose dans les spectacles, qu'un relâchement d'esprit; mais ensuite on a étudié ce qui pouvoit rendre ces spectacles plus agréables, & on en a fait des regles.

Horace rapporte que d'abord Thespis promena par les Bourgades dans un tombereau les Acteurs de la Tragédie, barbouilliés de lie; qu'Eschile ensuite joignit quelques personnages au chœur qui composoit presque seul la Tragédie, & fit élever un Théâtre, & prendre des masques & des habits honnêtes aux Acteurs : Sophocle en adoucit les vers : Ménandre travailla pareillement à polir la Comédie; de sorte que l'on négligea les autres Drames; & les gens d'esprit ne s'appliquerent qu'à la Tragédie & à la Comédie, qui devinrent ainsi les principales & les seules especes du Poëme dramatique.

Ce n'est pas que l'on y ait toujours joué des Pieces irrégulieres, propres pour divertir le Peuple, qui ne put plus prendre le même plaisir qu'il trouvoit autrefois dans les Tragédies & dans les Comédies, après qu'on les eût spiritualisées, pour ainsi dire, & réglées comme elles le sont à présent. Saint Chrysostôme dans l'Homelie sixiême, sur le second chapitre de S. Mathieu, dit que c'est le Démon qui a fait en Art de ces divertissemens & de ces jeux : *Hic ille est Diabolus, qui etiam in artem jocos ludosque digessit.*

## CHAPITRE IX.

### *De la Comédie & de la Tragédie. Quelle est leur différence, & quel est le dessein que les Poètes se proposent dans ces Poèmes.*

APRES avoir parlé du Poème dramatique en général, il faut considérer ses especes & voir ce qui les distingue Nous avons remarqué que quoiqu'il y eût différentes sortes de Drames dans l'antiquité, l'on ne parle que de la Comédie & de la Tragédie, parcequ'il n'y a que ces deux Poèmes, qui aient des regles. L'on y pourroit ajouter une troisieme espece, savoir, la Tragi-comédie, mais il n'est pas nécessaire de le faire ; elle est seulement distinguée de l'une & de l'autre, parcequ'elle participe de toutes deux. Ainsi quand on connoît celles-ci, l'on sait quelle est la nature de la Tragi-comédie.

La Comédie & la Tragédie different entr'elles par la qualité de leur sujet, & par les fins différentes que les Poètes s'y proposent. L'action qui est le sujet d'une Comédie, est une action commune, & c'est un de ces accidens plaisans qui arrivent ordinairement, mais qui a quelque circonstance plus rare & plus agréable que les autres. Les Poètes y font une peinture divertissante de la vie civile, de ce qui se passe dans le monde & dans les familles. La fin est de faire rire ; ainsi dans toutes les parties il y a des intrigues agréables. Ils ne prétendent pas à l'estime du petit Peuple, ou même ils la méprisent : c'est pourquoi ils ne traitent pas des sujets qui soient entierement sales & ridicules; & parceque les plaisirs qui ont été précédés de quelque douleur sont bien plus doux, les Comédies commencent toujours par quelque chose de triste. C'est pourquoi le Poëte, après avoir donné de l'amour aux Spectateurs pour le principal personnage de la Piece, le fait paroître malheureux & traversé dans tous ses desseins, qui regardent ordinairement un mariage, afin que lorsque les intrigues viennent à se dénouer, & que ce mariage réussit, les Spectateurs reçoivent un contentement plus entier.

Le sujet d'une Tragédie contient ordinairement quelqu'action sanglante. C'est un Héros qui tombe en quelque grand malheur par la malice de ses ennemis; mais qui s'en releve par quelque coup d'une valeur extraordinaire, & qui fait servir à sa vengeance les armes qu'on avoit préparées contre lui. La Comédie comprend la joie & les surprises agréables. La Tragédie renferme la terreur & la compassion. La fin de l'une & de l'autre est d'épouvanter & d'instruire le Peuple ἐκπλήξαι, par des changemens de fortune & par la punition du crime; c'est pourquoi les commencemens de la Tragédie sont gais, afin que les Spectateurs soient frappés plus fortement par les accidens sanglans qui surviennent à la fin de la Piece. Ce changement est appellé catastrophe : il contient des renversemens d'Etats, des morts funestes, des Princes malheureux, des Tyrans chassés. Ce sont des choses que le Peuple écoute avec attention,

*Reges & exactos Tyrannos densum. humeris bibit ore vulgus* (Horace).

Les Maîtres de l'Art ne manquent jamais de faire éclater la vengeance du Ciel sur ceux qui ont persécuté leur Héros, & de leur faire souffrir quelque peine extraordinaire. Ils ne laissent point aller leurs Spectateurs, qu'ils ne leur aient donné cette consolation; car sans cela ils se retireroient mécontens, parceque, comme nous avons vû, ils s'intéressent dans tout ce qui le regarde. Cette regle n'est pas particuliere à la Tragédie, elle est générale pour tous les Poèmes.

Le vice ne doit jamais être impuni sur le Théâtre. Lorsq l'on remontroit à Euripide qu'Ixion, qu'il faisoit paroître sur le Théatre, étoit extraordinairement vicieux, il répondoit » mais aussi je ne le laisse jamais sortir du Théâtre, que puni & roué.

Après que les Poètes ont fait concevoir de l'estime & de l'amour pour une personne, il faut qu'ils accomplissent les vœux que les Spectateurs ont faits pour elle, & qu'enfin il lui arrive le bien qu'ils lui souhaitent. Aussi dans l'Enéide on voit qu'Enée devient enfin le Maître de l'Italie, après avoir tué Turnus son ennemi. Dans les Comédies de Térence, les mariages entre les personnes pour lesquelles le Poète a donné de l'amour, se font toujours selon leurs desirs.

Outre que les sujets de la Comédie, qui sont ordinairement des mariages, réveillent des idées qui plaisent aux personnes sensuelles, la représentation de ce Poème, qui fait remarquer les défauts des hommes, est agréable; & l'on y prend plaisir, soit parceque l'on est bien aise, dans le désordre où on est, d'avoir des compagnons avec qui on partage la honte du péché, soit parcequ'on a une secrete satisfaction de se voir exempt des défauts dans lesquels on voit tomber les autres: on s'éleve au-dessus d'eux, & on les méprise. Outre cela on attribue facilement les fautes, qui sont exposées à la risée de tout le monde, à quelqu'un sur lequel on seroit bien aise qu'en tombât l'infamie. Ainsi on apperçoit aisément pourquoi les Comédies sont si divertissantes; mais il n'eſt pas ſi facile de connoître la cauſe du plaiſir que l'on prend dans la cataſtrophe ſanglante d'une Tragédie. Je crois qu'il ne la faut point chercher ailleurs que dans l'homme, qui étant rongé de chagrin & de triſteſſe, lorſqu'il eſt un moment attentif à ce qui ſe paſſe dans lui-même, trouve très agréable les choſes qui font diverſion, & qui le déſoccupent des penſées de la miſere de ſon état préſent. Or les accidens tragiques ſont plus capables de frapper fortement ſon eſprit, & de le faire ſortir par conſéquent de lui-même, où il ne trouve que des ſujets de triſteſſe & de peine : ajoutez qu'on eſt bien aiſe de voir des miſeres dont on eſt exempt, comme nous l'avons déja remarqué.

Pour comprendre en peu de paroles ce qui regarde la Tragi-comédie, je ferai ſeulement remarquer que toute la différence qu'elle a avec la Comédie & la Tragédie, ne conſiſte, comme je l'ai déja dit, qu'en ce qu'elle participe de toutes deux. La Comédie eſt une repréſentation d'une aventure agréable entre des perſonnes du commun; la concluſion en eſt toujours gaie. La Tragédie, au contraire, eſt une repréſentation ſérieuſe d'une action ſanglante, ou d'un accident funeſte de quelque perſonne de grande qualité, ou de grand mérite; & la fin de cette Piece eſt toujours triſte. La Tragi-comédie eſt comme au milieu de ces deux Poéſies; c'eſt une repréſentation d'une aventure aſſez ſérieuſe, dans laquelle les principales perſonnes, qui ſont de qualité, ſont menacées de quelques grands malheurs, dont ils ſont garantis à la fin par quelqu'évenement ineſpéré.

Les Poètes nous veulent faire croire, que la principale fin qu'ils ſe propoſent dans leurs Poèmes, eſt la réforme des mœurs : que pour cela ils combattent le vice en le rendant ridicule dans les Comédies, & horrible dans les Tragédies. Examinons ſi on doit ſe fier à ce qu'ils en diſent, & ſi effectivement leurs

Ouvrages servent à détruire le vice. Il est bien certain qu'il y a des défauts dont on corrige plus facilement les hommes, en leur en inspirant du mépris & de la honte, qu'en les combattant sérieusement. Or, comme il a été remarqué dans la Rhétorique, pour rendre une chose ridicule, il ne faut que séparer ce qu'elle a de bas & de mauvais, d'avec ce qu'elle a de bon, & faire une peinture naïve de cette bassesse.

Il se peut faire qu'un vieillard avare ait de bonnes qualités, dont il couvre son avarice; ce qui fait qu'elle paroît plutôt être une vertu qu'un vice : mais losqu'un Poète lui ôte ce masque, qu'il la représente avec des couleurs naturelles & telle qu'elle est, on en conçoit un grand mépris : l'on auroit honte de tomber dans une faute si méprisable, & on l'évite avec plus de soin; car la honte est un fort rempart contre le débordement de la concupisence.

La crainte des peines est aussi très utile pour détourner les hommes du vice. Or dans les Tragédies l'on y voit des accidens funestes accabler ceux qui n'aiment pas la vertu, & qui suivent leurs passions déréglées. C'est donc à tort, me dira quelqu'un, que jusqu'à présent nous avons condamné la Poésie comme dangereuse. Pour satisfaire à cette objection, examinons encore le dessein que les Poètes nous veulent faire croire qu'ils ont en composant leurs Ouvrages, & quel succès ils ont eu.

## CHAPITRE X.

### *Les Comédies & les Tragédies corrompent les mœurs, bien loin de les réformer.*

L'EXPERIENCE a toujours fait connoître que le Théâtre est une très méchante école de la Vertu ; & que les moïens que les Poëtes semblent emploïer pour corriger les hommes de leurs vices, sont plus propres à les y entretenir qu'à les en délivrer : *Assuefactio morbi, non liberatio* ( Boëce ). Pour ce qui est de la Comédie, les Païens mêmes ont reconnu combien elle étoit dangereuse ; & que les jeunes gens ne devoient lire ces sortes d'Ouvrages, qu'après que leurs mœurs seroient tellement affermies, qu'elles ne pourroient plus en être blessées. *Cùm mores fuerint in tuto* ( Quintilien ). Il est bien vrai que l'on y rend l'avarice ridicule, & que l'on y condamne les débauches des jeunes gens & leurs folles amours ; mais ce n'est point par des railleries, que l'on détruit le vice, particulierement celui de l'impureté ; ce mal est trop grand pour être guéri par un remede si foible, & même souvent on prend plaisir à s'en voir railler.

La Raison & la Religion ne nous permettent pas de regarder simplement l'impureté comme une chose ridicule ; elles veulent que nous en aïons horreur, & elles demandent que nous en aïons tant d'éloignement, que nous n'y pensions jamais. Ce n'est que par la fuite que l'on défait ce monstre : quelque mépris qu'on conçoive pour une action impure, dont on voit la représentation, cette vue est seule capable de porter à la commettre. *Discitur adulterium, dum videtur.* La pente que nous avons vers les plaisirs est trop forte pour être retenue par la seule honte, & on espere toujours la pouvoir éviter par le secret, dont on tâche de couvrir ses désordres aux yeux des hommes.

Outre cela, quoi qu'en disent les Poëtes, leur dessein est plutôt de rendre le vice aimable que honteux. Ils ne condamnent effectivement & ne rendent ridicules que certains défauts moins considérables, comme l'humeur difficile des Vieillards, leur avarice, leur sévérité envers la jeunesse, leur facilité à se laisser tromper. Mais l'impudicité regne dans leurs Ouvrages, quoiqu'elle y paroisse sous les habits de la Vertu. Car enfin l'Idole de la Comédie est toujours un jeune homme qui est brûlé d'un feu criminel.

Par exemple, dans l'Andrienne de Terence, Pamphile entretient un très méchant commerce avec Glycerie, qui accouche avant le mariage. Cependant le Poëte, qui veut intéresser ses Auditeurs dans la fortune de Pamphile & de Glycerie, fait paroître ces deux jeunes gens aimables : il en fait à la fois un monstre de vertu & de vice, ou plutôt un composé de vices effectifs sous des vertus apparentes, pour le rendre aimable ; de sorte que bien loin que de jeunes gens conçoivent de la honte de ces sortes d'amours, ils souhaiteroient ressembler à ces deux amans, dont les amours réussissent.

Pour en donner de l'horreur, le Poëte auroit dû, non pas feindre ces succès imaginaires qui n'arrivent jamais, mais rapporter simplement les malheurs où s'engage infailliblement un jeune homme, qui se marie à l'insu ou contre la volonté de ses parens. Ajoutons que l'on apprend dans les Comédies mille mauvaises intrigues pour faire réussir ces mariages qui sont contre les Loix, soit pour gagner ou pour tromper un pere ; & que l'on y tourne toujours en ridicules ceux qui veulent corriger la jeunesse, & arrêter le cours de ses désordres.

La Tragédie n'est point si dangereuse que la Comédie ; mais elle l'est néanmoins beaucoup. Les vices dont elle donne de l'horreur, paroissent horribles d'eux-mêmes sans artifice. C'est un Œdipe qui tue son pere, qui épouse sa mere. La seule crainte des supplices rigoureux ordonnés par les Loix, retient assez de ce côté-là : mais tous les autres vices, comme la haine, la vengeance, l'ambition, l'amour, y sont peints avec des couleurs qui les rendent aimables, comme nous avons remarqué.

Il est vrai que les Poètes ne louent pas ces vices, mais en louant les personnes en qui ils se trouvent, & les couvrant de tant d'excellentes qualités, ils font que non-seulement on n'a pas de honte de leur ressembler, mais qu'on fait gloire d'avoir leurs défauts. C'est ainsi que faisoient les Disciples de Platon, qui contrefaisoient ses hautes épaules : & ceux d'Aristote, qui affectoient de bégaïer comme lui. Nous nous imaginons facilement que ceux qui remarqueront en nous ces mêmes défauts qui sont dans les grands hommes, jugeront que nous leur sommes semblables en tout le reste.

Ciceron reprend les Grecs de ce qu'ils avoient consacré les amours impudiques des Dieux, en faisant une Divinité de Cupidon : & il dit qu'ils ne devoient rendre ce culte qu'à leurs vertus. Lactance remarque fort bien que ce n'est point assez, & qu'ils devoient entierement quitter les Dieux vicieux qui nuisoient plus par l'exemple de leurs désordres, qu'ils ne pouvoient être utiles par l'exemple de leurs vertus. Le mal a plus de force, que le bien, sur l'esprit de l homme ; & s'il se trouve une personne qui imite quelqu'une des vertus des Heros des Poètes, il y en a mille qui sont les imitateurs de leurs vices.

## CHAPITRE XI.

*La représentation qu'on fait des Comédies & des Tragédies sur les Théâtres publics, en augmente le danger. L'on ne peut assister aux Spectacles sans péril.*

LES Poèmes Dramatiques sont plus dangereux que tous les autres Ouvrages de la Poésie, parce-qu'on les représente sur des Théâtres publics. Ce que l'on voit faire, touche bien davantage que ce que l'on ne fait qu'entendre. Un Comédien lascif émeut les passions des autres, en feignant d'en avoir lui-même? *Enervis histrio, amorem dum fingit, infligit* (Minucius Felix). Lorsque ceux avec qui nous conversons, expriment vivement leurs affections, ils nous les communiquent; l'image de leurs actions, que nous voïons, le son des paroles qu'ils prononcent d'un ton élevé, excitent en notre ame des idées qui sont suivies des mêmes mouvemens dont ils sont agités.

Comme la Nature nous a faits les uns pour les autres, elle nous a liés par cette sympathie ou communication réciproque de nos passions; de sorte qu'une personne vicieuse qui nous parle fortement, ne manque point de nous tourner l'esprit & le cœur comme le sien, & par conséquent de nous infecter de son venin, à moins que nous ne nous tenions attachés à la vérité pour n'être pas ébranlés par ses paroles, & que nous excitions en nous-mêmes des passions opposées à celles qu'elle nous inspire. C'est pour quoi, comme Seneque l'a fort bien remarqué dans l'une de ses Epîtres (*Epist.* 7.), il faut imiter ce que l'on voit faire sur le Théatre, ou en avoir de l'aversion : il n'y a point de milieu, *necesse est aut imiteris, aut oderis*.

Or on ne vas à la Comédie pour la censurer, & quand on y est, il est difficile que l'on ne s'y laisse surprendre par le plaisir que l'on y trouve, sous lequel les vices se glissent dans notre cœur. *Tunc enim per voluptatem faciliùs vitia surrepunt.* Ce qui fait dire à ce Philosophe, qu'il n'y a rien de plus dangereux pour les bonnes mœurs, que les Spectacles. *Nihil vero est tam damnosum bonis moribus, quam in aliquo spectaculo desidere.* Et quoiqu'il n'ait pas coutume de parler à son désavantage, il avoue que les Spectacles faisoient de si grands changemens dans son cœur, qu'il en retournoit non-seulement plus avare, plus ambitieux, plus amateur des plaisirs & du luxe, mais encore plus cruel & moins homme; parce, dit-il, que j'ai été avec des hommes : *Avarior redeo, ambitiosior, luxuriosior, imo vero crudelior & inhumanior, quia inter homines fui.*

Que l'on prouve, si on le veut, que les Comedies qui se jouent aujourd'hui, ne peuvent exciter que des passions innocentes, & des sentimens raisonnables; qu'on en conclue qu'il n'y a aucun danger que ceux, qui les représentent, nous communiquent les mouvemens qu'ils expriment : cela ne s'accorde point du tout avec l'expérience; & s'il étoit ainsi, les gens du siecle pour qui elles sont faites, ne s'y divertiroient nullement. Mais enfin, quand elles seroient bonnes en elles mêmes, c'est-à-dire, que sur le papier & dans la bouche des Acteurs elles n'auroient aucun venin, on ne sauroit dire que leur représentation avec toutes ces circonstances soit entierement innocente.

Les Spectacles sont criminels par leur origine. Le vin, l'insolence, la violence, & le desir de médire les ont fait naître, ainsi que nous l'avons vû, & que l'a remarqué Tertullien. (Des Spectacles, ch. 5.)

*Fecit enim hoc ad originis maculam, ne bonum existimes, quod initium à malo accepit, ab impudentia, à violentia, ab odio.* L'on sait quelle est la vie des Comédiens, on sait avec quelle sévérité les Loix Civiles & Ecclésiastiques condamnent leur profession. Les unes ne les admettent point à la participation des Sacremens, & les autres les déclarent infâmes. On ne peut donc point, sans pêcher, les entendre, & leur donner de quoi subsister, puisqu'on ne peut le faire sans les attacher à leur profession.

On ne va à la Comédie, dit-on ordinairement, que pour y prendre un plaisir honnête. Tertullien ne peut souffrir cette recherche des plaisirs : il prouve invinciblement par ces belles paroles de Jesus-Christ à ses Disciples : *Pendant que le monde se réjouira, vous serez dans la tristesse* ; que l'on ne peut être heureux ici sur la terre & ensuite dans le Ciel, que chacun est heureux & malheureux à son tour. *Vicibus disposita res est.*

Pleurons donc, dit ce Pere, pendant que les gens du monde se réjouissent ; afin que lorsqu'ils commenceront à tomber dans l'état épouvantable des douleurs que la Justice de Dieu leur réserve, nous puissions entrer dans la joie que notre Seigneur prépare à ses Elûs. Car si nous voulons être dans la joie avec eux dans ce monde, nous serons affligés avec eux éternellement. *Lugeamus ergo ; dum Ethnici gaudent, ut cum lugere cœperint, gaudeamus, ne pariter nunc gaudentes, tunc quoque pariter lugeamus.* Cette morale est un peu forte pour les Chrétiens de ce siecle. Accordons à la coutume, qu'on peut aimer les divertissemens & les rechercher : mais aussi ne sauroit-on nier que les plaisirs criminels ou dangereux, tels qu'on a prouvé qu'est celui de la Comédie, ne soient défendus. Outre les raisons que nous en avons apportées, l'on peut encore considérer que ce plaisir est contre la nature des divertissemens licites, qui est de fortifier l'esprit en le relâchant, & de le rendre propre à exercer avec plus de vigueur ses fonctions ordinaires, & particulierement celles où la Religion l'engage. Après la Comédie, l'on n'est nullement disposé à la priere, qui est la principale fonction des Chrétiens.

Il arrive la même chose à l'esprit qu'aux corps qui ont été mûs avec violence. Le branle de ce mouvement dure long-temps après l'action qui l'a causé. L'esprit se trouve encore à la Comédie après que l'on en est sorti; & comme il s'est accoutumé à des passions violentes, à voir des choses qui le remuent fortement, il devient insensible aux mouvemens du S. Esprit, qui sont modérés. Les douceurs que prennent les bonnes ames dans la priere, lui semblent fades, ou plutôt il ne les goûte point. Cette raison ne paroîtra pas forte aux gens du monde: cependant les Peres de l'Eglise, qui connoissoient par la Foi la nécessité de la priere, l'ont fort pesée, & s'en sont servis pour autoriser la défense qu'ils faisoient aux Chrétiens d'aller aux Spectacles.

Il n'est pas possible de marquer ici tous les dangers que l'on court dans les Spectacles; la cupidité y dresse par tout des embuches. Non-seulement les Comédiens & les Comédiennes, mais toutes les personnes qui vont à la Comédie, y paroissent avec tous leurs ornemens: ce qui cause de plus dangereuses chutes, comme dit Tertullien: *In omni spectaculo nullum magis scandalum occurit, quàm ille virorum & mulierum accuratior cultus.* La premiere pensée qu'on a en ces lieux, qui sont l'Eglise du Diable, comme le même Pere les appelle, *Ecclesia Diaboli*, c'est de voir & d'être vû. *Nemo in spectaculo ineundo priùs cogitat, nisi videre & videri.* Ajoutons à ces raisons la défense que l'Eglise a toujours faite de se trouver aux Spectacles.

C'étoit autrefois la marque à laquelle les Païens

connoissoient qu'un homme s'étoit fait Chrétien, lorsqu'il ne se trouvoit point dans ces lieux, & qu'il en avoit aversion. *De repudio spectaculorum intelligunt factum Christianum.* Et l'Eglise n'admettoit personne au Baptême, comme elle fait encore aujourd'hui, qu'après avoir exigé cette promesse, que l'on renonceroit aux pompes du Diable, qui étoit le nom qu'on donnoit aux Spectacles, selon Tertullien. *Hac est pompa Diaboli, adversus quam in signaculo fidei juramus.* Cette seule défense, quand elle ne seroit soutenue d'aucune raison, ne devroit-elle pas suffire à des Chrétiens pour les détourner de la Comédie, puisque nous devons une obéissance aveugle à l'autorité de l'Eglise, & que nous avons renoncé à ces divertissemens dans le Baptême.

Des personnes de piété & d'érudition ont fait voir clairement, en différens Traités qu'ils ont publiés sur cette matiere, que la défense de l'Eglise & ces promesses du Baptême, regardent aussi-bien les Comédies de ce temps, que les Spectacles des Anciens. Ce qui doit être évident à ceux qui auront lû avec quelqu'attention les Réflexions que nous avons faites jusqu'à présent, puisque les Pieces de Théatre étant composées aujourd'hui avec plus d'art, elles sont par conséquent plus dangereuses, selon les Réflexions du Chapitre troisieme ci-dessus.

## CHAPITRE XII.

### *Du Poème narratif. Quelles sont ses especes.*

LE Poème narratif est un simple Discours sans action, & c'est une de ses principales différences d'avec le Poème dramatique. Il y a autant de sortes de Discours, qu'il y a de différentes matieres sur lesquelles ont peut parler. Ainsi le Poème narratif comprend sous lui une infinité de différentes especes, qu'on peut néanmoins réduire à un petit nombre, en considérant que tous les Poésies sont faites, ou pour être chantées, ou pour être seulement lûes. Les Odes, les Hymnes, les Chansons appartiennent au premier Chef. Tout ce que nous pouvons dire de ces Poésies, est que leur prix consiste dans l'harmonie de leurs Vers, dont la cadence doit exprimer la qualité de la matiere. J'ai traité avec assez de soin de l'harmonie, dans l'Art de parler, je n'ai rien à y ajouter ici.

Les Poésies que l'on fait pour être lues seulement, comme les Discours en prose, se peuvent distinguer en Didactiques, en Historiques, & en Oratoires. Les Poésies Didactiques seront celles qui expliquent quelques Disciplines, comme la Physique, la Morale, l'Astronomie, la Médecine, la Peinture, l'Agriculture & les autres Arts. Ainsi le Poème de Lucrece est une Physique; celui de Manille est un Traité d'Astronomie; les Georgiques de Virgile expliquent l'Agriculture. La Pharsale de Lucain est proprement l'Histoire des Guerres Civiles, dont Cesar & Pompée étoient les Chefs : l'Ouvrage de *Silius Italicus*, est aussi une Histoire.

Pour traiter les Disciplines & l'Histoire en Vers,

il ne faut point d'autres Regles que celles que l'on doit obſerver écrivant en proſe ; ſi ce n'eſt que la verſification demande une maniere d'écrire moins ſeche & plus gaie. Comme l'on eſt gêné par la meſure qu'il faut donner aux paroles, on peut prendre un peu plus de liberté dans la maniere de traiter les choſes.

Les Rhéteurs diſtinguent trois genres de Diſcours Oratoires. Le premier eſt le genre délibératif, où il s'agit de déliberer ſur quelque propoſition : le ſecond eſt le judiciaire, dans lequel il eſt queſtion d'accuſer ou de défendre quelqu'un en Juſtice : le troiſieme eſt le genre démonſtratif, que l'on emploie pour faire paroître les vertus d'un homme ou ſes vices. On peut compoſer des Poéſies en ces trois genres. Autrefois celles qui étoient dans le genre demonſtratif, & dont on ſe ſervoit pour blâmer, étoient écrites en vers ïambes. On ſait que cette ſorte de vers a été inventée pour les invectives par Archilochus.

*Archilochum proprio rabies armavit ïambo* (Horace).

Les Pieces qui ſont dans le genre démonſtratif, ſe nomment ordinairement *Panegyriques*, lorſqu'elles ne contiennent que des louanges. Les Panegyriques en vers reçoivent différens noms ſelon les occaſions pour leſquelles on les fait. Ils s'appellent *Epithalame*, lorſqu'on loue des perſonnes au jour de leur mariage : *Epicedie*, ſi c'eſt après leur mort ; & *Apotheoſe*, ſi l'on pouſſe ſi loin leurs louanges, qu'on les place parmi les Dieux de la Gentilité.

Les Satyres Latines & Françoiſes, ſont des déclamations contre le vice ; elles appartiennent au genre démonſtratif. Je dis les Satyres Latines, parceque les Grecques, comme nous avons vû, étoient des Drames. L'on combat le vice en deux manieres, ou par de fortes raiſons, comme Juvenal, ou par des railleries fines, comme fait Horace. On a tâché de renfermer, dans l'Art de parler, tous les préceptes qui regardent toutes ces Piéces oratoires.

Il n'y a point de Diſcours en proſe, que l'on ne puiſſe mettre en vers; ainſi l'on fait des Epitres en vers. Les Stances, les Quatrains, les Sonnets, les Epigrammes, ſont de petits Diſcours, à qui l'on donne différens noms, ſelon le nombre ou le genre des vers, ou ſelon le ſujet. Les Diſtiques ſont des Ouvrages de deux vers. Les Quatrains ſont de quatre. Les Epigrammes ſont des Inſcriptions. Lorſque ces Inſcriptions ſe mettent ſur des Tombeaux, on les appelle *Epitaphes*.

Il ſeroit très difficile de donner des regles générales, qui fuſſent utiles pour compoſer ces ſortes d'Ouvrages. Celles que nous ont données les Maîtres, ne regardent que la verſification: ainſi c'eſt des Grammairiens qu'il faut les apprendre. Maintenant l'on n'appelle pas ſeulement Epigrammes, les Inſcriptions miſes en vers, mais tous les petits Diſcours dont le ſens eſt renfermé d'une maniere ingénieuſe en peu de vers. La concluſion de l'Epigramme, doit contenir quelque grand ſens qui ſurprenne. L'expreſſion en doit être rare & fort courte: ce qui fait que l'on donne le nom de pointe à cette concluſion.

Toute cette multitude de préceptes que l'on a voulu donner juſqu'à préſent, pour faire de bonnes Epigrammes, n'a produit aucun fruit. Les perſonnes d'eſprit ne trouvent point d'autre moyen d'inſtruire la jeuneſſe ſur cette matiere, que de leur propoſer les plus excellentes Piéces des Poëtes qui ont réuſſi en ces Ouvrages. Ce que je dis des Epigrammes, ſe doit entendre des Sonnets, & en général, de toute autre Piéce, ſoit en vers, ſoit en proſe.

Il y a des Poëmes qu'on ne peut appeller Dramatiques, puiſqu'ils ne ſont pas faits pour le Théâtre;

mais aussi ils ne sont point purement narratifs, étant composés de telle maniere, que le Poète n'y paroît point, & que l'on croit voir, non l'Auteur, mais des personnes qui parlent & qui agissent devant nous, comme à la Comédie. Les *Elegies* sont de ce nombre : il ne semble pas, par exemples, dans les Elegies d'Ovide, que ce soit le discours de ce Poète : il fait une peinture si vive de la personne qu'il fait parler, que l'on en est presque autant frappé, que si elle faisoit réellement ses plaintes en notre présence.

L'on peut aussi rapporter à ce genre, les *Dialogues*, tels que sont les Bucoliques ou Eclogues de Virgile, qui sont des Dialogues entre des Bergers. Ces Ouvrages ne demandent rien autre chose, qu'une observation exacte de la vraisemblance; c'est-à-dire, qu'il n'y faut rien faire dire aux personnes que l'on fait converser les unes avec les autres, que ce qu'elles disent ordinairement. Néanmoins, comme les Peintres choisissent dans la nature, les objets dont la peinture est la plus agréable, il faut aussi que ceux qui composent ces Dialogues, choisissent tout ce que les personnes qu'ils introduisent, peuvent dire de beau. Sans ce choix, les Dialogues seroient aussi ennuïeux que les longues conversations de ces gens qui ne disent rien. Il n'y a point de maniere plus propre pour instruire, que celle qui se fait par Dialogues. Elle tient du Drame & de l'action, qui touche beaucoup plus qu'un discours mort; mais il faut qu'ils soient courts. *Quidquid præcipies, esto brevis.* Les Ouvrages qui sont composés de différentes sortes de petits Ouvrages, sans beaucoup d'étude, se nomment *Sylves* C'est le nom que Stace a donné à un Recueil de plusieurs petits Poèmes qu'il avoit composés sur-le-champ, *ex tempore.*

L'Epique renferme presque toutes les Piéces de Poésie dont nous avons parlé. Il n'est pas fait pour être chanté comme les Odes; cependant tous les vers à cause de leur harmonie, ont été considérés comme des chants : d'où vient que les Poètes ne disent pas qu'ils racontent, mais qu'ils chantent.

L'Epique est oratoire ; car, premierement, c'est le Panegyrique d'un Héros. Il y a des harangues dans tous les genres, des délibérations, des accusations, des défenses, des louanges, des invectives. Il est historique ; l'on y lit non-seulement l'Histoire du Héros de la Piéce, mais presque celle de tout le monde, comme nous l'allons voir dans le Chapitre suivant. Il est Didactique, puisqu'il instruit ; qu'on y trouve de la Morale, de la Physique ; qu'on y peut apprendre la maniere de combattre, d'attaquer & de défendre une Ville. L'on y rencontre des Epigrammes, des Lettres : les Dialogues y sont fréquents, & le Poète se dérobe, autant qu'il le peut, de la vûe de ses Lecteurs, afin qu'ils ne s'apperçoivent pas que c'est un Livre qu'ils ont entre les mains ; & qu'ils se puissent en quelque façon imaginer, qu'ils voient les choses qu'ils lisent. Ce Poème est ainsi le plus considérable de tous les Poëmes narratifs, & c'est dans celui-là seul, qu'on garde ces regles que l'on donne dans la Poëtique, sur lesquelles nous avons fait nos Réflexions.

Les Romans, à proprement parler, sont des Poëmes Epiques en prose : on y prend plus de liberté que dans les autres ; mais leur principale différence, est que les Auteurs de ces Piéces, n'occupent presque l'esprit de leurs Lecteurs, que d'intrigues amoureuses. Ce qui fait qu'on peut appeller ces Ouvrages, des Livres d'amour, comme nous l'avons remarqué. L'Epique est un Ouvrage sérieux.

## CHAPITRE XIII.

### *Du Poëme Epique.*

LA matiere du Poëme Epique est une action éclatante & d'importance, comme est une Guerre & l'établissement d'un Empire. C'est pourquoi le style en doit être élevé, afin que les paroles répondent à la grandeur des choses qu'on y traite; & c'est delà que ce Poëme est nommé *Epique*, par excellence, ce mot venant du nom Grec ἔπος, qui signifie parole.

Le style des Comédies & des Tragédies, doit être assez simple, & approchant du discours familier; car, puisque tout y doit être vraisemblable, il ne faut pas que les Auditeurs s'apperçoivent trop sensiblement que les Acteurs parlent un langage qui ne leur est pas naturel. C'est pourquoi parmi les Grecs & chez les Latins, les Piéces de Théatre sont composées en vers ïambes, qui approchent de la prose, & qui sont propres pour l'entretien, comme dit Horace: *Alternis aptum sermonibus*, & selon Aristote, μάλιστα λεκτικὸν τῶν μετρῶν ἰαμβεῖον ἐστι, Poët. ch. 4.

Ce Philosophe remarque qu'en parlant sans y penser, l'on fait des vers ïambes. Ciceron fait la même remarque des vers ïambes Latins. Le style des Comédies doit être simple; celui des Tragédies peut être un peu plus élevé, mais il ne doit avoir rien de trop éclatant, particulierement dans les endroits où l'on exprime quelque passion vive, & quelques grands sentimens, qui ne peuvent paroître lorsqu'ils sont couverts de paroles trop riches, comme le dit Aristote. (*Chap.* 24. *de la Poët.*) Melanthius, au rapport de Plutarque, disoit de la Tragédie du Poëte Denys, qu'il ne l'avoit pû voir, tant elle étoit offusquée de langage. ἀποκρύπτει γὰρ πάλιν ἡ λίαν λαμπρὰ λέξις τὰ ἤθη; καὶ τὰς διανοίας.

La fin du Poëme Epique est de faire un tableau de ce qui se passe de plus éclatant dans le monde, comme sont les grands Voïages, les grands Edifices d'un superbe Palais, ou d'une grande Ville, des Guerres, des Combats, des Siéges, & autres actions semblables. Les Poëtes prétendent y former des Rois, des Capitaines, & donner des leçons pour se bien conduire dans les grands Emplois, au milieu de la guerre, ou en tems de paix. Ce qui se remarque dans l'Enéide, qui est l'Ouvrage, en ce genre, le plus accompli qui se soit jamais fait, & où il paroît plus d'esprit & de science. Virgile avoit entrepris ce dessein, pour flatter la Maison des Cesars, en persuadant les Romains, qui souffroient avec impatience le joug que cette Maison leur avoit imposé, que les Dieux avoient destiné, de tout tems, l'Empire du monde à cette famille, qui prenoit son origine des Troyens.

*Nascetur pulchrâ Trojanus origine Cæsar,*
*Imperium Oceano, famam qui terminet astris.*

On trouve dans l'Enéide toute l'Histoire Romaine. L'on y apprend les antiquités de l'Italie, & presque de tout le monde; les origines des Villes & des Peuples. Il n'y a presque point de Fable qui n'y soit rapportée. L'on y voit la maniere de combattre & d'assiéger des Villes: les cérémonies y sont expliquées dans tous leurs termes propres, comme Macrobe le fait voir. Il y a de la Philosophie, de l'Astronomie, de la Géographie: de sorte qu'un jeune Romain, qui étudioit ce Poëte avec soin, y apprenoit d'une maniere agréable, tout ce qu'un jeune homme de qualité étoit obligé de savoir en ce tems-là: ce qui est un sujet de confusion à la plûpart de nos Poëtes, dont les vers n'ont que de belles paroles, qui ne signifient rien.

Leurs Ouvrages ne sont bons, que pour faire perdre le tems agréablement. Leur maniere d'écrire est toute païenne; pleine de fables : ils s'en excusent mal-à-propos sur l'exemple des anciens Poëtes. Car, comme ces fables faisoient une partie de la croïance des Payens, & de leur Religion; c'étoit une nécessité, par exemple, à Virgile, de trouver les occasions dans ces Ouvrages, d'en instruire la jeunesse. L'on ne voit point qu'il les invente; il parle selon la commune opinion; & c'est toujours pour instruire son Lecteur de tout ce qu'il peut apprendre de la matiere qui se traite : c'est pour faire connoître l'antiquité d'une Ville, l'origine d'une Fête, d'un Sacrifice, selon qu'on le croïoit pour lors, & que les Historiens le rapportent.

Ce Poëte est aussi admirable en ses expressions, que dans les choses qu'il expose. Aucun Auteur n'a mieux parlé Latin, ni plus savamment; il ne se sert que des termes les plus propres : il est naturel, il est clair, & cependant il est fort, & dit en peu de mots une infinité de choses.

Par exemple, quand il dit, *Et seges est ubi Troja fuit*, & les bleds croissent où étoit la Ville de Troye, n'exprime-t-il pas le renversement de cette Ville, de maniere qu'il semble que par ce peu de parole, il l'a engloutie toute entiere, sans en laisser aucun reste, comme le dit Macrobe : *Paucissimis verbis maximam civitatem hausit & absorpsit, non reliquit illi nec ruinam.*

Il n'est pas nécessaire que je parle ici de l'œconomie d'un Poëme Epique; je l'ai fait lorsque j'ai proposé les regles que l'on doit observer dans la conduite d'un Poëme. Nous avons vû comme il faut choisir une action considérable, qui ait un commencement, un milieu, & une fin; comment il faut commencer l'Ouvrage, & avec quelle modestie l'Auteur d'un Poëme Epique, doit faire la proposition de son dessein. Nous n'avons rien à ajouter à ce que nous avons remarqué touchant le nœud & le dénouement d'une Piéce.

Les Poèmes Epiques se partagent en divers Livres, comme les Drames en plusieurs Actes. Cette distinction est nécessaire pour délasser l'esprit du Lecteur. Quelque plaisir qu'il reçoive de la lecture, elle lui deviendroit ennuïeuse, s'il n'y trouvoit quelque lieu où se reposer. Or, il semble que l'on trouve du repos quand on est à la fin d'un Livre. Le seul titre du second, du troisieme Livre, divertit; comme ces marques que l'on rencontre en faisant voïage, qui font connoître combien on a fait de chemin.

——— *Intervalla via fessis prastare videtur*
*Qui notat inscriptus millia crebra lapis.*

La fin d'un Livre, comme dit Saint Augustin, soulage les Lecteurs, comme les Hôtelleries soulagent les Voïageurs. *Nescio quo enim modo ita libri termino reficitur Lectoris intentio, sicut labor viatoris, hospitio.* Le reste de ce que l'on pourroit dire des Poèmes Epiques, doit s'apprendre par la lecture des Auteurs. Un Maître fera plus facilement, & en moins de tems, comprendre à ses Disciples ce que c'est que ce Poème, en leur proposant un excellent exemple, comme est l'Enéide de Virgile; que s'il les occupoit pendant une année, à la lecture d'une Poétique qui expliquât ces choses avec étendue. *Longum iter per praecepta, breve & efficax per exempla.* ( Senec. Ep. 6. ) Je n'ai pas tant entrepris de faire connoître dans ces Réflexions, les regles de la Poétique, que de découvrir les principes d'où ces régles sont tirees, ce que j'ai cru devoir suffire.

## CHAPITRE XIV.

*Les Poëtes peuvent être utiles. Avec quelle précaution il faut les faire lire aux jeunes gens.*

LE grand Saint Basile, enseignant dans une de ses Homélies, la maniere de lire les Livres des Gentils, reconnoît que la lecture de leurs Ouvrages est très utile, & que comme avant que de teindre les étoffes en écarlate, on les prépare par quelqu'autre couleur moins précieuse, l'on doit ainsi se servir de cette étude, pour disposer les jeunes gens à une doctrine plus solide.

Il ajoute que ce que sont les feuilles à l'arbre, la connoissance que l'on acquiert dans les Livres des Payens, l'est à l'ame ; & si on la considere comme un arbre, l'on doit dire que la vérité, qui en est comme le fruit, est bien plus agréable, lorsque l'arbre qui les porte, n'est pas dépouillé de ses feüilles, qui sont ses ornemens : c'est pourquoi l'on ne doit point retirer entierement, d'entre les mains de la jeunesse Chrétienne, les anciens Poëtes. Tout le mal même que nous avons montré être caché dans la Poësie, ne se rencontre pas dans leurs Ouvrages : ils sont moins dangereux que ceux qui écrivent aujourd'hui, parce-qu'ils ne font pas tant d'impression sur les esprits.

Les Poëtes modernes connoissent mieux le ressort des passions des hommes de leur tems : ils savent ce qui est conforme à leurs inclinations corrompues, & ce qui est capable de les toucher. Ainsi réglant leurs Ouvrages sur ces connoissances, ils attaquent les hommes par où ils sont le plus sensibles : de sorte qu'ils peuvent beaucoup nuire, & qu'ils ne servent de rien, puisque, comme nous l'avons vû, ils ne disent que des bagatelles. Je parle ici de ceux qui n'ont autre but, que de flatter la cupidité. Nous avons vu plusieurs Poésies très ſaintes, où les eſprits réglés peuvent trouver du plaiſir & de l'utilité.

Quand je blâme la Poéſie, on voit bien que je ne condamne que l'uſage qu'on en fait, pour augmenter & autoriſer en nous, le déſordre de la concupiſcence. L'on trouve, dans les anciens Poètes, de fort belles réflexions morales, des ſentences très judicieuſes : l'on y apprend l'antiquité ; dont la connoiſſance eſt néceſſaire. Outre cela, il faut attirer la jeuneſſe par le plaiſir. La cadence des Vers a quelque choſe de charmant, comme on a vû dans l'Art de parler ; & ce qu'un Poète enſeigne, entre ſans doute plus agréablement, & par conſéquent plus facilement, dans l'eſprit.

Auſſi quand l'Empereur Julien l'Apoſtat fit défenſe aux Chrétiens, d'étudier les Lettres Humaines, & de lire les anciens Poètes ; Saint Gregoire de Nazianze, & les deux Appollinaires, le pere & le fils, compoſerent des Vers, pour ſervir à l'inſtruction de la jeuneſſe.

Mais il faut prendre garde que ſous ce prétexte, qu'il y a quelque néceſſité de faire lire aux jeunes gens, les anciens Poètes qui ſont célebres, l'on ne permette indifféremment la lecture de toute ſorte de vers. L'on ne doit rechercher principalement dans les Livres des Payens, que la fécondité des expreſſions, & les belles manieres de parler, tâchant de leur ôter, comme à des ennemis, ces armes, pour s'en ſervir contre eux mêmes, ainſi que ledit Saint Paulin : (Ep. 38.) *Satis ſit ab illis lingua copiam & oris ornatum quaſi quadam de hoſtilibus armis ſpolia cepiſſe.*

Puiſqu'il eſt donc plus important de redreſſer le cœur de la jeuneſſe, que de former ſa langue ; quelque élégant que ſoit un Poète, l'on n'en doit point permettre la lecture, s'il eſt du nombre de ceux qui croient que les vers chaſtes ne peuvent plaire. Il ne faut pas même faire lire aux jeunes gens, les Ouvrages qui sont assez honnêtes, sans accompagner les instructions qu'on leur donne, de quelques Réflexions sérieuses. Car il n'y en a point, qui n'ait quelque maxime fausse ou dangereuse ; ce qui a obligé Platon, de ne point recevoir dans sa République, les Poètes, & d'en bannir ceux qui y seroient entrés.

Ce Philosophe montre combien il est important que les jeunes gens ne se forment point sur d'aussi mauvais modeles, que ceux que représentent les Poètes, qui ont des sentimens bas & extravagans de la Divinité, & qui font faire à leurs Héros, tant de choses indignes : cependant, il avoit une grande estime de leur maniere de s'exprimer, & il leur donne, sur cela, de grandes louanges; c'est pourquoi il dit, que si quelqu'un de ces Poètes venoit dans la Ville qu'il formoit dans son esprit, il le conduiroit dans une autre, après avoir versé sur sa tête, des parfums, & après l'avoir couronné de fleurs.

La République de JESUS-CHRIST est bien plus sainte, comme plus riche, que celle de Platon ; mais sans en chasser tous les Poètes, l'on y peut conserver la sainteté, en se servant même de l'étude que l'on fera faire de leurs Ouvrages, pour donner de l'estime de la vérité & de la sainteté de notre Religion. Il ne faut que faire considerer les opinions extravagantes, que les Poètes Païens avoient de leurs Dieux, lesquelles étoient conformes à celles du Peuple, comme Saint Justin, Lactance, Eusebe, & plusieurs autres le prouvent, montrant fort bien, qu'il ne faut point chercher, ni d'allégories, ni de mysteres, ni de Philosophie dans les vers des Poètes, mais les considérer comme des Histoires simples, qui proposent ce qui s'étoit dit & fait : aussi c'est par le témoignage des Poètes, que les premiers Apologistes des Chrétiens, ont combattu le Paganisme.

Il faut faire remarquer quelles sont les plaies de l'homme, & que tout ce plaisir que donne la lecture des

Poëtes, ne vient que de notre corruption, qui nous fait trouver du plaisir, lorsque l'on renouvelle, comme nous avons déja dit, les plaies que le péché nous a faites.

Il ne faut pas que ceux, qui instruisent la jeunesse, fassent trop d'estime de certains endroits des Poëtes, dont les expressions sont admirables, mais dont les choses sont très dangereuses, sans faire connoître ce qu'ils y louent, & distinguer ce qui y est blâmable. S'ils louoient, par exemple, la peinture que Virgile fait dans son quatrieme Livre, des transports de Didon, ils doivent faire remarquer, que ce n'est pas cette Reine qu'ils estiment : qu'au contraire, ils en ont du mépris, & que jamais une Dame sage & honnête ne tombe dans de semblables malheurs, parcequ'elle a soin de tenir son cœur fermé à tous les sentimens & à tous les mouvemens qui ont des suites si funestes.

Il est bon de leur dire qu'on loue Didon, comme l'on fait un Serpent affreux qui est bien peint; & qu'on ne les applique à considérer ce portrait, que le Poëte fait de ses égaremens, qu'afin qu'ils apprennent l'art de peindre, avec la parole, les choses qu'ils seront obligés de représenter. Il faut accompagner toutes les Leçons qu'on fait à la jeunesse, de semblables réflexions, dont ils sont très capables, pourvû qu'on les proportionne, & qu'on les accommode à leur capacité.

Si Platon éloignoit de sa République, avec tant de soin, tout ce qui en pouvoit corrompre les mœurs, qu'il marque même quelle espece de Musique on y doit chanter, & qu'il n'y souffre que celle qui inspire des mouvemens réglés : il me semble qu'on doit apporter bien plus de précaution dans une République Chrétienne, pour en bannir tout ce qui n'est pas saint, & pour empêcher que la lecture des Poëtes, qui fait sur l'ame beaucoup plus d'impression que la Musique, ne puisse donner de mauvaises mœurs aux jeunes gens.

## CHAPITRE XV.

*Plusieurs personnes qui ne lisent, ni les Poëtes, ni les Romans, commettent la même faute, que ceux qui les lisent; ils occupent leur esprit à de vaines pensées, aussi dangereuses que celles que les Auteurs de ces Livres expriment sur le papier.*

QUOIQU'IL y ait peu de personnes qui se plaisent aujourd'hui à lire les Romans, ce que nous avons dit ne sera pas inutile; car tel, qui ne le croit pas, est très coupable devant Dieu, du péché que commettent ceux qui s'y amusent. Il y a des Romans imprimés, mais il n'y en a pas moins dans la tête, je ne dis pas de ceux qui sont faiseurs de Romans, mais de presque tous les hommes. Il n'y a point de vuide dans l'ame, non plus que dans la nature; ainsi quand notre esprit n'est point occupé de pensées solides & raisonnables, il est plein de vaines imaginations, de vaines idées qu'il forme, & qu'il orne comme il lui plaît. Il feint des avantures, des intrigues, qu'il considere avec autant d'attention, que s'il les voïoit exprimées dans un discours naturel, & couchées sur le papier.

Ces Romans ont un commencement, un milieu, & une fin. Ce n'est d'abord qu'une pensée ordinaire qui entre dans l'esprit, elle en enfante plusieurs autres, qui donnent occasion à mille imaginations. On fait naître des incidens: on considere quelles en sont les suites: on se fait une affaire de dénouer tous les nœuds que l'on a faits, avec la même application, que si on avoit dessein d'en composer un Livre; & l'on ne se peut appliquer à d'autres choses, qu'après qu'on a enfin trouvé la conclusion de toutes ces réveries. Ce que je dis ici pourra paroître surprenant, mais que chacun fasse réflexion sur lui-même, il s'en trouvera peu qui soient entierement exemts de cette maladie.

Comme les songes, que les hommes font pendant la nuit, répondent assez souvent à leurs desirs; qu'ils voient en dormant, ce qu'ils ont souhaité pendant le jour; chacun se représente dans son imagination, ce qui est conforme à son inclination. L'un prend plaisir dans une vengeance imaginaire, qu'il exerce sur ses ennemis: un autre dresse des banquets magnifiques dans son imagination: celui là se forme de sales images des plaisirs honteux dont il voudroit jouir: les uns & les autres retranchent quelquefois des idées, dont ils se repaissent, les circonstances qui pourroient troubler leur satisfaction par des remords de conscience, & ils y ajoutent tout ce qui peut rendre agréables, les choses dont ils considerent les images.

Ces Romans ne sont pas moins dangereux, que ceux qui sont imprimés: ils peuvent produire des effets encore plus funestes, en ce que l'on ne lit qu'une fois un Roman imprimé, & que ceux-là ne sortent point de l'esprit. L'on y perd le tems; & comme ceux, dont la lecture ordinaire n'a été que des Poètes & des Romans, ne sont plus capables d'aucune lecture solide: aussi lorsqu'on a donné libre entrée à toutes les pensées mauvaises & inutiles qui se présentent, & qu'on s'est accoutumé à s'en entrenir avec autant d'application, que si elles étoient bonnes & nécessaires, l'esprit devient si libertin & si déréglé, que, ni dans la priere, ni dans l'étude, ni dans les affaires, il ne se peut assujettir à considérer les choses qui lui sont proposées: il faut qu'ils coure çà & là, & qu'il poursuive toutes les chimeres qui se rencontrent dans son chemin, & qui le détournent de son occupation.

Toutes ces imaginations ont toujours pour objet, les créatures, les grandeurs du monde, les vanités, les plaisirs; ainsi ceux qui s'y abandonnent, nourrissent les mauvaises affections de leur cœur, de la même maniere que le font ceux qui lisent ces méchans Livres, dont nous avons parlé.

Il est vrai que ces imgainations ne nous rendent pas toujours criminels, parcequ'elles ne sont pas volontaires. L'on ne s'en défait pas aussi facilement que d'un Livre. C'est une des grandes miseres de notre état, que cet assujettissement de notre ame, qui est contrainte de voir, ce qu'elle ne voudroit pas voir. Les Démons, selon S. Augustin, peuvent remuer notre cerveau, & y tracer plusieurs figures, à l'occasion desquelles, des idées fâcheuses se présentent à l'ame. Elle peut en avoir horreur, mais non pas les chasser, sans un secours particulier du Ciel, que les Saints demandent à Dieu dans les prieres de l'Eglise, lorsqu'ils le prient de purger leur esprit, de toutes souillures. *Absterge mentes sordium.*

Nous sommes obligés de combattre continuellement, pour ainsi dire, contre ces monstres, qui se jouent de notre ame, & de nous tenir sur nos gardes, pour n'être point surpris par ces images trompeuses des grandeurs, & des plaisirs du monde, que les Démons, ou nous mêmes, nous formons dans notre imagination.

## CHAPITRE XVI.

*La vanité & les amusemens de la Poésie sont comme une image de la vanité & des amusemens de quelques hommes, dans ce qu'ils appellent leurs affaires.*

IL y a bien des gens qui ne se contentent pas d'aller à la Comédie, de lire des Romans, ou d'en composer dans leur tête, de la maniere que nous venons de le dire ; ils jouent eux-mêmes la Comédie, & toute leur vie est un Roman. Ils forment des entreprises vaines, soit pour acquérir des richesses, ou de grandes dignités ; ils tournent, de ce côté-là, toutes leurs inclinations, & ils en sont occupés, comme on nous représente les Héros des Romans occupés de leurs chimeres.

Jason, par exemple, étoit occupé de la conquête de la Toison d'or, & Enée, de l'établissement d'un nouvel Empire. Les hommes conçoivent une haute estime de la chose qu'ils souhaitent, & ils lui donnent toutes les beautés & les perfections imaginables, ainsi qu'Homere à son Hélene : ils sont ingénieux à se tromper, par leurs propres fictions : ils n'envisagent jamais dans les richesses, dans les dignités, que ce qu'il y a d'éclatant ; & ils cachent adroitement à leurs propres yeux, les amertumes des plaisirs du monde : ils ne considerent point, dans la créature qu'ils aiment, qu'elle est mortelle, sujette à mille maladies. Si elle a des défauts, ils les déguisent, & ils y conçoivent même des perfections qui n'y sont pas. Ils se trompent de cette maniere, & ils aiment leur erreur, parceque, plus l'estime des choses, qui sont l'objet de leurs passions, est grande, plus ils se sentent émûs dans la poursuite qu'ils en font, & plus ils en augmentent leur félicité imaginaire : comme dans les Romans, lorsqu'on estime le Héros, on s'intéresse d'avantage dans ses avantures, & l'on ressent plus vivement ces plaisirs, qui accompagnent les émotions de notre cœur.

Ces personnes se fatiguent, elles courent çà & là, & se font sans cesse des affaires, pour jouir du plaisir d'être occupées, & se sauver du chagrin mortel que leur feroit infailliblement sentir le poids de leurs miseres, si leur cœur cessoit un moment d'être agité par leurs passions ; & c'est ce que les hommes, qui ne peuvent vivre sans passion, recherchent ardemment.

Les regles du Roman sont assez bien observées dans la vie de ces personnes, dont nous parlons. On peut même considérer toute leur vie, comme une seule piéce de Théatre réguliere. L'unité de tems & de lieu y est bien gardée ; car enfin, quelque longue que soit leur vie, quand elle seroit de cent années, ce n'est pas vingt-quatre heures à l'égard de l'éternité ; & la plus longue vie, n'est véritablement que comme un songe, qui commence & qui finit dans une heure de la nuit. Ce n'est qu'un point, & encore quelque chose de plus petit qu'un point, comme le dit Seneque : *Punctum est quod vivimus, & adhuc punctum minus.* Ce n'est qu'un éclair dans la nuit de l'éternité.

Quand ils seroient Rois ou Princes, le Théâtre où se joue leur Comédie, & où se passe tout ce qu'ils font, sans en sortir, est très borné: puisque c'est la terre, qui n'est qu'un point. C'est pour diviser ce point, & en posséder une plus grande partie, que toutes les Nations disputent entr'elles, & qu'elles emploient le fer & les flammes, pour s'armer les unes contre les autres. *Hoc est illud punctum quod inter tot gentes ferro & igne dividitur.*

Le Philosophe, que je viens de citer, fait concevoir la fatuité des hommes, par une supposition très-agréable. Si les fourmis avoient de l'esprit, ne seroient-elles pas, dit-il, comme les hommes? Ne partageroient-elles pas un grain de ſable en pluſieurs Provinces? Pourquoi donc, lorſqu'on voit aller les hommes à l'armée, & marcher en ordre ſous leurs Etendarts, que la Cavalerie tantôt prend le devant pour découvrir l'ennemi, & tantôt couvre les flancs de l'armée, & que tous s'empreſſent, comme s'il s'agiſſoit de quelque choſe de grande importance, pourquoi ne les conſidere-t-on pas comme une troupe de fourmis, & qu'on ne dit pas d'eux, par mépris.

*It nigrum campis agmen?*

Toutes ces courſes, continue ce Philoſophe, ſont ſemblables à celles des fourmis, qui travaillent dans un petit ſentier. *Formicarum iſte diſcurſus eſt in anguſto laborantium.* Quelle différence y a-t-il entr'elles & nous, ſi ce n'eſt que notre corps, qui eſt petit, eſt plus grand que le leur? Ce lieu où l'on fait flotter des Vaiſſeaux, où l'on range des Armées en bataille, où l'on aſſigne différentes Provinces, n'eſt qu'un point, dont l'Ocean occupe la plus grande partie: *Quid illis & nobis intereſt, niſi exigui menſura corpuſculi? Punctum eſt iſtud in quo navigatis, in quo bellatis, in quo regna diſponitis: minima etiam cum illis utrinque Oceanus occurrit.*

Il ſemble que l'unité d'action n'y ſoit pas gardée, parcequ'ils changent de deſſein à tout moment, & que chaque jour, ils font de nouvelles entrepriſes. Mais ſi on conſidere avec attention ce qu'ils font, on verra que c'eſt toujours après cette même grandeur imaginaire, qu'ils courent: qu'il recherchent, tantôt dans un lieu, & tantôt dans un autre.

Comme dans une Comédie, il y a des Acteurs qui diſparoiſſent après les premiers Actes, qu'il y en a qui meurent dans la cataſtrophe, & que les autres triomphent, auſſi entre ces perſonnes, dont nous parlons, les uns ne paroissent que quelque tems, ils perdent la vie, sans venir à bout de leurs entreprises, & achevent la Comédie; mais enfin, après la Piéce, qui ne dure que quelques heures, & que la mort interrompt souvent, ils disparoissent tous, comme les Acteurs des Comédies ordinaires.

Leur vie est aussi vaine, que celle des Héros des Romans, elle passe aussi vîte, & il semble que ce ne soit que comme une image, qui paroît & disparoît presque en même tems. *In imagine pertransit homo.* Mais il y a cette différence entr'eux & ces Héros, que ceux ci ne seront pas punis pour ces actions feintes, qu'ils n'ont point faites, & que ces personnes seront punies pour ces vanités, dans lesquelles elles ont consumé toute leur vie.

Le malheur dans lequel elles tomberont, comme Saint Augustin le dit fort éloquemment, est bien different de ce bonheur, dans lequel elles fleurissent. Car ce bonheur n'est que pour quelque tems; & elles seront malheureuses éternellement. Ce bonheur n'est qu'imaginaire, & leurs miséres sont très réelles. *Non enim quomodo florent sic pereunt, florent enim ad tempus, pereunt in æternum: florent falsis bonis, pereunt veris tormentis.*

Tous les hommes savent ces vérités que nous venons de proposer. Ils n'ignorent point que toute notre vie, n'est qu'un songe; que la mort ôtera ces masques qui distinguent les hommes; qu'elle les dépouillera de ces habits, sous lesquels les uns paroissent Princes, les autres Valets; & que les réduisant au tombeau, également nus, ils n'emporteront que les vêtemens de leur ame, c'est-à-dire, les vertus. Mais ils prennent plaisir à se tromper. Ils ne croient pas pouvoir passer la vie agréablement, d'une autre maniere.

Ils ne veulent pas chercher Dieu, il faut donc qu'ils cherchent quelque amusement qui servent de matiere aux mouvement de leur cœur, puiſqu'il faut qu'il agiſſe & qu'il ne peut être en repos un moment. Ils ſe font des affaires, ils prennent de grands emplois, où ils n'ont pas un moment pour penſer à l'éternité; & bien loin de ſe croire malheureux, ils conſiderent ces grandes & continuelles occupations, comme des marques de leur félicité. *Argumentum eſſe felicitatis occupationem putant.* ( Senecq. Ep. 106. )

Recevant donc tant de plaiſir de leur maniere de vivre, qui les exemte de pluſieurs chagrins, ils aiment leur erreur, & ne voudroient pas en être délivrés; ſemblables à cet Athénien, qui ſe fâcha contre ſes amis, qui l'avoient gueri de ſa folie. Toutes les fois qu'il alloit dans le lieu où ſe jouoient les Comédies, il y croïoit voir des Acteurs, & il y paſſoit le tems agréablement, dans un divertiſſement imaginaire. C'eſt pourquoi vous ne m'avez pas redonné la vie, diſoit-il à ſes amis; mais vous m'avez tué, m'aïant ôté avec violence mes plaiſirs, & une erreur qui m'étoit ſi agréable.

*Pol me occidiſtis, amici:*
*Non ſervaſtis, ait, cui ſic extorta voluptas;*
*Et demptus per vim mentis gratiſſimus error.*
( Horace. )

C'eſt ſe déclarer ennemi des hommes, que de leur vouloir ouvrir les yeux ſur cette extravagance; ils s'irritent même contre ceux qui leur font quitter cette fauſſe opinion qu'ils ont de leur bonheur, qui n'eſt qu'une miſere véritable, comme le Cordonnier Mycille, dans Lucien, ſe fâcha contre ſon coq, & lui jetta une forme à la tête, parceque l'aïant éveillé, il lui avoit fait quitter les richeſſes, dont il jouïſſoit dans un agréable ſonge.

Toutes les félicités de la terre, ſont ſemblables à celles de cet homme qui rêvoit; *Felicitates ſaculi ſomnia*

*nia dormientium.* Les joies que donnent les biens du monde, ne sont pas plus solides, que celles que l'on trouve dans une réverie agréable. *Gaudium de somno.* Les hommes aiment ce sommeil; & le bonheur de la vie, selon l'idée qu'ils en ont, consiste à vivre dans une perpétuelle léthargie, pendant laquelle ils n'ont, ni embarras, ni inquiétude, de ce qui doit arriver après ce sommeil.

Il y a peu de personnes qui soient exemtes de ce mal, & dont on puisse dire que la maniere de vivre, soit sérieuse & raisonnable; car enfin, tous ces empressemens des hommes, qui travaillent à acquérir des richesses, des honneurs, des plaisirs, ne sont-ils pas aussi vains, que les travaux des Héros des Poètes? Toutes leurs passions, & toutes leurs actions, sont aussi inutiles, que celles des Comédiens, qui s'affligent, qui se fâchent, qui parlent, & agissent avec tant d'ardeur sur les Théâtres: ou que les peines que se donnent les enfans dans leurs jeux.

Il est vrai que les niaiseries des hommes, passent pour des affaires importantes: *Majorum nugæ negotia vocantur.* Mais enfin, puisque l'on ne doute point de la brièveté de cette vie, qui sera suivie d'une éternité heureuse, ou malheureuse, ne doit-il pas être constant, que tout ce que l'on fait, qui ne sert de rien pour l'éternité, n'est que folie; & que les hommes, qui se remplissent la tête de grands desseins, qui cherchent des établissemens sur la terre, sans penser au ciel, sont insensés: que toute cette sagesse, avec laquelle ils ménagent ces desseins, n'est que folie; & que tout leur esprit n'est pas moins corrompu, que le seroit celui d'un homme, qui étant plein de ce qu'il auroit lû dans les Romans, s'imagineroit être un Héros lui-même, & s'occuperoit toute sa vie, dans des intrigues, dans des entreprises, & dans des conquêtes imaginaires, comme le Dom Quichote des Espagnols.

*Fin de la seconde Partie.*

# TABLE DES CHAPITRES CONTENUS

dans les Réflexions sur l'Art Poétique.

# SECONDE PARTIE.

FIN.

# PRIVILEGE DU ROI.

LOUIS, PAR LA GRACE DE DIEU, ROI DE FRANCE ET DE NAVARRE : A nos amés & féaux Conseillers les Gens tenant nos Cours de Parlement, Maîtres des Requêtes ordinaires de notre Hôtel, Grand-Conseil, Prevôt de Paris, Baillifs, Sénéchaux, leurs Lieutenans Civils, & autres nos Justiciers, qu'il appartiendra, SALUT. Notre bien amée la Veuve de FLORENTIN DELAULNE, Imprimeur Libraire à Paris, Nous ayant fait remontrer qu'elle souhaiteroit imprimer ou faire imprimer & donner au Public des Ouvrages qui ont pour titre, *Tractatus de Sacramentis ad usum Seminariorum, Autore Nicolao Lherminier*; *l'Office de la Semaine-Sainte, selon le Missel & Bréviaire de Rome & de Paris, dédiée à Madame de Bourgogne; les Elemens de Mathématiques, de Géométrie, avec la Rhétorique, ou l'Art de parler, par le Pere* LAMY; s'il nous plaisoit lui accorder nos Lettres de Privilége sur ce nécessaires : offrant pour cet effet de les imprimer, faire imprimer en bon papier & en beaux caracteres, suivant la feuille imprimée & attachée pour modele sous le contre-scel des Présentes. A CES CAUSES, voulant traiter favorablement ladite Exposante, nous lui avons permis & permettons par ces Présentes, d'imprimer ou faire imprimer lesdits Livres ci-dessus spécifiés, en un ou plusieurs Volumes, conjointement ou séparément, & autant de fois que bon lui semblera, sur papier & caracteres conformes à ladite feuille imprimée & attachée sous notredit contre-scel, & de les vendre, faire vendre & débiter par tout notre Royaume, pendant le tems de six années consécutives, à compter du jour de l'expiration des précédens Priviléges ; faisons défenses à toutes sortes de personnes de quelque qualité & condition qu'elles soient, d'en introduire d'impression étrangere dans aucun lieu de notre obéissance, comme aussi à tous Imprimeurs, Libraires & autres, d'imprimer, faire imprimer, vendre, faire vendre, débiter, ni contrefaire lesdits Livres ci-dessus exposés, en tout ni en partie, ni d'en faire aucuns extraits, sous quelque prétexte que ce soit, d'augmentation, correction, changement de titre, ou autrement, sans la permission expresse & par écrit de ladite Exposante, ou de ceux qui auront droit d'elle, à-peine de confiscation des Exemplaires contrefaits ; de six mille livres d'amande contre chacun des contrevenans, dont un tiers à Nous, un tiers à l'Hôtel-Dieu de Paris, l'autre tiers à ladite Exposante, & de tous dépens, dommages & intérêts ; à la charge que ces Présentes seront enregistrées tout au long sur le Registre de la Communauté des Libraires & Imprimeurs de Paris, dans trois mois de la datte d'icelles ; que l'impression de ces Livres sera faite dans notre Royaume & non ailleurs, & que l'Impétrante se conformera en tout aux Reglemens de la Librairie, & notamment à celui du 10 Avril 1725. Et qu'avant que de les exposer en vente, les manuscrits ou imprimés qui auront servi de copie à l'impression desdits Livres seront remis dans le même état où les Approbations y auront été données ès mains de notre très cher & féal Chevalier Garde des Sceaux de France le Sr CHAUVELIN ; & qu'il en sera ensuite remis deux Exemplaires de chacun dans notre Bibliotheque publique, un dans celle de notre Château du Louvre, & un dans celle de notre très cher & féal Chevalier, Garde des Sceaux de France le Sieur CHAUVELIN ; le tout à-peine de nullité des Présentes. Du contenu desquelles vous mandons

& enjoignons de faire jouir ladite Exposante, ou ceux qui auront droit d'elle, & ayans cause, pleinement & paisiblement, sans souffrir qu'il leur soit fait aucun trouble ou empêchement. Voulons que la Copie desdites Présentes, qui sera imprimée tout au long au commencement ou à la fin desdits Livres, soit tenue pour duement signifiée, & qu'aux Copies collationnées par l'un de nos amés & feaux Conseillers & Secrétaires, foi soit ajoutée comme à l'Original. Commandons au premier notre Huissier ou Sergent de faire, pour l'exécution d'icelles, tous actes requis & nécessaires, sans demander autre permission, nonobstant clameur de Haro, Charte Normande, & Lettres à ce contraires. CAR tel est notre plaisir. DONNÉ à Paris le vingtieme jour du mois de Février, l'an de grace mil sept cent trente-cinq, & de notre Regne le vingtieme.

Par le Roi en son Conseil,

SAINSON.

*Registré sur le Registre IX de la Chambre Royale des Libraires & Imprimeurs de Paris*, N. 64 *fol.* 55, *conformément aux anciens Reglemens, confirmés par celui du* 28 *Février* 1723. *A Paris ce* 25 *Février* 1735.

*Signé* MARTIN, *Syndic.*

Lightning Source UK Ltd.
Milton Keynes UK
UKHW02n0341070818
326853UK00004B/45/P